职业院校汽车类"十三五"
微课版创新教材

U0734386

汽车
电工电子

刘冰 韩庆国 / 主编
王庆伟 朱福成 罗起洪 / 副主编

人民邮电出版社
北 京

图书在版编目（CIP）数据

汽车电工电子 / 刘冰，韩庆国主编. -- 北京：人民邮电出版社，2016.12（2024.7重印）
职业院校汽车类"十三五"微课版创新教材
ISBN 978-7-115-43205-6

Ⅰ. ①汽… Ⅱ. ①刘… ②韩… Ⅲ. ①汽车－电工－高等职业教育－教材②汽车－电子技术－高等职业教育－教材 Ⅳ. ①U463.6

中国版本图书馆CIP数据核字(2016)第177703号

内 容 提 要

本书以高等职业教育基本的电工电子知识与技能为基础，并结合汽车后市场相关行业的专业要求编写而成。全书共 8 章，主要内容包括汽车直流电路、汽车交流电路、电磁感应与汽车常用电磁器件、汽车电动机与发电机、汽车模拟电路、集成电路与汽车电脑、汽车传感器、汽车电路图识读基础等。

本书可作为高职高专院校汽车类相关专业的教材，也可作为从事汽车维修从业人员的参考书。

◆ 主　　编　刘　冰　韩庆国
　　副 主 编　王庆伟　朱福成　罗起洪
　　责任编辑　刘盛平
　　责任印制　焦志炜
◆ 人民邮电出版社出版发行　　北京市丰台区成寿寺路 11 号
　　邮编　100164　　电子邮件　315@ptpress.com.cn
　　网址　http://www.ptpress.com.cn
　　固安县铭成印刷有限公司印刷
◆ 开本：787×1092　1/16
　　印张：19　　　　　　　　　　2016 年 12 月第 1 版
　　字数：490 千字　　　　　　　2024 年 7 月河北第 19 次印刷

定价：45.00 元

读者服务热线：(010)81055256　印装质量热线：(010)81055316
反盗版热线：(010)81055315

　　"汽车电工电子"是高职高专院校汽车类相关专业的一门重要的技术基础课程。本书以培养学生职业能力为目标，以常见汽车电路元器件及典型应用电路为载体，将电工电子基本知识与汽车电路维修基本技能培养相结合，突出了与专业技能课对接的特色。

　　本书编写内容遵循"必需、够用"的原则，将传统的电工电子技术知识进行整合，突出汽车应用实例的举例与分析，同时兼顾课程内容的基础性、普适性与拓展性。通过本书的学习可培养学生运用电工电子基本知识分析、检测汽车电路及常见故障的技能，为学习汽车电气维修等后续课程打下坚实的基础。同时，本书将针对重要知识点开发的微课视频以二维码的形式嵌入到书中相应位置。通过手机等终端设备的"扫一扫"功能，读者可以直接观看这些视频，从而加深对知识点的理解。

　　本书共 8 章，参考学时为 90 学时，其中理论环节为 62 学时，实践环节为 28 学时，各章的参考学时见下表。

章　　节	学　习　内　容	建议学时分配	
		讲　授	实　训
第 1 章	汽车直流电路	6	4
第 2 章	汽车交流电路	10	4
第 3 章	电磁感应与汽车常用电磁器件	6	4
第 4 章	汽车电动机与发电机	8	4
第 5 章	汽车模拟电路	8	4
第 6 章	集成电路与汽车电脑	10	6
第 7 章	汽车传感器	4	2
第 8 章	汽车电路图识读基础	10	
课时总计		62	28

　　由于本书涉及的基础理论较多，且实践性强，为提高教学效率与效果，建议在组织教学过程中依托汽车电气实训室开展理实一体化教学；根据教学内容，合理选择现场教学、案例教学等教学方法；应用多媒体教学手段，丰富教学形式。

　　本书由吉林化工学院刘冰、韩庆国任主编，吉林化工学院王庆伟、朱福成，新疆新鑫矿业股份有限公司阜康冶炼厂罗起洪任副主编。其中，第 1 章由罗起洪和阿勒泰地区职业技术学校吴远坤老师编写，第 3 章、第 5 章由刘冰编写，第 8 章由刘冰、朱福成编写，第 2 章、第 4 章由韩庆国编写，第 6 章由刘冰、韩庆国编写，第 7 章由王庆伟编写。刘冰负责全书的组织和统稿。

　　本书在编写过程中参考了大量资料与文献，包括网上的资料，无法一一列举，在此向所有文献的作者表示衷心的感谢！

编者

2016 年 4 月

目 录

第1章
汽车直流电路

　　汽车整车电路通常由电源电路、起动电路、点火电路、照明与灯光信号装置电路、仪表信息系统电路、辅助装置电路和电子控制系统电路组成，如图 1.1 所示。汽车电路中的电气设备均采用直流供电，本章主要介绍汽车电路的基本知识及直流电路的基本规律。

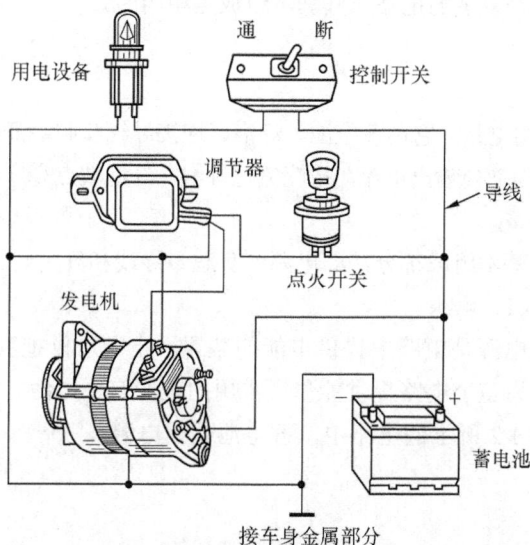

图 1.1　汽车整车电路的组成

【学习目标】

◎ 掌握汽车电路的组成；

◎ 掌握电流、电位、电压、电动势、电能、电功率等的基本概念；

◎ 熟悉汽车电路的基本元件：电阻元件、电容元件、电感元件；

◎ 掌握汽车电路的特点；

◎ 会使用汽车万用表、指针式万用表测量汽车电路物理量。

|1.1 汽车电路的组成及电路图|

电路广泛应用在日常生活、生产和科学研究工作中，小到手电筒、手机，大到计算机、通信系统和电力网络，都可以看到或简单或复杂的电路。了解电路的组成，掌握电路的有关知识是对汽车电路进行分析、计算、设计的基础。

（电工在生活中的应用）

1.1.1 电路的组成及电路图

无论是简单的电路还是复杂的电路，其基本组成是相同的。

基础知识

图 1.2 所示为普通照明电路。它由蓄电池、灯泡、连接导线和制动开关构成，是一个最基本的电路。开关闭合时，蓄电池向外输出电流，电流流过灯泡，灯泡被点亮。

1．电路的基本组成

电路一般可分为四个基本组成部分，即电源、负载、导线和开关。

（电路的组成及各部分功能）

（1）电源

电源是电路中提供电能的装置。电源可以把其他形式的能量转换成电能，为整个电路提供能量。常用的电源有干电池、蓄电池、太阳能电池等。在图 1.2 所示的电路中，蓄电池就是电源。

（2）负载

负载是电路中取用电能的装置，即电路中利用电能来工作的元器件，也称为用电器，是各种用电设备的总称。在图 1.2 所示的电路中，灯泡就是负载。

（3）导线

导线用来连接电路中的各元器件，起到传输电流的作用。

（4）开关

开关是电路中控制电路接通与断开的器件。

导线和开关将电源和负载连接起来，也称为电路的中间环节。中间环节的作用是传送和分配电能，控制电路的通断，保护电路安全，使其正常运行。

2．电路图

图 1.2 采用的是画实物外形的方法来表示电路，称为电路示意图。为方便快捷地绘制电路，国标规定可用一些简单的图形符号来表示电路中的各种元器件，这样画出的电路图形称为电路原理图，也称为电路图。图 1.3 所示为普通照明电路的电路图，用电路图表示实际电路简单明了，绘制方便。

在实际的生产生活中，一般都根据电路图对电路进行分析和计算，因此，必须熟悉电路元件的图形符号及电路图的画法。常见电路元件的图形符号如表 1.1 所示。

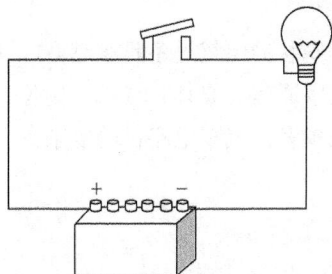

图 1.2　电路示意图

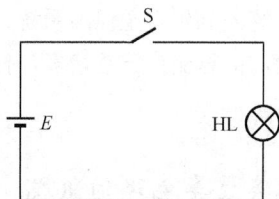

图 1.3　电路图

表 1.1　　　　　　　　　　　　　　常见电路元件的图形符号

名　称	符　号	名　称	符　号	名　称	符　号
电池		电阻		连接导线	
开关		电位器		非连接导线	
电容		电流表	Ⓐ	电灯	⊗
线圈		电压表	Ⓥ	接地	
铁心线圈		二极管		接机壳	
直流发电机	Ⓖ	三极管		直流电动机	Ⓜ
交流发电机	Ⓖ	熔断器		交流电动机	Ⓜ

想一想　举出实际生活中你所熟悉的电路，并描述电路的组成。

案例 1.1　连接简单电路。

在电工实验台上，取干电池、开关、白炽灯、导线连接一个简单电路，并仔细观察电路，理解各组成部分的作用。

操作步骤

（1）画出所要连接的电路图。
（2）根据需要找出干电池、白炽灯、开关及导线（带鳄鱼夹）。
（3）按画出的电路图，用导线连接电路。注意，连接时使开关处于断开状态。
（4）完成电路连接后，反复接通和断开开关，观察电路状态。

作业测评

指出图 1.1 所示汽车整车电路的各部分组成。

1.1.2 汽车整车电路的组成及特点

随着人们对车辆性能的要求不断提高，在汽车上设计安装的电气设备越来越多，从行驶、制动、转向系统控制到安全保障系统，从仪表报警系统到数字通信、媒体、导航、定位、娱乐等电子通信管理，信息交换日益增多，传感器和导线数量越来越多，汽车电路日趋复杂。

基础知识

1．汽车整车电路的组成

汽车整车电路通常包括电源电路、起动电路、点火电路、照明与灯光信号装置电路、仪表信息系统电路、辅助装置电路和电子控制系统电路。

（1）电源电路

电源电路也称为充电电路，是由蓄电池、发电机、调节器及充电指示装置等组成的电路。电能分配（配电）及电路保护器件等也属于电源电路。

（2）起动电路

起动电路是由起动机、起动继电器、起动开关及起动保护装置组成的电路。低温条件下起动预热的装置及其控制电路一般也属于起动电路。

（3）点火电路

点火电路是汽油发动机汽车特有的电路。它由点火线圈、分电器、电子点火控制器、火花塞及点火开关组成。

（4）照明与灯光信号装置电路

照明与灯光信号装置电路是由前照灯、雾灯、示廓灯、转向灯、制动灯、倒车灯、车内照明灯及有关控制继电器和开关组成的电路。

（5）仪表信息系统电路

仪表信息系统电路是由仪表及其传感器、各种报警指示灯及控制器组成的电路。

（6）辅助装置电路

辅助装置电路是为提高车辆安全性、舒适性等而设置的。它一般包括风窗刮水及清洗装置电路、风窗除霜（防雾）装置电路、空调装置电路、音响装置电路等。目前很多车型上还装有车窗电动举升装置、电控门锁、电动座椅调节装置和电动遥控后视镜等，这些装置的电路也都属于辅助装置电路。

（7）电子控制系统电路

电子控制系统电路主要由发动机控制系统（包括燃油喷射、点火、排放等控制）、自动变速器及定速巡航控制系统、制动防抱死系统、安全气囊控制系统等电路组成。

2．汽车电路的组成

与普通电路一样，汽车电路也是由电源、负载及中间环节组成的。汽车中的电源包括蓄电池和发电机。汽车中的负载即用电设备数量很多，例如，汽车上的起动机、电动机、电动刮水器、电磁驱动器和各种电动泵等是把电能转换成机械能的用电设备；各种照明灯、指示与警报灯、闪光器是把电能转换成光能的用电设备；汽车扬声器、蜂鸣器、音响等是把电能转换成声能的用电设备；电磁离合器、继电器是把电能转换成磁能的用电设备；点火器与加热器是把电能转换成热能的用电设备。其他用电设备还包括水温表、机油压力表、燃油表、转速表、里程表等仪表装置，防盗装置及电子控制系统。汽车电路的中间环节包括各种配电控制装置、汽车线束及插接件，它们在电路中起到了连接导线的作用，将电源及用电设备连接起来。各种继电器、电路开关、电器控制盒、熔断装置（保险）等起到控制和保护汽车电路的作用。

3．汽车电路的特点

汽车电路尽管功能多样、结构也不同，但它们都有下面共同的特点。

（1）两个电源

汽车上提供电能的电源有两个，即蓄电池和发电机。汽车用电设备所需电能由蓄电池和发电机协同提供。

（2）低压直流

汽车上的两个电源提供的都是直流电，其供电电压一般为 12V 或 24V。汽车电气设备的额定电压也有 12V 和 24V 两种，一般汽油车普遍采用 12V 电源，而重型柴油车多采用 24V 电源。

（3）用电设备并联

汽车中的用电设备都是并联的。

（4）单线制

一般情况下，用电设备与电源之间都需用两根导线连接才能构成回路。汽车上的电气设备利用汽车发动机、底盘或车身等金属机件作为各种用电设备的共用连接导线（俗称搭铁），用电设备与电源之间只有一根导线连接，称为单线制。任何一个汽车电路的电流都由电源正极出发，经导线流入用电设备后，通过金属车架流回电源负极，形成回路。

汽车电路采用单线制不仅可以节省材料，使电路简化，而且便于安装和检修，降低故障率。但是在一些不能形成可靠的电气回路或需要精确电子信号的回路，仍然采用双线。

（5）负极搭铁

汽车电路采用单线制时，需要将蓄电池的一个电极用导线连接到发动机或底盘等金属车体上。若蓄电池的负极连接到金属车体上，称为负极搭铁；反之，若蓄电池的正极连接到金属车体上，称为正极搭铁。我国标准中规定：汽车电器必须采用负极搭铁。目前世界各国生产的汽车也大多采用负极搭铁方式。

此外，汽车电路中的保护装置种类很多，如熔断器、断电器、易熔线等。大电流开关通常设置中间继电器。汽车电路中的导线都有颜色和编号特征。

想一想
查阅资料找出汽车电源电路、起动电路、点火电路、辅助电路等电路中的电源、负载及中间环节。

案例 1.2 认识汽车电路。

在汽车电气实训台或实训车辆上，从汽车电源电路、起动电路、点火电路、照明电路、辅助电路等实际电路中选择两种电路，指出电路的各组成部分，并仔细观察电路，理解汽车电路的特点。

操作步骤

（1）画出选定的汽车电路的电路图。

（2）根据电路图在实训台或实训车辆上找出电路中的电源、负载、中间环节（导线、开关、保险等）。

（3）仔细观察电路组成，认识汽车实际电路，理解汽车电路的特点。

作业测评

简述汽车整车电路的组成及汽车电路的特点。

1.1.3　电路的基本物理量

认识了电路的组成后，还需要熟悉电路中的基本物理量，掌握电路的规律，才能对电路进行分析和计算。电路中的基本物理量包括电流、电位、电压、电动势、电能、电功率、电气设备的额定值等。

基础知识

1．电流

在图 1.3 所示的电路中，当开关 S 闭合时，白炽灯发光，这是因为电路中有电流流过。即当开关闭合时，电源正极会流出大量的电荷（实际上是电源负极流出负电荷——自由电子），它们经过导线、开关流进白炽灯，再从白炽灯流出，回到电源负极，当电荷流过白炽灯内的钨丝时，钨丝因发热，温度急剧上升，从而发光。

电流形成示意图

大量的电荷向一个方向移动（或称定向移动）就形成了电流，如同大量的汽车向同一方向移动形成的"车流"一样。通常将正电荷在电路中的移动方向规定为电流的方向。图 1.3 所示电路的电流方向是电源正极→开关→白炽灯→电源负极。

电流物理量定义

电流有强有弱，电流的强弱用电流强度来表示。电流强度简称为电流，通常用 I 表示，电流的国际单位是安培，简称安，符号为 A。常用的电流单位还有毫安（mA）、微安（μA），3 种单位之间的关系是：

图 1.4　直流电与交流电

$$1A=10^3mA=10^6\mu A$$

在电路中，电流既有大小又有方向，当电流的大小和方向都不随时间变化时，这种电流称为恒定电流，简称直流；当电流的大小和方向都随时间做周期性变化时，这种电流称为交变电流，简称交流。图 1.4 所示为直流电流（曲线 1）和交流电流（曲线 2）的曲线。

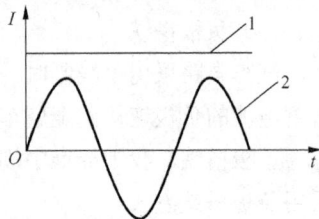

2．电位、电压和电动势

水会从高水位处流向低水位处，这是因为高水位与低水位之间存在一个水位差，电流与水流类似，也会从高电位点流向低电位点。

（1）电位

电位的概念

电位的国际单位是伏特，简称伏，符号是 V。为了计算电位的高低，需要找一个基准点，即参考点。通常基准点处用"⊥"（接机壳）或"　　"（接地）表示，该符号处的电位规定为 0V，因此，参考点也称为零电位点。例如，点 A 电位为 3V，则表示为 V_A=3V；点 B 电位为-3V，则表示为 V_B=-3V。

（2）电压

电流能够从某一点流向另一点是因为它们之间的电位不同，这两点间存在一个电位差，这个电位差称为这两点之间的电压，电压的国际单位也是伏特。习惯上把高电位指向低电位的方向规定为电压的方向。例如，点 A 电位 V_A=3V，点 B 电位 V_B=1V，则 A、B 两点间的电压用 U_{AB} 表示，且有

$$U_{AB}=V_A-V_B=2V$$

说明：零电位参考点是可以任意选取的，因此，电位的高低是相对的，与设定的零电位参考点有关，但两点间的电压始终保持不变，即电位与参考点有关，而电压与参考点无关。

汽车中的两个电源都是低压电源，一般电压为 12 V 或 24 V。通常汽车电路的参考点是指"搭铁点"。因此，汽车电路中任一点的电位就是相对于搭铁点的电压。

（3）电动势

要使电路中始终有电流流过，电源需要在内部将流到负极的电荷不断地"拉"到正极，使电源正极具有较高的电位，才能输出电流。电源内部将电荷"拉"到正极需要消耗能量（如干电池会消耗掉化学能）。电源内部将其他形式的能量转换为电能，并在电源两极间建立的电位差称为电动势，电动势一般用 E 来表示，国际单位也是伏特，符号是 V。

在电源内部，电流的方向是由负极流向正极，因此，电源的电动势方向规定为从负极指向正极，即由低电位指向高电位。

3．电能和电功率

电流在电路中流通时，将电源的电能传给了负载（用电设备），负载将吸收的电能转换成其他形式的能量，即电流做了功，消耗了电能。负载在工作时间消耗的电能（也称为电功）用 W 表示。

$$W = UIt \tag{1.1}$$

电能的国际单位是焦耳，简称焦，符号是 J。

电功率是指单位时间内，某段电路传送或转换的电能，用 P 表示。电功率的国际单位是瓦特，简称瓦，符号是 W。

$$P = \frac{W}{t} = UI \tag{1.2}$$

在实际应用中，常用的功率单位有千瓦（kW），电能单位有千瓦时（kW·h），1 kW·h 即为平常所说的"1 度电"。

4．电气设备的额定值

电气设备在给定的工作条件下，正常运行时所规定的最大允许值称为额定值。实际工作时，如果超过额定值，会使电气设备使用寿命缩短或受到损坏；如果小于额定值，则会使电气设备的利用率降低，甚至不能正常工作。电气设备的额定值包括额定电压、额定电流和额定功率，分别用 U_N、I_N 和 P_N 表示。

案例 1.3　测量电流和电压。

在汽车的故障检测及维修过程中，经常需要测量电路中的电流和电压，因此，必须掌握电流

表与电压表的使用方法，并根据给定的条件选择合适的电流表与电压表，测量电路中的电流及任意两点间的电压。

电流表与电压表的接线方法如图 1.5 所示。

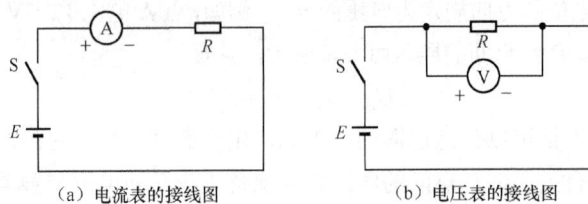

（a）电流表的接线图　　（b）电压表的接线图

图 1.5　电流表与电压表的接线图

操作步骤

（1）在电工实验台上，选择有关元件，按照图 1.6 所示连接电路，断开开关 S。

（2）断开点 A，将电流表串联接入电路，再将电压表并联接在图中 B、C 两点间。

（3）合上开关 S，对两表进行读数，分别为 I_A = _____A；U_{BC} = _____V。

（4）断开 S，将电压表并接在图中 D、O 两点间，电流表串接在点 F 处，合上开关 S，对两表进行读数，分别为 I_F = _____A；U_{DO} = _____V。

（5）断开 S，将电压表并接在图中 O、F 两点间，电流表串接在点 B 处，合上开关 S，对两表进行读数，分别为 I_B = _____A；U_{OF} = _____V。

（6）断开 S，将电压表并接在图中 A、F 两点间，电流表串接在点 D 处，合上开关 S，对两表进行读数，分别为 I_D = _____A；U_{AF} = _____V。

作业测评

1．说明电位、电压和电动势的区别和联系。

2．简述电流表和电压表的使用区别。

3．简述电流方向的正负是如何规定的。

4．如图 1.7 所示，要测量 R_1 的电流，电流表应串接在_____和_____之间；要测量 R_2 的电流，电流表应串接在_____和_____之间；要测量 R_3 的电流，电流表应串接在_____和_____之间。要测量 R_1 的电压，电压表应并接在_____和_____之间；要测量 R_2 的电压，电压表应并接在_____和_____之间；要测量 R_3 的电压，电压表应并接在_____和_____之间。

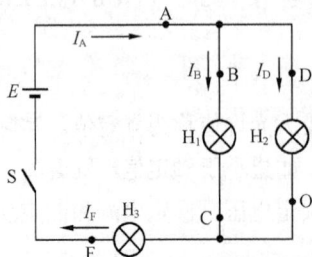

图 1.6　简单直流电路

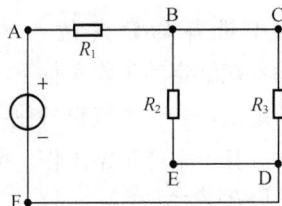

图 1.7　作业测评 4 题图

1.1.4　电路的基本元件

电路的负载中一般都包括电阻、电容和电感 3 个基本参数。电阻参数起主要作用的元件称为电阻元件，如白炽灯、电炉等；电容参数起主要作用的元件称为电容元件，如电容器等；电感参数起主要作用的元件称为电感元件，如互感器等。电阻元件、电容元件及电感元件是电路中的基本元件。下面介绍这几种基本电路元件。

基础知识

1. 电阻元件

导体容易导电，但对电流也有阻碍作用。在相同的电压作用下，通过不同导体的电流大小不同，说明不同导体对电流的阻碍作用也不同。电阻就是描述导体对电流起阻碍作用的物理量，符号用 R 表示。电阻的国际单位是欧姆，简称欧，用 Ω 表示。此外，常用的电阻的单位还有千欧（$k\Omega$）、兆欧（$M\Omega$），换算关系为

$$1k\Omega = 1\,000\Omega = 10^3\Omega$$

$$1M\Omega = 1\,000k\Omega = 10^6\Omega$$

电阻实际上是导体的一种基本性质，与导体的尺寸、材料和温度有关。通常在电子产品中所说的电阻是指电阻器这种电阻元件。电阻器是电路中使用最多的元件之一，在电路中常用来控制电流和调节电压。电阻元件中有电流流过时要消耗电能，因此，电阻元件是耗能元件。

（1）电阻器的分类

常用电阻器一般分为固定电阻器和可变电阻器两大类。固定电阻器是指阻值固定不变的电阻器，而可变电阻器是指阻值可根据需要在一定范围内进行调节的电阻器。

① 固定电阻器。固定电阻器简称电阻，根据材料和工艺不同，可分为碳膜电阻器（RT）、金属膜电阻器（RJ）、线绕电阻器（RX）、热敏电阻器（RR）等不同类型。各类常用固定电阻器的外形如图 1.8 所示。

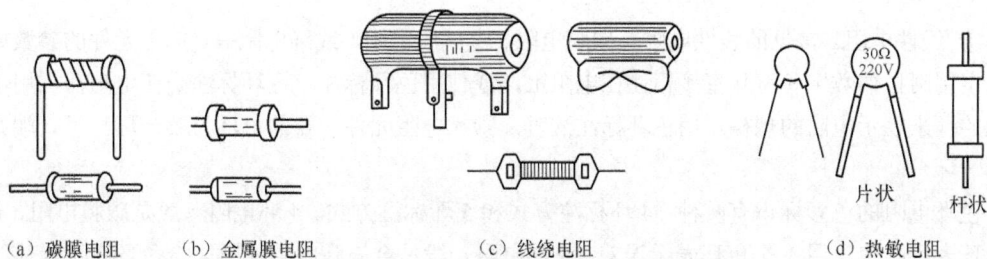

（a）碳膜电阻　（b）金属膜电阻　　　　（c）线绕电阻　　　　（d）热敏电阻

图 1.8　常用固定电阻器外形

② 可变电阻器。可变电阻器简称可变电阻，其阻值可在规定的范围内任意调节。可变电阻器可分为微调可变电阻和电位器两类。常用的可变电阻器外形如图 1.9 所示。

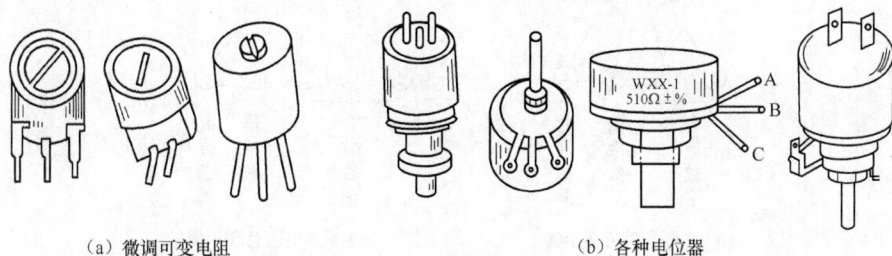

（a）微调可变电阻　　　　　　　　　（b）各种电位器

图 1.9　常用可变电阻器外形

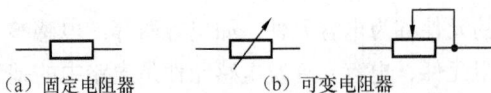

（a）固定电阻器　　　　（b）可变电阻器

图 1.10　电阻器的图形符号

电阻器的图形符号如图 1.10 所示。

（2）电阻元件的电流与电压关系

电流流过电阻元件就要消耗电能，沿电流流动方向会出现电压降。在电压和电流的关联方向下，电阻的电压和电流关系如下：

$$U = IR \qquad (1.3)$$

这一规律是 1826 年德国科学家欧姆在实验中得到的，称为欧姆定律。式中，R 为元件的电阻。

若电压和电流为非关联方向，则欧姆定律可写为

$$U = -IR \qquad (1.4)$$

式（1.3）和式（1.4）反映了电阻元件对其电压与电流的约束关系。将电阻两端电压与流过电阻的电流的关系用图形表示，称为该电阻的电流与电压关系特性曲线，也称为伏安特性曲线。当电阻为恒定值时，如图 1.11（a）所示，其电流与电压关系特性曲线为一条通过原点的直线，即电流与电压成线性关系，即 $R = U/I$，这种电阻称为线性电阻；当电阻的电流与电压关系不具备线性关系时，如图 1.11（b）所示，这种电阻称为非线性电阻。

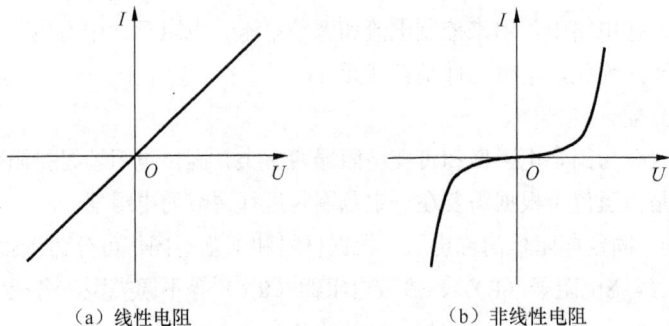

（a）线性电阻　　　　　　（b）非线性电阻

图 1.11　线性电阻和非线性电阻的电流与电压关系特性

① 线性电阻。常见的线性电阻有碳膜电阻、金属膜电阻、线绕电阻等。电阻元件的参数如阻值等可用阿拉伯数字和符号直接标注在电阻上，或使用色环标注。色环标注是在电阻器上用不同颜色的环来表示电阻的规格。用色环标注法时，紧靠电阻元件一端的色环为第一环，另一端则为最后一环。

色环电阻的色彩标识有两种：4 环标注方式和 5 环标注方式。4 环电阻一般是碳膜电阻，用 3 个色环表示阻值，用 1 个色环表示误差。5 环电阻一般是金属膜电阻，用 4 个色环表示阻值，另一个色环表示误差，具体读数方法如图 1.12 所示。

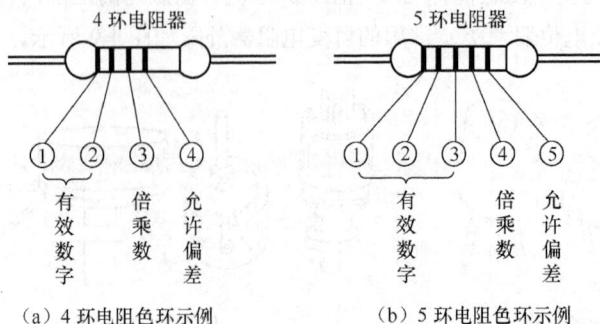

（a）4 环电阻色环示例　　　　（b）5 环电阻色环示例

图 1.12　色环电阻表示

表 1.2 所示为各种色环颜色代表的意义。

表 1.2　　　　　　　　　　　　色环颜色代表的意义

颜　　色	有 效 数 字	倍 乘 数	允许偏差/%	工作电压/V
银色	—	10^{-2}	±10	
金色	—	10^{-1}	±5	
黑色	0	10^{0}		
棕色	1	10^{1}	±1	4
红色	2	10^{2}	±2	6.3
橙色	3	10^{3}	—	10
黄色	4	10^{4}	—	16
绿色	5	10^{5}	±0.5	25
蓝色	6	10^{6}	±0.2	32
紫色	7	10^{7}	±0.1	40
灰色	8	10^{8}		50
白色	9	10^{9}	+50/−20	63
无色	—	—	±20	

② 非线性电阻。热敏电阻和压敏电阻都属于非线性电阻。热敏电阻分为两类：一类称为负温度系数热敏电阻，简称 NTC 电阻，其电阻值随温度升高而急剧下降，多用于温度测量和温度调节，也用作补偿电阻，如汽车温度传感器中的热敏电阻就属于 NTC 电阻；另一类称为正温度系数热敏电阻，简称 PTC 电阻，其电阻值随温度升高而急剧增大，可用作过热保护和延时开关。热敏电阻在汽车空调、发动机的温度传感器中都有应用。

压敏电阻在低电压时具有较大的电阻，当电压较大时，电阻变小。当电压过高时，压敏电阻可起分流作用，因而常被用来进行过压保护。汽车电机、进气压力传感器中就用到了压敏电阻。

2．电容元件

电容器简称电容，用字母 C 表示。电容器也是电子电路中常用的电子元件之一，具有隔直流、通交流、储存电荷等特性。汽车的音响电路、点火电路、电容式传感器及汽车发电机整流器中都包含电容元件。

电容器

（1）电容器的结构与分类

电容器由两块金属板中间隔一层绝缘物质构成，两片金属板称为极板，中间的绝缘物质叫作介质。电容器按结构可以分为固定电容器、可变电容器和半可变电容器。固定电容器的电容量是固定的；可变电容器是电容量在一定范围内可以调节的电容器；半可变电容器也称为微调电容器，在电路中用作补偿电容。

在实际应用中，最常见的是固定电容器。电容器按绝缘介质不同可分为纸介电容器、有机薄膜电容器、瓷介电容器、云母电容器、电解电容器等。汽车中用量最多的是电解电容器，如汽车前窗的电子式刮水器电路中应用的就是铝电解电容器，其他应用的电容器还有陶瓷电容器、聚酯膜电容器、聚丙烯膜电容器等。

（2）识别电容元件

电容器的形状很多，图 1.13 和图 1.14 所示分别为常用电容器的外形及符号表示。

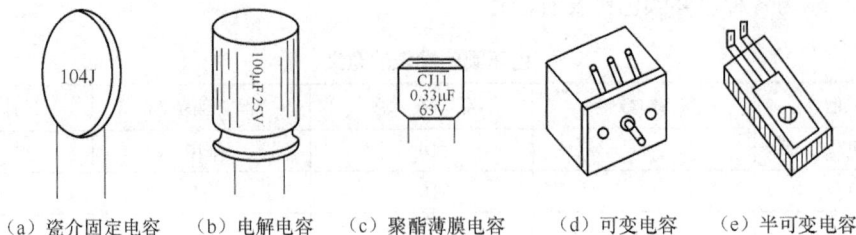

（a）瓷介固定电容　（b）电解电容　（c）聚酯薄膜电容　（d）可变电容　（e）半可变电容

图 1.13　常用电容器的外形

（a）固定电容器　（b）可变电容器　（c）电解电容器

图 1.14　电容器的图形符号

（3）电容元件的电流与电压关系

在一个未充过电的电容元件两个电极上加上电压，电源将对电容元件充电，使两极板带上电量相等而极性相反的电荷，如图 1.15 所示。实验证明，极板上所带的电荷量（Q）与电容元件两端的电压（U）成正比，即

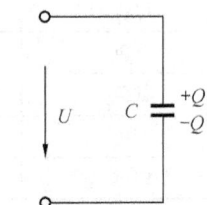

图 1.15　电容元件的特性

$$Q = CU$$

上式还可以写成

$$C = \frac{Q}{U} \tag{1.5}$$

式中，C——衡量电容元件存储电荷能力大小的物理量，称为电容量，简称电容。

电容是电容元件固有的参数，它与极板上所带的电荷量（Q）以及电容元件两端的电压（U）无关。电容与极板面积成正比，与极板间距离成反比，还与极板间的介质有关。例如，有一极板间距离很小的平行板电容元件，电容（C）为

$$C = \frac{\varepsilon S}{d} \tag{1.6}$$

式中，S——极板面积，m^2；

d——板间距离，m；

ε——介电常数，F/m。

电容的国际单位为法拉（法），符号是 F。由于电容器的容量往往比 1 法拉小得多，因此，电容的常用单位是微法（μF）、纳法（nF）、皮法（pF）等，其换算关系为

$$1 \text{ 法（F）} = 10^6 \text{ 微法（μF）} = 10^9 \text{ 纳法（nF）} = 10^{12} \text{ 皮法（pF）}$$

如图 1.16 所示，当电容器两极板上的电荷量变化时，在与电容器极板相连的导线中就会出现电流，即

$$i = \frac{\mathrm{d}q}{\mathrm{d}t} = \frac{\mathrm{d}(Cu)}{\mathrm{d}t} = C\frac{\mathrm{d}u}{\mathrm{d}t} \tag{1.7}$$

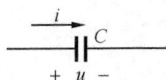

图 1.16　电容的电压、电流关系

电容元件常简称为电容，因此电容既代表电容量，也代表电容元件。若电容（C）为常数，则为线性电容；若电容（C）不为常数，则为非线性电容。

（4）电容器的参数

电容器的主要参数有电容器的标称容量、允许误差、耐压等。

标注在电容器外壳上的电容量的大小称为标称容量。标称容量是生产电容时的电容量的预定值，实际容量与标称容量会有一定的误差。电容器长期连续可靠工作时，两极间能够承受的最高电压称为电容器的额定工作电压，简称电容器的耐压，固定电容器的直流工作电压等级为 6.3V、10V、16V、25V、32V、50V 等。

电容器的电容量常按一定规则标注在电容器外壳上。电解电容器常以 μF 为单位直接标印在电容器外壳上，如 100μF/16V 表示标称容量为 100μF、耐压为 16V 的电容器。

3．电感元件

电感器是电子电路中的重要元件之一，在电路中具有阻交流、通直流的作用。电感器能把电能转变为磁场能，并在磁场中储存能量，因此，电感器和电容器一样，也是一种储能元件。电感器用字母 L 表示，电感的国际单位是亨利（亨），符号是 H。常用的电感单位还有毫亨（mH）、微亨（μH）其换算关系为

$$1\ 亨（H）= 10^3\ 毫亨（mH）= 10^6\ 微亨（μH）$$

电感器常与电容器一起应用，构成 LC 滤波器，防止电路中的干扰。汽车发电机、燃油泵、刮水器电动机、扬声器以及仪表中都装置了去干扰滤波器。此外，电感器也常用来制造变压器、继电器等。汽车中的各类继电器都包含电感元件。

（1）电感器的结构与分类

电感器都是用漆包线、纱包线或镀银裸铜线等各种规格的导线绕在绝缘骨架上或铁心上制成的，且每一圈之间相互绝缘。常见的电感器按作用可分为两类：一类是具有自感作用的线圈，另一类是具有互感作用的变压器。按工作特征分类，电感器可分为固定电感器和可变电感器。

（2）识别电感元件

常见电感器外形如图 1.17 所示，在电路中的图形符号如图 1.18 所示。

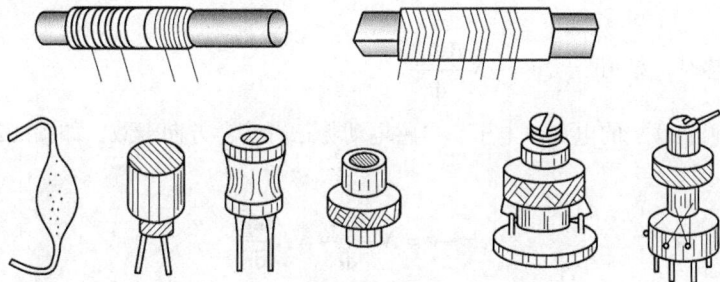

图 1.17　常见电感器外形

（a）电感器线圈　　（b）带磁芯的电感器　　（c）可变电感器

图 1.18　电感器的图形符号

（3）电感元件的电压和电流关系

如图 1.19 所示，电感线圈通过电流（i_L），产生磁力线，并与线圈本身交链，此时的磁通称为自感磁通，用 Φ_L 表示。如果线圈的匝数为 N，穿过一匝线圈的磁通是 Φ_L，则总磁通为

$$\Psi_L = N\Phi_L \qquad (1.8)$$

式中，Ψ_L——又称自感磁链，其单位是韦伯（韦），用字母 Wb 表示。

在自感磁通（Φ_L）与电流（i_L）满足右手螺旋关系时，自感磁链（Ψ_L）与电流（i_L）的比就是电感线圈的自感系数（L），简称电感，即

$$L = \frac{\Psi_L}{i_L} \qquad (1.9)$$

电感既代表自感系数，也代表电感线圈。若自感系数（L）为常数，即磁链与电流的大小成正比的电感线圈称为线性电感，否则称为非线性电感。对于铁心线圈来说，电感（L）不为常数，故称为非线性电感。而空心线圈的电感为常数，故称为线性电感。

1831 年，英国物理学家法拉第发现了法拉第电磁感应定律：当穿过闭合回路的磁通发生变化时，就会在该回路中产生感应电动势和感应电流。感应电动势的大小，正比于回路内磁通对时间的变化率。1833 年，俄国物理学家楞次在概括了大量实验事实的基础上，总结出判断感应电流方向的规律，即楞次定律：闭合回路中感应电流的方向，总是使得它所激发的磁场来阻碍引起感应电流的磁通量的变化。上述两个定律从大小和方向两个方面阐述了感应电动势与磁通的关系。

通常设定感应电动势与磁通的参考方向符合右手螺旋关系，如图 1.19 所示，对于匝数为 N 的通电线圈，感应电动势为

$$e = -N\frac{\mathrm{d}\Phi_L}{\mathrm{d}t} = -\frac{\mathrm{d}(N\Phi_L)}{\mathrm{d}t} = -\frac{\mathrm{d}\Psi_L}{\mathrm{d}t} \qquad (1.10)$$

将式（1.10）代入式（1.9），得

$$e = -\frac{\mathrm{d}\Psi_L}{\mathrm{d}t} = -\frac{\mathrm{d}(Li_L)}{\mathrm{d}t} = -L\frac{\mathrm{d}i_L}{\mathrm{d}t} \qquad (1.11)$$

式（1.10）与式（1.11）是感应电动势的两种表达式。当电感（L）为常数时，多采用公式 $e = -L\dfrac{\mathrm{d}i_L}{\mathrm{d}t}$。

而分析非线性电感时，采用公式 $e = -N\dfrac{\mathrm{d}\Phi_L}{\mathrm{d}t}$。

一般选择电感元件上的电流、电压、自感电动势三者参考方向一致，如图 1.20 所示，则自感电压为

$$u = -e = N\frac{\mathrm{d}\Phi_L}{\mathrm{d}t} = L\frac{\mathrm{d}i_L}{\mathrm{d}t} \qquad (1.12)$$

式（1.12）说明：电感两端的电压与流过电感的电流的变化率成正比，只有当电流发生变化时，其两端才会有电压。电流变化越快，自感电压越大；电流变化越慢，自感电压越小。当电流不随时间变化时，自感电压为零。

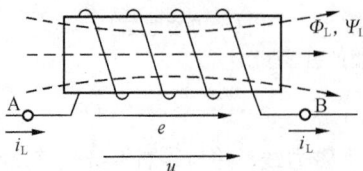

图 1.19　线圈的磁通和磁链　　　　　　　图 1.20　电感元件

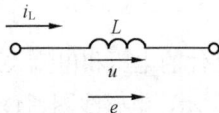

图 1.21 所示为汽车空调电路板的一部分，找出你认识的电路元件。

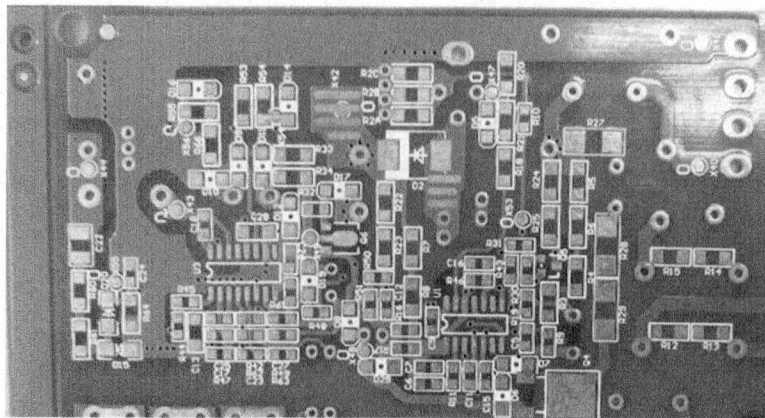

图 1.21　汽车空调电路板

| 1.2　电路的基本定律 |

电流、电压和电阻是电路中的 3 个主要物理量，3 个物理量之间存在的关系可由电路的两个基本定律即欧姆定律和基尔霍夫定律来确定。

1.2.1　欧姆定律

1826 年，德国科学家欧姆在实验中得到了导体电流、电压与电阻的关系，即欧姆定律。欧姆定律是进一步学习电学知识和分析电路的基础。

基础知识

1. 欧姆定律

（1）部分电路欧姆定律

一定温度下，线性电阻元件两端的电压与流过其中的电流成正比。图 1.22 所示的 bc 段是只有线性电阻元件的一段电路，bc 段两端的电压为 U，流过该段电路的电流为 I。图示的电压 U 和电流 I 的方向均为实际方向，此时欧姆定律表示为

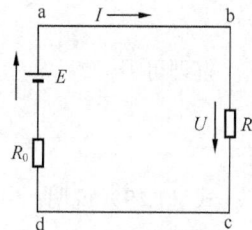

图 1.22　简单电路

$$I = \frac{U}{R} \tag{1.13}$$

（2）全电路欧姆定律

图 1.22 所示的 abcda 段电路构成了一个闭合电路，该闭合电路包括有电源 E、导线、负载 R 等称为全电路。电源中有电流流过时，会产生热量而消耗电能，可以将电源中消耗电能的部分等效成一个电阻 R_0，R_0 称为电源的内电阻。全电路欧姆定律表示为

$$I = \frac{E}{R + R_0} \qquad (1.14)$$

2．负载的串联与并联

（1）负载的串联

负载的串联是把负载一个接一个地依次首尾连接起来，如图 1.23 所示。

图 1.23　电阻的串联

负载串联时，电流只有一条通路，流经各个负载的电流 I 相同，则各负载电阻两端的电压分别为

$$U_1 = R_1 I, \quad U_2 = R_2 I, \quad U_3 = R_3 I$$

电源的总电压等于各负载电阻两端电压之和，即

$$U = U_1 + U_2 + U_3 \qquad (1.15)$$

串联电路的总电阻为

$$R = R_1 + R_2 + R_3 \qquad (1.16)$$

式（1.16）说明：串联电路的总电阻等于各串联电阻之和。

将式（1.15）两边同时乘以电流 I，则得

$$P = UI = U_1 I + U_2 I + U_3 I = P_1 + P_2 + P_3 \qquad (1.17)$$

式（1.17）说明串联电路的总电功率等于各串联电阻的电功率之和。

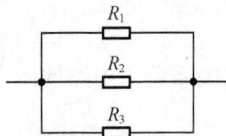
图 1.24　电阻的并联

（2）负载的并联

负载的并联是把几个负载并列地连接起来，如图 1.24 所示。负载并联时，电路中每个负载电阻都直接承受电源电压，即每个负载电阻两端的电压是相等的，都等于电源电压。此时，各负载电阻中的电流分别为

$$I_1 = \frac{U}{R_1}, \quad I_2 = \frac{U}{R_2}, \quad I_3 = \frac{U}{R_3}$$

电源输出的总电流等于流过各负载的电流之和，即

$$I = I_1 + I_2 + I_3 \qquad (1.18)$$

并联电路的总电阻为

$$R = \frac{U}{I} = \frac{U}{I_1 + I_2 + I_3}$$

整理可得

$$\frac{1}{R} = \frac{1}{R_1} + \frac{1}{R_2} + \frac{1}{R_3} \qquad (1.19)$$

式（1.19）说明：并联电路的总电阻的倒数等于各并联电阻的倒数之和。

根据上述公式可得

$$P = UI = UI_1 + UI_2 + UI_3 = P_1 + P_2 + P_3 \qquad (1.20)$$

式（1.20）说明：并联电路的总电功率等于各并联电阻的电功率之和。

有一些电路既包括串联电路又包括并联电路，称为混联电路。对于混联电路的分析，只要按串联电路和并联电路的分析方法，把电路化简，就可以求出总的等效电阻了。

图 1.25 所示为汽车座椅加热电路，左前和右前两座椅的座椅加热丝和靠背加热丝串联再并联，组成了混联电路。

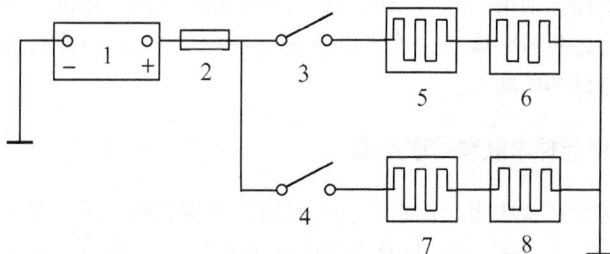

图 1.25　汽车座椅加热电路

1—蓄电池；2—熔断器；3、4—左前/右前座椅加热开关；5、7—左前/右前座椅加热丝；6、8—左前/右前靠背加热丝

3．电路的工作状态

电路因中间环节的连接不同，可处于 3 种不同的工作状态：有载工作状态、断路状态和短路状态，如图 1.26 所示。

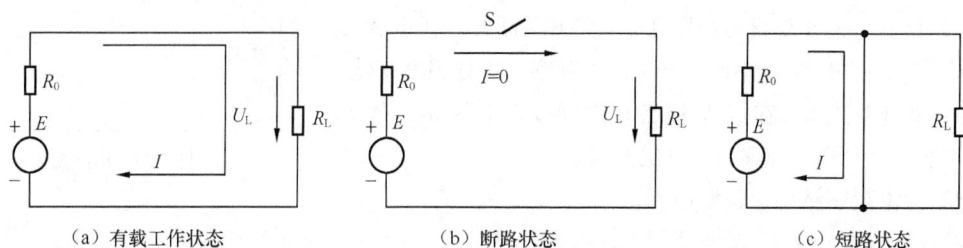

（a）有载工作状态　　　　（b）断路状态　　　　（c）短路状态

图 1.26　电路的 3 种工作状态

（1）有载工作状态

有载工作状态如图 1.26（a）所示，电路中有电流及能量的传输和转换，也称为通路状态。根据全电路欧姆定律，有载工作状态的电路特征如下。

① 电路中的电流

$$I = \frac{E}{R_0 + R_L}$$

② 负载两端的电压

$$U_L = E - R_0 I \qquad\qquad (1.21)$$

式（1.21）表明，当电路处于有载工作状态时，电源向外电路提供的电压要低于电源的电动势 E。在理想状态下 $R_0 \to 0$，此时电源向外电路提供的电压就等于它的电动势 E，满足这个关系的电源称为恒压源，即通常所说的直流电源。

（2）断路状态

断路状态如图 1.26（b）所示，断路状态也称为开路状态或空载状态。当电路处于断路状态时，图 1.26（b）所示开关 S 断开，相当于 $R_L \to \infty$，电路中没有电流。断路状态的电路特征如下。

① 电路中的电流　　　　　　　$I = 0$

② 负载两端的电压　　　　　　$U_L = E$

（3）短路状态

短路状态如图 1.26（c）所示，它是指电路中电源两端被一条导线直接接在一起，此时对电源来说，外电路的电阻等于零。短路状态的电路特征如下。

① 电路中的电流

$$I = \frac{E}{R_0}$$

② 负载两端的电压

$$U_L = 0$$

发生短路时，因电路中的电流过大往往引起机器损坏或火灾。因此，在实际工作中，不允许电路处于短路状态。为避免短路或过载等原因导致电路电流过大，汽车电路中一般都安装有保险装置，如保险丝、断路器和熔断器。

案例 1.4　**电阻元件串联和并联连接。**

连接简单电路，实际观察电阻元件串联及并联后电路中总电阻的变化情况。

实验用品准备：在电工实验台上取用 3V 直流电源（或 2 节干电池）、1 个白炽灯、1 个开关、2 个电阻和若干导线。

操作步骤

（1）在电工实验台上，将直流电源（或干电池）、白炽灯、开关和电阻按照图 1.27 所示进行连接，断开开关 S。

（2）合上开关 S 观察白炽灯亮度。将开关断开，在点 A 处接入电阻 R_2，使 R_1 与 R_2 串联，合上开关观察白炽灯亮度变化。

（3）断开开关 S，在点 A 和点 B 之间接入电阻 R_2，使 R_1 与 R_2 并联，合上开关观察白炽灯的亮度。

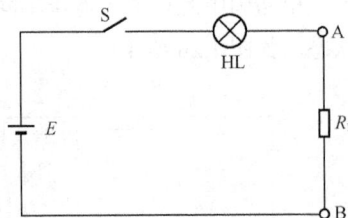

图 1.27　电路图

（4）讨论观察结果，说明原因。

案例 1.5　**结合案例，更好地理解电路的 3 种工作状态的特征。**

在图 1.28 所示的电路中，理想电压源的电压 $U_S=10V$。

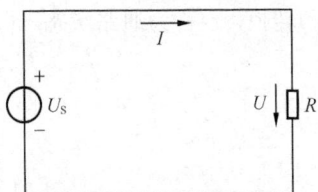

图 1.28　案例 1.5 电路图

求：（1）$R=\infty$ 时的电压 U 和电流 I；

（2）$R=10\Omega$ 时的电压 U 和电流 I；

（3）$R=0$ 时的电压 U 和电流 I。

解题思路：由于图示电路中的电源是理想电源，即内阻 $R_0 \to 0$，此时，根据全电路欧姆定律有 $U_S=U$，电路的工作状况主要由外接电阻 R 决定。

（1）当 $R=\infty$ 时，即外电路断路：$U=U_S=10(\text{V})$

则

$$I=\frac{U}{R}=\frac{U_S}{R}=0(\text{A})$$

（2）当 $R=10\Omega$ 时，外电路为有载工作状态，$U=U_S=10(\text{V})$

则

$$I=\frac{U}{R}=\frac{U_S}{R}=\frac{10}{10}=1(\text{A})$$

（3）当 $R=0$ 时，即外电路短路，故 $U=0\text{V}$

则

$$I=\frac{U}{R}=\frac{U_S}{R}\to\infty$$

显然，短路时电流极大，这极易烧毁电路元器件和设备，所以，要避免电路中出现短路情况。

作业测评

1. 如图 1.29 所示，R 的阻值等于 120Ω，电压表的读数为 12V，电流表的读数为_____。

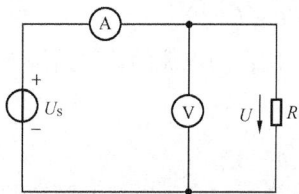

图1.29　作业测评1题图

2．电烙铁接 220V 电压，通过的电流为 10mA，则加热元件的电阻为_____。

3．6 个等值电阻串联的总电阻为 3kΩ，则每个电阻的阻值为_____；将其并联，则其总电阻为_____。

4．2 个电阻 R_1 和 R_2 串联，加在串联电路上的总电压为 12V 时，测得 R_1 两端的电压为 10V，则加在 R_2 两端的电压为_____；若将这 2 个电阻并联到某一电路中，测得 R_1 两端的电压为 6V，则 R_2 两端的电压为_____。

5．电路有哪几种工作状态？说明各种工作状态的特征。

1.2.2　基尔霍夫定律

欧姆定律主要用于进行简单电路的分析，在实际工作中，经常会遇到一些复杂电路，这些电路一般包括多个电源和电阻，其分析和计算需要应用基尔霍夫定律来完成。基尔霍夫定律是由德国物理学家基尔霍夫于 1847 年提出的。

基础知识

1．有关概念

（1）支路

一段没有分支的电路称为支路。图 1.30 所示的 BAFE、BE、BCDE 都是支路，而 ABC 不是支路。支路 BAFE、BCDE 中含有电源称为含源支路，支路 BE 不含电源称为无源支路。

（2）节点

3 条或 3 条以上的支路的连接点称为节点。图 1.30 所示的 B 和 E 都是节点，A、C、D、F 不是节点。

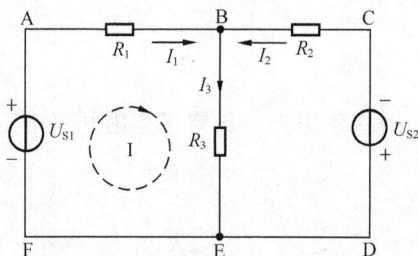

电路结构中的名词

图1.30

（3）回路

电路中由支路组成的任一闭合路径称为回路。图 1.30 所示的 ABEFA、BCDEB、ABCDEFA 都是回路。

（4）网孔

回路内部不含有支路的最简单的回路称为网孔。图 1.30 中所示的 ABEFA、BCDEB 是网孔，而 ABCDEFA 不是网孔。

2．基尔霍夫电流定律

基尔霍夫电流定律简称 KCL：任一瞬时，流入某节点的电流之和等于流出该节点的电流之和，即 $\sum I_\text{入} = \sum I_\text{出}$。基尔霍夫电流定律也常表述为：流经某一节点的电流的代数和等于零，即 $\sum I = 0$。基尔霍夫电流定律确定了连接在同一节点上的各支路电流之间的关系。

图 1.30 所示的电路中有 3 条支路、2 个节点、3 个回路、2 个网孔，图中所标电流方向为参考方向，则流过节点 B 的电流关系是

$$I_1 + I_2 = I_3$$

基尔霍夫定律

通常规定：流出节点的电流为正，流入节点的电流为负，则有 $I_3 - I_1 - I_2 = 0$。

说明：当电流的计算结果为正值时，表示其参考方向与实际方向相同；当电流的计算结果为负值时，表示其参考方向与实际方向相反。

3．基尔霍夫电压定律

基尔霍夫电压定律简称 KVL：某一闭合回路中，任一瞬时沿回路绕行一周，电位升高之和等于电位降低之和，即 $\sum V_{升} = \sum V_{降}$。基尔霍夫电压定律也常表述为：某一闭合回路中，任一瞬时各段电阻上的电压的代数和等于各电源电动势的代数和，即 $\sum E = \sum RI$，其中电动势的参考方向与回路绕行方向一致时为"+"，反之为"–"，电流的参考方向与回路的绕行方向一致时，在电阻上产生的电压降为"+"，反之为"–"。基尔霍夫电压定律确定了回路中各段电压之间的关系。

图 1.30 所示的电路中，设定闭合回路 ABEFA 的绕行方向，则回路中的各段电压的关系为

$$U_{S1} = U_{AB} + U_{BE} = R_1 I_1 + R_3 I_3$$

案例 1.6 结合案例，熟悉基尔霍夫定律的应用。

在图 1.31 所示的电路中，已知 $I_1 = 2A$、$I_2 = 5A$、$I_3 = -10A$、$I_5 = 4A$，计算图示电路中的电流 I_6 及 I_4。

解题思路：分析节点 A 上 4 条支路上的电流，可知 I_1 和 I_2 为流入节点，I_3 和 I_4 为流出节点；分析节点 B 上 3 条支路上的电流，可知 I_4、I_5 和 I_6 均为流入节点。则

对节点 A，根据 KCL 定律可知 $I_1 + I_2 = I_3 + I_4$

则
$$I_4 = I_1 + I_2 - I_3 = 2 + 5 - (-10) = 17（A）$$

对节点 B，根据 KCL 定律可知 $I_4 + I_5 + I_6 = 0$

则
$$I_6 = -I_4 - I_5 = -17 - 4 = -21（A）$$

计算结果中 $I_6 = -21A$，说明其电流实际方向与参考方向相反。

作业测评

如图 1.32 所示，根据电路中标出的电流参考方向，用基尔霍夫电压定律列出回路电压方程。

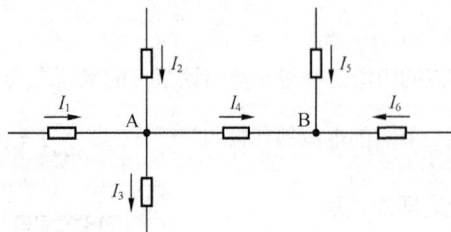

图 1.31　案例 1.6 电路图　　　　　图 1.32　作业测评图

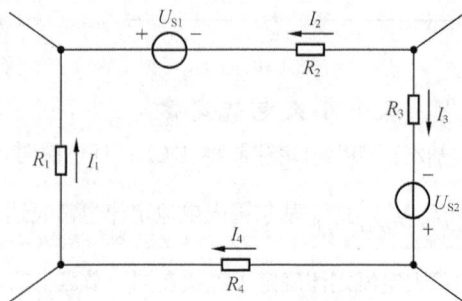

| 1.3　电路的分析与计算 |

学习了电路的两个基本规律，这一节来介绍电路基本规律的应用——电路的分析与计算。

1.3.1　支路电流法

支路电流法是利用基尔霍夫电流定律和电压定律求解复杂电路的最基本的方法。

> 基础知识

1．支路电流法

支路电流法是以支路电流为求解对象，应用基尔霍夫电流定律和电压定律对节点和回路列出所需的方程，通过解方程组来求解支路电流。

2．解题步骤

下面以图 1.33 所示电路为例，说明支路电流法的解题步骤。

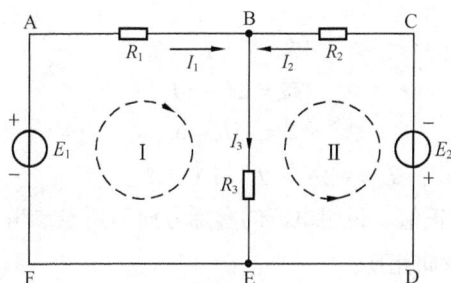

图 1.33

① 选择各支路电流的参考方向。选取支路电流 I_1、I_2、I_3 的参考方向如图 1.33 所示，电流的实际方向由计算结果确定，计算结果为正，说明选取的参考方向与电流的实际方向一致，反之则相反。

② 根据节点数列出独立的节点电流方程式。对于图 1.33 中 B、E 两个节点，利用 KCL 列出节点电流方程式。

对节点 B 列方程：$I_3 - I_1 - I_2 = 0$；

对节点 E 列方程：$I_1 + I_2 - I_3 = 0$。

可以看出，这 2 个方程式是相同的，说明只有 1 个独立的方程式。一般来说，电路中独立的节点电流方程式的个数比节点数少 1。2 个节点只能列出 1 个独立的节点电流方程式。

③ 根据自然网孔，利用 KVL 列出回路电压方程式。图 1.33 所示的电路有 2 个：网孔 I 和孔 II，利用 KVL 列出电压方程式。

对网孔 I 列电压方程：$E_1 = R_1 I_1 + R_3 I_3$；

对网孔 II 列电压方程：$E_2 = -R_2 I_2 - R_3 I_3$。

④ 联立方程组，求出各未知量。

$$\begin{cases} I_3 - I_1 - I_2 = 0 \\ E_1 = R_1 I_1 + R_3 I_3 \\ E_2 = -R_2 I_2 - R_3 I_3 \end{cases}$$

案例 1.7 结合案例，熟悉支路电流法的应用。

在图 1.33 所示的电路中，已知 $R_1 = 2\Omega$，$R_2 = 4\Omega$，$R_3 = 6\Omega$，$E_1 = 12V$，$E_2 = 2V$，求各支路电流。

解题步骤如下。

（1）选取支路电流 I_1、I_2、I_3 的参考方向和回路的绕行方向如图 1.33 所示。

（2）对节点 B 列方程：$I_3 - I_1 - I_2 = 0$。

（3）对回路 I 列电压方程：$E_1 = R_1 I_1 + R_3 I_3$。

对回路 II 列电压方程：$E_2 = -R_2 I_2 - R_3 I_3$。

（4）联立方程组，求出各支路电流。

$$\begin{cases} I_3 - I_1 - I_2 = 0 \\ E_1 = R_1 I_1 + R_3 I_3 \\ E_2 = -R_2 I_2 - R_3 I_3 \end{cases}$$

代入参数值，得

$$\begin{cases} I_3 - I_1 - I_2 = 0 \\ 12 = 2I_1 + 6I_3 \\ 2 = -4I_2 - 6I_3 \end{cases}$$

解联立方程组可得 $I_1 = 3A$，$I_2 = -2A$，$I_3 = 1A$。

在所得结果中，I_1、I_3 为正值，说明电流的实际方向与所设参考方向一致；I_2 为负值，说明电流的实际方向与所设参考方向相反。

1.3.2 电路中各点电位的计算

在进行汽车电路分析和检测时，常需要测量电路中某点的电位，再比较测量值与理论值，以此来判断电路故障，因此必须很好地理解电位的概念，熟悉电位的计算。

基础知识

1．选择参考点

要计算电路中某点的电位，首先应确定一个参考点，作为零电位点。参考点的选择原则上来说可以是任意的，并且一经选定，在分析和计算过程中就不能再改动。在实际应用中，对于强电的电力电气线路，以大地为参考点，接地时用"　　"表示；在弱电的电子电路中，以装置外壳或底板为参考点，接外壳或底板时用"⊥"表示。

2．电位的计算

电路的参考点确定后，某一点的电位即是该点到参考点的电压。进行某点的电位计算可从电路中这一点到参考点任取一条路径，计算沿途电压升高与降低的代数和。计算过程中，电动势 E 由低电位指向高电位；对于电阻，电流从高电位流入，从低电位流出。

下面以一个实例来说明电路中某点电位的计算方法。

【例1.1】 在图1.34所示的电路中，已知 $E=6\text{V}$，$R_1=2\Omega$，$R_2=10\Omega$，$I=0.5\text{A}$，分别以 B、C 为参考点，求出 A、B、C 各点电位值及 AB 两点之间的电压。

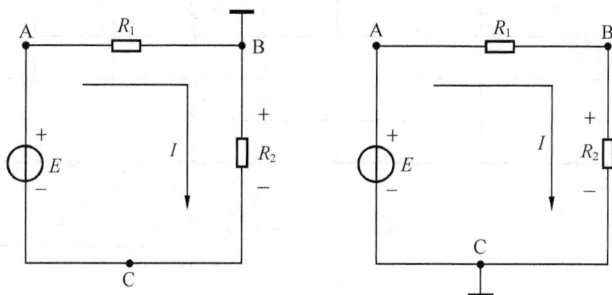

图1.34 例题1.1图

解：以点 B 为参考点（$V_B=0$），根据电位的计算方法得 A、B、C 各点电位为

$V_B=0$

$V_A=R_1 I=2\times 0.5=1(\text{V})$ 或者 $V_A=E-R_2 I=6-10\times 0.5=1(\text{V})$

$V_C=-E+R_1 I=-5\text{V}$ 或者 $V_C=-R_2 I=-10\times 0.5=-5(\text{V})$

点 B 和点 C 与参考点之间均有两段电路，沿任一电路计算，其结果均相同。

案例 1.8 **测量直流电路中各点的电位。**

通过实验熟悉所用的仪器、仪表的使用方法，并学会测量直流电路各点的电位及两点间的电压，加深对电位和电压的理解，验证电位与电压之间的关系。

操作步骤

（1）在电工电子实验台上选择直流稳压电源 E=12V，直流毫安表，直流电压表，3只电阻，$R_1=300\Omega$，$R_2=200\Omega$，$R_3=100\Omega$。

（2）按图1.35所示连接电路，测量 a、b、c、d、e 各点的电位。

（3）将电压表的负极（黑表笔）与参考点 d 相连，电压表的另一端分别与电路中的 a、b、c、e 各点接触，这样便可测得对参考点 d 的各点电位 V_a、V_b、V_c、V_d、V_e 并填入表1.3中。

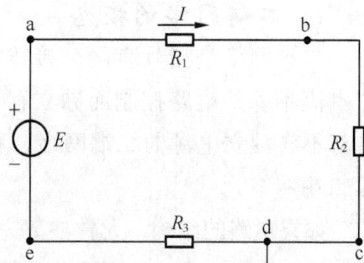

图1.35 电路连接图

（4）测量 ab、bc、cd、de、ea 两端的电压，测量时应把电压表"+"端接前面的字母，"－"端接后面的字母，注意：若指针反偏，说明该电压为负，应将电压表的表笔调换测量，这时该电压为负。例如，测 U_{ab}，将电压表的"+"端接 a，"－"端接 b，读出的 U_{ab} 为正值；若将电压表的"+"端接 b，"－"端接 a，读出的 U_{ba} 则为负值。

（5）改变参考点重复上述测量。

（6）测量结果。将测量结果填入表1.3中。

表 1.3   直流电路各点电位的测量

参 考 点		测量结果（电位、电压的单位为 V）									
		V_a	V_b	V_c	V_d	V_e	U_{ab}	U_{bc}	U_{cd}	U_{de}	U_{ea}	E
点 d	理论											
	测量											
点 e	理论											
	测量											

（7）讨论测量结果。

作业测评

图 1.36 所示的电路中，已知：$E = 12\text{V}$，$R_1 = R_2 = 3\Omega$，$R_3 = 6\Omega$。求：（1）S 断开后点 A 电位 V_A；（2）S 闭合后点 A 电位 V_A。

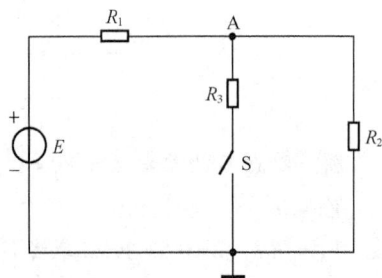

图 1.36 作业测评题图

1.3.3 戴维南定理

戴维南定理是化简复杂电路的一个重要方法，适用于线性电路，即电路中的元件必须都是线性元件。

基础知识

1. 二端网络的概念

二端网络是指具有两个接线端的部分电路。内部含有独立电源（电压源的电压或电流源的电流不受外电路控制而独立存在的电源叫作独立电源）的二端网络，称为有源二端网络；内部不含独立电源的二端网络，称为无源二端网络。图 1.37（a）所示的虚线框内的部分为有源二端网络。

如果电路的结构、元件参数完全不同的 2 个二端网络具有相同的电压、电流关系即相同的伏安特性，则这 2 个二端网络称为等效网络。等效网络在电路中可以相互代换。

2. 戴维南定理

戴维南定理指出：任何一个有源的二端网络，只要其中的元件都是线性的，就可以用一个电压源模型（理想电压源 U_{S0} 和其内阻 R_0 串联）或用一个电流源模型（理想电流源 I_{S0} 和其内阻 R_0 并联，此处略）来代替。理想电压源 U_{S0} 等于该二端网络开路时的端电压，电阻 R_0 等于该有源二端网络所有电源不作用，仅保留其内阻时网络两端的等效电阻，如图 1.37（b）所示。下面以一个例题来说明戴维南定理的应用。

戴维南定理

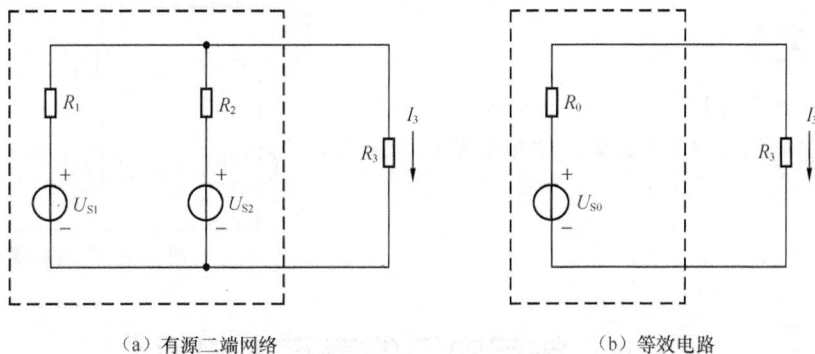

（a）有源二端网络　　　　　　　（b）等效电路

图 1.37　有源端网络及其等效电路

【例 1.2】　图 1.37（a）所示的电路中，已知 $U_{S1} = 12V$，$U_{S2} = 6V$，$R_1 = 1\Omega$，$R_2 = R_3 = 2\Omega$，利用戴维南定理求解流过电阻 R_3 的电流 I_3。

解：（1）计算有源二端网络的开路电压 U_{S0}。如图 1.38（a）所示，在断开 R_3 后回路中只有电流 I'，设电流的参考方向如图 1.38 中虚线所示。则得

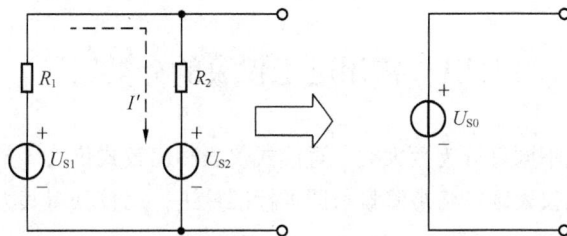

（a）

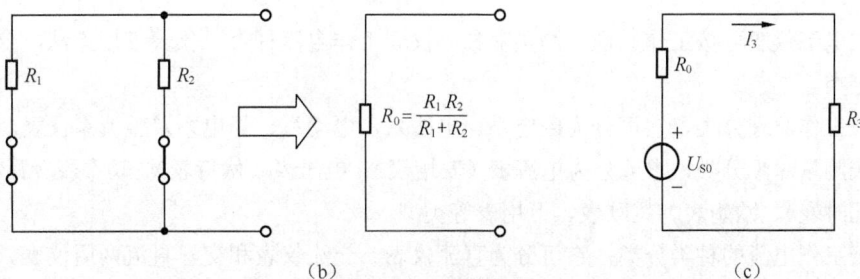

（b）　　　　　　　　　　　（c）

图 1.38　例题 1.2 图

$$I' = \frac{U_{S1} - U_{S2}}{R_1 + R_2} = \frac{12 - 6}{1 + 2} = 2(\text{A})$$

$$U_{S0} = R_2 I' + U_{S2} = 2 \times 2 + 6 = 10(\text{V}) \quad \text{或} \quad U_{S0} = U_{S1} - R_1 I' = 12 - 1 \times 2 = 10(\text{V})$$

（2）计算等效电阻 R_0。由图 1.38（b）可知，电阻 R_1 和 R_2 并联，可得

$$R_0 = \frac{R_1 R_2}{R_1 + R_2} = \frac{2}{3}(\Omega)$$

（3）流过电阻 R_3 的电流。如图 1.38（c）所示，利用全电路欧姆定律可得

$$I_3 = \frac{U_{S0}}{R_0 + R_3} = \frac{10}{2/3 + 2} = 3.75(\text{A})$$

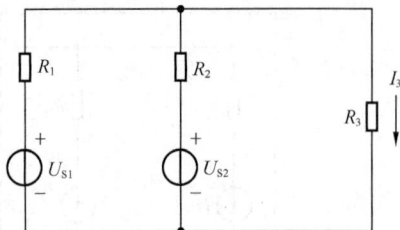
图 1.39　作业测评题图

作业测评

在图 1.39 所示的电路中，已知 $R_1 = 2\Omega$，$R_2 = 4\Omega$，$R_3 = 8\Omega$，$U_{S1} = 6V$，$U_{S2} = 12V$，用戴维南定理求电流 I_3。

1.4　常用电工仪表基本知识

电工仪表也称为电工测量仪表，是用来测量电流、电压、电功率、电能、电阻、电容、电感等电磁量的。电工仪表是电工测量工作中使用最多的设备。汽车维修过程中，很多故障需要对汽车电路进行检测，了解常用电工仪表的基本知识是掌握电工电子技术、进行汽车电路检测的基础。

1.4.1　常用电工仪表的分类

电工仪表按测量方式不同可分为两大类：直读式仪表和比较式仪表。直读式仪表能够直接指示被测量的大小，比较式仪表则需将被测量与同类标准量进行比较获得其大小。常用电工仪表以直读式仪表为主。

基础知识

直读式电工仪表可按工作原理、测量对象、仪表工作电流种类、仪表使用方法、仪表准确度等级进行分类。

按仪表工作原理分类，它可分为磁电系、电磁系、电动系、静电系及整流系仪表。

按仪表测量对象分类，它可分为电流表（安培表）、电压表（伏特表）、功率表（瓦特表）、电度表（千瓦时表）、欧姆表、兆欧表、万用表等类型。

按仪表工作电流的种类分类，它可分为直流仪表、交流仪表和交、直流两用仪表。

按仪表使用方法分类，它可分为安装式仪表和便携式仪表。

按仪表准确度等级分类，它可分为 0.1 级、0.2 级、0.5 级、1.0 级、1.5 级、2.5 级和 4 级共 7 个等级的仪表。

数字式仪表也是一种直读式仪表，它是以数字形式直接显示被测数据的仪表。

作业测评

举例说出你熟悉的电工仪表，并说明它测量的对象。

1.4.2　电工仪表的型号及标识

要学会使用电工仪表，首先应该了解电工仪表的标识。

基础知识

1. 电工仪表的型号

电工仪表与其他仪表一样，由型号表示其用途、作用及工作原理。各类产品的型号按有关规定标准编制。

安装式仪表型号的含义如图1.40所示。

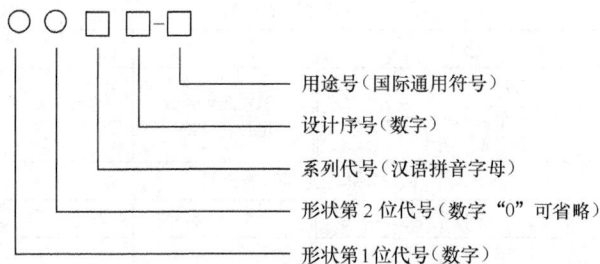

图 1.40 安装式仪表型号的编制规则

形状第1位代号按仪表面板形状最大尺寸编制；形状第2位代号按仪表外壳尺寸编制；系列代号按仪表工作原理类别编制，如磁电系仪表代号为C（汉字拼音第1个字母），电磁系仪表代号为T，电动系仪表代号为D，感应系仪表代号为G，整流系仪表代号为L等。如10T1-A型仪表：形状代号为"10"；"T"表示电磁系仪表；"1"为设计序号；"A"表示电流表。

便携式电工仪表的型号没有表示安装尺寸的形状代号部分，其余部分的组成形式与安装式仪表相同。如T62-V型仪表："T"表示电磁系仪表；"62"表示设计序号；"V"表示电压表。

2. 电工仪表的标识

根据国家标准规定，电工仪表的盘面上都刻有仪表型号、测量对象单位、准确度等级、电源种类和相数、使用条件、准确度、各种额定值等指标，这些指标都用专门的图标符号表示。常用的电工仪表标识符号如表1.4所示。

表 1.4   常见电工仪表标识符号

1. 仪表工作原理的图形符号					
名　称	符　号	名　称	符　号	名　称	符　号
磁电系仪表		电动系仪表		静电系仪表	
电磁系仪表		感应系仪表		整流系仪表	

2. 电流种类的符号					
名　称	符　号	名　称	符　号	名　称	符　号
直流	——	交流（单相）		直流和交流	

3. 准确度等级的符号					
名　称	符　号	名　称	符　号	名　称	符　号
以标度尺量限百分数表示的准确度等级，如1.5级	1.5	以标度尺长度百分数表示的准确度等级，如：1.5级	1.5	以指示值百分数表示的准确度等级，如1.5级	1.5

续表

	4. 工作位置的符号				
名　　称	符　　号	名　　称	符　　号	名　　称	符　　号
标度尺位置为垂直的	⊥	标度尺位置为水平的	⊓	标度尺位置与水平面倾斜成一个角度，如60°	∠60°

	5. 绝缘强度的符号		
名　　称	符　　号	名　　称	符　　号
不进行绝缘强度试验	☆0	绝缘强度试验电压为2kV	☆2

	6. 端钮、调零器的符号						
名　称	符　号	名　称	符　号	名　称	符　号	名　称	符　号
负端钮	—	公共端钮	✕	与外壳连接的端钮	⏚	调零器	⌒
正端钮	+	接地用的端钮	⏚	与屏蔽相连接的端钮	◌		

	7. 按外界条件分组的符号				
名　　称	符　号	名　　称	符　号	名　　称	符　号
I 级防外磁场（例如磁电系）	∩	II 级防外磁场及电场	II ⌐II⌐	B 组仪表	△B
II 级防外电场（例如静电系）	⌐⊙⌐	A 组仪表	△A	C 组仪表	△C

案例 1.9

识读 1T1-A 型电工仪表。图 1.41 所示为 1T1-A 型电工仪表，根据表盘上的标识符号的意义（见表 1.5），说明仪表的特征。

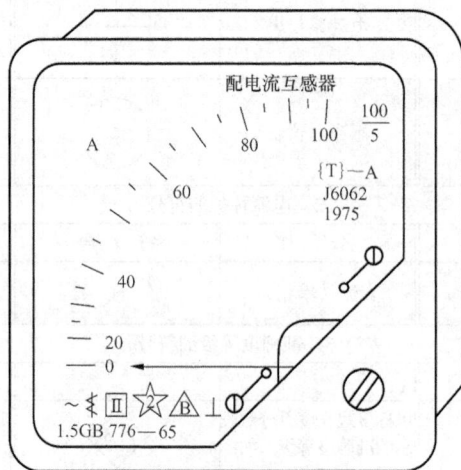

图 1.41　1T1-A 型电工仪表

表 1.5   表盘标识符号及含义

符 号	含 义	符 号	含 义
A	电流表	☆2	仪表绝缘可经受 2kV/min 耐压试验
∿	交流	B	厂家生产的 B 组仪表
(电磁系符号)	电磁系	⊥	表盘面应位于垂直方向
Ⅱ	防外界磁能力是 Ⅱ 级	1.5	仪表准确度等级为 1.5

作业测评

1. 说明下列型号仪表的特点：16T2-V；42L6-A；T51-A。
2. 按照教师要求在电工实验台上找出电流表与电压表。

1.4.3 常用电工仪表的选择、使用及保养

电工仪表的选择是否合理以及能否正确使用，直接影响到测量结果的准确性，同时也影响使用的安全性和经济性。

基础知识

合理选择电工仪表，首先应明确测量任务的要求，在保证完成测量要求的前提下，确定仪表的类型、准确度等级、量程、内阻等。

1. 电工仪表的选择

（1）仪表类型的选择

根据被测量的电流性质选择直流型或交流型的仪表。测量直流电量时多采用磁电系仪表；测量正弦交流电量时常采用电磁系或电动系仪表。

（2）仪表准确度的选择

一般来说，仪表的准确度等级越高，测量的准确度越高，但其价格也越贵，使用条件要求也高。因此，应根据实际测量的技术要求来选择仪表的准确度等级，在保证要求的前提下充分考虑其经济性。

（3）仪表量程的选择

为获得正确的读数，防止损坏仪表，仪表的量程必须大于或等于测量对象的最大值。一般情况下，测量对象的最大值应处在仪表标度尺满刻度的 70%～80%，将此作为选择量程的参考标准。

（4）仪表内阻的选择

仪表内阻的大小反映了仪表本身的功耗。要求仪表接入被测电路后，不应对电路的原始工作状态产生较大影响及引起较大的测量误差。一般来说，与电路并联的仪表，如电压表的内阻，应尽量大一些；与电路串联的仪表，如电流表的内阻，应尽可能小。

（5）仪表工作条件的选择

电工仪表的说明书中都规定了仪表的工作环境条件，选择仪表时应使测量的工作环境条件与其规定相符合。

除此以外，对仪表及附加装置的绝缘强度的选择应根据被测电路电压来确定，防止测量过程中损坏仪表及发生伤害事故。

2．电工仪表的正确使用

（1）正确设计电路和接线

根据测量对象的种类、测量要求和测量点的情况，正确设计电路和接线。一般先根据测量对象选择电工仪表的类型；再根据仪表与电路的连接方式设计和确定测量电路的接线方法。

（2）正确操作

测量前应检查仪表指针是否指零，未指零的应先调零。测量时要选择和检查仪表的量程，应保证量程大于或至少等于被测量值；正确读取测量值；仪表要按规定的方式和位置放置，尽量远离热源与强磁场。

3．使用仪表的注意事项

（1）轻取轻放仪表，防止剧烈的震动和撞击。

（2）保持仪表整洁。

（3）仪表要保持干燥，不可放置在潮湿、过冷或过热的场所，要防止有害气体腐蚀。

（4）妥善保管仪表的附件及专用接线，确保配件齐全。

【作业测评】

1．试确定用来测量电流为 0.1mA、10mA、50mA、1A 的直流电流的仪表类型及量程。

2．试确定用来测量电压为 0.5V、10V、5V、1V 的交流电压的仪表类型及量程。

|1.5 技能训练|

1.5.1 万用表的使用

万用表又称三用表，是一种多量程和可测量多种电量的便携式电子测量仪表，有指针式和数字式两种。一般的万用表以测量电阻，交、直流电流，交、直流电压为主。有的万用表还可以用来测量音频电平、电容量、电感量和晶体管的 β 值等。图 1.42 所示为万用表的实物图。

(a) 指针式万用表   (b) 数字式万用表

图 1.42 指针式万用表和数字式万用表实物图

由于万用表结构简单，便于携带，使用方便，用途多样，量程范围广，因而它是维修仪表和调试电路的重要工具，是一种最常用的测量仪表。

基础知识

1. 万用表的使用步骤

① 首先正确选择测量挡，注意不能选错，如果错将电流挡当成电压挡接到电路中，将产生严重后果。

② 要合理选择量程挡。测量电压电流时，量程挡的选择方法同电压表和电流表量程挡选择一样；测量电阻时，由于欧姆表刻度不均匀，为提高读数的准确度，选择量程挡时以使指针偏转到满刻度的 1/2～2/3 为宜。

③ 测量电阻时注意接入方式，不要将人体电阻接入，以免产生误差。

2. 万用表使用注意事项

① 机械调零。在未做任何连接前，观察指针是否指在刻度盘最左端零刻度线处，如果不指在零刻度处，则用一字改锥调整表盘中间机械调零旋钮，将指针刻度调到零刻度处。

② 欧姆调零。如果是测量电阻，将红、黑表笔分别插入"+""*"或"-"口中，将红黑两表笔短接，观察指针是否对准刻度盘最右端零欧姆刻度线处，如果没有，则调节欧姆调零旋钮使之对准，称为欧姆调零。

实训目标

熟悉并掌握万用表使用与测量方法。

实训条件

指针式万用表、数字万用表、电阻、汽车水温传感器、二极管、三极管。

操作步骤

1. 用指针式万用表测量交、直流电压

（1）直流电压测量

① 测量电路如图 1.43 所示。

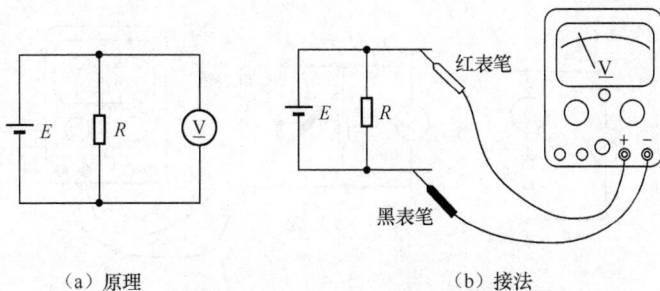

（a）原理　　　　　　　　（b）接法

图 1.43　用万用表测量直流电压

② 测量直流电压时，红表笔接高电位，黑表笔接低电位。

③ 将万用表与被测电路并联连接。

（2）交流电压测量

① 测量电路如图 1.44 所示。

② 测量时两表笔可任意接入。

③ 万用表与被测电路并联连接。

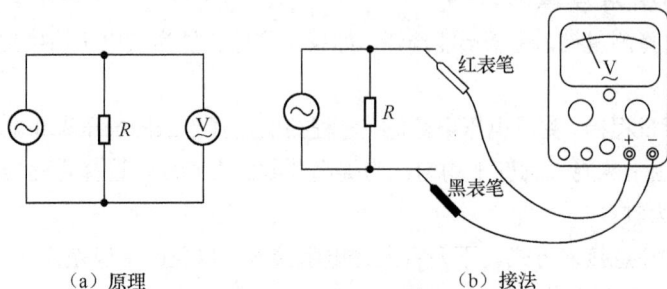

（a）原理　　　　　　　　　　　（b）接法

图 1.44　用万用表测量交流电压

2．用指针式万用表测量交、直流电流

（1）直流电流测量

① 测量电路如图 1.45 所示。

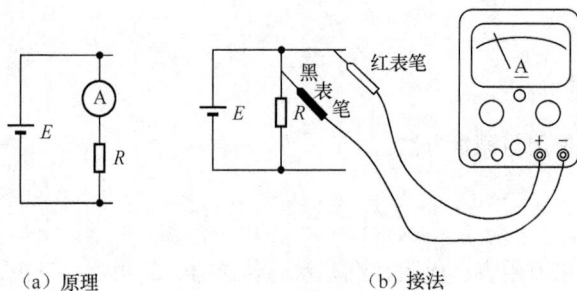

（a）原理　　　　　　　　　　　（b）接法

图 1.45　万用表测量直流电流

② 测量时红表笔接高电位，黑表笔接低电位。

③ 万用表与被测电路串联连接。

（2）交流电流测量

① 测量电路如图 1.46 所示。

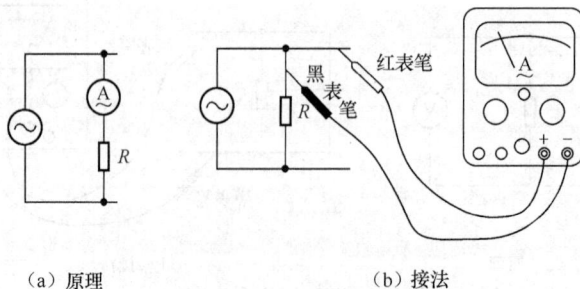

（a）原理　　　　　　　　　　　（b）接法

图 1.46　用万用表测量交流电电流

② 测量时两表笔可任意接入。

③ 万用表与被测电路串联连接。

通过上述测量可以有以下结论。

① 用万用表测量交、直流电压时，万用表与被测量电路并联连接。

② 用万用表测量交、直流电流时，万用表与被测量电路串联连接。

③ 万用表测量直流电压与直流电流时，红表笔接高电位，黑表笔接低电位。

④ 用万用表测量交流电压与交流电流时，两表笔可任意连接。

⑤ 测量未知电压或电流时万用表的量程应由大向小过渡，避免打表针。

3．用指针式万用表测量电阻

① 万用表欧姆调零，即把红、黑表笔短接，同时调节欧姆调零旋钮使表针对准电阻零刻度线位置，如图 1.47（a）所示。

② 倍率挡 $R\times1$、$R\times10$、$R\times100$、$R\times1k$ 由 1.5V 电池供电；$R\times10k$ 由 9V 电池供电。黑表笔接内电池正极，红表笔接内电池负极。

③ 用 $R\times1k$ 挡测量 $R=1k\Omega$ 的电阻器阻值，如图 1.47（b）所示，指针指在 1 格处；用 $R\times100$ 挡则指针指在 10 格处；用 $R\times10$ 挡则指针指在 100 格处；用 $R\times1$ 挡则指针指在 $1k\Omega$ 格处，由此确定电阻值读数。

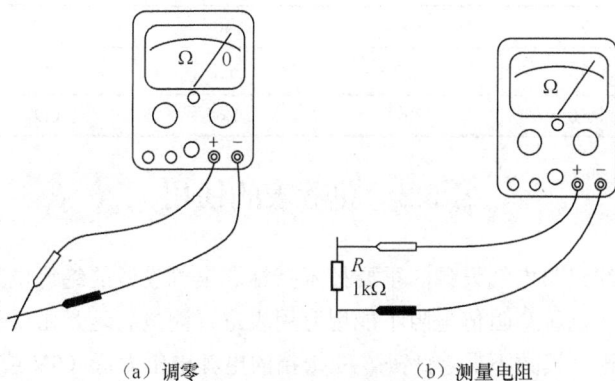

（a）调零　　　　　　　　（b）测量电阻

图 1.47　万用表测量电阻

4．用数字式万用表检测汽车水温传感器（丰田车）

（1）水温传感器的电阻检测

① 将被测传感器放到烧杯里的水中，水中同时放置了一支玻璃温度计。用酒精灯加热杯中的水，如图 1.48 所示。

② 将万用表红表笔的插头插入"V·Ω"插孔，把量程选择开关置于"Ω"范围的 200Ω 挡，接通电源开关。红、黑表笔分别接到传感器两端子间，显示屏即可显示出电阻值。测量不同温度下水温传感器的电阻值，并记录在表 1.6 中。

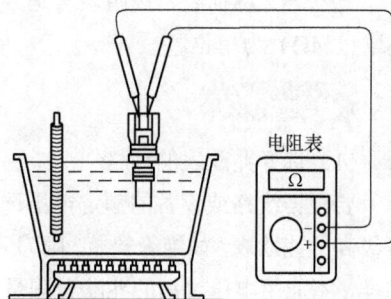

图 1.48　检测水温传感器的电阻

表 1.6　　　　　　　　　　　　　　　水温传感器电阻的检测

温度/℃	10	20	30	40	50	60	80
电阻值/kΩ							

发动机（含自变速器）ECU

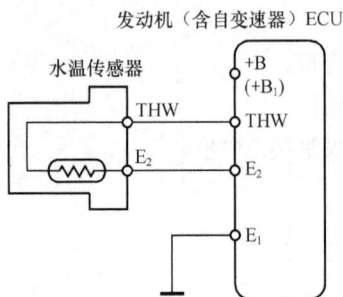

图 1.49　水温传感器的电路

（2）水温传感器输出信号电压的检测

① 装好冷却水温度传感器，将导线连接器插好，当点火开关置于"ON"位置时。

② 将万用表量程选择开关有短黑线的那端旋至"DCV"内适当的挡位，黑表笔的插头插入"COM"插孔，红表笔的插头插入"V•Ω"插孔，红、黑表笔分别接在水温传感器导线连接器 THW 端子与 E_2 端子上，此时显示屏上便会显示测得的传感器输出电压信号。图 1.49 所示为水温传感器的连接电路。将测得的传感器输出电压信号填入表 1.7 中。表 1.8 所示为不同温度下水温传感器的电阻值和电压值的规定值，用于与表 1.7 中的数据加以比较。

表 1.7　　　　　　　　　　　　水温传感器输出信号电压的检测

温度/℃	0	20	40	60	80
电压/V					

表 1.8　　　　　　　　　　不同温度下水温传感器的电阻值/电压值

温度/℃	0	20	40	60	80
电阻值/kΩ	6	2.2	1.1	0.6	0.25
电压/V	3.50	3.60	1.65	0.99	0.60

1.5.2　兆欧表的使用

绝缘性能是供电线路与电气设备的重要技术指标。电气设备的绝缘电阻的阻值都很大，一般在几十到几百兆欧，这种高阻值电阻不能用万用表进行测量。这是由于万用表的欧姆标度尺在这个范围的刻度过密，读数不准，此外，欧姆挡的电源电压太低（9V 或 1.5V），在低电压下测量出的绝缘电阻反映不出在高压或在额定电压作用下设备运行状态的正常数值。在电气安装与修理中，绝缘电阻要用兆欧表测量。

兆欧表又称摇表、高阻表，是专门检测高工作电压下的高值电阻的便携式仪表。它的读数以兆欧（MΩ）为单位。

基础知识

（1）选择兆欧表的规格

要根据线路或设备的额定电压选择兆欧表的规格。测量高压设备的绝缘电阻，必须选用电压等级高的兆欧表，如绝缘瓷瓶、闸刀开关的绝缘电阻均在 10MΩ 以上，至少选用 2 500V 的兆欧表。同样，不能用电压过高的兆欧表测量低压电气设备的绝缘电阻，如额定电压为 380V 的电气设备，应选用 500～1 000V 的兆欧表，以免电气设备的绝缘受损。

（2）选择兆欧表的测量范围

有些兆欧表的标度不是从 0 开始，而是从 1MΩ 或 2MΩ 开始，这样的兆欧表不能测量工作在潮湿环境中的线路与设备，因为在潮湿环境中的绝缘电阻可能小于 1MΩ 或 2MΩ，用这种兆欧表无法测量绝缘电阻的真实值。表 1.9 列出了在不同情况下选用兆欧表的数据资料。

使用兆欧表

表 1.9 兆欧表的参数

测 量 对 象	测量对象的额定电压	欧姆表的额定电压
线圈	500V 以下	500V
线圈	500V 以上	1 000V
发电机绕组	380V 以下	1 000V
电力变压器及电机绕组	500V 以上	1 000~2 500V
电器设备	500V 以下	500~1 000V
电器设备	500V 以上	2 500V
绝缘子、母线、刀闸	—	2 500~5 000V

实训目标

① 熟悉兆欧表面板。

② 熟练使用兆欧表。

③ 使用兆欧表测量火花塞绝缘电阻。

实训条件

兆欧表、电动机、火花塞等。

操作步骤

（1）测量前的准备

将兆欧表水平放稳，接线柱 L、E 开路，使手摇发电机达到额定转速（约 120 r/min）时，指针应指向 "∞"；当慢速摇动发电机手柄，使接线柱 E 与 L 短路（时间要短，以免损坏兆欧表）时指针应迅速指向 "0"；否则，应调整兆欧表。

（2）兆欧表的接线

① 一般情况下，被测电阻接在 L 与 E 两个接线柱之间，如图 1.50（a）和图 1.50（b）所示。

② 在被测电阻本身不干净或潮湿的情况下，还要使用屏蔽接线柱 G，如图 1.50（c）所示。此时表面漏电流不通过流比计的电流线圈，而经屏蔽接线柱 G 流回发电机负极，从而消除因表面漏电产生的误差。

③ 兆欧表与被测电阻之间要用单股导线连接，不得使用双股线或绞合线。

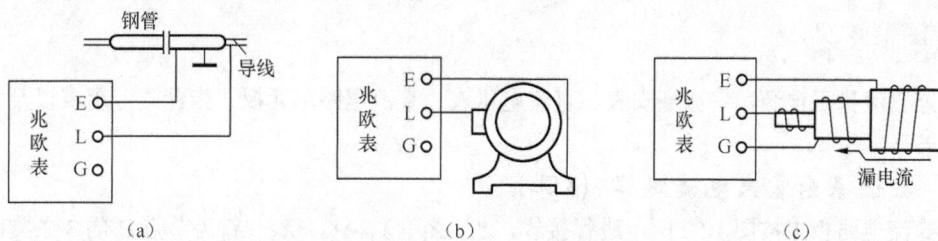

图 1.50 兆欧表的接线

（3）用兆欧表测量火花塞的绝缘电阻

将兆欧表的 L 与 E 两个接线柱分别接到火花塞的外壳和接线螺母处，测量火花塞的绝缘电阻，正常值应大于 10MΩ。图 1.51 所示为火花塞的结构图。

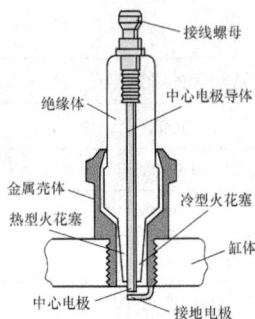

图 1.51 火花塞结构图

（4）兆欧表的读数操作

① 匀速摇动手摇发电机，一般维持在 120 r/min 左右，大约 1min，待指针稳定后再读数。

② 遇到含有大容量电容器的被测电路，应持续摇动一段时间，待电容器充电完毕、指针稳定后再读数。

③ 摇动过程中，若出现指针指向"0"，说明被测对象有短路现象，应立即停止摇动，防止过电流烧坏流比计线圈。

④ 在操作过程中，切勿触及引线的裸露部分，防止触电伤人。

⑤ 测量完毕，先对被测设备放电，再拆除兆欧表的接线。

1.5.3　验证基尔霍夫定律

基尔霍夫定律是电路的基本定律，测量某电路的各支路电流及多个元件两端的电压，应能分别满足基尔霍夫电流定律和电压定律。即对电路中的任一节点而言，应有 $\sum I = 0$；对任何一个闭合回路而言，应有 $\sum U = 0$。

基础知识

① 基尔霍夫电流定律是确定电路中任意节点处各支路电流之间关系的定律，因此又称为节点电流定律，它的内容为：在任一瞬时，流向某一节点的电流之和恒等于由该节点流出的电流之和，即

$$\sum I_入 = \sum I_出$$

② 基尔霍夫电压定律是确定电路中任意回路内各电压之间关系的定律，因此又称为回路电压定律，它的内容为：在任一瞬时，沿电路中的任一回路绕行一周，在该回路上电动势之和恒等于各电阻上的电压降之和，即

$$\sum U_{电压升} = \sum U_{电压降}$$

实训目标

① 验证基尔霍夫定律的正确性，加深对基尔霍夫定律的理解。
② 学会用电流插头、插座测量各支路电流的方法。

实训条件

双路直流稳压电源、直流毫安表、直流电压表、直流电路单元板、指针式万用表以及带插头的导线若干。

1. 验证基尔霍夫电流定律（KCL）

在直流电路板上按图 1.52 所示进行接线，X_1、X_2、X_3、X_4、X_5、X_6 为节点 B 的 3 条支路的测量接口。测量某支路电流时，将电流表的两支表笔接在该支路接口上，并将另两个接口用连接导线短接。验证 KCL 定律时，可假定流出该节点的电流为正（反之也可），并将表笔负极接在接点接口上，表笔正极接到支路接口上。若指针正向偏转，则取正值，若反向偏转，则倒换电流表正负极，重新读数，其电流测值取负，将测量的结果填入表 1.10 中。

操作步骤

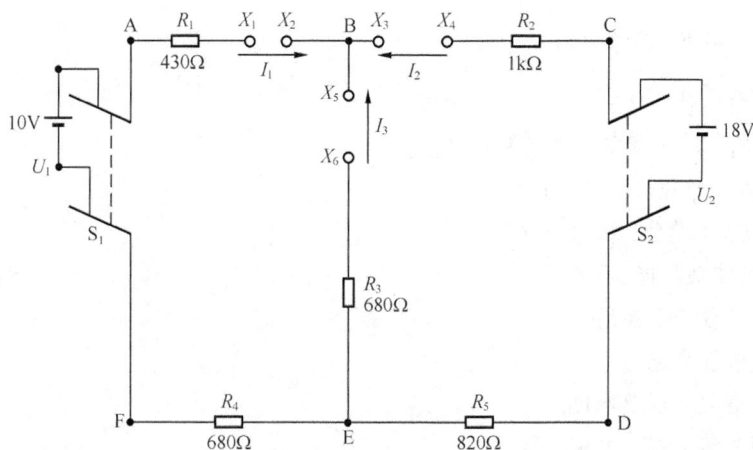

图 1.52 接线图

表 1.10 电流测量结果

电 流	计 算 值	测 量 值	误 差
I_1			
I_2			
I_3			
$\sum I =$			

2. 验证基尔霍夫回路电压定律 (KVL)

实验电路与图 1.52 所示相同，用连接导线将 3 个电流接口短接。取两个验证回路：回路 1 为 ABEFA，回路 2 为 BCDEB。用电压表依次测取 ABEFA 回路中各支路 U_{AB}、U_{BE}、U_{EF} 和 U_{FA}；BCDEB 回路中各支路电压 U_{BC}、U_{CD}、U_{DE}、U_{EB}，将测量结果填入表 1.11 中。测量时可选顺时针方向为绕行方向，并注意电压表的指针偏转方向及取值的 "＋" 与 "－"。

表 1.11 电压测量结果

电压	U_{AB}	U_{BE}	U_{EF}	U_{FA}	回路$\sum_U$	U_{BC}	U_{CD}	U_{DE}	U_{EB}	回路$\sum_U$
计算值										
测量值										
误 差										

｜本 章 小 结｜

1. 电学基本概念。

（1）电路的组成 —— 电源、负载、开关、导线。

（2）汽车电路的特点——两个电源、低压直流、电器设备并联、单线制、负极搭铁。

（3）电路的主要物理量。

电流 $I = \dfrac{U}{R}$，单位：安培（A）。

电位 V，单位：伏（V）。

电压 $U_{AB} = V_A - V_B$，单位：伏（V）。

电能 $W = UIt$，单位：焦耳（J）。

电功率 $P = UI$，单位：瓦（W）。

2. 需掌握的实践技能。

（1）常用电工仪表及使用。

（2）用电流表测电流。

（3）用电压表测电压及电位。

（4）用万用表测电流、电压、电阻。

3. 电路的基本定律及分析方法，如表 1.12 所示。

表 1.12　　　　　　　　　　　电路分析方法

电 路 类 型	应用定律及分析方法	公　式	电 路 图
部分电路	部分电路欧姆定律	$I = \dfrac{U}{R}$	
简单回路	全电路欧姆定律	$I = \dfrac{E}{R_0 + R}$	
复杂电路	基尔霍夫电流定律	$\sum I = 0$	
	基尔霍夫电压定律	$\sum U = 0$	
	支路电流法		
	戴维南定理		

|思考与练习|

一、填空题

1. 负载是取用电能的装置，它的功能是_____。

2. 电路中电流的方向规定为_____电荷移动的方向，在金属导体中电流的方向与电子的运动方向_____。

3. 已知 $R_1 > R_2$，在它们的串联电路中 R_1 比 R_2 取得的功率_____，在它们的并联电路中 R_1 比 R_2 取得的功率_____。

4. 图 1.53 所示的电路中，已知 $U = 20V$，$R = 5\Omega$，电压、电流取关联参考方向，$I = $_____。

5. 图 1.54 所示的电路中，已知：I_1=2A，I_3=5A，则 I_2=_____。

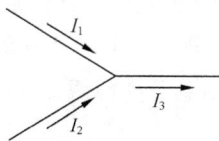

图 1.53 填空题 4 题图   图 1.54 填空题 5 题图

6. 已知 U_{AB} =10V，若选点 B 为参考点，则 V_A =_____V，V_B =_____V。

7. 当负载被短路时，负载上电压为_____，电流为_____，功率为_____；当负载断路时，负载上电压为_____，电流为_____，功率为_____。

8. 在强电系统中，一般以_____为参考点，在弱电系统中，一般以_____为参考点，参考点的电位为_____。

9. 串联电路中的各点_____相等，总电压等于_____之和；并联电路中，电阻两端的_____相等，电路中的总电流等于_____。

10. 电路的主要作用是_____。

11. 部分电路的欧姆定律是用来说明电路中____、____、____3 个物理量之间关系的定律。

12. 线性电阻电压和电流的关系可用_____式子表示。

二、选择题

1. 某白炽灯上标有"220V、100W"字样，则 220V 是指（   ）。

（A）最大值　　　（B）瞬时值　　　（C）有效值　　　（D）平均值

2. 额定电压均为 220V 的 40W、60W 和 100W 3 只白炽灯串联接在 220V 的电源上,它们的发热量由大到小排列为（   ）。

（A）100W、60W 和 40W　　　　　（B）40W、60W 和 100W

（C）100W、40W 和 60W　　　　　（D）60W、100W 和 40W

3. 用电器铭牌上标注的额定电压是指（   ）。

（A）有效值　　　（B）平均值　　　（C）最大值　　　（D）瞬时值

4. 某一电路中，选定参考点后测得点 a 电位 5V，点 b 电位-3V，那么 U_{ba} =_____。

（A）2V　　　（B）8V　　　（C）-8V　　　（D）-2V

5. 两个电阻串联接入电路，当两个电阻阻值不相等时，则（   ）。

（A）电阻大的电流小　　　　　　　（B）电流相等

（C）电阻小的电流小　　　　　　　（D）电流大小与阻值无关

三、判断题

1. 电路中任意两点之间的电压值是绝对的，任何一点的电位值是相对的。（   ）

2. 任何负载只要工作在额定电压下，其功率和电流也一定是额定值。（   ）

3. 进行电路分析时必须先给出电流和电压的参考方向。（   ）

4. 电源在电路中总是提供能量的。（   ）

5. 电路图中参考点改变，任意两点间的电压也随之改变。（   ）

四、简述题

1. 汽车全车电路由哪几部分组成？

2. 与普通电路相比汽车电路有什么特点？

五、计算题

1. 根据图 1.55 所示的电路，计算 a、b、c、d 各点电位。

2. 在图 1.56 所示的电路中，$R_1 = R_2 = R_3 = R_4 = R_5 = R_6$，图中给出的各点的电位是以 O 为参考点的电位。按图回答下列问题。

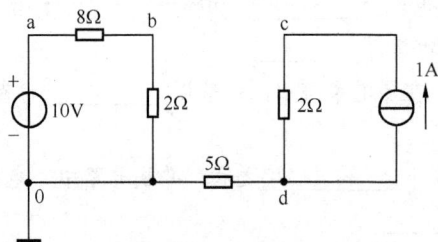

图 1.55　计算题 1 题图

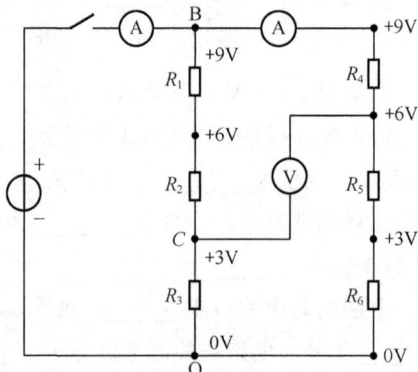

图 1.56　计算题 2 题图

（1）标出电路图中测量仪表的"+""–"极。

（2）指出电路中共有多少个节点和支路。

（3）在电路图中用箭头表示出每个支路的电流方向。

（4）说明测量 U_{BC} 处电压时，电压表的正负极的接法，此时电压表的读数为_____。

（5）说明测量 B、C 两点电位时，电压表的正负极接法，此时电压表读数为_____。

（6）图中给出的电压表的读数应为_____。

第 2 章
汽车交流电路

目前，汽车发电机一般都采用三相同步交流发电机，再通过整流装置将交流电变为直流电供用电设备使用。图 2.1 所示为汽车电源电路，图中的发电机即为三相交流发电机。因此，要掌握汽车电路的维修及检测，就必须学习和掌握交流电路的有关知识。本章主要学习交流电的基本概念及基本理论，这些基本概念和理论是后续课程的理论基础。

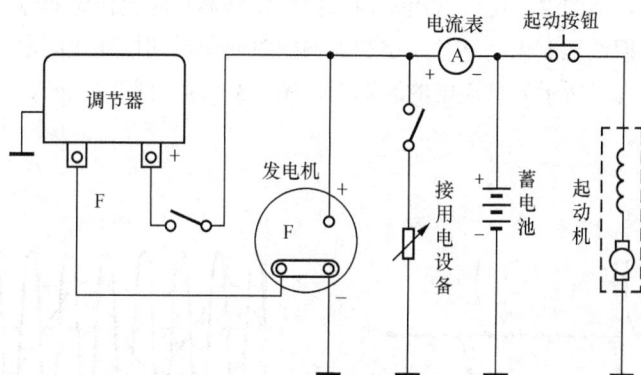

图 2.1　汽车电源电路

【学习目标】

◎ 理解交流电、正弦交流电的概念；

◎ 理解正弦交流电的三要素；

◎ 了解周期、频率、角频率、瞬时值、最大值、有效值、相位、相位差等概念及相互之间的关系；

◎ 理解正弦交流电的矢量表示法；

◎ 掌握单相交流电路的有关规律；

◎ 掌握三相交流电路的有关规律；

◎ 能对三相交流电路中的负载进行星形联结和三角形联结。

|2.1 交流电基本知识|

在实际生产和生活中，交流电的应用非常广泛。在电网中，由发电厂发出的电是交流电，输电线路上输送的是交流电，各种交流电动机使用的仍然是交流电，一些需要直流电的场合，也往往是将交流电变换成直流电来使用。

2.1.1 交流电的概念

基础知识

1. 交流电的概念

图 2.2（a）所示为汽车曲轴位置传感器的输出信号波形图，图 2.2（b）所示为汽车轮速传感器的输出信号波形图。从图 2.2 可以看出，曲轴位置传感器和轮速传感器输出的电压大小和方向都随时间的变化而周期性地变化。这种大小和方向随时间做周期性变化的电压、电流和电动势统称为交流电。图 2.3（a）所示为直流电的波形图，图 2.3（b）、图 2.3（c）、图 2.3（d）所示为常见的交流电的波形图。

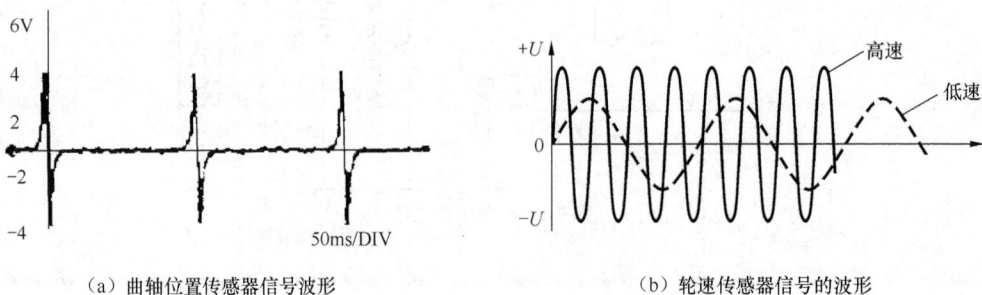

（a）曲轴位置传感器信号波形 　　　（b）轮速传感器信号的波形

图 2.2 汽车传感器波形图

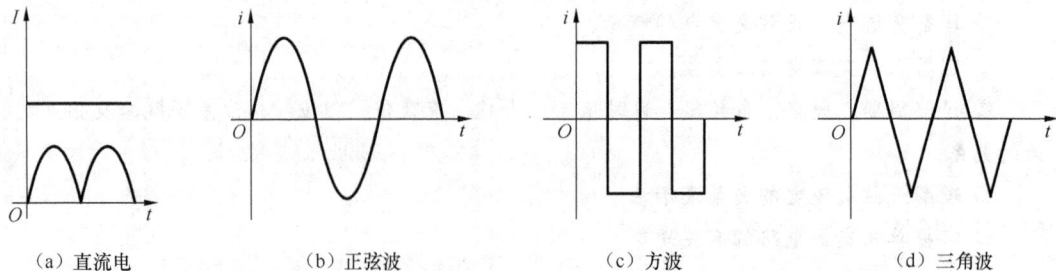

（a）直流电 　　（b）正弦波 　　（c）方波 　　（d）三角波

图 2.3 直流电波形和交流电波形

从图 2.3 中交流电的波形图可以看出，交流电随时间的变化进行周期性的重复。交流电完成一次周期性变化所需要的时间称为交流电的周期，用 T 表示，单位为秒（s）。交流电每秒完成周期性变化的次数称为交流电的频率，用符号 f 表示，单位为赫兹（Hz）。我国电网的频率为 50Hz，一些欧美国家及日本的电网频率为 60Hz。

周期和频率都反映了交流电变化的快慢，周期与频率有以下关系。

$$f = \frac{1}{T} \tag{2.1}$$

2．交流电的表示

为了区别交流电和直流电，直流电的物理量用大写英文字母表示，如 U_S、I、U 等。交流电的物理量用小写英文字母表示，如 e_S、i、u 等。交流电动势的图形符号也与直流电动势不同，如图 2.4 所示，由于交流电的实际方向不断地反复变化，图中标出的电动势 e_S、电流 i 和电压 u 的方向为参考方向，当各参数的实际方向与参考方向相同时为正值，反之参数为负值。

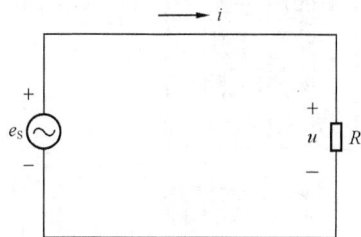

图 2.4　交流电路

3．交流电的特点

与直流电相比，交流电的优点主要表现在发电和配电方面。

① 交流发电机可以很方便地把机械能（如水流能、风能等）、化学能（如石油、天然气等）等其他形式的能转化为电能，设备设施方面更加经济。

② 交流电可以方便地通过变压器升压和降压，给配送电能带来极大的方便，能量损失少。

③ 用来传递信息（如声音、图像等）的电信号也必须是变化的交流电，不可能是恒定的直流电。

因此，在实际生产生活中，交流电的应用更为广泛。

案例 2.1　**利用双踪示波器观察交流电的波形，总结交流电的特性。**

设备：双踪示波器。

操作步骤

（1）打开电源开关。

（2）调整灰度及聚焦旋钮到合适位置，在荧光屏上获得一条清晰度、亮度适中的扫描线。

（3）耦合方式置于"DC"，显示方式为"CH1"，触发方式为"CH1"，调节"CH1"上下及左右移动旋钮，使扫描线位于中间刻度线上。

（4）把 CH1 探头接到示波器测试信号输出端。

（5）把 CH1 幅度衰减到 0.5/div，扫描时间调到 0.5ms/div。

（6）调节触发电平旋钮，在示波器上获得一条稳定波形。

（7）把看到的波形画在图 2.5 上。

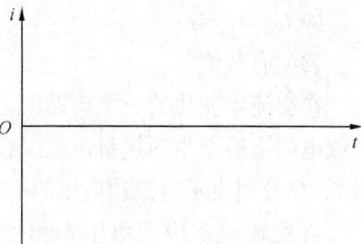

图 2.5　案例 2.1 操作步骤（7）图

作业测评

1．分别举出生活中应用直流电与交流电的实例。

2．直流电具有＿＿＿＿特点；交流电具有＿＿＿＿特点。

A．大小不变，方向在变　　　　B．大小不变，方向不变

C．大小在变，方向不变　　　　D．大小在变，方向也在变

2.1.2 正弦交流电的基本知识

交流电随时间变化的形式是多种多样的，不同变化形式的交流电，其应用范围和产生的效果也不同，其中，正弦交流电应用最为广泛。

交流电的产生

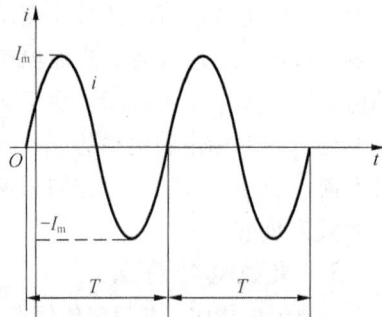

图 2.6 正弦交流电的波形

基础知识

1．正弦交流电的概念

正弦交流电是指正弦电流、正弦电压和正弦电动势。正弦交流电的大小和方向都随时间按正弦规律变化。图 2.6 所示为正弦交流电的波形图。

2．正弦交流电的数学表达式

图 2.6 所示的正弦交流电的数学表达式为

$$i = I_m \sin(\omega t + \varphi_0) \tag{2.2}$$

式中，i——正弦交流电任一瞬时大小，称为瞬时值；

I_m——正弦交流电变化的幅度大小，称为最大值；

ω——正弦交流电的角频率；

φ_0——正弦交流电的初始相位角。

描述正弦交流电的主要物理量有瞬时值、最大值、有效值、角频率、初相位等。

（1）瞬时值

交流电每一瞬时对应的值称为瞬时值。瞬时值用小写字母表示，如 i、u 等。

（2）最大值

交流电在一个周期内最大的瞬时值称为最大值，也称为峰值。最大值用大写字母加下标 m 表示，如 I_m、U_m 等。

（3）有效值

在交流电变化的一个周期内，若交流电流在电阻 R 上产生的热量相当于某一数值的直流电流在该电阻上所产生的热量，则此直流电的数值就是该交流电的有效值。有效值用大写字母表示，如 I、U 分别表示电流和电压的有效值。

在交流电路中用电压表和电流表测量得到的电压和电流均为有效值。在交流电路中使用的电器设备，其铭牌上标识的电压、电流数值指的也是有效值。有效值和最大值之间满足以下关系：

$$I = \frac{I_m}{\sqrt{2}}, \quad U = \frac{U_m}{\sqrt{2}} \tag{2.3}$$

我国工业和民用交流电源的有效值为 220V、频率为 50Hz，通常将这一交流电压称为工频电压。工频电压的最大值 U_m 约为 311V。

（4）角频率

在正弦交流电中，除了可用周期和频率反映正弦量变化的快慢外，还可以用角频率来反映正弦量变化的快慢。角频率是指正弦量每秒内变化的角度，用 ω 表示，单位是弧度/秒（rad/s）或 1/秒（1/s）。角频率与周期、频率满足以下关系：

$$\omega = \frac{2\pi}{T} = 2\pi f \tag{2.4}$$

（5）初相位

在式（2.2）中，$\varphi = \omega t + \varphi_0$ 称为正弦交流电的相位。当 $t = 0$ 时，$\varphi = \varphi_0$，φ_0 称为正弦交流电的初相位，也称为初相角，简称初相。初相位的取值范围一般规定为 $-\pi < \varphi_0 \leqslant \pi$。

对于某一瞬时 t，对应的正弦交流电有一个确定的相位，即相位反映了正弦交流电在某一时刻的大小、方向和变化趋势。在正弦交流电路的分析中，经常遇到比较两个同频率的正弦量在某一时刻的大小、方向及变化趋势等问题，可以通过比较这两个正弦量的相位来得出结论。由于不同频率的两个正弦交流电之间的相位差并不是一个常数，而是随时间的变化而变化的，因此在后面要讨论的问题里都只涉及同频率的正弦交流电的比较和计算。

两个同频率正弦量的相位之差称为相位差，用符号 φ 表示。如两个同频率的正弦量

$$i = I_m \sin(\omega t + \varphi_1) \text{ 与 } u = U_m \sin(\omega t + \varphi_2)$$

其相位差为

$$\varphi = (\omega t + \varphi_1) - (\omega t + \varphi_2) = \varphi_1 - \varphi_2$$

可见，两个同频率正弦交流电的相位差即其初相位之差。初相位不同，相位也不相同，交流电随时间变化的进程也不相同。相位差反映了两个同频率的正弦交流电达到最大值的时间差。先达到最大值的正弦量相对超前，后达到最大值的正弦量相对滞后。当相位差 $\varphi = 0$ 时，两个正弦量相位相同，简称同相；当 $\varphi = \pi$ 时，两个正弦量相位相反，简称反相。图 2.7 所示为两个同频率正弦交流电的相位关系。

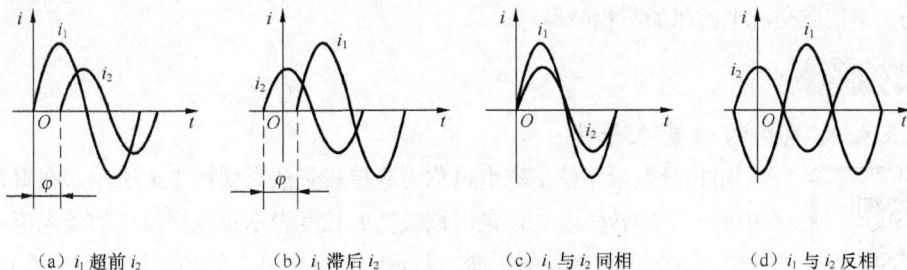

（a）i_1 超前 i_2　　　（b）i_1 滞后 i_2　　　（c）i_1 与 i_2 同相　　　（d）i_1 与 i_2 反相

图 2.7　同频率正弦交流电的相位关系

【例 2.1】 已知正弦交流电 $i_1=6\sin\omega t$, $i_2=10\sin\left(\omega t+\dfrac{\pi}{4}\right)$, $i_3=10\sin\left(2\omega t+\dfrac{\pi}{2}\right)$, 求 i_1 和 i_2 的相位差,i_2 和 i_3 的相位差。

解: 因 i_2 和 i_3 频率不同,不具有相位差。

根据相位差的定义有 i_1 和 i_2 相位差 $\varphi_{12}=\omega t-\left(\omega t+\dfrac{\pi}{4}\right)=-\dfrac{\pi}{4}$

说明 i_1 滞后于 $i_2\dfrac{\pi}{4}$。

3. 正弦交流电的三要素

正弦交流电的三要素

正弦交流电变化的快慢可用频率表示,变化的幅度可用最大值(峰值)表示,变化的初始状态可用初相表示。因此,正弦交流电的频率、最大值及初相被称为正弦交流电的三要素。当三要素确定后,就可以唯一地确定一个正弦交流电。

作业测评

1. 正弦交流电的三要素是_____。

2. 某一正弦交流电的最大值是 380V,则它的有效值是 $U=$_____V。

3. 已知 $i_1=380\sin\left(100\pi t+\dfrac{\pi}{3}\right)$A,$i_2=200\sin\left(100\pi t+\dfrac{\pi}{2}\right)$A,试求 i_1、i_2 的有效值、频率、周期、初相角;$t=0.5$s 时的瞬时值;画出 i_1、i_2 的波形,并指出它们的相位关系(超前或滞后)。

2.1.3 同频率正弦交流电的相加和相减

通过正弦交流电的数学表达式,可比较两个相同频率的正弦交流电的相位,从而分析其变化趋势的特点。在进行电路的分析与计算过程中,还会遇到同频率正弦交流电的相加与相减问题,由于利用数学表达式表示交流电比较烦琐,在分析计算交流电路时十分不便。为使表示方法和求解电路简便,本小节将学习另外一种正弦交流电的表示方法——相量表示法,并学习应用相量法来进行同频率正弦交流电的相加与相减运算。

基础知识

1. 正弦交流电的相量表示法

正弦量的相量图表示

用相量表示正弦交流电也称为旋转矢量法。如图 2.8 所示,在直角坐标系中画一个旋转矢量,规定用该矢量的长度表示正弦交流电的最大值(或有效值),该矢量与横轴的正向夹角表示正弦交流电的初相位(初相角),矢量以角速度 ω 按逆时针旋转,旋转的角速度表示正弦交流电的角频率,可见相量表示法也能反映出正弦交流电的三要素。

【例 2.2】 已知:$i_1=3\sin\omega t$A,$i_2=4\sin\left(\omega t+\dfrac{\pi}{4}\right)$A,$i_3=4\sin\left(\omega t+\dfrac{\pi}{2}\right)$A,画出表示以上正弦交流电的旋转矢量。

解：如图2.9（a）所示，用旋转矢量$\dot{I}_1$、$\dot{I}_2$、$\dot{I}_3$分别表示正弦交流电i_1、i_2、i_3，其中：I_{1m}=3A，I_{2m}=4A，I_{3m}=4A。

注意 只有正弦交流电的频率相同时，表示这些正弦量的旋转矢量才能画在同一坐标系中。

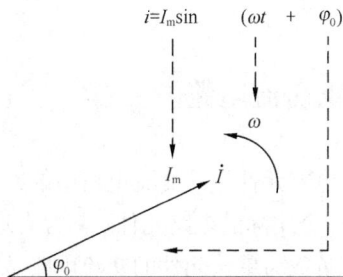

图2.8 正弦交流电的相量表示

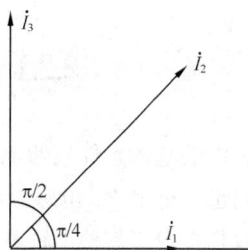

图2.9 例2.2图

2．同频率正弦交流电的相加和相减

计算几个同频率的正弦量的相加、相减，常用旋转矢量的方法。具体步骤如下：

① 在直角坐标系中画出代表正弦量的旋转矢量。

② 分别求出几个旋转矢量在横轴上投影之和及在纵轴上投影之和。

③ 求合成矢量。

④ 根据合成矢量写出计算结果。

【例2.3】 求例2.2中i_1与i_2之和。

解：（1）在同一坐标系中作出矢量$\dot{I}_1$和$\dot{I}_2$，如图2.10所示。

（2）求出两个矢量在横轴和纵轴上的投影之和。

$$I_{xm} = I_{1xm} + I_{2xm} = I_{1m}\cos\varphi_{01} + I_{2m}\cos\varphi_{02} = 5.83 \text{（A）}$$

$$I_{ym} = I_{1ym} + I_{2ym} = I_{1m}\sin\varphi_{01} + I_{2m}\sin\varphi_{02} = 2.83 \text{（A）}$$

图2.10 例2.3图

（3）求出合成矢量。

$$I_m = \sqrt{I_{xm}^2 + I_{ym}^2} = 6.48 \text{（A）}$$

$$\varphi_0 = \arctan\frac{I_{ym}}{I_{xm}} = 25.9°$$

（4）根据合成矢量写出计算结果。

$$i = i_1 + i_2 = 6.48\sin(\omega t + 25.9°)\text{A}$$

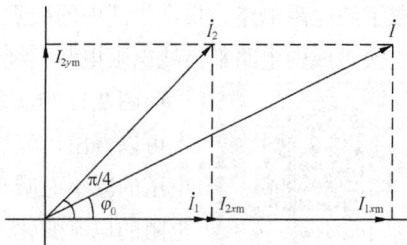

作业测评

1．已知$i_1 = 380\sin\left(100\pi t + \dfrac{\pi}{3}\right)$A，$i_2 = 200\sin\left(100\pi t + \dfrac{\pi}{2}\right)$A，试求：$i_1+i_2$及$i_2-i_1$。

2．已知两个频率相同的正弦电压分别为$u_1 = 100\sin(\omega t - 30°)$V，$u_2 = 50\sin(\omega t + 60°)$V，试求：$u_1+u_2$及$u_1-u_2$。

2.2 单相交流电路

在一般的家庭生活中，电能是通过两根线传送的，其中一根是零线（黑色），另一根是火线（一般为红色），这就是单相交流电。通常说的交流电指的就是单相正弦交流电，本节主要介绍单相交流电路的有关规律。

2.2.1 单一参数的正弦交流电路

交流电路中的基本元件包括电阻元件、电感元件、电容元件等，交流电路中的参数根据其物理性质的不同也有电阻 R、电感 L 和电容 C 3 种。任何一个实际的电路元件，都含有这 3 种参数。所谓单一参数是指忽略其他两种参数的理想化元件。而负载为单一元件的交流电路是最简单的交流电路。在单一参数的正弦交流电路中，电压和电流之间的关系以及功率有什么特点，本小节就来讨论这些内容。

基础知识

1. 纯电阻电路

忽略了分布电容和分布电感的电阻器可视为理想电阻元件，将其与正弦交流电源连接，就组成了纯电阻电路。日常生活中的白炽灯、电炉、电烙铁等都属于纯电阻性负载，它们与交流电源连接组成的电路都为纯电阻电路。纯电阻电路是最简单的交流电路，如图 2.11（a）所示。

纯电阻元件的
交流电路

图 2.11（b）所示为纯电阻负载交流电路的电流与电压波形图，从波形图上可以看出，流过电阻的电流随着加在电阻两端的电压的增大而增大，随着电压的减小而减小，并同时达到最大值和最小值，即电阻两端的电压与流过电阻的电流变化一致。因此，在纯电阻电路中，电流和电压是同相的，图 2.11（c）所示为电压与电流的相位图。

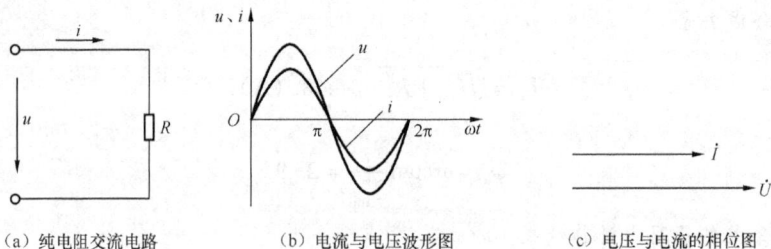

（a）纯电阻交流电路　　　（b）电流与电压波形图　　　（c）电压与电流的相位图

图 2.11 纯电阻电路

分析表明，在纯电阻电路中，电压与电流的瞬时值、有效值和最大值都服从欧姆定律。若加在电阻 R 两端的电压为 $u = U_m \sin \omega t$，则流过电阻 R 的电流为

$$i = \frac{u}{R} = \frac{U_m}{R} \sin \omega t = I_m \sin \omega t \tag{2.5}$$

对于有效值有 $I = \dfrac{U}{R}$，最大值有 $I_m = \dfrac{U_m}{R}$。

在交流电路中，电流和电压都随时间变化，所以功率也随时间变化。电阻 R 在任意时刻吸收的功率称为瞬时功率，用 p 表示，瞬时功率为电压和电流的瞬时值的乘积，即

$$p = ui \tag{2.6}$$

由于电压 u 与电流 i 总是同相的，因此瞬时功率恒为正值，这表明电阻总是从电源吸收电能，电阻是耗能元件。图 2.12 所示为瞬时功率的波形图。

通常所说的电路中的功率是指瞬时功率在一个周期内的平均值，称为平均功率，简称为功率，用 P 表示。例如，1 个 100W 的白炽灯，100W 指的是其平均功率。平均功率也被称作有功功率。根据分析可得，电阻消耗的平均功率等于电压和电流有效值的乘积，即

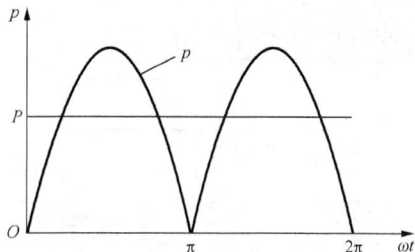

图 2.12　纯电阻电路瞬时功率波形图

$$P = UI \tag{2.7}$$

【例 2.4】　将一个阻值为 100Ω 的电阻丝接到 $u = 200\sqrt{2}\sin 314t\,(\mathrm{V})$ 的电压上，求通过电阻的电流及其有效值、电阻消耗的平均功率。

解：由电压的表达式可知，电压的最大值为 $U_{\mathrm{m}} = 200\sqrt{2}\,(\mathrm{V})$，根据最大值与有效值关系，可得电压的有效值为 $U = \dfrac{U_{\mathrm{m}}}{\sqrt{2}} = \dfrac{200\sqrt{2}}{\sqrt{2}} = 200\,(\mathrm{V})$。所以，

通过电阻的电流　　　　　　　　$i = \dfrac{u}{R} = 2\sqrt{2}\sin 314t\,(\mathrm{A})$

电流的有效值　　　　　　　　　$I = \dfrac{U}{R} = \dfrac{200}{100} = 2\,(\mathrm{A})$

电阻消耗的平均功率　　　　　　$P = UI = 200 \times 2 = 400\,(\mathrm{W})$

【例 2.5】　一个额定电压为 220V、额定功率为 200W 的白炽灯，接到 220V、50Hz 的交流电源上，求通过白炽灯的电流并写出其电流瞬时值的表达式。

解：交流电源为 220V、50Hz，说明电源电压的有效值为 220V，当白炽灯接到电源时，其两端电压为 220V，消耗的功率为 200W，根据平均功率的表达式 $P = UI$，可得通过白炽灯的电流的有效值为

$$I = \frac{P}{U} = \frac{200}{220} = 0.909\,(\mathrm{A})$$

设电源电压的初相为 $0°$，由于通过电阻的电流与其两端电压同相，因此，电流的瞬时值可写为

$$i = 0.909\sqrt{2}\sin 100\pi t = 1.285\sin 100\pi t\,(\mathrm{A})$$

2．纯电容电路

把理想电容元件接到交流电源上，就组成了纯电容电路。由于电容器具有"隔直流、通交流"的特性，因此，把一个正弦交流电压加到电容器两端，电路中就会有电流流过。图 2.13（a）所示

为纯电容负载的交流电路。如果在电容 C 两端加正弦电压 $u_C = U_m \sin \omega t$，通过示波器可观测到电路中电容两端的电压与电流的波形图，如图 2.13（b）所示。

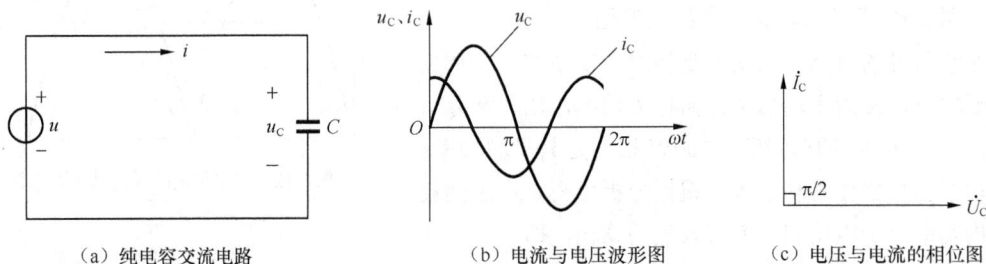

（a）纯电容交流电路   （b）电流与电压波形图   （c）电压与电流的相位图

图 2.13　纯电容电路

从纯电容电路的电流与电压的波形图可以看出，流过电容器的电流 i_C 是与加在电容器两端的电压 u_C 频率相同的正弦交流电，且电流 i_C 比电压 u_C 提前 $\frac{\pi}{2}$ 到达最大值，即电流超前电压 $\frac{\pi}{2}$ 相位。电压与电流的相位图如图 2.13（c）所示。此时，通过电容的电流为

$$i_C = \frac{u_C}{X_C} = I_{Cm} \sin\left(\omega t + \frac{\pi}{2}\right) \tag{2.8}$$

式中，X_C——容抗，是电压与电流的有效值之比，Ω，即 $X_C = \frac{U_C}{I_C}$ 或 $X_C = \frac{U_{Cm}}{I_m}$。

实验证明，电容器的容抗 $X_C = \frac{1}{\omega C} = \frac{1}{2\pi f C}$，即容抗与电流的频率 f 成反比，频率越高，容抗越小；频率越低，容抗越大，容抗对频率为零的直流电起"隔断"作用，因此，纯电容在直流电路中相当于断路。

根据纯电容电路电压与电流的关系，可得纯电容电路的瞬时功率为

$$p = u_C i_C = U_{Cm} I_{Cm} \sin \omega t \sin\left(\omega t + \frac{\pi}{2}\right) = U_{Cm} I_{Cm} \sin \omega t \cos \omega t$$

$$= \frac{U_{Cm} I_{Cm}}{2} \sin 2\omega t = U_C I_C \sin 2\omega t \tag{2.9}$$

图 2.14 所示为纯电容电路瞬时功率的波形图。从图中可以看出，在一个周期内，瞬时功率 p 一半为正、一半为负，纯电容的平均功率为零。这说明电容从电源吸收的电能和向电源释放的电能是相等的，因此电容是储能元件。

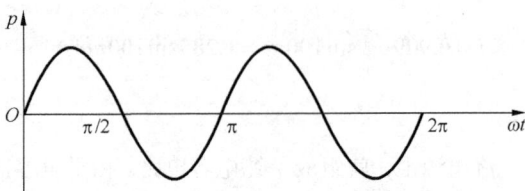

图 2.14　纯电容电路瞬时功率波形图

纯电容负载在交流电路中不消耗能量，只是与电源进行能量互换，通常用无功功率 Q 来描述纯电容在电路中转换能量的多少。无功功率 Q 是指瞬时功率的最大值，即

$$Q = U_C I = I^2 X_C = \frac{U_C^2}{X_C}$$ （2.10）

式中，　Q——电容的无功功率，var；

　　　　U_C——电容器两端电压的有效值，V；

　　　　I——电路中电流的有效值，A；

　　　　X_C——电容器的容抗，Ω。

3．纯电感电路

把理想电感元件接到交流电源上，就组成了纯电感电路。在前面章节中学习了电感器的特性，即"通直流、阻交流"。当正弦交流电流流过电感器时，电感器两端会产生正弦交流电压。图 2.15（a）所示为纯电感负载的交流电路。如果通过电感 L 的正弦电流 $i_L = I_m \sin \omega t$，通过示波器可观测到电路中电感两端的电压与电流的波形图，如图 2.15（b）所示。

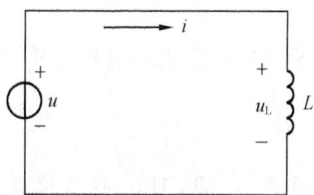

纯电感元件的交流电路

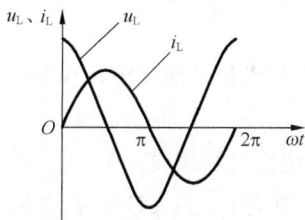

（a）纯电感交流电路　　　　　　（b）电流与电压波形图　　　　　（c）电压与电流的相位图

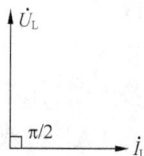

图 2.15　纯电感电路

从纯电感电路的电流与电压的波形图可以看出，电感两端的电压 u_L 是与流过电感器的电流 i_L 频率相同的正弦交流电，且电压 u_L 比电流 i_L 提前 $\frac{\pi}{2}$ 到达最大值，即电流滞后电压 $\frac{\pi}{2}$ 相位。电压与电流的相位图如图 2.15（c）所示。此时，电感器两端的电压为

$$u_L = i_L X_L = X_L I_{Lm} \sin\left(\omega t + \frac{\pi}{2}\right) = U_{Lm} \sin\left(\omega t + \frac{\pi}{2}\right)$$ （2.11）

式中，X_L——感抗，是电压与电流的有效值之比，单位为欧姆（Ω），即 $X_L = \frac{U_L}{I_L}$ 或 $X_L = \frac{U_{Lm}}{I_m}$。实验证明，电感器的感抗 $X_L = 2\pi f L = \omega L$，即感抗与电流的频率 f 成正比，频率越高，感抗越大；频率越低，感抗越小。因此，纯电感在直流电路中相当于短路，而对频率不为零的交流电则起"阻碍"作用。

根据纯电感电路电压与电流的关系，可得纯电感电路的瞬时功率为

$$p = u_L i_L = U_{Lm} I_{Lm} \sin \omega t \sin\left(\omega t + \frac{\pi}{2}\right) = U_{Lm} I_{Lm} \sin \omega t \cos \omega t$$
$$= \frac{U_{Lm} I_{Lm}}{2} \sin 2\omega t = U_L I_L \sin 2\omega t$$ （2.12）

从以上分析可知，纯电感电路的瞬时功率与纯电容电路的瞬时功率相似，在一个周期内，瞬时功率一半为正、一半为负，其平均功率为零。说明纯电感负载在交流电路中不消耗能量，只是与电源进行能量互换，互换的能量用无功功率 Q 即瞬时功率的最大值来表示。

$$Q = U_{\mathrm{L}} I = I^2 X_{\mathrm{L}} = \frac{U_{\mathrm{L}}^2}{X_{\mathrm{L}}} \qquad\qquad (2.13)$$

式中，Q——电感的无功功率，var；

$\quad\quad U_{\mathrm{L}}$——电感器两端电压的有效值，V；

$\quad\quad I$——电路中电流的有效值，A；

$\quad\quad X_{\mathrm{L}}$——电感器的感抗，Ω。

案例 2.2

通过实验验证纯电阻电路、纯电容电路、纯电感电路中电流与电压的关系。

在电工实验台上取超低频信号发生器、电流表、电压表、开关、电阻器、双踪示波器、电容器、电感器等。

操作步骤

（1）按照图 2.16（a）所示电路进行接线。

（2）接通开关 S，改变信号发生器的输出电压，观察电阻器两端串联的电流表和并联的电压表的读数变化。

（3）改变信号发生器输出的交流信号的频率，观察电阻器两端串联的电流表和并联的电压表的读数变化。

（4）按照图 2.16（b）所示电路进行接线。

（5）点"A"接双踪示波器通道 1，即 CH1；点"M"接通道 2，即 CH2；探头接点"B"，输入方式选择"AC"。

（6）在示波器上显示交流电压 u_{AB}，大约两个周期波，$u_{\mathrm{MB}} = Ri$。画出在荧光屏上观察到的图形。

> **注意**　$u_{\mathrm{MB}} = Ri$ 的曲线显示出了通过电容的电流 i。

（7）把 u_{AB} 加到示波器上，显示两个周期波。画出在荧光屏上观察到的图形。与上面画出的图形进行比较，得出结论。

> **注意**　因为 R 与 X_{C} 比可忽略不计，故所加电压几乎全部降到 C 的两端，即 $u_{\mathrm{AB}} \approx u_{\mathrm{AM}}$，可用 u_{AB} 代替 C 两端的电压。

（8）按照图 2.16（c）所示电路进行接线。

（9）点"A"接双踪示波器通道 1，即 CH1；点"M"接通道 2，即 CH2；探头接点"B"，输入方式选择"AC"。

（10）将低频信号发生器调至 U=10V，f = 2.5kHz，用 600Ω 输出。

（11）将开关 S 接到 2 端。为测量电流 i，量出 10Ω 测量电阻器上的电压 u_{MB}。

（12）将 u_{AB} 加在示波器上，显示两个周期波。画出 u_{MB} 的波形，即电流的波形。

（13）将电压 u_{AM} 加在示波器上，观察并画出电感器上的电压波形。

（14）比较两次画出的波形，得出结论。

注
意

因 10Ω 比 X_L 小，故可认为 $u_{AB} \approx u_{AM}$。

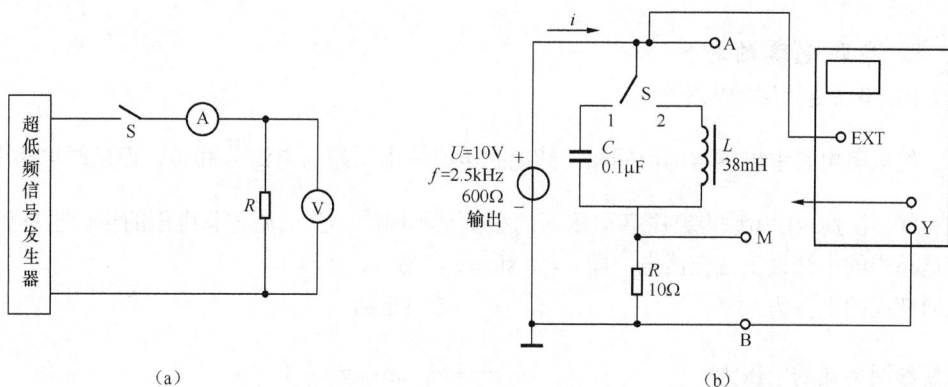

（a）   （b）

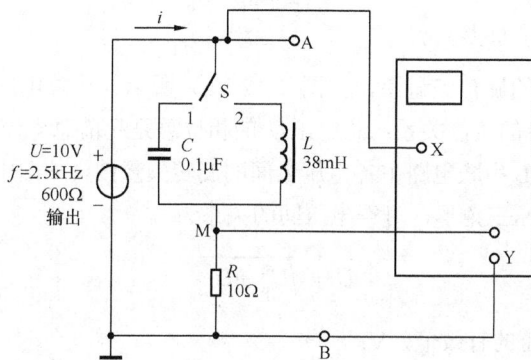

（c）

图 2.16 接线图

想
一
想

　　1. 从正弦交流电的波形可以看出，它在一个周期内的平均值为零，为什么其通过电阻后电路的功率不为零？
　　2. 电容器中的电流是怎样形成的？
　　3. 电感器中的电流是怎样形成的？

作业测评

1. 在 10Ω 电阻两端加有效值为 $100V$ 的交流电压，则流过电阻的电流是 $I = $ _____ A。

2. 纯电阻电路中，流过电阻的电流与其两端的电压有哪些关系？

3. 若 $f = 1kHz$，$C = 50\mu F$，则 $X_C = $ _____ 。

4. 电感器的感抗与频率成 _____，电容器的容抗与频率成 _____ 。

5. 画图说明纯电阻电路、纯电容电路、纯电感电路中电压与电流的相位关系。

2.2.2 RL 串联电路

我们已经学习了最简单的交流电路——单一参数的交流电路中电流与电压之间的关系，而实际电路多为含有两个或多个参数的复杂电路,本小节将利用 2.2.1 小节学习的知识来分析电阻和电感串联的交流电路的规律。

基础知识

1. RL 串联电路的特性

（1）RL 串联电路中的电压关系

由于纯电阻电路中电压与电流同相,纯电感电路中电压超前电流 $\frac{\pi}{2}$ 相位,而串联电路中的电流处处相等,因此 RL 串联电路中各电压间的相位是不同的,总电流与总电压的相位也不相同。

若电路中的电流为正弦交流电,即 $i = I_m \sin \omega t$,则

电阻两端的电压为 $\qquad u_R = U_m \sin \omega t$

电感线圈两端的电压为 $\qquad u_L = U_m \sin\left(\omega t + \frac{\pi}{2}\right)$

电路中的总电压为 $\qquad u = u_R + u_L$

总电压的有效值可用矢量表示为 $\qquad \dot{U} = \dot{U}_R + \dot{U}_L$

根据上式作出总电压的旋转矢量图,如图 2.17（a）所示。从总电压的矢量图中可以看出,RL 串联电路中电压与电流的相位关系:总电压 $\dot{U}$ 的相位总是超前总电流 $\dot{I}$ 一个 φ 角。

图 2.17（b）所示为 RL 串联电路中各电压之间的旋转矢量图,从图中可以看出 $\dot{U}$ 、$\dot{U}_R$ 、$\dot{U}_L$ 构成直角三角形,称为电压三角形,可得电压间的关系为

$$U = \sqrt{U_R^2 + U_L^2}$$

式中,U——电路中总电压的有效值,V;

$\qquad U_R$——电阻两端电压的有效值,V;

$\qquad U_L$——电感器两端电压的有效值,V。

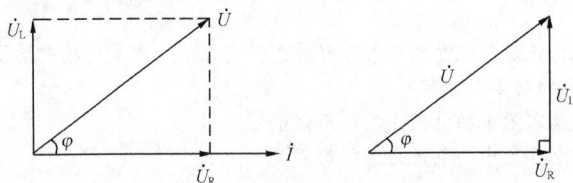

(a) RL串联电路相量图   (b) 电压三角形

图 2.17　RL 串联电路相量图和电压三角形

从电压三角形中可得出总电压与各部分电压之间的关系为

$$\begin{cases} U_R = U \cos \varphi \\ U_L = U \sin \varphi \end{cases}$$

式中,φ——总电压超前电流的相位,由电压三角形可以看出 $\varphi = \arctan \dfrac{U_L}{U_R}$ 。

（2）RL 串联电路的阻抗

在电阻和电感串联的电路中,电阻两端的电压 $U_R = RI$,电感两端的电压 $U_L = X_L I$,根据 RL 串联电路电压间的关系可得

$$U = \sqrt{U_R^2 + U_L^2} = \sqrt{(RI)^2 + (X_L I)^2} = I\sqrt{R^2 + X_L^2}$$

上式可整理为

$$I = \frac{U}{\sqrt{R^2 + X_L^2}} = \frac{U}{Z}$$

式中，U——电路中总电压的有效值，V；

　　　I——电路中总电流的有效值，A；

　　　Z——电路中的阻抗，Ω，且 $Z = \sqrt{R^2 + X_L^2}$。

Z 表示电阻和电感串联电路对交流电的总的阻碍作用。阻抗 Z 的大小取决于电路中的电阻 R 及 X_L 的大小，因 X_L 的大小取决于 L 及交流电的频率，因此，阻抗的大小决定于电路中的参数 R、L 及电源频率。

将图 2.17 所示的电压三角形的三边同时除以电流 I，可得到阻抗 Z、感抗 X_L、电阻 R 组成的三角形，该三角形称为阻抗三角形，如图 2.18 所示。阻抗三角形和电压三角形是相似三角形，阻抗三角形中 Z 与 R 的夹角与电压三角形中电压与电流的夹角 φ 相等，φ 称为阻抗角，即电路中电压与电流的相位差。

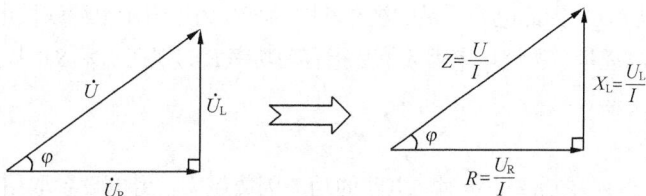

图 2.18　阻抗三角形

（3）RL 串联电路的功率

将图 2.17 所示的电压三角形的三边同时乘以电流 I，可得到 RL 串联电路的功率三角形，如图 2.19 所示，功率三角形和电压三角形也是相似三角形。

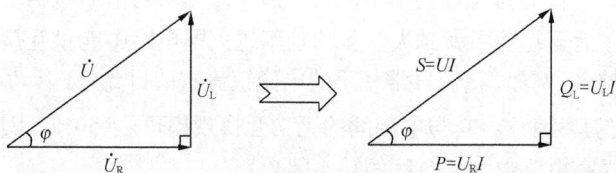

图 2.19　功率三角形

从功率三角形中可以看出，RL 串联电路的功率分为 P、Q 和 S 三种。其中，P 为有功功率，是指电路中电阻消耗的功率。有功功率等于电阻两端的电压 U_R 与电路中电流 I 的乘积。

$$P = U_R I = R I^2 = \frac{U_R^2}{R}$$

Q 为无功功率，是电路中电感与电源之间交换的能量，感性无功功率等于电感两端的电压 U_L 与电路中电流 I 的乘积。

$$Q = U_L I = X_L I^2 = \frac{U_L^2}{X_L}$$

S 为视在功率，等于电路中总电压 U 与电流 I 的乘积，单位为伏安（V·A）。

$$S = UI$$

视在功率具有实际意义。例如，交流电源的额定视在功率等于额定电压与额定电流的乘积，即 $S_N = U_N I_N$，代表电源的容量；电气设备的额定视在功率等于其额定电压与额定电流的乘积，称为电气设备的容量。

从功率三角形还可得出有功功率 P、无功功率 Q 和视在功率 S 之间关系为

$$S = \sqrt{P^2 + Q^2}$$

$$P = S\cos\varphi = UI\cos\varphi$$

$$Q = S\sin\varphi = UI\sin\varphi$$

从上述各式可以看出，在 RL 串联电路中，有功功率的大小不仅取决于电压 U 与电流 I，还受到阻抗角的余弦（$\cos\varphi$）影响，当电源供给同样大小的电压和电流时，$\cos\varphi$ 越大，有功功率越大，$\cos\varphi$ 越小，有功功率也越小；同样，无功功率的大小取决于电压 U、电流 I 及阻抗角的正弦 $\sin\varphi$。

2．功率因数

（1）功率因数的引入

在 RL 串联电路中，既有耗能元件——电阻，又有储能元件——电感，因此电源既要提供有功功率 P，又要提供无功功率 Q，因此电源提供的视在功率 $S > P$。为了表示电源或供电设备容量的利用率，引入了功率因数这个物理量。所谓功率因数就是指有功功率 P 与视在功率 S 的比值，用 λ 表示。即

$$\lambda = \frac{P}{S} = \cos\varphi$$

分析上式可知，当视在功率一定时，电路的功率因数越大，用电设备取用的有功功率就越大，供电设备容量的利用率也越高。从前面学习的知识中可知，功率因数的大小是由电路的主要参数 R 和 L 决定的。

（2）提高功率因数的意义

交流电路中功率因数的高低是供电系统的一个重要指标。对于非电阻性负载电路，供电设备输出的视在功率 S 中，一部分为有功功率 P，另一部分为无功功率 Q。电路的功率因数越小，电路中的有功功率越小，而无功功率就越大，无功功率越大即电路中能量互换的规模越大，因能量互换而损耗的能量也越多。例如，我们日常使用的电磁镇流式的日光灯，其功率因数 $\cos\varphi = 0.5$（感性），若不提高线路的功率因数，其与电源间的无功互换规模可达 50%。因此，为提高供电设备容量的利用率，必须提高电路中主要负载的功率因数。

此外，功率因数低，还会增加发电机绕组、变压器及线路中的功率损失。当负载电压和有功功率一定时，电路中的电流 $I = \dfrac{P}{U_R} = \dfrac{P}{U\cos\varphi}$，即电路中的电流与功率因数成反比。功率因数越低，电路中的电流越大，因此线路中的电压降就越大，线路的功率损耗也就越大。此外，电能消耗在线路上使得负载两端的电压降低，会影响负载的正常工作。因此，应尽量提高主要负载的功率因数。

（3）提高功率因数的方法

电力系统中的大多数负载都是感性负载，如电动机、变压器等。所有感性负载在建立磁场的过程中，都存在无功功率，如变压器工作时需要无功功率，电动机工作时也需要无功功率。一般来说，在具有感性负载的电路中，功率因数都比较低。为了使这些设备的容量得到充分利用，必须减小无功功率，提高功率因数。

因为功率因数 $\lambda = \dfrac{P}{S} = \cos\varphi$，故要提高 $\cos\varphi$，就要减小阻抗角 φ。提高功率因数最常用的方法是在负载两端并联电容器，这样可以减小阻抗角 φ，从而达到提高功率因数的目的。

图 2.20（a）所示为日光灯电路，该电路是典型的感性负载电路。并联电容之前，电路中的电流滞后电压 φ_L，$\varphi_L = \arctan\dfrac{X_L}{R}$。当在感性负载（日光灯）两端并联电容器后，电容支路的电流超前电压 $\dfrac{\pi}{2}$，图 2.20（b）所示为总电流与电压的矢量图。从矢量图可以看出，总电流与电压间的夹角减小了，即 $\varphi < \varphi_L$，因此达到了提高功率因数的目的。

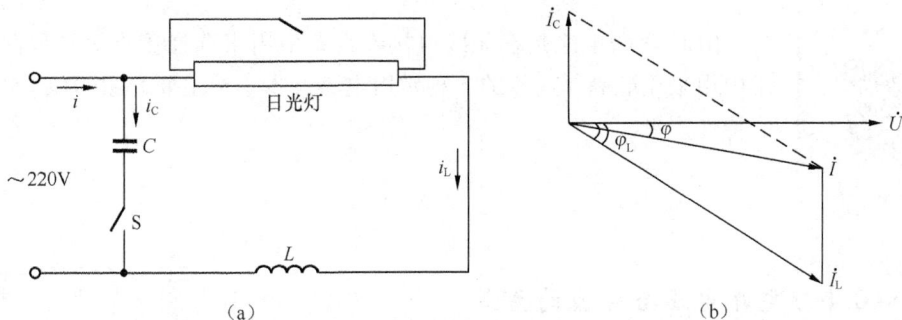

图 2.20　日光灯电路及感性负载并联电容后电压与电流的矢量图

电路的功率因数也不是越高越好，若使功率因数接近 1 则需要的成本会随之增加，但经济效果并不显著，因此，在具体的电路中，功率因数一般为 0.95 左右比较适宜。

案例 2.3　RL 串联电路测量。

操作步骤

（1）在电工实验台上取电流表、交流电压表、开关、电感器、白炽灯、交流电源等，按图 2.21 所示电路接线。

（2）接通开关 S，记录下实验结果。

（3）计算出白炽灯的电阻 R 和线圈的感抗 X_L。

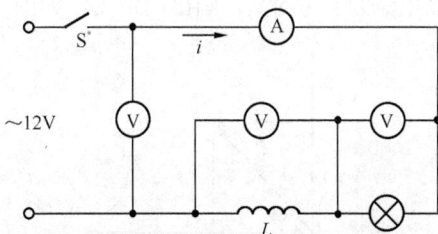

图 2.21　案例 2.3 图

注意

根据测得的线圈两端的电压及流过的电流计算 X_L。

（4）根据电源电压计算出阻抗 Z。

（5）比较阻抗 Z 与电阻 R 和线圈的感抗 X_L 之和，说明实验结论。

想一想

在感性负载上并联电容后，电路的有功功率是否变化？为什么？

作业测评

1. RL 串联电路中电流与电压的关系有何特点？

2. RL 串联电路中，阻抗 Z、感抗 X_L、电阻 R 满足怎样的关系？

3. RL 串联电路中，有功功率 P、无功功率 Q、视在功率 S 之间有什么关系？

4. 什么是功率因数？提高功率因数有什么意义？为什么感性负载并联电容后能够提高功率因数？

2.2.3 RLC 串联电路

RLC 串联电路是在无线电接收设备中用来选择接收信号和在电子技术中用来获取高频高压的一种常用电路。本小节主要介绍 RLC 串联电路的特性。

RLC 串联电路

基础知识

1. RLC 串联电路电压与电流的关系

图 2.22 所示为 RLC 串联交流电路，电路的总电压瞬时值应为 R、L、C 三个元件上的电压瞬时值之和，即对应的向量关系为

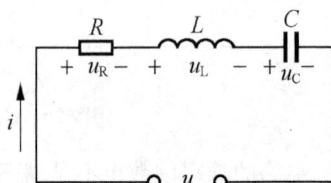
图 2.22 RLC 串联交流电路

$$\dot{U} = \dot{U}_R + \dot{U}_L + \dot{U}_C$$

因 u_R、u_L 和 u_C 的相位不同，所以总电压的有效值不等于各个元件上的电压的有效值之和。以电流为参考向量，画出向量图，如图 2.23 所示。

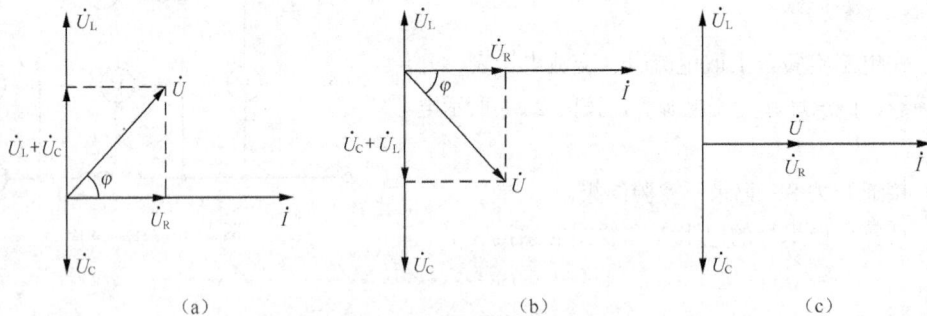

(a)　　　　　　　　(b)　　　　　　　　(c)

图 2.23 RLC 串联交流电路向量图

在图 2.23 (a) 中，$u_L > u_C$，$\varphi > 0$；在图 2.23 (b) 中，$u_L < u_C$，$\varphi < 0$；在图 2.23 (c) 中，$u_L = u_C$，$\varphi = 0$。根据向量图可得

$$U = \sqrt{U_R^2 + (U_L - U_C)^2}$$

将 $U_R = IR$、$U_L = IX_L$、$U_C = IX_C$ 代入上式，可得

$$U = I\sqrt{R^2 + (X_L - X_C)^2} = I\sqrt{R^2 + X^2} = IZ$$

式中，$X=X_L-X_C$ 称为电抗，$Z = \sqrt{R^2 + X^2}$ 称为阻抗，单位是 Ω。在图 2.23 中，φ 称为阻抗角，它是总电压与总电流的相位差，即

$$\varphi = \arctan \frac{U_L - U_C}{U_R} = \arctan \frac{X_L - X_C}{R}$$

2．RLC 串联电路的电感性、电容性和电阻性

在图 2.22 所示的 RLC 串联电路中，由于 R、L、C 参数以及电源频率 f 的不同，电路可能出现以下三种特征。

（1）电感性电路

当 $X_L>X_C$ 时，则 $U_L>U_C$，阻抗角 $\varphi >0$，电路呈电感性，电压超前电流 φ 角。

（2）电容性电路

当 $X_L<X_C$ 时，则 $U_L<U_C$，阻抗角 $\varphi<0$，电路呈电容性，电压滞后电流 φ 角。

（3）电阻性电路

当 $X_L=X_C$ 时，则 $U_L=U_C$，阻抗角 $\varphi =0$，电路呈电阻性，且总阻抗最小，电压和电流同相。电容和电感的无功功率恰好相互补偿。电路的这种状态称为串联谐振。串联谐振电路具有如下特性。

① 电路阻抗最小且为纯电阻，即 $Z = \sqrt{R^2 + X^2} = R$。

② 电路中的电流最大，即 $I = \dfrac{E}{Z} = \dfrac{E}{R}$。

③ 电路功率因数为 1，即 $\lambda = \dfrac{P}{S} = \dfrac{R}{Z} = 1$。

④ 平均功率最大，即 $P = I^2 R$。

3．RLC 串联电路的功率

在 RLC 串联电路中，只有电阻是消耗功率的，所以在 RLC 串联电路中的有功功率就是电阻上所消耗的功率，即

$$P=U_R I=UI \cos \varphi$$

由于电感和电容两端的电压在任何时刻都是反相的，所以电感和电容的瞬时功率符号相反。当电感吸收能量时，电容放出能量；当电容吸收能量时，电感放出能量，二者能量相互补偿的不足部分才由电源补充，所以电路的无功功率为电感和电容上的无功功率之差，即

$$Q = Q_L - Q_C = (U_L - U_C) I = UI \sin \varphi$$

4．RLC 串联电路的电压三角形、阻抗三角形和功率三角形

为便于记忆，可用图 2.24 所示电压三角形、阻抗三角形和功率三角形来描述 RLC 串联电路

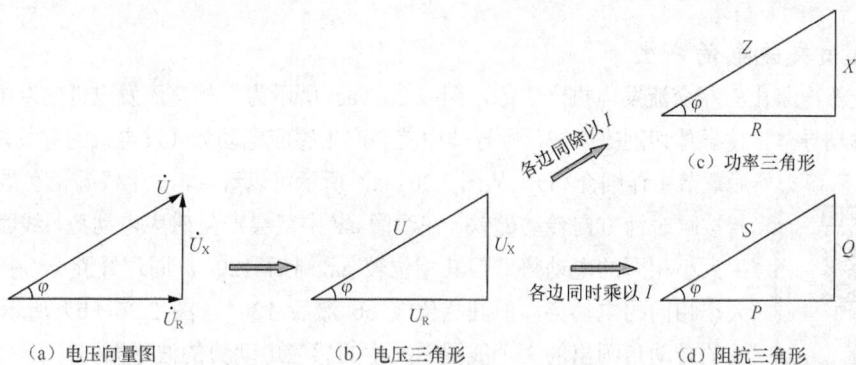

图 2.24 RLC 串联交流电路的三个三角形

中的电压、阻抗及功率的数值关系。图 2.24 所示的电压三角形是由电压向量图演变而来，进而演变成阻抗三角形和功率三角形。

案例 2.4　测试 RLC 串联电路电压。

操作步骤

（1）在电工实验台上取电流表、交流电压表、开关、电感器、电容器、白炽灯、交流电源等，

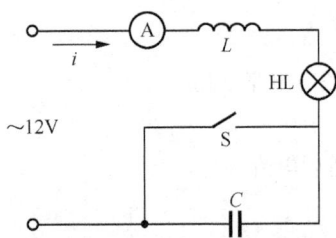
图 2.25　案例 2.4 接线图

按图 2.25 所示电路接线。

（2）接通开关 S，观察现象。

（3）断开开关 S，观察灯泡的亮度变化情况，观察电流表的读数变化。

（4）用电压表分别测量 R、L、C 两端电压，比较 $U_L+U_C+U_R$ 与总电压 U 的值。

（5）根据本小节所学知识，说明结论。

作业测评

1．RLC 串联电路中电流与电压的关系有何特点？

2．什么是串联谐振？说明 RLC 串联电路发生串联谐振的条件？

|2.3　三相交流电路|

在实际生产和生活中，常会听说三相交流电或"三相电路"，我们把由三相电源供电的电路称为三相交流电路，简称三相电路。单相交流电路是从 1 个电源出发，用 2 条线进行传输的，而三相交流电路是从 3 个电源出发（电压相等，相位不同的 3 个单相电源），用 3 根线进行电能传送。那么三相交流电路中的 3 个电源如何连接、3 个电源的电能如何传给负载、电路中的电压与电流有什么规律，本节就来讨论这些内容。

2.3.1　三相交流电源

基础知识

1．三相交流电的产生

三相交流电是由三相交流发电机产生的，图 2.26（a）所示为三相交流发电机的发电原理。若在磁场中移动导体，使导体切割磁感线，则导体中就会产生感应电动势（发电机的有关知识将在以后章节中详细介绍）。从图 2.26（a）所示可以看到，3 个线圈相互错开 120°，若按顺时针方向转动磁铁，在线圈 aa′ 中就会产生感应电动势，线圈 bb′ 中产生大小相同的电动势，但其相位较 aa′ 滞后 120°，同理线圈 cc′ 中也会产生大小相同的电动势，但其相位较 bb′ 滞后 120°。图 2.26（b）所示为按照磁铁的转动角画出的 3 个线圈中产生的感应电动势的波形图。

三相交流电的产生

从图 2.26 所示可以看出，3 个线圈 aa′、bb′、cc′ 中产生的感应电动势依次到达最大值，把感应电动势依次到达最大值的顺序称为相序，分别用 U、V、W 表示。一般来说，习惯将三相交流电中相序 U—V—W 称为正序。在电工技术及电力工程中，把图 2.26（b）所示的电压称为三相交流电压。

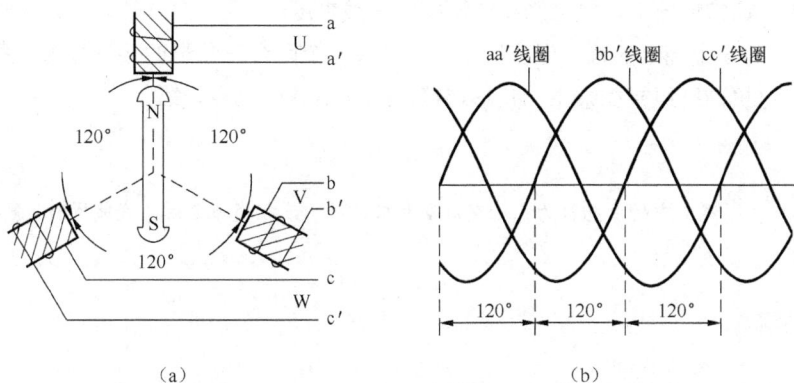

图 2.26　三相交流发电机工作原理及各线圈中感应电动势的波形图

2．三相电源的星形连接

如图 2.27 所示，星形连接（丫连接）就是把发电机的 3 个绕组 AX、BY、CZ 的首端 A、B、C 作为输出端，末端 X、Y、Z 连接在一起的连接方式。这 3 个末端的连接点称为中点（或零点），用符号 N 表示。首端 A、B、C 的引出线与负载连接，这 3 根导线称为相线，也称为火线。只有 3 根相线供电的方式称为三线制供电方式；若从中点引出导线，作为另一个输出端，该导线称为中性线，也称为零线（或地线），采用 3 根相线与中性线一起的供电方式，称为三相四线制供电方式。

三相电源的星形连接

如图 2.27 所示，各相线与中性线之间的电压，称为相电压。3 个相电压的有效值分别用 U_A、U_B 和 U_{CP} 表示，统称 U_P。三相电压与三相对称电动势一样，是幅值相等、频率相同、相位互差 $120°$ 的三相对称电压。相线与相线之间的电压称为线电压。3 个线电压的有效值分别用 U_{AB}、U_{BC}、U_{CA} 表示，统称 U_L。

根据基尔霍夫电压定律，可得 $u_{AB}=u_A-u_B$，$u_{BC}=u_B-u_C$，$u_{CA}=u_C-u_A$。将以上各式写成相量形式，有 $\dot{U}_{AB}=\dot{U}_A-\dot{U}_B$，$\dot{U}_{BC}=\dot{U}_B-\dot{U}_C$，$\dot{U}_{CA}=\dot{U}_C-\dot{U}_A$。以此作出各相的相电压和线电压有效值的相量图，如图 2.28 所示。由相量图可得出以下结论。

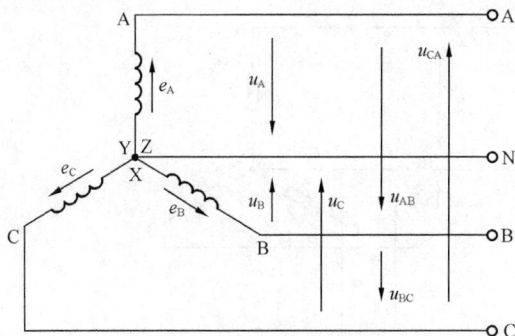

图 2.27　三相电源星形连接

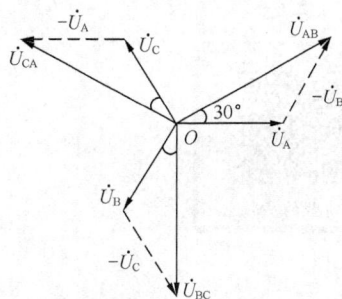

图 2.28　三相电源星形连接时线电压、相电压相量图

① 3 个线电压是幅值相等、频率相同、相位互差 120°的三相对称电压。

② 线电压超前于对应的相电压 30°。

③ 线电压的数值是相电压数值的 $\sqrt{3}$ 倍，即 $U_L = \sqrt{3}U_P$。

若电力系统的供电电压为 380/220V，则说明供电方式为三相四线制，其中线电压为 380V，相电压为 220V。通常情况下，电力系统电压指的是线电压。

当三相电源的 3 个绕组的首、尾依次相连，接成一个闭合三角形的接法称为三角形连接（△连接）。三相发电机的绕组极少采用三角形连接，此处不进行更多介绍。

想一想

汽车中的发电机为三相交流发电机，属于三相交流电源，查阅资料了解其接线方式。

作业测评

1．三相交流电与单相交流电有什么区别？

2．相电压和线电压有什么区别？

3．说明三相交流电是如何产生的？

4．在三相四线制供电线路中，可获得两种电压，即_____和_____。

2.3.2　三相负载的连接

三相电路中的三相负载可分为对称三相负载和不对称三相负载。各相负载的大小和性质完全相同时，即 3 个单相负载的阻抗及辐角相等，称为对称三相负载。如三相电动机、三相变压器等。各相负载不相同的称为不对称三相负载，如三相照明电路中的负载。

在三相电路中，负载有星形（Y）和三角形（△）两种连接方式。

基础知识

1．三相负载的星形（Y）连接

（1）连接方法

图 2.29 所示为三相负载的星形连接方式。从图中可以看出，星形连接方式中，各相负载的末端连在一起接到三相电源的中性线上，各相负载的首端分别接到三相交流电源的 3 根相线上。

三相负载的星形连接

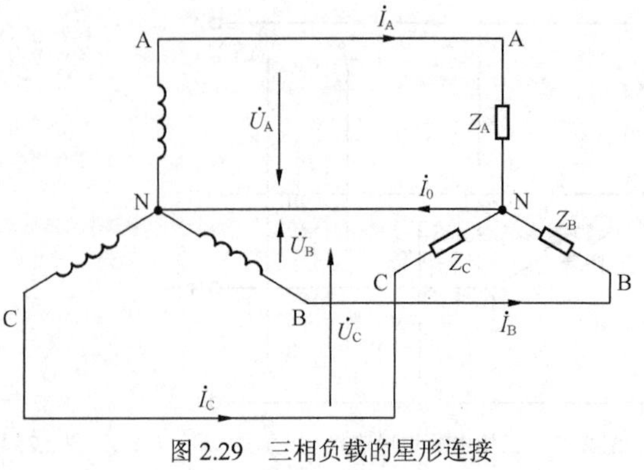

图 2.29　三相负载的星形连接

（2）电路特点

负载星形连接时，每一相负载两端的电压叫作负载的相电压。流过每一相负载的电流叫作相电流，用符号 I_P 表示；流过每条相线的电流叫作线电流，用符号 I_L 表示。

从图 2.29 中可以看出，负载为星形连接并具有中性线时，三相交流电路中的每一相都是一个单相交流电路。由于每一相负载都串联在相线上，相线和负载通过的电流相同，所以各相电流等于各线电流，即 $I_L = I_P$。

① 三相对称负载。当三相负载对称时，如果三相电源对称，三相负载电压也是对称的，且线电压超前相电压 $30°$，$U_L = \sqrt{3} U_P$；三相负载电流也是对称的，各相电流相位互差 $120°$，电流的有效值相等，即

$$I_A = I_B = I_C = I_P = \frac{U_P}{Z}$$

图 2.30 所示为三相对称负载的相电压、电流的有效值相量图。从图中可以看出 $I_A + I_B + I_C = 0$。若负载连接中性线，则有 $I_N = I_A + I_B + I_C = 0$。可见，三相负载对称时，中性线上没有电流流过，因此，负载与电源间不需要连接中性线，可省略中性线。

② 三相不对称负载。三相负载不对称时，如果三相电源对称，则三相负载的线电压是对称的。若三相负载不连接中性线，则三相负载的相电压是不对称的，可能出现某相负载的相电压高于电源相电压，而其他相负载的相电压低于电源相电压的现象。当三相负载

图 2.30　对称负载星形连接时相电压及电流相量图

严重不对称时，某些相的负载可能因电压过低而无法正常工作，而其他相负载可能会因电压过高而损坏，中性线不可省略。

如果三相负载连接中性线，则三相负载的相电压恒等于电源的相电压，即三相负载的相电压是对称的。但此时三相负载电流是不对称的，所以中性线上有电流流过。

从以上分析可知，当三相负载不对称时，为使各相负载的相电压相等，应连接中性线。中性线的作用就是保证各相负载的相电压相等且等于电源的相电压，使各相负载都能正常工作。为了确保中性线的作用，工程上规定，中性线上不允许安装保险丝或开关，以防止断路时引起负载不能正常工作。

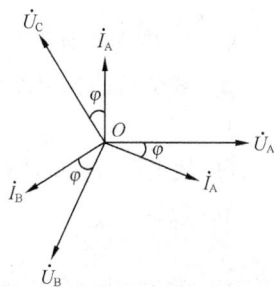

2．三相负载的三角形（△）连接

（1）连接方法

三相负载进行三角形连接时，就是将三相负载首、尾相连，形成一个闭合回路，三相负载之间的 3 个连接点分别接到三相电源的端线上，具体连接如图 2.31 所示。

（2）电路特点

从图 2.31 中可以看出，负载上的相电压与线电压相等，且等于电源的线电压，即 $U_L = U_P$。

三相负载的三角形连接

如果三相电源对称，则三相负载的线电压和相电压都是对称的。但是，负载的线电流与相电流不相等。各相负载的相电流分别为 $\dot{I}_{AB} = \dfrac{\dot{U}_{AB}}{Z_A}$，$\dot{I}_{BC} = \dfrac{\dot{U}_{BC}}{Z_B}$，$\dot{I}_{CA} = \dfrac{\dot{U}_{CA}}{Z_C}$。如果三相负载对称，则三相负载的相电流也是对称的。根据基尔霍夫电流定律，可得各相负载的线电流为 $\dot{I}_A = \dot{I}_{AB} - I_{CA}$，$\dot{I}_B = \dot{I}_{BC} - I_{AB}$，$\dot{I}_C = \dot{I}_{CA} - I_{BC}$。以此可作出三相负载对称时相电流及线电流有效

值的相量图，如图 2.32 所示。分析相电流及线电流的相量图，可得出以下结论。

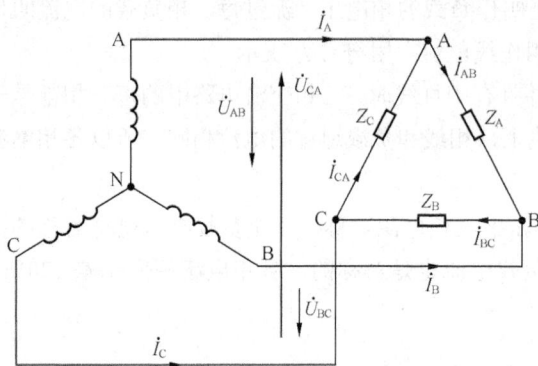

图 2.31 三相负载三角形连接   图 2.32 三相负载三角形连接时线电流、相电流相量图

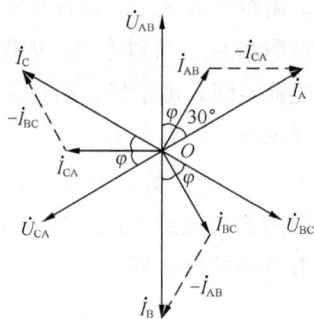

① 3 个线电流是幅值相等、频率相同、相位互差 120° 的三相对称电流。

② 线电流的相位滞后对应的相电流 30°，即 $\dot{I}_\mathrm{A}$、$\dot{I}_\mathrm{B}$、$\dot{I}_\mathrm{C}$ 的相位分别比 $\dot{I}_\mathrm{AB}$、$\dot{I}_\mathrm{BC}$、$\dot{I}_\mathrm{CA}$ 滞后 30°。

③ 线电流的数值是对应的相电流的 $\sqrt{3}$ 倍，即 $I_\mathrm{L} = \sqrt{3} I_\mathrm{P}$。

作业测评

1. 对称三相绕组接成星形连接时，线电压的大小是相电压的_____倍；在相位上线电压比对应的相电压_____。

2. 在三相四线制供电线路中，负载做星形连接时，各相负载承受的电压为电源的_____电压，各相负载的电流等于_____。

3. 三相负载接在三相电源上，若使各相负载承受的电压等于电源线电压的 $\dfrac{1}{\sqrt{3}}$，应将负载进行_____连接；若使各相负载承受的电压等于电源的线电压，应将负载进行_____连接。

2.3.3 三相电功率

三相电路中各相负载的电功率计算与单相电路中负载电功率的计算相同。

基础知识

三相电路中的总有功功率等于各相负载有功功率之和，即

$$P = P_\mathrm{A} + P_\mathrm{B} + P_\mathrm{C} = U_\mathrm{A} I_\mathrm{A} \cos\varphi_\mathrm{A} + U_\mathrm{B} I_\mathrm{B} \cos\varphi_\mathrm{B} + U_\mathrm{C} I_\mathrm{C} \cos\varphi_\mathrm{C}$$

式中的电压和电流为各相负载的相电压和相电流，功率因数角为相电压与对应相电流的相位差。当三相负载对称时，各相负载的有功功率相等，有

$$P = 3 U_\mathrm{P} I_\mathrm{P} \cos\varphi$$

式中，φ——每相负载的功率因数角。

同理，当三相负载对称时，总的无功功率 Q 和视在功率 S
分别为

$$Q = 3 U_\mathrm{P} I_\mathrm{P} \sin\varphi$$

$$S = 3U_P I_P$$

在三相电路中，测量线电压和线电流比测量相电压和相电流相对容易，三相负载的铭牌上标明的电压和电流值也是线电压和线电流的数值，因此，用线电压和线电流的数值计算负载的电功率比较方便。当三相负载星形连接时，$U_L = \sqrt{3}U_P$，$I_L = I_P$；当三相负载三角形连接时，$U_L = U_P$，$I_L = \sqrt{3}I_P$，由此可得三相功率与线电压和线电流的关系如下

三相电路的功率

$$P = \sqrt{3}U_L I_L \cos\varphi$$

$$Q = \sqrt{3}U_L I_L \sin\varphi$$

$$S = \sqrt{3}U_L I_L$$

想一想

同样的负载星形连接和三角形连接时，消耗的有功功率是否相同？

作业测评

某三相四线制供电线路的线电压为 380V，三相负载对称，且每相负载为 $R = 6\Omega$，$X_L = 8\Omega$。求：三相负载分别进行星形连接及三角形连接时，电路消耗的电功率。

| 2.4　安全用电常识 |

电的应用遍及生产生活的各个方面，在日常生活和汽车维修过程中，都会遇到和用到很多用电设备，因此了解安全用电常识，树立"安全第一"的观念，保护人身和用电设备的安全，避免发生触电事故是非常必要的。

安全用电 1　　　　　安全用电 2

2.4.1　人体触电的种类及危害

基础知识

1. 触电的种类

触电一般是指人体触及带电体，由于电流通过人体而造成的伤害。人体触电可分为电击和电伤。

（1）电击

电击即为通常所说的触电。电击是电流对人体内部组织的伤害，在人体的外表没有显著的痕迹。触电死亡的绝大部分是电击造成的。

（2）电伤

电伤是由电流的热效应、化学效应、机械效应以及电流本身作用所造成的人体外伤。尽管大约85%以上的触电死亡事故是电击造成的，但其中大约70%含有电伤成分。电伤常见的表现为灼伤、烙印、皮肤金属化等。

① 灼伤。灼伤是因电流的热效应而引起的，分为电流灼伤和电弧烧伤。电流灼伤是人体与带电体接触，电流通过人体由电能转换成热能造成的伤害。电流灼伤一般发生在低压设备或低压线路上。

电弧烧伤是由弧光放电造成的伤害，分为直接电弧烧伤和间接电弧烧伤。前者是带电体与人体发生电弧，有电流流过人体的烧伤；后者是电弧发生在人体附近对人体的烧伤，包含熔化了的炽热金属溅出造成的烫伤。直接电弧烧伤是与电击同时发生的。

② 烙印。烙印是由电流的化学效应和机械效应引起的，通常只在人体和带电体有良好接触的情况下才会发生。在皮肤表面留有圆形或椭圆形的肿块痕迹，并且硬化。

③ 皮肤金属化。皮肤金属化是在电流的作用下，熔化和蒸发的金属微粒渗入皮肤表层形成的。皮肤的伤害部分形成粗糙的坚硬表面，日久会逐渐脱落。

此外，电焊作业中由于电弧强光的辐射作用而造成的眼睛伤害，虽然不是触电引起的，通常也称为电伤。

2．人体触电的方式

按照人体触及带电体的方式和电流流过人体的途径，可将触电分为单相触电、两相触电和跨步电压触电。

（1）单相触电

人站在地面或其他接地体上，身体某一部位触及三相供电系统的任一相，引起的触电称为单相触电。低压电网通常采用变压器低压侧中性点直接接地和中性点不直接接地（通过保护间隙接地）的接线方式。根据三相电源的中性点是否接地，可分为中性点不接地的单相触电和中性点接地的单相触电两种情况。

（二维码：几种触电情况）

① 中性点不接地的单相触电。图2.33（a）所示为中性点不接地的单相触电，此时人体承受的是线电压。

② 中性点接地的单相触电。图2.33（b）所示为中性点接地的单相触电，此时人体承受的是相电压。

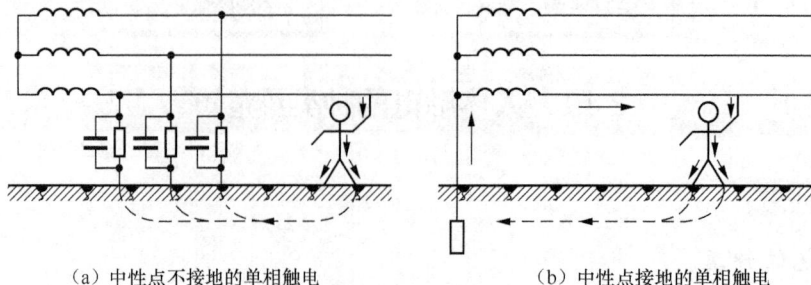

（a）中性点不接地的单相触电　　　　　（b）中性点接地的单相触电

图 2.33　单相触电

在触电事故中，单相触电发生得较多，一般都是由于电气设备的某一相导线或绕组绝缘破损使设备外壳带电而引起的。单相电动工具如手电钻等的把柄带电时，也会使工人发生单相触电事故。

对于高压带电体，人体虽未直接接触，但由于超过了安全距离，高电压对人体放电，造成单相接地而引起的触电，也属于单相触电。如高压架线断线，人体碰及断导线往往会导致触电事故。此外，在高压线路周围施工，未采用安全措施，碰及高压导线触电事故也时有发生。

（2）两相触电

人体同时接触带电设备或线路中的两相导体，或在高压系统中，人体同时接近不同相的两相带电导体，而发生电弧放电，电流从其中一相导体通过人体流入另一相导体，构成一个闭合回路，这种触电方式称为两相触电。两相触电的原理如图 2.34 所示。

发生两相触电时，不论电网的中性点接地与否，其作用于人体上的电压都等于线电压，因此这种触电是最危险的。

（3）跨步电压触电

带电体接地时会有电流向大地流散，在以接地点为圆心，半径 20m 的圆面积内形成分布电位。人站在接地点周围，两脚之间（以 0.8m 计算）的电位差称为跨步电压 U_k，如图 2.35 所示。由跨步电压引起的触电事故称为跨步电压触电。高压故障接地处，或有大电流流过的接地装置附近都可能出现较高的跨步电压。离接地点越近、两脚距离越大，跨步电压值就越大。一般 10m 以外就没有危险。

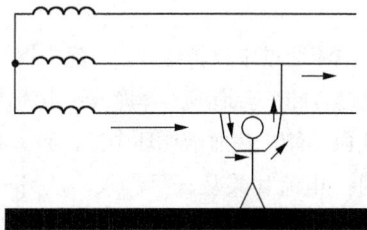

图 2.34　双相触电

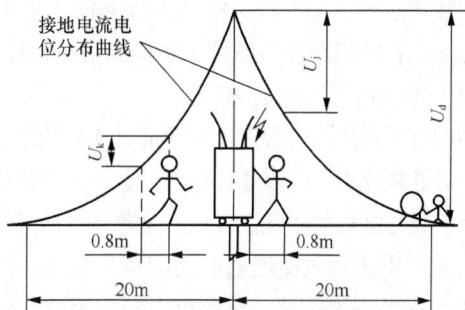

图 2.35　跨步电压触电

3. 触电伤害的影响因素

（1）电压

当人体电阻一定时，电压越高，通过人体的电流越大，对人体的伤害就越大。从安全用电方面考虑，一般把 250V 以上的电压称为高压，把 250V 以下的电压称为低压。40V 以下的电压，由于其引起触电伤害的危险性很小，被称为安全电压。我国规定的安全电压为 36V、24V 和 12V 三种。但是，安全电压并不能经常保证绝对安全，当其他因素发生最不利的影响时（如人体电阻很小），即使安全电压也会引起触电伤害事故。

（2）频率

同一电压下，电流频率不同，引起的触电伤害程度也不同。频率为 50～60Hz 的工频电流造成的触电伤害最为严重。低于或高于上述频率范围时，危险性相应减小。2 000Hz 以上死亡危险性降低，造成的触电伤害主要是灼伤。25Hz 以下，人体可以耐受较大的电流。

据资料介绍，人体的感知电流，在 50Hz 交流情况下为 0.6～1.5mA，而在直流情况下则为 5～7mA；使手部肌肉产生痉挛的电流，在 50Hz 交流情况下为 5～7mA，而在直流情况下则为 52～80mA。可见，直流情况下，人体耐受电流比 50Hz 情况下增加 5～10 倍。

（3）电流

在同一频率下，通过人体的电流越大，造成的触电伤害程度越严重。据资料介绍，在工频下，通过人体的电流达 1mA 时，人手轻微颤抖，开始有触电感觉；电流达 5mA 时，手部肌肉开始发生痉挛；电流达 10mA 时，手指尖到手腕剧痛，手已难于摆脱带电体，但尚能摆脱；电流达 20～25mA 时，人体不能自主，完全无法摆脱带电体，而且开始感到呼吸困难；电流达 50～80mA 时，心室开始颤抖；电流达 90～100mA 时，产生呼吸麻痹；电流达 100mA 以上时，即能致人死亡。因此，有人把交流电 10mA 和直流电 50mA 称为安全电流，在此电流下，人体能够摆脱带电体，不至于造成严重的触电伤害。

（4）电流通过人体的时间

相同频率的同值电流通过人体，时间越长，触电伤害程度越严重。电流持续通过人体的时间，一般不得超过心脏搏动周期。

（5）人体电阻

在带电体电压一定的情况下，触电时通过人体的电流大小取决于人体电阻的数值。人体电阻实际上是一种阻抗，包括皮肤电阻、内部组织电阻及不同组织之间的电容。人体电阻不是一个固定值，它随着人体的生理、物理状况而变化。皮肤潮湿、出汗、损伤或带有导电性粉尘，会使人体电阻显著减小；通过人体的电流越大，持续时间越长，会使人体发热出汗，降低人体电阻；触电电压增高，人体表皮角质层有电解和类似介质击穿的现象发生，会使人体电阻急剧下降。人体电阻的变化范围很大，从几百欧姆到几万欧姆，在安全用电计算中，一般取值为 1 000～1 500 Ω。

（6）电流通过人体的途径

触电时受到的伤害程度与电流通过人体的途径关系很大。电流通过中枢神经，会引起中枢神经强烈失调而导致死亡；电流通过头部，会使人立即昏迷；电流通过脊髓，会造成人体瘫痪；电流通过胸腔，会引起心脏机能紊乱，发生心室颤动，破坏心脏正常的泵血功能，使血液循环中断，致人死亡。

可见，电流通过接近心脏的部位最危险，例如，触电时，电流如果从一手流入，从另一手流出，或从一手流入，从一足流出，因电流都经过心脏地区，会造成致命危险；如果从一足流入，从另一足流出，则造成的触电伤害程度较轻。

安全电压是否绝对安全？

作业测评

1. 人体触电的种类有哪些？
2. 电流对人体的伤害与哪些因素有关？

2.4.2　触电原因及触电急救

基础知识

1. 触电的常见原因

（1）缺乏电气安全知识。例如，带电时拉高压开关；用手触摸被破坏的胶盖刀闸等。

（2）违反操作规范。例如，在高压线附近施工或运输大型货物，施工工具或货物碰击高压线；带电接临时照明线及临时电源；火线误接在电动工具外壳上等。

（3）维护不良。例如，大风刮断的低压线路未能及时修理；胶盖开关破损长期不予修理；线路老化未及时更换等。

（4）电气设备存在安全隐患。例如，电气设备漏电；电气设备外壳没有接地而带电；闸刀开关或磁力起动器缺少护壳；电线或电缆因绝缘磨损或腐蚀而损坏等。

2．触电急救方法

人触电以后，会出现神经麻痹、呼吸困难、血压升高、昏迷、痉挛，直至呼吸中断、心脏停跳等现象，呈现昏迷不醒的状态。有效的急救在于快而得法。即用最快的速度，施以正确的方法进行现场救护。触电急救的第一步是使触电者迅速脱离电源，第二步是现场救护。

触电现场的抢救 1

（1）使触电者脱离电源

电流对人体的作用时间越长，对生命的威胁越大。所以，触电急救的关键是首先要使触电者迅速脱离电源。可根据具体情况，选用以下几种方法使触电者脱离电源。

① 脱离低压电源的方法。脱离低压电源的方法可概括为"拉""切""挑""拽"和"垫"。

"拉"是指就近拉开电源开关、拔出插销或瓷插保险。此时应注意拉线开关和板把开关是单极的，只能断开一根导线，有时由于安装不符合规程要求，例如，把开关安装在零线上，这时虽然断开了开关，但是人身体触及的导线可能仍然带电，这就不能认为已切断电源。

"切"是指用带有绝缘柄的利器切断电源线。当电源开关、插座或瓷插保险距离触电现场较远时，可用带有绝缘手柄的电工钳或有干燥木柄的斧头、铁锹等利器将电源线切断。切断时应防止带电导线断落触及周围的人体。多芯绞合线应分相切断，以防短路伤人。

触电现场的抢救 2

"挑"是指导线搭落在触电者身上或压在身下时，可用干燥的木棒、竹竿等挑开导线或用干燥的绝缘绳套拉导线或触电者，使之脱离电源。

"拽"是指救护人可戴上手套或在手上包缠干燥的衣服、围巾、帽子等绝缘物品拖拽触电者，使之脱离电源。如果触电者的衣裤是干燥的，又没有紧缠在身上，救护人可直接用一只手抓住触电者不贴身的衣裤，将触电者拉脱电源。但要注意拖拽时切勿触及触电者的体肤。救护人亦可站在干燥的木板、木桌椅或橡胶垫等绝缘物品上，用一只手把触电者拉脱电源。

"垫"是指触电者由于痉挛手指紧握导线或导线缠绕在身上时，救护人可先用干燥的木板塞进触电者身下使其与地绝缘来隔断电源，然后再采取其他办法将电源切断。

② 脱离高压电源的方法。由于装置的电压等级高，一般绝缘物品不能保证救护人的安全，而且高压电源开关距离现场较远，不便拉闸。因此，使触电者脱离高压电源的方法与脱离低压电源的方法有所不同，正确的做法：立即电话通知有关供电部门拉闸停电；如电源开关离触电现场不远，则可戴上绝缘手套，穿上绝缘靴，拉开高压断路器，或用绝缘棒拉开高压跌落保险以切断电源；往架空线路抛挂裸金属软导线，人为造成线路短路，迫使继电保护装置动作，从而使电源开关跳闸。抛挂前，将短路线的一端先固定在铁塔或接地引线上，另一端系重物。抛掷短路线时，应注意防止电弧伤人或断线危及人员安全，也要防止重物砸伤人。

如果触电者触及断落在地上的带电高压导线，且尚未确认线路无电之前，救护人不可进入断线落地点 8～10m 的范围内，以防止跨步电压触电。进入该范围的救护人员应穿上绝缘靴或临时双脚并拢跳跃地接近触电者。触电者脱离带电导线后应迅速将其带至 8～10m 以外的地方立即开始触电急救。只有在确认线路已经无电情况下，才可在触电者离开触电导线后就地急救。

③ 使触电者脱离电源时应注意的事项。

- 救护人不得采用金属和其他潮湿的物品作为救护工具。
- 未采取绝缘措施前，救护人不得直接触及触电者的皮肤和潮湿的衣服。
- 在拉拽触电者脱离电源的过程中，救护人宜用单手操作，这样对救护人比较安全。
- 当触电者位于高位时，应采取措施预防触电者在脱离电源后坠地摔伤或摔死。
- 夜间发生触电事故时，应考虑切断电源后的临时照明问题，以利于救护。

（2）现场救护

触电者脱离电源后，应立即就地进行抢救。不能消极地等待医生的到来，而应在现场施行正确的救护的同时，派人通知医务人员到现场并做好将触电者送往医院的准备工作。

如果触电者所受的伤害不太严重，神志尚清醒，只是心悸、头晕、出冷汗、恶心、呕吐、四肢发麻、全身乏力，甚至一度昏迷，但未失去知觉，则应让触电者在通风暖和的处所静卧休息，并派人严密观察，同时请医生前来或送往医院诊治。

如果触电者已失去知觉，但呼吸和心跳尚正常，则应使其舒适地平卧，解开其衣服以利于呼吸，四周不要围人，保持空气流通，冷天应注意保暖，同时立即请医生前来或送往医院诊察。若发现触电者呼吸困难或心跳失常，应立即施行人工呼吸或胸外心脏挤压。

如果触电者呈现"假死"（即电休克）现象，则可能有三种临床症状：一是心跳停止，但尚能呼吸；二是呼吸停止，但心跳尚存（脉搏很弱）；三是呼吸和心跳均已停止。"假死"症状的判定方法是"看""听""试"。"看"是观察触电者的胸部、腹部有无起伏动作；"听"是用耳贴近触电者的口鼻处，听他有无呼气声音；"试"是用手或小纸条试测口鼻有无呼吸的气流，再用两手指轻压一侧（左或右）喉结旁凹陷处的颈动脉有无搏动感觉。如果既无呼吸又无颈动脉搏动，则可判定触电者呼吸停止或心跳停止或呼吸心跳均停止。"看""听""试"的操作方法如图 2.36 所示。

当判定触电者呼吸和心跳停止时，应立即按心肺复苏法就地抢救。心肺复苏法包括三项基本措施：通畅气道、口对口（鼻）人工呼吸、胸外按压。

① 通畅气道。若触电者呼吸停止，首先应先清除其口中异物，使触电者仰面躺在平硬的地方，迅速解开其领扣、围巾、紧身衣和裤带。如果发现触电者口内有食物、假牙、血块等异物，可将其身体及头部同时侧转，迅速用一个手指或两个手指交叉从口角处插入，从中取出异物，操作中要注意防止将异物推到咽喉深处。按图 2.37 所示的方法通畅气道，救护人用一只手放在触电者前额，另一只手的手指将其颏颌骨向上抬起，两手协同将头部推向后仰，舌根自然随之抬起、气道即可畅通。为使触电者头部后仰，可于其颈部下方垫适量厚度的物品，但严禁用枕头或其他物品垫在触电者头下，因为头部抬高前倾会阻塞气道，还会使施行胸外按压时流向脑部的血量减小，甚至完全消失。

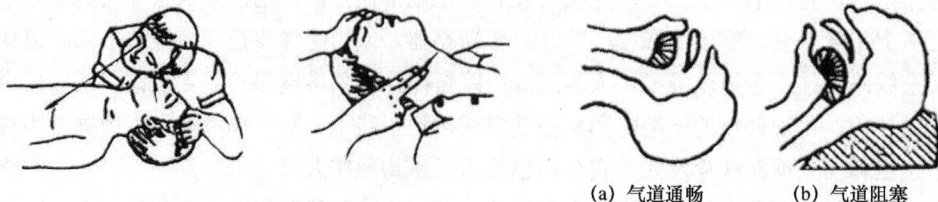

(a) 气道通畅　　　(b) 气道阻塞

图 2.36 "假死"判断方法　　　图 2.37 通畅气道的方法

② 人工呼吸。在完成气道通畅的操作后，应立即对触电者施行口对口或口对鼻人工呼吸。

图 2.38 所示为口对口人工呼吸的姿势。正常口对口人工呼吸时，首先应大口吹气刺激起搏。救护人蹲跪在触电者的左侧或右侧；用放在触电者额上的手的手指捏住其鼻翼，另一只手的食指和中指轻轻托住其下巴；救护人深吸气后，与触电者口对口紧合，在不漏气的情况下，先连续大口吹气两次，每次 1～1.5s；然后用手指试测触电者颈动脉是否有搏动，如果仍无搏动，可判断心跳确已停止，在施行人工呼吸的同时应进行胸外按压。

大口吹气两次试测颈动脉搏动后，应立即转入正常的口对口人工呼吸阶段。正常的吹气频率为每分钟约 12 次。吹气量不需过大，以免引起胃膨胀，如果触电者是儿童，吹气量宜小些，以免肺泡破裂。救护人换气时，应将触电者的鼻或口放松，让他借自己胸部的弹性自动吐气。吹气和放松时要注意触电者胸部有无起伏的呼吸动作。吹气时如果有较大的阻力，可能是头部后仰不够，应及时纠正，使气道保持畅通。

若触电者牙关紧闭，应进行口对鼻人工呼吸。吹气时要将触电者嘴唇紧闭，防止漏气。

③ 胸外按压。胸外按压是借助人力使触电者恢复心脏跳动的急救方法。应注意选择正确的按压位置和采取正确的按压姿势。

正确的按压位置和按压姿势如图 2.39 所示。手的食指和中指沿触电者的右侧肋弓下缘向上，找到肋骨和胸骨接合处的中点。右手两手指并齐，中指放在切迹中点（剑突底部），食指平放在胸骨下部，另一只手的掌根紧挨食指上缘置于胸骨上，掌根处即为正确按压位置。

图 2.38　口对口人工呼吸的方法　　　　　图 2.39　胸外按压的位置和姿势

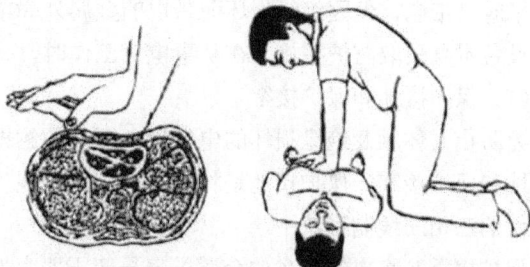

胸外按压时的操作步骤如下：首先使触电者仰面躺在平硬的地方并解开其衣服，仰卧姿势与口对口（鼻）人工呼吸法相同；救护人立或跪在触电者一侧肩旁，两肩位于触电者胸骨正上方，两臂伸直，肘关节固定不屈，两手掌相叠，手指翘起，不接触触电者胸壁；以髋关节为支点，利用上身的重力，垂直将正常成人胸骨压陷 3～5cm（儿童和瘦弱者酌减）；压至要求程度后，立即全部放松，但救护人的掌根不能离开触电者的胸壁。按压有效的标志是在按压过程中可以触到颈动脉搏动。

胸外按压要以均匀速度进行。操作频率以每分钟 80 次为宜，每次包括按压和放松一个循环，按压和放松的时间相等。

当胸外按压与口对口（鼻）人工呼吸同时进行时，操作的节奏为：单人救护时，每按压 15 次后吹气 2 次（15∶2），反复进行；双人救护时，每按压 15 次后由另一人吹气 1 次（15∶1），反复进行。

（3）关于电伤的处理

电伤是触电引起的组织损伤，需要到医院治疗。但现场也必须预做处理，以防止细菌感染，损伤扩大。这样可以减轻触电者的痛苦和便于转送医院。

① 对于一般性的外伤创面，可用无菌生理食盐水或清洁的温开水冲洗，再用消毒纱布防腐绷带或干净的布包扎，然后将触电者护送去医院。

② 如果伤口大出血，要立即设法止住。压迫止血法是最迅速的临时止血法，即用手指、手掌或止血橡皮带在出血处供血端将血管压瘪在骨骼上来止血，同时火速送医院处置。如果伤口出血不严重，可用消毒纱布或干净的布料叠几层盖在伤口处压紧止血。

③ 高压触电造成的电弧灼伤，往往深达骨骼，处理十分复杂。现场救护可用无菌生理盐水或清洁的温开水冲洗，再用酒精全面涂擦，然后用消毒被单或干净的布类包裹好送往医院处理。

④ 对于因触电摔跌而骨折的触电者，应先止血、包扎，然后用木板、竹竿、木棍等物品将骨折肢体临时固定并速送医院处理。

作业测评

1．触电急救的第一步是＿＿＿＿＿＿＿＿＿＿＿＿＿，第二步是＿＿＿＿＿＿＿＿＿＿。

2．心肺复苏法的三项基本措施：＿＿＿＿＿＿、＿＿＿＿＿＿和＿＿＿＿＿。

2.4.3　触电防护及汽车维修工作中的安全用电

基础知识

1．触电防护

人身触电事故一般有两种情况：一是人体直接触及或过分靠近电气设备带电部分；二是人体碰触平时不带电，但因绝缘损坏而带电的金属外壳或金属构架。针对这两种人身触电情况，应对电气设备本身采取防护措施，在从事电气工作时，采取妥善的保证人身安全的措施。

（1）保护接地和保护接零

为防止人体触及绝缘损坏的电气设备引起的触电事故，采取的有效措施是对电气设备进行保护接地和保护接零。保护接地是将电气设备的金属外壳与接地体相连接，这种方法适用于中性点不接地的三相三线制系统中。

保护接零是将电气设备的金属外壳与变压器中性线相连接，适用于中性点不接地的三相四线制系统中。

（2）触电保护装置

触电保护装置也称为漏电保护装置，当电路发生漏电故障时，它能够自动切断电源。触电保护装置可以防止由漏电引起触电事故和单相触电事故，同时也可以防止由漏电引起的火灾事故。触电保护装置适用于 1 000V 以下的低压系统，凡是有可能触及带电部件或在潮湿场所装有电气设备时，均应装设触电保护装置，以保障人身安全。

目前我国触电保护装置有电压型和电流型两类，分别用于中性点不直接接地和中性点直接接地的低压供电系统。触电保护装置在对人身安全的保护方面远比接地和接零等保护效果显著，以逐步得到广泛应用。

2．汽车维修工作中的安全用电

汽车维修过程中常会用到一些电动工具及设备，因此，要养成安全用电的意识，遵守安全用电规范。

（1）使用电动工具设备前，应核对电动工具的使用电压与电源电压是否相符。

（2）汽车修理的局部、近距离和可移动照明只能采用电源为 36V 及以下的安全电压。

（3）各种电动设备尤其是移动式电动设备，应建立经常的、定期的检查制度。

（4）严禁使用导线头上不带插头的灯具和电气设备。湿手赤脚时不能接触电器开关及其他电气设备。

（5）未经过专门训练，不能进行交流电工、焊工工作。

（6）使用移动式电动工具和气动工具，必须熟悉其安全操作规程。

（7）全部电动工具都必须有接地措施。

> 想一想
>
> 汽车维修中的哪些电气设备需要进行触电防护？分别采用了哪些防护措施？

作业测评

1．保护接地是_____。

2．保护接零是_____。

3．当电路发生漏电故障时，_____能够自动切断电源。

|2.5　技能训练|

2.5.1　三相负载的星形连接

基础知识

1. 三相负载的星形连接

三相负载星形连接的电路如图 2.40 所示，其中图 2.40（a）所示无中性线，图 2.40（b）所示有中性线。无中性线的连接方式中，各相负载的某一个端点连接在一起，另外一个端点与三相电源连接。有中性线的连接方式中，各相负载的公共端点与中性线连接在一起。

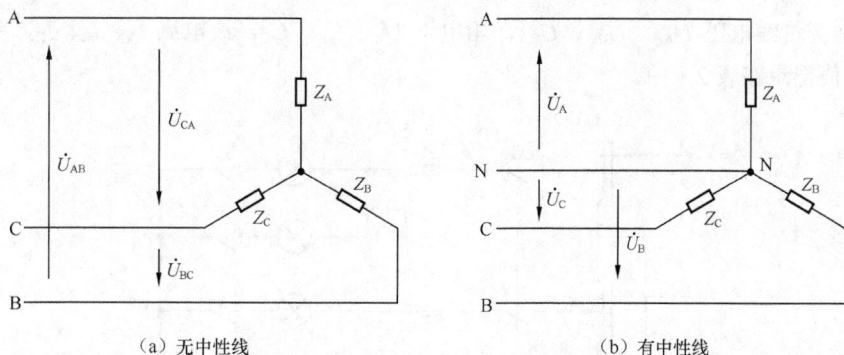

(a) 无中性线　　　　　　(b) 有中性线

图 2.40　三相负载的星形连接

当电源对称时，无论是否有中性线，只要三相负载对称，电路都满足下列关系。

$$U_L = \sqrt{3}U_P$$

$$I_L = I_P$$

$$I_N = I_A + I_B + I_C = 0$$

因中性线中电流为零，故可省去中性线。

当电源对称，三相负载不对称时，只要有中性线，电路仍然满足如下关系

$$U_L = \sqrt{3}U_P$$

$$I_L = I_P$$

但此时三相电流不对称，中性线中电流不为零，即 $I_N = I_A + I_B + I_C \neq 0$。若中性线断开，则 $U_L \neq \sqrt{3}U_P$，各相负载承受的电压高低不同，因此不能断开中性线。

2．三相调压器

三相调压器可以看成是 3 台单相调压器按一定方式组合而成，图 2.41 所示为星形连接的三相调压器工作原理图。图中 L_1、L_2、L_3 为三相调压器的输入端，A、B、C 为三相调压器的输出端，输出端通过旋转手柄调节输出电压的高低。

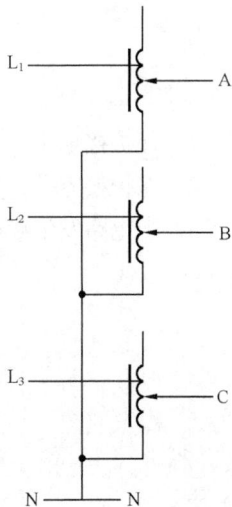

图 2.41　三相调压器原理图

实训目标

① 熟悉三相负载的星形连接方法。
② 验证对称三相电路中线电压与相电压、线电流与相电流之间的关系。
③ 通过不对称三相负载实验，理解中性线的作用。

实训条件

实验线路板 1 块、三相负载 6 只 15W 白炽灯、万用表 1 只、交流电流表 1 只、三相调压器 1 块、开关、导线若干。

操作步骤

（1）三相对称负载星形连接

按图 2.42 所示接线，将三相调压器输出端电压调节到 220V，闭合 S_5、QS、S_1、S_3、S_4，断开 S_2，分别测量线电压 U_{AB}、U_{BC}、U_{CA}，相电压 U_A、U_B、U_C，线电流 I_A、I_B、I_C，中性线电流 I_N，将测量值记录在表 2.1 中。

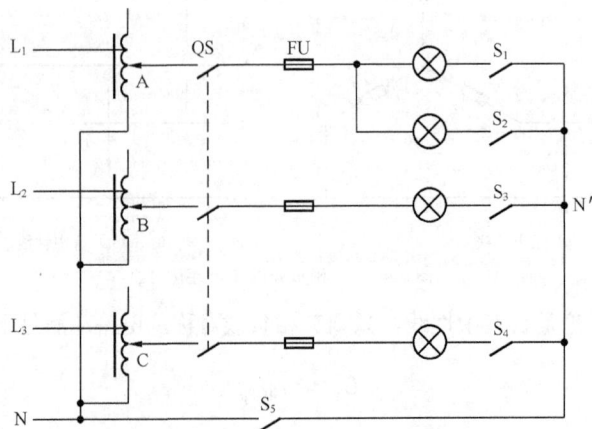

图 2.42　负载星形联结实验电路

断开中性线（利用断开开关 S_5 模拟），重复测量以上数据，并将数据记录在表 2.1 中。

表 2.1　　　　　　　　　　　三相对称负载电压、电流实验数据

项目 状态	线电压			相电压			线电流			中性线电流
	U_{AB}	U_{BC}	U_{CA}	U_A	U_B	U_C	I_A	I_B	I_C	I_N
有中性线										
无中性线										

（2）三相不对称负载星形连接

按图 2.41 所示接线，将三相调压器输出端电压调节到 220V，闭合 S_5、QS、S_1、S_2、S_3，断开 S_4，构成三相不对称负载有中性线连接方式。测量相电压 U_A、U_B、U_C，观察三相负载（白炽灯）的明暗程度，记录在表 2.2 中。

在三相不对称负载有中性线电路的基础上，断开开关 S_5，构成三相不对称负载星形连接、无中性线连接电路。测量相电压 U_A、U_B、U_C，观察三相负载的明暗程度，记录在表 2.2 中。

表 2.2　　　　　　　　　　　三相不对称负载电压、电流实验数据

项目 状态	相电压			白炽灯明暗程度		
	U_A	U_B	U_C	A	B	C
有中性线						
无中性线						

注意事项

① 实验前应认真检查负载，保证各负载功率一致，以保证负载对称。要求负载不对称时，利用开关控制负载。

② 三相调压器引线较多，注意正确接线，调压器中性点必须与电源中性线连接。若无三相调压器，也可用 3 个单相调压器连接成三相调压器。

③ 该实验涉及强电，注意不要碰触金属带电物体，以防发生电击事故。

2.5.2　三相负载的三角形连接

基础知识

三相负载三角形连接的电路如图 2.43 所示，其特点是各相负载首尾依次连接在一起，形成一个闭合回路，并将 3 个连接点接到电源上。

在电源对称、三相负载对称的条件下，三角形连接电路满足以下关系

$$I_L = \sqrt{3}I_P$$

$$U_L = U_P$$

实训目标

① 熟悉三相负载的三角形连接方法。

② 验证对称三相电路中线电压与相电压、线电流与相电流之间的关系。

实验线路板 1 块、三相负载（4 只 15W 白炽灯）、交流电压表 1 只、交流电流表 1 只、三相调压器 1 块、开关、导线若干。

操作步骤

（1）三相对称负载三角形连接

按图 2.44 所示电路接线，将三相调压器输出端电压调节到 127V，闭合 QS、S_1、S_2、S_3、S_4、S_5、S_6，断开 S_7。所有白炽灯应正常发光，分别测量线电压 U_{AB}、U_{BC}、U_{CA}，线电流 I_A、I_B、I_C，相电流 I_{AB}、I_{BC}、I_{CA}，将测量值记录在表 2.3 中。

> **注意** 测量线电流时，可拆除熔断器中的熔丝，将电流表跨接在熔断器的两端进行测量；测量相电流时，可以断开对应的开关，将电流表跨接在开关两端（串入电路）即可测量。

（2）三相不对称负载三角形连接

① 按图 2.44 所示电路接线，将三相调压器输出端电压调节到 127V，闭合所有开关，构成三相不对称负载三角形联结方式。测量线电压 U_{AB}、U_{BC}、U_{CA}，线电流 I_A、I_B、I_C，相电流 I_{AB}、I_{BC}、I_{CA}，记录在表 2.3 中。

② 断开开关 S_4，其他开关闭合。测量三相不对称负载三角形连接时，一相负载断路的线电压 U_{AB}、U_{BC}、U_{CA}，线电流 I_A、I_B、I_C，相电流 I_{AB}、I_{BC}、I_{CA}，记录在表 2.3 中。

③ 断开开关 S_1，其他开关闭合。测量三相不对称负载三角形连接时，一相线断路的线电压 U_{AB}、U_{BC}、U_{CA}，线电流 I_A、I_B、I_C，相电流 I_{AB}、I_{BC}、I_{CA}，记录在表 2.3 中。

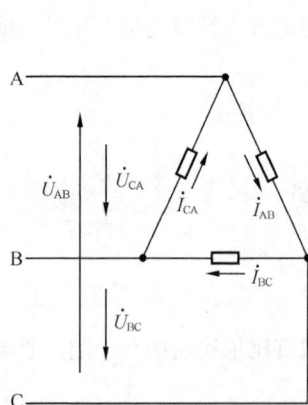

图 2.43 三相负载三角形连接电路　　　　图 2.44 三相对称负载三角形连接实验电路

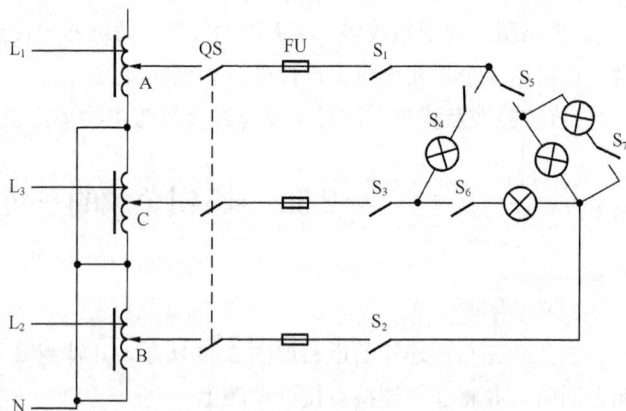

表 2.3　　　　　　　　　　　三相负载三角形连接实验数据

项目 状态	线电压			线电流			相电流		
	U_{AB}	U_{BC}	U_{CA}	I_A	I_B	I_C	I_{AB}	I_{BC}	I_{CA}
对称负载									
不对称负载									
一相负载断路									
一相线断路									

|本 章 小 结|

1. 三相交流电源是指 3 个频率相同、幅值相同、相位互差 120° 的单相交流电源按一定方式组合成的电源系统。

2. 三相交流电源的三相四线制供电方式可提供 2 种电压：线电压和相电压。在数值上，线电压与相电压的关系为 $U_L = \sqrt{3}U_P$，各线电压超前对应的相电压 30°。

3. 三相负载有两种连接方式：星形连接和三角形连接。

三相对称负载按星形连接时，$U_L = \sqrt{3}U_P$，$I_L = I_P$。当负载不对称时，中性线中有电流通过，中性线的作用是保证各相负载的相电压相等且等于电源的相电压，使各相负载都能正常工作，因此，不能断开中性线，也不允许在中性线上安装保险丝和开关。

三相对称负载三角形连接时，$U_L = U_P$，$I_L = \sqrt{3}I_P$。

4. 对称三相的电功率计算。

$$P = 3U_P I_P \cos\varphi = \sqrt{3}U_L I_L \cos\varphi$$

$$Q = 3U_P I_P \sin\varphi = \sqrt{3}U_L I_L \sin\varphi$$

$$S = 3U_P I_P = \sqrt{3}U_L I_L$$

上述公式既适合负载的星形连接，也适合负载的三角形连接。

5. 提高功率因数最常用的方法是在负载两端并联电容器，以减小阻抗角 φ，达到提高功率因数的目的。

6. RLC 串联电路中，当 $X_L = X_C$ 时，$U_L = U_C$，阻抗角 $\varphi = 0$，电路呈电阻性，且总阻抗最小，电压和电流同相。电容和电感的无功功率恰好相互补偿。电路的这种状态称为串联谐振。串联谐振电路具有如下特性：

① 电路阻抗最小且为纯电阻，即 $Z = \sqrt{R^2 + X^2} = R$。

② 电路中的电流最大，即 $\dot{I} = \dfrac{E}{Z} = \dfrac{E}{R}$。

③ 电路功率因数为 1，即 $\lambda = \dfrac{P}{S} = \dfrac{R}{Z} = 1$。

④ 平均功率最大，即 $P = I^2 R$。

7. 触电一般指人体触及带电体，由于电流通过人体而造成的伤害。人体触电可分为电击和电伤。

8. 触电可分为单相触电、两相触电和跨步电压触电。

9. 触电伤害的影响因素有电压、频率、电流、电流通过人体的时间、人体电阻、电流通过人体的途经。

10. 触电急救的第一步是使触电者迅速脱离电源，第二步是现场救护。

| 思考与练习 |

一、填空题

1. 生活中的照明电路的电源频率为 50Hz，这种电源的周期 $T=$ _____。

2. 正弦交流电的周期和频率满足关系 _____。

3. 交流电的特点是 _____。

4. 正弦交流电的三要素是指 _____。

5. RL 串联电路中，电流与电压的关系是 _____。

6. 三相交流发电机产生三相对称电动势，若某相电动势为 $u_A = 380\sin(\omega t +120°)$ V，则另外两相的电动势分别为 _____ 和 _____。

7. 在纯电阻电路中，功率因数 _____，感性负载电路中，功率因数 _____。

8. 三相负载的连接方式有 _____ 和 _____ 两种。

9. 三相电源供电方式常采用 _____ 制；当 _____ 时，可去掉中性线，这种供电方式称为 _____。

10. 在感性负载电路中，电路消耗的有功功率 P 与视在功率 S 的关系是 _____。

11. 目前，我国低压三相四线制供电线路供给用户的相电压是 _____V，线电压是 _____V。

12. 在三相四线制供电电路中，三相负载星形连接时，各相负载所承受的电压为电源的 ____ 电压，各相负载的电流等于 _____ 电流。

二、判断题

1. 三相正弦交流电路中，负载星形连接，其线电流与相电流大小相等。（   ）

2. 在纯电容电路中，电压滞后电流 90°，在纯电感电路中，电压超前电流 90°。（   ）

3. 由于电容和电感在电路中不消耗功率，因此电容和电感是储能元件。（   ）

4. 当负载星形连接时，中性线不能省略。（   ）

5. 对称负载星形连接时，中性线电流为零。（   ）

6. 同一台交流发电机的三相绕组，星形连接时的线电压是三角形联结时线电压的 $\sqrt{3}$ 倍。（   ）

7. 三相对称负载无论是星形连接还是三角形连接，在同一电源上取用的功率都相等。（   ）

8. 纯电阻电路中，电压与电流同相。（   ）

三、简答题

1. 在图 2.45 中，三相负载星形连接，每一相接 1 个 220V、40W 白炽灯。若图中 S_1、S_2 闭合，S_3 断开，分析 3 个白炽灯的亮度变化。

2. 在图 2.46 中，三相负载三角形连接，电源线电压为 220V，每一相接 1 个 220V、60W 白炽灯。若图中 S_2、S_3 闭合，S_1 断开，分析 3 个白炽灯的亮度变化。

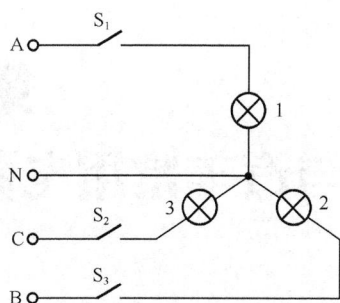

图 2.45　题 1 图

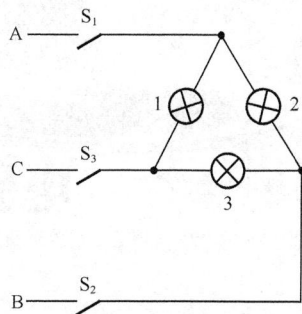

图 2.46　题 2 图

四、计算题

1. 在 RL 串联电路中，$R = 5\text{k}\Omega$，$L = \dfrac{30}{\pi}\text{mH}$，当外加电压 $U = 200\text{V}$、频率均为 5kHz 的交流电时，求：电感的感抗、电阻上的电压、电感上的电压及功率因数。

2. 三相交流电路中，各相负载分别为 $R_A = 5\Omega$，$R_B = 10\Omega$，$R_C = 15\Omega$，各相电压均为 120V，求：流过三相四线制星形连接电路的各线电流。

3. 三相对称负载的每相电阻 $R = 12\Omega$，感抗 $X_L = 5\Omega$，若负载星形连接，接到线电压为 380V 的三相电源上，求：相电压、相电流及线电流。

4. 一台三相电炉接到 380V 交流电源上，电炉每相电阻丝的电阻为 10Ω，求：该电炉星形连接时的线电流及功率。

在日常生活及生产实践中，各种电动机、发电机及许多自动控制装置都是以电磁感应现象为基础来设计的，汽车自动变速器中的电磁阀、起动系统中的继电器、发动机中的点火线圈都是利用电磁感应原理工作的，图3.1 所示为汽车前照灯基本控制电路。为了掌握汽车中电磁器件的应用，更好地理解汽车电路的原理和工作过程，本章介绍电磁现象的有关知识及汽车中常用的电磁器件。

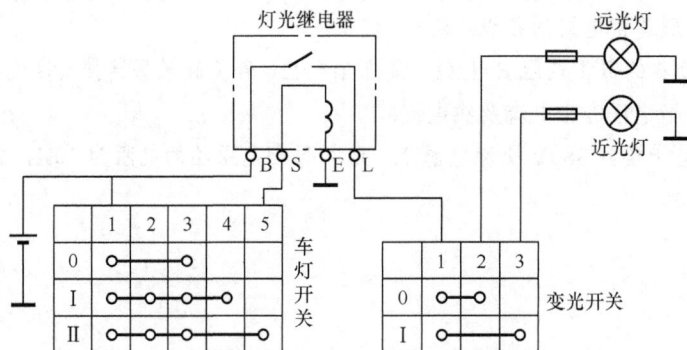

图 3.1 汽车前照灯基本控制电路

【学习目标】

◎ 熟悉磁现象及磁场、磁感线等概念；

◎ 理解磁场对通电导体的作用及电磁感应现象；

◎ 熟悉磁路的基本知识；

◎ 掌握常用电磁器件的结构及工作原理；

◎ 学会检测点火线圈；

◎ 学会检测电磁继电器。

|3.1 认识磁现象及电磁感应|

中国是世界上最早发现和利用磁现象的国家，早在战国末年就有对磁铁的记载，此后有了我国古代四大发明之一的指南针。但是直到现代，人们对磁现象的认识才逐渐系统化，1600 年英国的吉尔伯特发表《论磁体》标志着磁学的正式诞生。此后，人们对磁学的研究不断深入发展，发明了各种电磁仪器，如电话、无线电、发电机、电动机等。如今，磁技术已经渗透到了人们日常生活、医学及工农业技术的各个方面，汽车中的很多设备也是利用了电磁感应原理来工作的。

3.1.1　磁现象

早在先秦时代，磁石的吸铁特性就已被人们发现，人们在探寻铁矿时，常会遇到磁铁矿，即磁石（主要成分是四氧化三铁）。《吕氏春秋》九卷精通篇中有这样的描述："磁招铁，或引之也。"磁铁吸引铁、钴、镍等物质的性质称为磁性。

基础知识

1．磁场

如果把条形磁铁靠近铁屑，会发现大量的铁屑吸附在磁铁的两端。这表明条形磁铁两端的磁性最强，称为磁极，磁铁都具有两个磁极。如果用细线缚住条形磁铁的中部，将它水平地悬挂起来并能在水平面内自由转动，最后它必定停止转动，一端指向北方，另一端指向南方。指向北方的磁极称为磁北极（N 极）；指向南方的磁极称为磁南极（S 极）。与电荷之间存在相互作用一样，任何两个磁极之间也存在相互作用，同名磁极之间互相排斥，异名磁极之间互相吸引。

与电荷周围存在电场一样，所有的磁体周围都存在着磁场。磁场是一种看不见而又客观存在的特殊物质，凡是处于磁场中的任何其他磁极或运动电荷，都要受到磁场的作用力，这种作用力称为磁场力，或磁力。因此，磁场力是通过磁场这种特殊物质传递的。磁场是传递磁极之间相互作用力的媒介。

图 3.2 所示为条形磁铁对铁屑及小磁针的作用。在磁铁周围的不同位置放置一些小磁针，发现小磁针静止时，指向各不相同。这表明磁场中不同位置力的作用方向不同，因此磁场具有方向性。一般规定：在磁场中，可动小磁针的北极（N 极）在磁场中任一点所指示的方向，为磁场在该点的方向。

2．磁感线

为了形象地描述磁场，引入了磁感线的概念，磁感线也称为磁力线，是人为假想的曲线。图 3.3 所示为条形磁铁周围的磁感线分布情况，其中，曲线的切线表示该位置的磁场方向，曲线的疏密程度表示磁场的强弱。

理论和实践表明，磁感线具有以下特点。

① 磁感线是一个封闭的平滑曲线，在磁铁外部是由 N 极指向 S 极，而磁铁内部是由 S 极指向 N 极，形成闭合回路。

② 磁感线是立体的，有无数条。

③ 所有的磁感线都不相交。

④ 磁感线的相对疏密表示磁性的相对强弱，即磁感线疏的地方磁性较弱，磁感线密的地方磁性较强。

想一想　为什么磁悬浮列车能够高速运行？

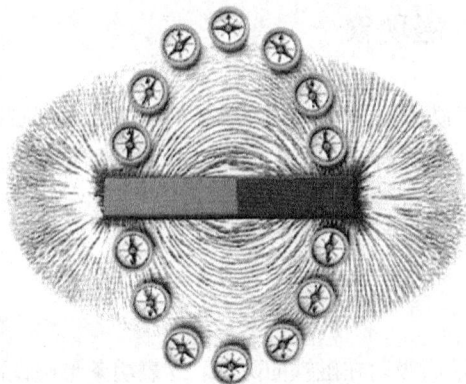

图 3.2　磁场对铁屑及小磁针的作用

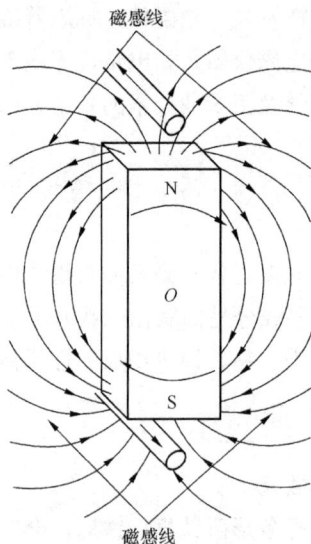

磁感线

图 3.3　条形磁铁周围的磁感线

作业测评

判断下列说法是否正确。

（1）物体能够吸引轻小物体的性质叫磁性。（　　　）

（2）磁铁的两端部分就是磁铁的磁极。（　　　）

（3）将 1 根条形磁铁截成两段，一段是 S 极，另一段一定只有 N 极。（　　　）

3.1.2　电流的磁场及磁场对电流的作用

人们曾经认为磁和电是两类互不相关的现象，直到 1820 年丹麦物理学家奥斯特发现了电流的磁效应后，人们才认识到磁与电之间存在着某种内在联系。本小节将通过奥斯特所做的实验来介绍磁与电之间的联系。

基础知识

1820 年 4 月丹麦物理学家奥斯特在实验中发现，在 1 根导线的下方，放置与导线平行的小磁针，当导线通电时，小磁针会发生偏转。实验中，小磁针的偏转说明了电流能够产生磁场。实际上，在载流导线周围存在的磁场，就像磁铁周围的磁场一样。由于电流是由运动的电荷形成的，因此，在运动的电荷周围也存在磁场。

1. 电流的磁场

电流的磁效应

当导体通过电流时，在其周围将会产生磁场，电磁铁、电动机、发电机等很多电气设备就是利用这一原理工作的。图 3.4（a）所示为直线电流磁场的磁感线分布图。直线电流的磁感线的环绕方向跟电流方向之间的关系可用右手定则判定：用右手握住导线，让垂直于四指的拇指指向电流方向，则弯曲的四指所指的方向就是磁感线的环绕方向。

如果导线绕成线圈，由于磁感线互相不相交，则多数磁感线将围绕整个线圈，其分布跟条形磁铁的磁感线分布相似，如图 3.4（b）所示。

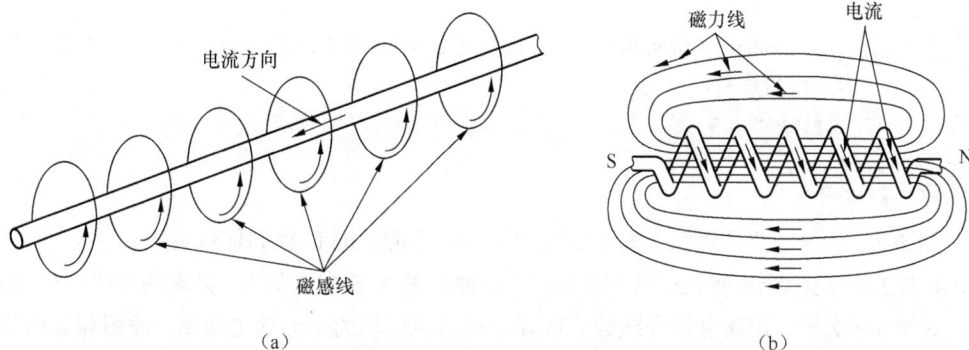

（a）　　　　　　　　　　　　　　（b）

图 3.4　通电导体形成的磁感线

2．磁场对电流的作用

电动机通电后就会转动，这是因为通电线圈受到了磁场的作用力而转动起来。实验表明：放在磁场中的导体有电流通过时，导体会因受到磁场力的作用运动起来。磁场对通电导体的作用力称为安培力。

人们通过大量实验总结出了判断安培力的方向、磁场方向和电流方向的关系，这个关系称为左手定则，即伸开左手，使拇指跟其余四指垂直，且手掌在一个平面内，使磁感线垂直穿过手心，四指指向电流方向，则拇指的指向就是通电导线所受的安培力方向。判断方法如图 3.5 所示。

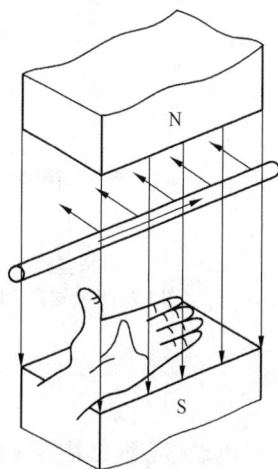

图 3.5　左手定则

案例 3.1　验证磁场对电流的作用。

操作步骤

（1）取蓄电池、U 形磁铁、滑动变阻器、开关、导线等，按图 3.6 所示电路连接。

（2）闭合开关，观察导体 AB 的运动情况。

（3）断开开关，改变导线中的电流方向（改变电源极性），闭合开关，观察导体 AB 的运动情况。

（4）断开开关，调换磁铁两极的位置，闭合开关，观察导体 AB 的运动情况。

（5）分析实验结论。

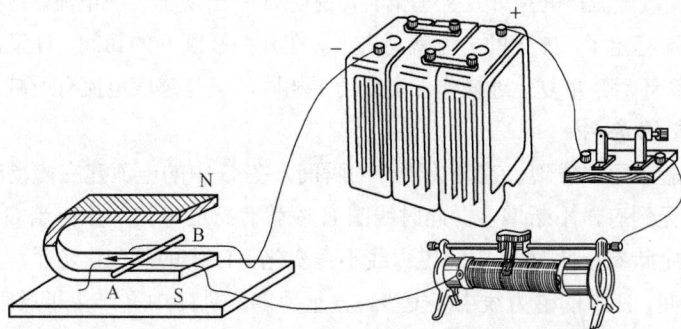

图 3.6　实验电路

> 想一想　　汽车修理工常用螺丝刀检查汽车发电机励磁绕组工作是否正常，这是利用了什么原理？如何检测？

作业测评

1. 如图 3.7 所示，当电流从 a 向 b 通过导线时，小磁针的 N 极如何偏转？

2. 如图 3.8 所示，当电流流过环形线圈时，小磁针的 N 极向内偏转，判断线圈中的电流方向。

3. 如图 3.9 所示，在通电长导线旁边放置一可自由运动的矩形通电线圈，线圈和导线位于同一平面内，线圈的 a、c 两边与导线平行。试分析线圈的运动情况。

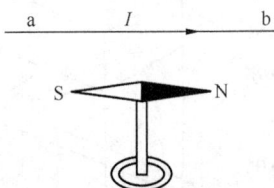

| 图 3.7　作业测评 1 题图 | 图 3.8　作业测评 2 题图 | 图 3.9　作业测评 3 题图 |

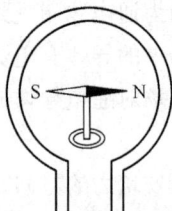

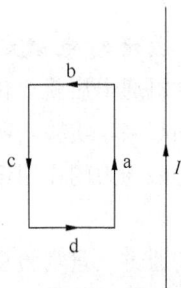

3.1.3　电磁感应现象

电磁感应现象是英国物理学家法拉第在 1831 年发现的。电磁感应现象进一步揭示了电与磁之间的本质联系。日常生活和生产实践中，发电机、电动机、输电用的变压器及许多自动控制装置都是以电磁感应现象为基础设计的，本小节主要介绍电磁感应现象及有关规律。

基础知识

1. 法拉第实验

如果在导线两端加上电压，通以电流，则导线周围就会产生磁场；如果围绕导线的磁场发生变化，导线两端就会产生电压，如果电路闭合，导线内就会有电流流过。这种变化的磁场使闭合的回路产生电流的现象称为电磁感应现象，所产生的电流称为感应电流。

图 3.10 所示为法拉第实验电路图。线圈 G 和 H 绕在一个铁环上，灵敏电流计与 H 相连。在开关 S 闭合的瞬间，灵敏电流计的指针发生了偏转，说明 H 中出现了感应电流。这种电流出现的时间很短，一旦 G 的电流稳定了，H 中的电流就消失了。在开关 S 断开的瞬间，H 又出现一个反向的瞬时感应电流。撤去铁环后，重复上述操作，实验结果相同，但是感应电流有所减弱。

2. 电磁感应的条件

从法拉第的实验中可以发现，在开关闭合的瞬间，在 G 中的电流建立磁场的过程中，穿过 H 的磁感线的数目从无到有，不断增多，此时线圈 H 中就有感应电流产生；当 G 中电流稳定之后，磁场也随之处于稳定状态，此时 H 中的磁力线不再变化，H 中的感应电流消失。开关断开时，G 中的磁场消失的瞬间，H 中的磁力线由多变少，直至为零，则 H 中又产生了感应电流。由此可见，产生电磁感应的条件是闭合回路的磁场发生变化。

如图 3.11 所示，若使闭合回路中的一段导体在磁场中做切割磁感线的运动，则导体中也将产生感应电流。此时，感应电流的方向可用右手定则来判定，即：伸直右手，放入磁场中，使磁感线垂直穿过手掌心，大拇指指向导体运动的方向，则与大拇指垂直的其他四指所指的方向就是感应电流的方向。

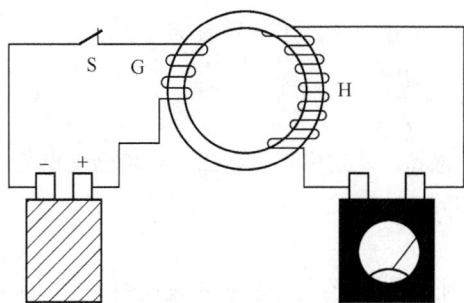

图 3.10　法拉第实验电路　　　　　　　　图 3.11　右手定则

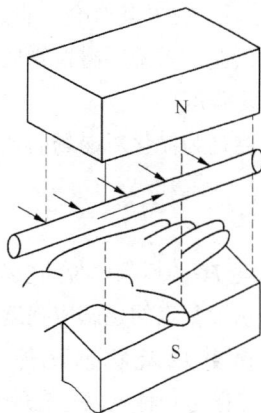

3．磁场的基本物理量

通常用来描述磁场的基本物理量有磁感应强度 B、磁通 Φ、磁导率 μ 和磁场强度 H。

（1）磁感应强度

磁感应强度是表示磁场中某一点的磁场方向和磁场强弱的物理量，符号为 B。磁感应强度是一个矢量，其方向与产生该磁场的电流方向符合右手螺旋定则，其大小为

$$B = \frac{F}{Il} \tag{3.1}$$

式中，I——产生该磁通的电流，称为励磁电流，A；

　　l——导体的长度与磁场垂直方向上的投影，m；

　　F——导体受到的电磁力，N。

磁感应强度 B 的标准单位是特斯拉［特］。可见，磁场内某一点的磁感应强度 B 相当于该点磁场作用于 1m 长（导体与磁场垂直）、通过电流为 1A 的导体上的电磁力。

若磁场中各点的磁感应强度的大小相等、方向相同，则称该磁场为均匀磁场。

（2）磁通

磁感应强度 B 与垂直于磁场方向且穿过磁感线的面积的乘积，称为该面积的磁通，符号为 Φ。磁通的标准单位为韦［伯］，符号为 Wb。在均匀磁场中，磁场的磁通为

$$\Phi = BS \quad （或 B = \frac{\Phi}{S}） \tag{3.2}$$

从上式可以看出，磁感应强度在数值上等于与磁场垂直的单位面积上通过的磁通，因此磁感应强度也称为磁通密度。

（3）磁导率

磁场的磁感应强度除了与磁场中导体的长度、位置及通过的电流大小有关外，还与磁场介质的导磁能力有关。衡量磁场介质导磁能力的物理量称为磁导率，符号为 μ。磁导率 μ 的标准单位为亨/米（H/m）。

实验测得真空的导磁率是一个常数，用 μ_0 表示，$\mu_0 = 4\pi \times 10^{-7}$ H/m。某种物质的磁导率 μ 与真空的磁导率 μ_0 之比称为该物质的相对磁导率，用符号 μ_r 表示，$\mu_r = \dfrac{\mu}{\mu_0}$。

物质根据相对磁导率不同，可分为磁性物质和非磁性物质两类。磁性物质的相对磁导率远大于 1，如铁、镍、钴及其合金；非磁性物质的相对磁导率接近或小于 1，如空气、铜等。为了提高电气设备的效能，常采用磁性物质作为磁场介质。

（4）磁场强度

磁场强度是为简化对磁场的计算而引入的一个物理量，用符号 H 表示。

$$H = \frac{B}{\mu} \tag{3.3}$$

磁场强度 H 的标准单位为安/米，符号为 A/m。从式中可以看出，磁场强度也是一个矢量，其方向与磁场中某点的磁感应强度 B 的方向相同。

4. 霍尔效应及霍尔元件

霍尔效应也是一种电磁感应现象，是美国物理学家霍尔于 1879 年发现的。当电流垂直于外磁场通过导体时，在导体的垂直于磁场和电流方向的两个端面之间会出现电势差，这一现象就是霍尔效应。这个电势差称为霍尔电势差。如图 3.12 所示，霍尔电压（U_H）的高低与通过的电流（I）和磁感应强度（B）成正比。

霍尔元件由具有霍尔效应的半导体薄片、电极引线及壳体组成，如图 3-13（b）所示。霍尔片是一块矩形半导体单晶薄片，在两个相互垂直方向侧面上，分别引出一对电极，共 4 个电极：a、b 加激励电压或电流，称为激励电极（或控制电极）；c、d 为霍尔输出引线，称为霍尔电极。霍尔元件的壳体是用非导磁金属、陶瓷或环氧树脂封装的，其外形如图 3-13（a）所示。图 3-13（c）所示为霍尔元件在电路中的两种符号。

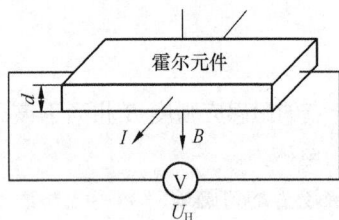

图 3.12　霍尔效应　　　　　　（a）外形　　　　（b）结构　　　（c）符号

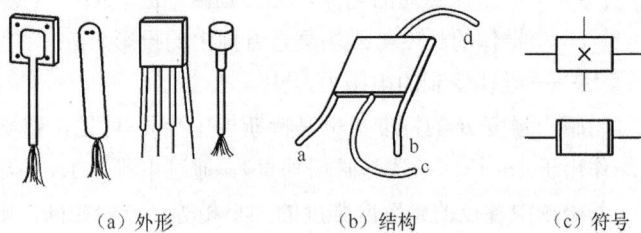

图 3.13　霍尔元件的外形、结构和符号

霍尔元件是很多汽车传感器的核心部分，如曲轴位置传感器、凸轮轴位置传感器、轮速传感器等。关于霍尔式传感器的应用知识将在第 7 章中进行介绍。

5. 电磁感应现象的应用——汽车车速表

汽车的车速表是指示汽车行驶速度的仪表。它利用电磁感应原理使表盘上指针的摆角与汽车的行驶速度成正比。图 3.14 所示为磁感应式车速里程表，从图 3.14 所示可以看出车速表主要由驱动轴、永久磁铁、游丝、指针轴、指针等组成。其中永久磁铁与驱动轴相连。在表壳上装有刻度为 km/h 的表盘。

永久磁铁会产生磁感线，其中一部分磁感线将通过速度盘，磁感线在速度盘上的分布是不均匀的，越接近磁极的地方磁感线数目越多。当驱动轴带动永久磁铁转动时，通过速度盘上各部分的磁感线将依次变化，顺着磁铁转动的前方，磁感线的数目逐渐增加，而后方则逐渐减少。由法拉第电磁感应定律可知，通过导体的磁感线数目发生变化时，在导体内部会产生感应电流。根据楞次定律可知，感应电流也会产生磁场，其磁感线的方向是阻止原来磁场的变化。用楞次定律判断出，顺着磁铁转动的前方，感应电流产生的磁感线与磁铁产生的磁感线方向相反，因此它们之间互相排斥；反之后方感应电流产生的磁感线方向与磁铁产生的磁感线方向相同，因此它们之间相互吸引。这种吸引作用使磁铁带着速度盘转动，同时驱动轴及指针也随之一起转动。

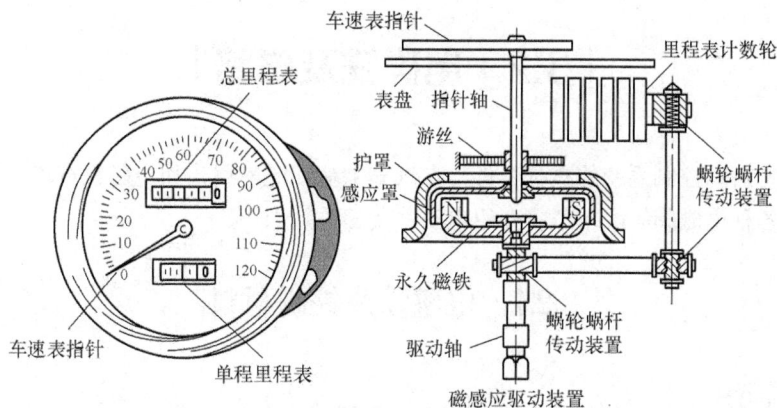

图 3.14　磁感应式车速里程表

为了使指针能根据不同车速停留在不同位置上，在指针轴上装有弹簧游丝，游丝的另一端固定在铁壳的架上。当速度盘转过一定角度时，游丝被扭转产生相反的力矩，当该力矩与永久磁铁带动速度盘的力矩相等时，速度盘处于平衡状态，将停在该位置。此时，指针轴上的指针便指示出相应的车速数值。

永久磁铁转动的速度和汽车行驶速度成正比。当汽车行驶速度增大时，在速度盘中感应的电流及相应的带动速度盘转动的力矩将按比例增加，使指针转过更大的角度，因此车速不同，指针指出的车速值也不同。当汽车停止行驶时，磁铁停转，弹簧游丝使指针轴复位，从而使指针指在"0"处。

案例 3.2　验证产生电磁感应的条件。

取螺线管、灵敏电流计及条形磁铁，按图 3.15 所示连接线路。

操作步骤

（1）将磁铁插入螺线管，观察灵敏电流计指针变化情况。

（2）将磁铁置于螺线管中静止不动，观察灵敏电流计指针变化情况。

（3）将磁铁拔出螺线管，观察灵敏电流计指针变化情况。

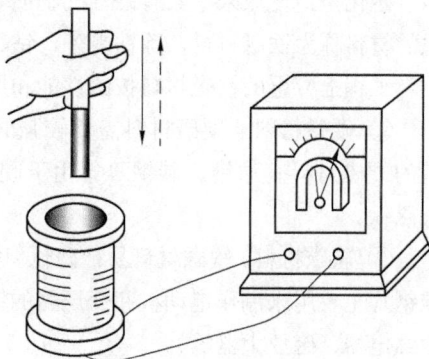

图 3.15　验证产生电磁感应的条件

（4）将磁铁置于螺线管外静止不动，观察灵敏电流计指针变化情况。

（5）分析实验结果。

作业测评

1．举例说明什么是电磁感应现象，并说明电磁感应的条件。

2．描述磁场的基本物理量有哪些？

3．若发生电磁感应时，回路不闭合，是否存在感应电流及感应电动势？

|3.2 电磁铁及磁路|

电磁铁作为自动控制系统的执行器件，在汽车上被广泛应用，如电磁铁汽车门锁、汽车起动机、继电器、各种电磁阀等。本节将介绍电磁铁及相关知识。

3.2.1 电磁铁及铁磁材料

基础知识

1．电磁铁

电磁铁是一个带有铁心的通电螺线管，根据电磁感应原理进行工作。电磁铁由3部分组成：线圈、铁心和衔铁，其结构如图3.16所示。按照铁心线圈通入的电流的性质分类，电磁铁分为直流电磁铁和交流电磁铁两类。

电磁铁本身没有磁性，其磁性可以通过通、断电流来控制。电磁铁的磁性大小与通电电流及螺线管的匝数有关，改变电流的大小可以控制电磁铁磁性的大小。磁极的方向是由电流的方向决定的。

2．磁化及铁磁材料

磁化是指使原来不具有磁性的物质获得磁性的过程。能被磁

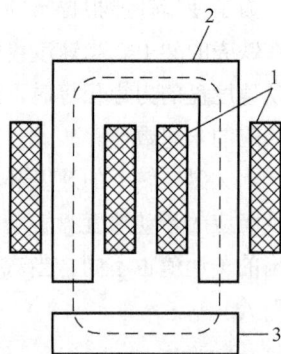

图 3.16 电磁铁结构示意图
1—线圈；2—铁心；3—衔铁

化的材料称为铁磁材料，除铁之外，钴、镍及它们的合金和氧化物都是铁磁材料。

工程上应用的铁磁材料按磁性能和用途可分为3类。

① 硬磁材料。硬磁材料需要较强的外磁场作用才能被磁化，并且不易退磁，剩磁较强。典型的硬磁材料有钴钢、碳钢等。由于硬磁材料的剩磁强，不易退磁，常用于制造各种形状的永久磁铁。

② 软磁材料。软磁材料易被磁化但也易去磁。典型的软磁材料有硅钢片、铸铁、坡莫合金等。硅钢片主要用来制作电动机和变压器的铁心；坡莫合金用来制造小型变压器及高精度交流仪表（灵敏继电器、磁放大器等）。

③ 矩磁材料。矩磁材料在很弱的外磁场作用下就能被磁化，并达到磁饱和。当外磁场撤掉后，磁性能够保持在磁饱和状态。矩磁材料主要用于制造计算机中存储元件的环形磁心。

磁性材料里面分成很多微小的区域，每一个微小区域称为磁畴，每一个磁畴都有自己的磁矩（即一个微小的磁场）。通常情况下，在没有外加磁场作用时，各个磁畴的磁矩方向不同，磁场互相抵消，所以整个材料对外不显磁性。当磁性材料处于磁场中时，磁性材料中的磁畴沿外磁场方向做定向排列，即磁性材料中磁畴的磁矩方向变得一致，从而产生了附加磁场，可使外加磁场显著增强。

各种电机、电器线圈中放入铁心的目的就是用较小的电流产生较强的磁场，充分利用了铁心的增磁作用。

想一想

查阅资料了解汽车中根据电磁铁原理进行工作的器件有哪些。

作业测评

1．什么是磁化现象？铁磁材料能够被磁化的原因是什么？
2．电磁铁是依据什么原理进行工作的？它的磁性大小和磁极方向是由什么决定的？
3．铁磁材料有哪几种？各有什么特点？

3.2.2　磁路及基本知识

基础知识

1．磁路

由铁心制成而使磁通集中通过的回路称为磁路。图 3.17 所示为磁路的示意图，其中铁心中的磁通称为主磁通。少量磁通通过周围空气构成的回路称为漏磁通。一般漏磁通可忽略不计。

磁路中，Φ 表示磁通，线圈中电流的有效值为 I，线圈匝数为 N，电流的有效值与线圈匝数的乘积 IN 称为磁通势，则磁通与磁通势存在如下关系

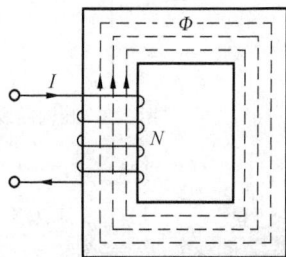

图 3.17　磁路

$$\Phi = \frac{IN}{R_{\text{M}}} \tag{3.4}$$

上式与电路中的欧姆定律类似，称为磁路的欧姆定律。式中，R_{M} 为磁阻，表示物质对磁通的阻碍作用，不同物质的磁阻也不相同。如铁心中存在空气隙，磁阻 R_{M} 会增大很多。

2．磁滞现象

当铁心线圈通入交流电时，铁心会随交流电的变化反复磁化。在磁化过程中，由于磁畴本身存在"惯性"，使磁通的变化滞后于线圈电流的变化，这种现象称为磁滞。反复磁化形成的封闭曲线称为磁滞回线，如图 3.18 所示。

铁磁材料在磁化时，外磁场不断克服磁畴的"惯性"会消耗一定的能量，称为磁滞损耗。磁滞损耗是引起铁心发热的原因之一。为减少铁心的发热，在交流供电及用电设备中，应选择磁滞损耗小的铁磁材料，即软磁材料，这类材料在反复磁化过程中形成的磁滞回线狭长，面积小，而硬磁材料的磁滞回线宽大，面积大。

3．涡流

根据电磁感应定律，交变磁通穿过铁心时，铁心中会产生感应电动势，因此会产生感应电流。由于产生的感应电流绕着磁感线呈漩涡状流动，因此称为涡流，如图 3.19（a）所示。涡流流过具有一定电阻的铁磁材料，会造成能量损失，使铁磁材料的温度升高，这种能量消耗称为涡流损耗。

为了减少涡流损耗，一般将铁心分成许多彼此绝缘的薄片（硅钢片），硅钢片中含有少量的硅，可增大铁心的电阻，使产生的涡流减小，从而有效减少涡流损耗，如图 3.19（b）所示。

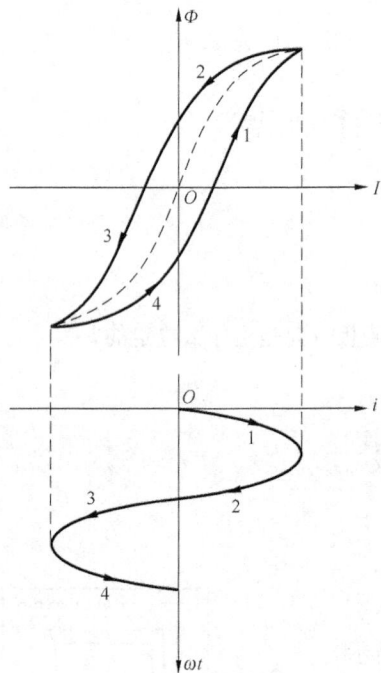

图 3.18 磁滞回线

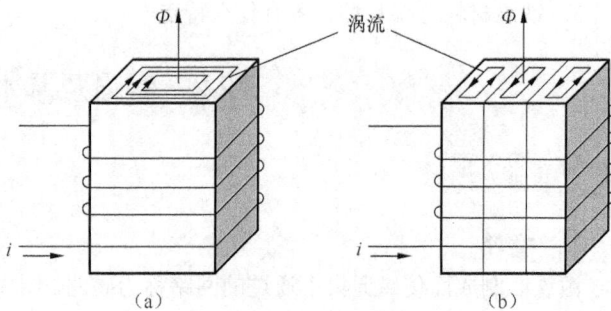

图 3.19 涡流

想一想　涡流虽然会造成涡流损耗，但是也有有利的一面。举例说明生产生活中利用涡流的实例。

作业测评

1．举例说明什么是磁路。

2．磁滞现象是怎样产生的？

3．什么是涡流损耗？怎样减小涡流损耗？

|3.3 汽车常用电磁器件|

电磁器件在汽车电气设备中的应用非常广泛，如各种继电器、变压器、互感器等。为便于理解和掌握汽车电气设备的工作原理，本节将介绍汽车及汽车维修作业中使用比较广泛的变压器、互感器、继电器、电磁阀的结构及工作原理。

3.3.1　变压器

变压器是利用电磁感应原理制成的，它可以将电路中一种电压的交流电变换为同频率的另一种电压的交流电。变压器可以说是从一个电路向另一个电路传递电能或传输信号的一种设备。变压器主要用于变换电压、变换电流、变换阻抗及传递信息等。在汽车电子线路中应用十分广泛，主要用于升压和降压。

基础知识

1．变压器的分类

变压器有很多分类方法，按相数分，可分为单相变压器和三相变压器；按照用途分，可分为以下 4 类。

① 电力变压器。它用于输配电系统的升高电压和降低电压，根据容量分为特大型、大型和中小型。

② 仪用变压器。它用于测量仪表和继电保护装置，如电压互感器、电流互感器。

③ 特种变压器。它用于各类特种设备中，如电炉变压器、整流变压器、调整变压器等。

④ 电子变压器。它用于电子电路，体积较小，应用广泛。

2．变压器的基本结构

变压器由铁心、绕组组成，其基本结构如图 3.20（a）所示，图 3.20（b）所示为变压器的图形符号。

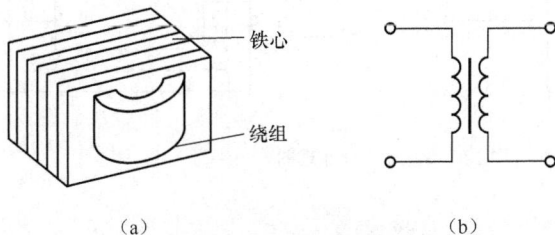

图 3.20　变压器的结构及图形符号

（1）铁心

变压器铁心的作用是构成磁路。为了减小涡流和磁滞损耗，铁心用具有绝缘层的硅钢片叠成。在一些小型变压器中，铁心也可采用铁氧体或坡莫合金来替代硅钢片。

（2）线圈

线圈也称为绕组。变压器一般有两个绕组，其中，接电源的绕组称为一次绕组，也称为初级绕组或原绕组；接负载的绕组称为二次绕组，也称为次级绕组或副绕组。对于小容量的变压器，其绕组多用高强度漆包线绕制。

（3）辅助装置

变压器在工作时，铁心和线圈会发热，因此，除了铁心和线圈以外，变压器还需要绝缘和散热用的变压器油、盛装变压器油的油箱、冷却装置及安全装置等辅助装置。一般小容量变压器采用自冷式，即将变压器放在空气中自然冷却；中等容量的电力变压器采用油冷式，即将变压器放置在有散热管或散热片的油箱中；大容量的变压器需要增加油泵，使冷却液在油箱与散热片中做强制循环。

3．工作原理

（1）变压器空载运行

变压器空载运行是指一次绕组接电源而二次绕组开路的状态。图 3.21（a）所示为变压器空载运行的原理图。在外加电压 u_1 作用下，原绕组 N_1 中通过的电流 i_0 称为空载电流。i_0 产生了工作磁通，也称为励磁电流。根据电磁感应定律，二次绕组 N_2 两端产生感应电动势。理想状态下，变压器的电压变换关系为

$$\frac{U_1}{U_2} = \frac{N_1}{N_2} = k \tag{3.5}$$

上式表明，变压器的一次、二次绕组电压的有效值与一次、二次绕组的线圈匝数成正比，k 称为变压比。

（2）变压器有载运行

当变压器的二次绕组接入负载时，变压器为有载运行状态，如图 3.21（b）所示。若一次绕组电流的有效值为 I_1，二次绕组电流的有效值为 I_2，理想状态下（输入变压器的功率都消耗在电阻上，变压器内部不消耗功率）有如下关系

$$\frac{I_1}{I_2} = \frac{N_2}{N_1} = \frac{1}{k}$$

上式表明，有载运行状态下，变压器一次、二次绕组电流的有效值与一次、二次绕组匝数成反比。

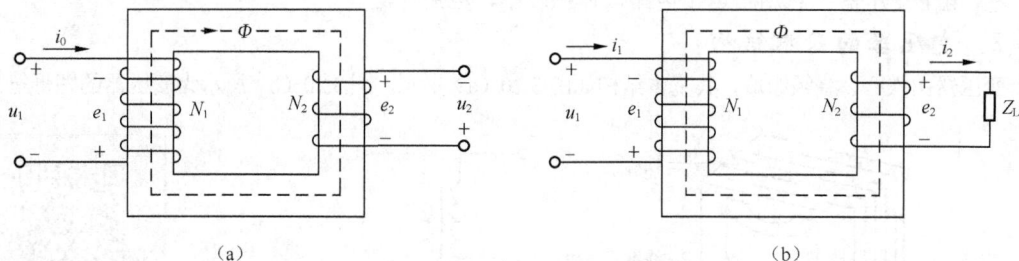

图 3.21　变压器工作原理图

4．变压器的损耗与效率

实际上，变压器在工作中存在着功率损耗，其功率损耗主要有铁损耗和铜损耗两部分。铁损耗是指变压器铁心中的磁滞损耗和涡流损耗。当外加电压固定时，铁损耗也是固定不变的，称为固定损耗。铜损耗是指电流通过变压器绕组时，在绕组电阻上产生的功率损耗。铜损耗随着通过绕组的电流而变化，称为可变损耗。

变压器的输出功率与输入功率之比称为变压器的效率，用符号 η 表示，有

$$\eta = \frac{输出功率}{输入功率} = \frac{输出功率}{输出功率+铁损耗+铜损耗} \times 100\% \tag{3.6}$$

变压器的效率比较高，一般供电变压器的理想效率都在 95%左右，大型变压器效率可达 98%以上。变压器在带负载的情况下，实际效率会降低，一般在 40%～60%额定负载时的效率最高。

想一想　变压器能否使用直流电压？

作业测评

1. 变压器的作用是＿＿＿＿＿＿＿＿。
2. 变压器在运行时的损耗包括＿＿＿＿＿＿损耗和＿＿＿＿＿＿损耗。
3. 变压器工作时，与电源连接的绕组称为＿＿＿＿＿＿，与负载连接的绕组称为＿＿＿＿＿＿。
4. 变压器油的作用是＿＿＿＿＿＿＿＿＿＿和＿＿＿＿＿＿＿＿。
5. 单相变压器 U_1=3 000V，变压比 $k=20$，则 U_2=＿＿＿＿＿＿＿＿＿。

3.3.2　自耦变压器

耦合是指两个或两个以上的电路元件或电网络的输入与输出之间存在紧密配合与相互影响，并通过相互作用从某一侧向另一侧传输能量的现象。在普通变压器中，一次、二次绕组之间相互绝缘，只有磁耦合，而没有直接的电联系。自耦变压器是输出和输入共用 1 组线圈的特殊变压器，其一次、二次绕组不仅有磁耦合还有电联系。本小节主要介绍自耦变压器是如何工作的以及自耦变压器的特点。

基础知识

1. 自耦变压器的结构和工作原理

图 3.22 所示为自耦变压器的工作原理图。从图中可以看出，自耦变压器只有 1 个绕组，二次绕组是一次绕组的一部分，因此，一次、二次绕组之间不但有磁的耦合，还有电的联系。设一次绕组匝数为 N_1，二次绕组匝数为 N_2。根据电磁感应定律可知，自耦变压器与普通变压器一样，一次、二次绕组的电压之比和电流之比为

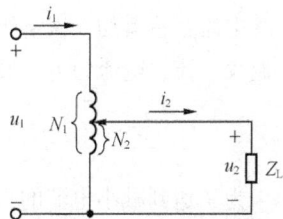

图 3.22　自耦变压器的工作原理

$$\frac{U_1}{U_2}=\frac{I_2}{I_1}=\frac{N_1}{N_2}=k$$ 。

2. 自耦变压器的特点

① 自耦变压器的一次、二次绕组中，不仅有电磁感应作用，还有直接的电联系。所以，在同样容量的前提下，自耦变压器所用材料要比普通变压器少、体积小、重量轻，效率高，可以降低成本，提高经济效益。但当电压比 k 较大时，经济效益就不再明显，一般自耦变压器的电压比在 2 左右。

② 由于二次绕组为一次绕组的一部分，两绕组之间存在着电联系，低压侧容易受到高压侧过电压的影响，所以应格外注意绝缘和过电压保护。

③ 由于只有 1 个绕组，自耦变压器的漏电抗较普通变压器小，因而短路阻抗小，使短路电流增大，需要加强短路保护。

作业测评

1. 自耦变压器是＿＿＿＿＿＿＿＿＿＿＿＿＿＿＿＿＿＿＿＿＿＿的特殊变压器。
2. 自耦变压器的原、副绕组的电压之比和电流之比为＿＿＿＿＿＿＿＿＿＿。

3.3.3 互感器

在电工测量中，被测量的电量经常是高电压或高电流，为了保证测量者的安全及方便测量，统一生产测量仪表的标准，须将待测电压或电流按一定比例降低。用于测量的变压器称为互感器。互感器可分为电压互感器和电流互感器。

基础知识

1．电压互感器

电压互感器是一种电压变换装置。实际上，电压互感器是一个带铁心的变压器，它可以将高电压变为低电压。工作时，电压互感器的一次绕组接待测电压，二次绕组接电压表，如图3.23所示。根据工作原理有

$$U_2 = \frac{N_2}{N_1} U_1$$

为了达到降压的目的，需要使二次绕组的匝数小于一次绕组的匝数。一般规定，电压互感器二次绕组的额定电压设计为标准值100V。

电压互感器在使用时，应保证二次绕组连同铁心必须可靠接地，不允许短路。

2．电流互感器

电流互感器的一次绕组串联在待测电路中，待测电路的电流I_1即一次绕组电流。二次绕组接电流表，流过电流为I_2，如图3.24（a）所示。根据工作原理有

$$I_2 = \frac{N_1}{N_2} I_1$$

为了达到减小电流的目的，需要二次绕组的匝数大于一次绕组的匝数。一般电流互感器二次绕组额定电流设计的标准值为5A。

电流互感器在使用时，应保证二次绕组不能开路。否则将使铁心中的磁通远远大于正常工作时的磁通，从而引起铁心中的铁损耗增大而强烈发热。匝数较多的二次绕组将感应很高的电压，因而造成设备损坏，甚至危及测量人员的安全。

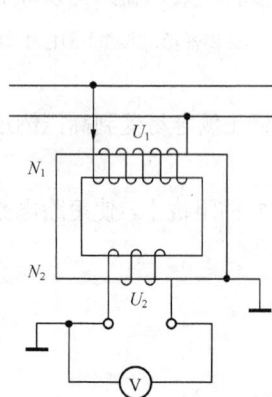

图3.23 电压互感器结构原理图

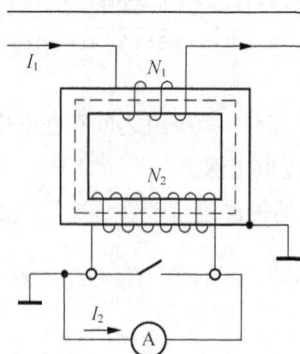

（a）电流互感器结构及原理　　　（b）钳形电流表外形和原理图

图3.24 电流互感器结构原理图及应用

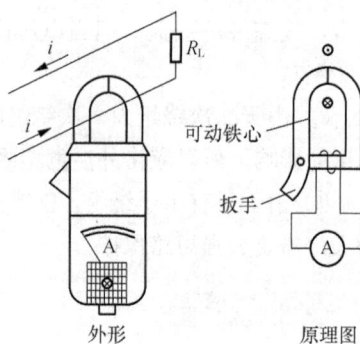

钳形电流表是由电流互感器和电流表组成的测量仪表，经常用于检测汽车电气系统故障，

它可以在不切断电路的情况下来测量电流，使用十分方便。图 3-24（b）所示为钳形电流表的外形和工作原理。测量时，先按下扳手使可动的钳形铁心张开，把通有被测电流的导线套进铁心内，然后放开扳手使铁心闭合，这样，被套进的截流导体就成为电流互感器的一次侧绕组（即 $N_1 = 1$），而绕在铁心上的二次侧绕组与电流表构成闭合回路，从电流表上可直接读出被测电流的大小。

想一想

电压互感器为什么不允许副绕组短路？

作业测评

1．电压互感器在工作时不允许二次绕组＿＿＿＿＿＿＿。
2．电流互感器在工作时不允许二次绕组＿＿＿＿＿＿＿。
3．电压互感器和电流互感器用于＿＿＿＿＿＿＿。

3.3.4　电磁继电器

继电器是一种根据特定形式的输入信号（如电流、电压、时间、速度等物理量）的变化来接通或断开小电流电路的自动控制电器。在电气控制线路中，继电器一般不用来直接控制主电路，而是通过接触器或其他电器实现对主电路的控制，它实质上是一种传递信号的电器，在电路中起着自动调节、安全保护、转换电路等作用。

继电器也是汽车零部件中一种重要的电子元器件，广泛用于控制汽车起动、预热、空调、灯光、刮水器、电喷、油泵、防盗、音响、导航、电动风扇、冷却风扇、电动门窗、安全气囊、防抱死制动、悬架控制以及汽车电子仪表和故障诊断等系统中。继电器种类很多，按工作原理可分为电磁式继电器、感应式继电器、电动式继电器、电子式继电器、热继电器等。汽车中的控制继电器多采用电磁式结构，本小节主要介绍电磁继电器的结构及工作原理。

基础知识

1．结构

图 3.25（a）所示为典型的电磁式继电器结构示意图。电磁式继电器是由电磁机构和触点系统两个主要部分组成的。电磁机构由线圈、铁心和衔铁组成。

当通过线圈的电流超过某一定值时，电磁吸力大于弹簧的反作用力，衔铁吸合，进而带动绝缘支架动作，使动断触点断开，动合触点闭合。调节螺钉用于调节弹簧反作用力的大小，从而调节继电器的有关参数。

2．继电器的工作原理

（1）电磁式电流继电器

电流继电器是因电路中的电流变化而动作的继电器，主要用于电动机、发电机或其他负载的过载及短路保护，及直流电动机磁场控制或失磁保护。电流继电器的线圈串联在被测量的电路中，其线圈匝数少、导线粗、阻抗小。

电流继电器有过电流继电器和欠电流继电器两种。过电流继电器在电路正常工作时，其衔铁是释放的，当电路发生过载或短路故障时，衔铁吸合，带动相应的动合触点闭合，动断触点断开；欠电流继电器在电路正常工作时，其衔铁是吸合的，动合触点闭合，动断触点断开，当线圈中的电流降低到额定电流的10%以下时，衔铁释放，发出信号，使电路状态改变。

（2）电磁式电压继电器

电压继电器是因电路中的电压变化而动作的继电器，广泛用于过电压、失压（电压为零）及欠压（低电压）等保护中。它的线圈并联在被测电路的两端，因此线圈的匝数多、导线细、阻抗大。

按动作电压的不同，电磁式电压继电器可分为过电压继电器和欠电压继电器两种。过电压继电器在电路电压正常时，衔铁释放，当电路中的电压升高至额定电压 115%以上时，衔铁吸合，带动相应触点动作；欠电压继电器在电路电压正常时，衔铁吸合，当电路电压降至额定电压的 5%以下时，衔铁释放，发出信号，使电路状态改变。

3. 汽车起动继电器电路分析

图 3.25（b）所示为汽车起动系继电器电路图。为了防止驾驶员在起动结束后未能及时断开起动开关，电路中安装了一个起动继电器和一个保护继电器，通过保护继电器自动断开线路。当发动机起动后，发电机中性点 N 输出电压，使保护继电器中的线圈流过电流，产生磁场，使 K_2 断开，故起动继电器中的线圈形成断路，使 K_1 断开，从而断开起动机中的电流。在起动开关没有断开的情况下，保护起动机。

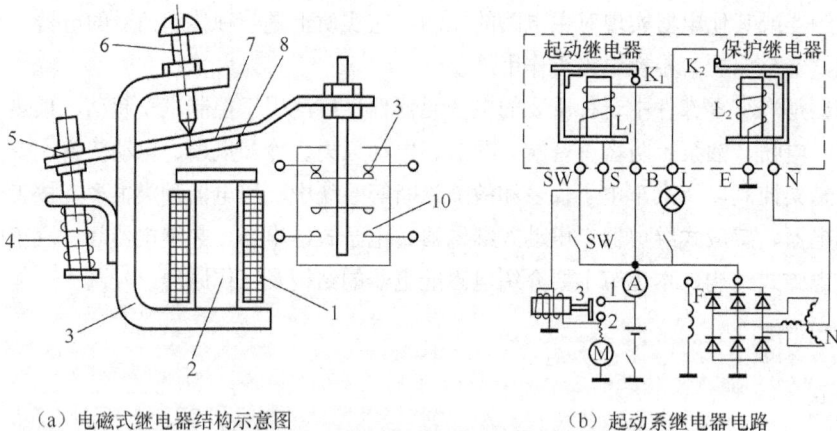

（a）电磁式继电器结构示意图　　　　（b）起动系继电器电路

图 3.25　电磁式继电器结构及其在汽车中的应用

1—线圈；2—铁心；3—磁轭；4—弹簧；5—调节螺母；6—调节螺钉；
7—衔铁；8—垫片；9—常闭触点；10—常开触点

作业测评

1. 什么是继电器？
2. 简述电磁式电流继电器的应用范围及工作原理。
3. 简述电磁式电压继电器的应用范围及工作原理。
4. 简述汽车起动继电器电路的工作原理。

|3.4　技能训练|

3.4.1　单相变压器实验

本小节主要介绍单相变压器实验。

基础知识

1．单相变压器的变比

变压器的变比是指变压器一次绕组和二次绕组的电压之比，用 k 表示，变比的大小等于变压器空载时一次绕组与二次绕组的匝数比。即

$$k = \frac{N_1}{N_2} = \frac{U_1}{U_2}$$

因此，可通过测量空载时变压器一次绕组和二次绕组的电压，来大致确定变压器的变比。

2．变压器的外特性

对于变压器二次绕组所接的负载来说，变压器相当于负载的电源，变压器在向负载输送电能的过程中，因其自身存在内阻，会使输出电压降低，负载取用的电流值越大，在内阻上引起的电压降越多，输出电压就越低。

变压器的外特性是指二次绕组电流 I_2 与电压 U_2 的关系曲线 $U_2 = f(I_2)$。

3．变压器的高、低压绕组

无论是降压变压器还是升压变压器，在实际应用时，都需要判别高压绕组和低压绕组。

判别高、低压绕组的方法很多。下面介绍常用的两种方法。

① 将变压器的某一绕组接到一个低电压上（低于变压器低压绕组的额定电压），然后用万用表分别测量其他绕组两端的电压值。

② 高、低压绕组的线径和匝数不同，引起的电阻值不同。可用万用表测量两个绕组的电阻，以此来判别高、低压绕组。高压绕组的匝数多，导线细，电阻大；而低压绕组的匝数少，导线粗，电阻小。由于 $\frac{I_1}{I_2} = \frac{1}{k} = \frac{N_1}{N_2}$，显然，高压绕组通过的电流小，低压绕组通过的电流大。

实训目标

（1）学会测量单相变压器的变比。

（2）了解变压器的外特性。

（3）了解单相变压器的一次、二次绕组的判别方法。

实训条件

单相调压器、单相变压器、交流电流表、交流电压表、万用表、电阻箱、开关。

操作步骤

（1）按图 3.26（a）所示连接电路。

（2）合上开关 S，分别测量变压器一次、二次绕组的电压 U_1、U_2 的值，记入表 3.1 中，并计算出变压器的变比。

（3）按图 3.26（b）所示连接电路。

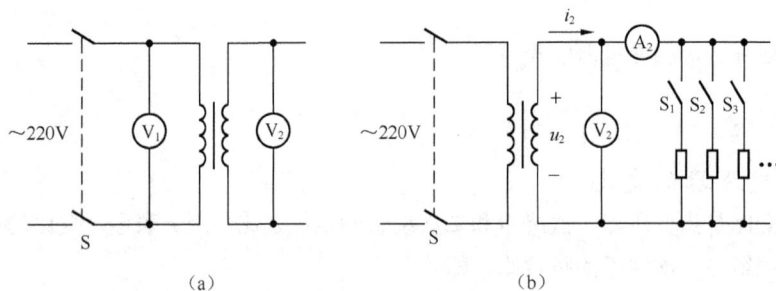

（a）　　　　　　　（b）

图 3.26　实验电路

表 3.1　　　　　　　　　　　　　　变压器的变比

测 量 值		计 算 值
U_1	U_2	k

（4）合上开关 S，依次闭合 S_1，S_2，S_3……直到带上额定负载，使二次绕组电流 I_2 从 0 开始逐渐增大到额定值，在期间选取 6～7 个测试点，测量各点的二次绕组电压 U_2 和电流 I_2，记录在表 3.2 中。

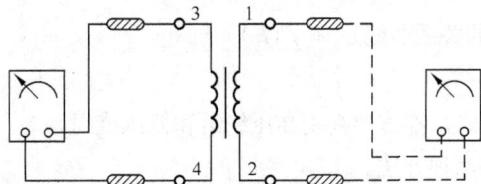

（5）按图 3.27 所示，变压器不接电源，利用万用表欧姆挡测量两个绕组的电阻值，记入表 3.3 中。

图 3.27　实验电路

表 3.2　　　　　　　　　　　　　　变压器的变比

	测 量 值		外 特 性
	U_2	I_2	
1			
2			
3			
4			
5			
6			

表 3.3　　　　　　　　　　判别变压器的高、低压绕组

绕　　组	测 量 值		绕组的性质
	电 阻 值	电 压 值	
1-2			
3-4			

3.4.2　检测点火线圈

汽车点火线圈俗称高压包，是汽车发动机点火系统中的主要元件之一。汽车点火线圈由初级绕组、次级绕组、铁心等组成，利用电磁感应原理将蓄电池或发电机输出的低压电转变为高压电，为点燃发动机气缸内空气和燃油的混合气提供点火能量。本小节主要介绍汽车点火线圈的结构、工作过程与常见故障检测方法。

基础知识

1. 汽车点火线圈的结构及工作原理

点火线圈按磁路分为开磁路式和闭磁路式两种。图 3.28 所示为开磁路式点火线圈的结构。开磁路式点火线圈采用柱形铁心，初级绕组在铁心中产生的磁通，通过导磁钢套构成磁回路，而铁心的上部和下部的磁力线从空气中穿过，磁路式磁阻大，泄漏的磁通量多，转换效率低，一般只有 60% 左右。根据低压接线柱数目的不同，开磁路式点火线圈分为两接线柱式和三接线柱式两种。三接线柱式点火线圈配有附加电阻，其低压接线柱分别标有 "−" "+" 和 "+开关" 的标识，附加电阻接在 "+" 和 "+开关" 之间；两接线柱式点火线圈无附加电阻，只有标有 "+" "−" 标识的两个接线柱。三接线柱式与两接线柱式的开磁路式点火线圈内部结构是一样的。点火线圈中的初级线圈一般用较粗的漆包线（常用直径为 0.5～1mm）绕 200～500 匝；次级线圈用较细的漆包线（常用直径为 0.1mm 左右）绕 15 000～25 000 匝。初级线圈一端与车上低压电源（+）连接，另一端与开关装置（断电器）连接。次级线圈一端与初级线圈连接，另一端与高压线输出端连接输出高压电。

随着汽车电子技术的发展，在现代汽车的电子点火系统中，采用了能量转换效率较高的闭磁路式点火线圈。图 3.29 所示为闭磁路式点火线圈的结构。与传统点火线圈相比，其铁心为一带有小气隙的 "口" 或 "曰" 字的形状。初级绕组在铁心中产生的磁通通过铁心形成闭合磁路，减少了漏磁损失，所以转换效率较高，可达 75%。闭磁路点火线圈还具有体积小、质量轻、对无线电的干扰小等优点。

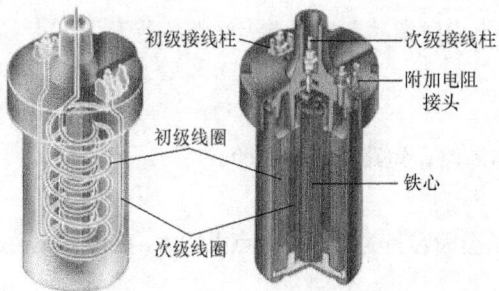

图 3.28　开磁路式点火线圈结构

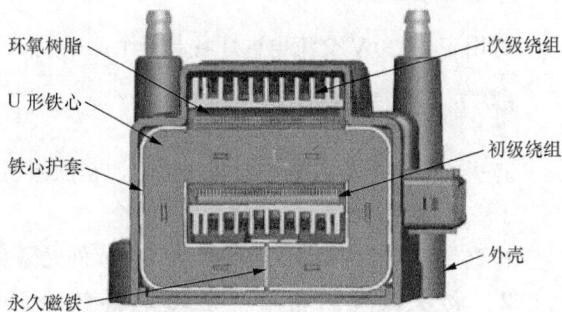

图 3.29　闭磁路式点火线圈结构

2. 汽车点火线圈的工作过程

电子点火系统中，点火线圈通过电子控制器接受来自汽车电脑（ECU）的指令关断和打开点火线圈的初级回路，通过初级线圈绕组的电流在铁心中产生磁场，作为磁能储存起来。当初级线圈绕组电流突然被切断时，磁场衰减，储存的磁能释放，使次级线圈绕组产生感应电动势。该感应电动势可达 30kV 以上，从而使火花塞放电，点燃可燃混合气。

点火线圈实际上是一种变压器，但点火线圈的工作方式却与普通变压器不一样，普通变压器是连续工作的，而点火线圈则是断续工作的，它根据发动机不同的转速以不同的频率反复进行储能及放能。当初级线圈接通电源时，随着电流的增长，四周产生一个很强的磁场，铁心储存了磁场能；当开关装置使初级线圈电路断开时，初级线圈的磁场迅速衰减，次级线圈就会感应出很高的电压。初级线圈的磁场消失速度越快，电流断开瞬间的电流越大，两个线圈的匝比越大，则次级线圈感应出来的电压越高。

3．汽车点火线圈常见故障及检测方法

点火线圈一般很少出现故障，使用中应注意保持其表面清洁干燥，防止漏电。

（1）点火线圈常见故障及影响

① 初级绕组、次级绕组断路，匝间短路或绕组搭铁；

② 绝缘老化、漏电；

③ 内部导线连接点接触不良。

点火线圈这些故障产生的影响如下：无次级电压或次级电压过低而不能点火；虽能跳火，但由于次级电压降低，点火能量不足而出现高速断火、缺火，使发动机不易起动、怠速不稳、功率下降、排气污染及油耗增加等。

（2）故障检查方法

用万用表电阻挡分别测量初级、次级绕组的电阻。若测量的电阻无穷大，则为绕组有断路故障；若电阻过大或过小，则说明绕组有接触不良或短路故障。用万用表测点火线圈接线柱与点火线圈外壳之间的电阻，若电阻为零，说明绕组搭铁；若电阻小于 50MΩ 说明绝缘性能差。

实训目标

（1）学会检测汽车点火线圈。

（2）了解点火线圈的结构。

（3）理解点火线圈的工作原理。

实训条件

万用表、220 V 交流电试灯各若干个；被测试的点火线圈、良好的点火线圈各若干。

操作步骤

点火线圈的检验主要包括外部检验，初次级绕组断路、短路及搭铁检验。

1．外部检验

检查点火线圈的外表，若绝缘盖破裂或外壳碰裂，会因容易受潮而失去点火能力，应予以更换。

2．初次级绕组断路、短路及搭铁检验

用万用表测量点火线圈的初级绕组、次级绕组以及附加电阻的电阻值，应符合技术标准，否则说明有故障，应予以更换。

（1）测量电阻法

① 检查初级绕组电阻。用万用表电阻挡测量"+"与"−"端子间的电阻。

② 检查次级绕组电阻。用万用表电阻挡测量"+"与中央高压端子间的电阻。

③ 检查电阻器的电阻。用万用表直接接于电阻器的两端子上。

（2）试灯检验法

用 220V 交流电试灯，接在初级绕组的接线柱上，灯亮则表示无断路故障，否则便是断路。当检查绕组是否有搭铁故障时，可将试灯的一端与初级绕组相连，另一端接外壳，如灯亮，便表示有搭铁故障；否则为良好。短路故障用试灯不易查出。

对于次级绕组，因为它的一端接于高压插孔，另一端与初级绕组相连，所以检验中，当试灯的一个触针接高压插孔，另一触针接低压接柱时，若试灯发出亮光，说明有短路故障；若试灯暗红，说明无短路故障；若试灯根本不发红，则应注意观察，当将触针从接柱上移开时，看有无火花发生，如没有火花，说明绕组已断路。因为次级绕组和初级绕组是相通的，若次级绕组有搭铁故障，在检查初级绕组时就已反映出来了，故无需检查。

3.4.3 汽车电磁继电器接线与检测

继电器在汽车中的应用非常广泛，本小节主要学习汽车继电器的相关知识及电磁继电器的接线与检测。

基础知识

大部分轿车只要掀起发动机盖就可找到继电器安装盒，图 3.30 所示为汽车中央电器盒，可以看到其中安装了大小不等的各种继电器。汽车灯光、雨刮器、起动机、空调机、电动座椅、电动门窗、防抱死装置、悬挂控制、音响等都用到了继电器，它是汽车使用最多的电子元器件之一。

图 3.30 汽车中央电器盒

1. 汽车继电器的分类

（1）按用途可分为功能型继电器和控制型继电器两种。像闪光继电器、刮水继电器等就属于功能型继电器，而普通的单纯起电路通断与转换的继电器都属于控制型继电器，控制型继电器是用小电流来控制大电流。

（2）按触点状态可分为常开型继电器、常闭型继电器和混合型继电器三种。

（3）按控制方式可分为电流型继电器和电压型继电器。电流型控制继电器是按一定电流值而动作的继电器，它和其他元件组成实用电路，如汽车上的闪光继电器，电流越大，闪光频率越高。电压型继电器是按一定电压值动作的继电器，即当被控制的电路电压大于或小于一定值时继电器就接通或断开被控制的电路，如灯光继电器、喇叭继电器等。电压型继电器主要用来控制大电流消耗电路，这种继电器的线圈控制电压一般要大于 7V 才能工作，小于 5V 就停止工作。

（4）按连接方式可分为接线柱式继电器和插接式继电器。

（5）按保护方式可分为电阻保护式继电器和二极管保护式继电器。

2. 汽车继电器的特点

汽车中的电源一般为 12V，因此汽车继电器的线圈电压也大都设计为 12V。由于汽车为蓄电池和发电机协同供电，继电器的电压不够稳定。此外，汽车继电器的工作环境条件比较恶劣，环境温度变化大，在发动机舱里使用的继电器还要经受砂尘、水、盐、油的侵害；汽车的运行条件决定了汽车继电器经常受到震动和冲击。

3．电磁继电器的主要参数

（1）灵敏度。使继电器动作的最小功率称为继电器的灵敏度。

（2）额定电压和额定电流。额定电压和额定电流是指继电器工作时线圈需要的电压或电流。对于电压继电器，其线圈额定电压即为该继电器的额定电压；对于电流继电器，其线圈额定电流即为该继电器的额定电流。

（3）吸合电压或吸合电流。使继电器衔铁开始运动时线圈的电压（电压继电器）或电流（电流继电器）值，称为吸合电压或吸合电流，分别用 U_{XH} 和 I_{XH} 表示。

（4）释放电压或释放电流。继电器衔铁开始释放时线圈的电压或电流，用 U_{SF} 或 I_{SF} 表示。

（5）直流电阻。汽车继电器的直流电阻指的是线圈的直流电阻。

（6）触电负荷。触电负荷是指继电器触点允许的电压或电流。它决定了继电器能控制电压或电流的大小。继电器在应用时，不能用触点负荷小的继电器去控制高电压或大电流。如 JRX-13F 电磁继电器的触点负荷是 30A×12V，就不能用它去控制 220V 的电路通断。

（7）吸合时间和释放时间。吸合时间是从线圈接受电信号到衔铁完全吸合所需的时间；释放时间是线圈失电到衔铁完全释放所需的时间。

4．汽车发电机继电器的接线

汽车继电器应按接线图要求进行引出端子连接，注意按规定极性接线，并按负载电流的大小，使用符合要求的截面积的导线以满足载流要求，选择连接可靠的连接器，如果连接器不可靠会引起温升，温升过高会导致汽车继电器失效。

汽车控制继电器常见的有三引脚、四引脚及五引脚，图 3.31 所示为常见汽车控制继电器的外形及内部结构。

四引脚继电器的 4 个引脚分别为 30、87、85 和 86。其中，30 和 87 是断开的，85 和 86 是一个线圈的两头。接线时，30 接火线，87 接用电设备，85 接火线，86 接控制开关，给线圈 85 和 86 供电，则 30 和 87 引脚接通。三引脚的继电器是将 30 和 85 合为一根线，因为它们都接火线。对于五引脚的继电器，5 个引脚分别标注 30（5 脚）、87（4 脚）、85、86、87a（2 脚），其中，30 接火线，87 或 87a 接用电设备，30 跟 87a 是连通的，85 和 86 是一个线圈的两端，85 接地，86 接开关。

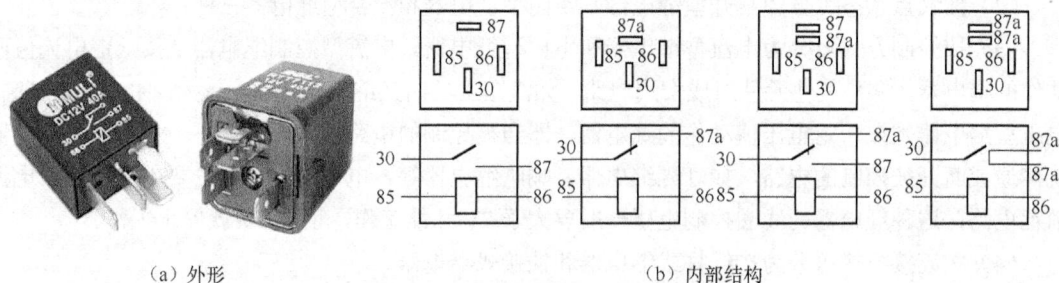

（a）外形　　　　　　　　　　（b）内部结构

图 3.31　汽车常见继电器外形及内部结构

实训目标

（1）学会检测电磁继电器。

（2）熟悉电磁继电器的工作原理。

（3）掌握电磁继电器的工作过程。

稳压电源（0～30V）、万用表、电流表、电压表、电磁继电器若干、开关。

（1）检测触点电阻

正常情况下，常闭触点与动点的阻值应为 0，常开触点与动点的阻值为无穷大。用万用表的 $R\times1$ 挡测量常闭触点的电阻值，正常为 0；将衔铁按下，此时常闭触点的阻值应为无穷大。若在没有按下衔铁时，测出常闭某一组触点有一定的阻值或无穷大，则说明该组触点已烧坏或氧化。

（2）检测线圈电阻

用万用表 $R\times10\Omega$ 挡测量继电器线圈的阻值，判断该线圈是否存在开路现象。若测得其阻值为无穷大，则线圈已断路损坏；若测得其阻值低于正常值很多，则线圈内部有短路故障。如果线圈有局部短路，则用此方法不易发现。

电磁式继电器线圈的阻值一般为 $25\Omega\sim2k\Omega$。额定电压低的电磁继电器线圈的阻值较低，额定电压高的电磁继电器线圈的阻值较高。

（3）检测吸合电压和吸合电流

按图 3.32 所示连接电路。接好稳压电源、电流表、电压表和继电器，电压表的量程可选在 30V 挡，电流表量程在 100mA 范围内。将继电器线圈串联到电路中，电压表并联在线圈的两引脚上，电流表串入电路，注意电流表与电压表的正、负极不可接错。接好后，将稳压电源通电，并逐渐增加电压数值，直到听见衔铁发出"咔"的一声，表明磁铁已将衔铁吸住，此时电压表、电流表的数值便是吸合电压和吸合电流值。多测几次求出平均值，填入表 3.4 中。

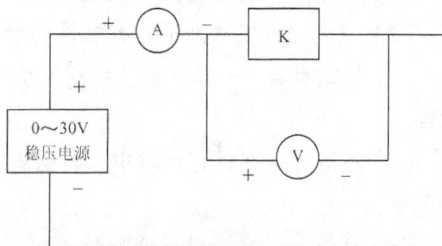

图 3.32　检测继电器吸合电压和吸合电流接线图

表 3.4　　　　　　　继电器的吸合电压、吸合电流、释放电压及释放电流

继电器型号	吸合状态测量值		释放状态测量值	
	吸合电压	吸合电流	释放电压	释放电流

（4）测量释放电压和释放电流

测量释放电压或释放电流的连接方式与测量吸合电压和吸合电流一样，当继电器发生吸合后，逐渐降低供电电压，当听到继电器再次发生释放声音时，记下此时的电压和电流。多尝试几次求出平均的释放电压和释放电流值。一般情况下，继电器的释放电压为吸合电压的 10%～50%，如果释放电压太小（小于 1/10 的吸合电压），会影响电路的稳定性，造成工作不可靠，则不能继续使用。

本 章 小 结

1. 了解磁场的有关知识。

（1）磁场的概念——磁体或电流周围存在的一种特殊物质。磁铁与磁铁、磁铁与电流、电流与电流之间相互作用的磁场力是通过磁场实现的。

（2）磁场的方向——磁场中某点的磁场方向是小磁针在该点静止时 N 极所指的方向。

（3）磁感线——磁感线上任一点的切线方向即为该点的磁场方向；在磁体外部，磁感线的方向从 N 到 S，在磁体内部，磁感线的方向从 S 到 N；磁感线密集的地方磁场强，磁感线稀疏的地方磁场弱。磁感线为封闭曲线，且不相交。

（4）磁通量——穿过磁场中某一面积的磁感线的条数。

（5）左手定则——运用左手定则可以判断通电导线在磁场中的受力方向。

（6）右手定则——运用右手定则可以判断电流周围的磁感线分布。

（7）电磁感应现象——由于磁通量的变化而产生电流的现象称为电磁感应，产生的电流成为感应电流。

2. 了解磁路的有关知识。

（1）磁路——使磁通集中通过的回路。

（2）磁化——使原来不具有磁性的物质获得磁性的过程。

（3）铁磁材料——能被磁化的材料称为铁磁材料，铁、钴、镍及它们的合金和氧化物都是铁磁材料。

（4）磁滞——在磁化过程中，因磁畴本身存在"惯性"，使磁通的变化滞后于线圈电流的变化的现象。

（5）涡流——交变磁通穿过铁心时，产生的感应电流绕磁感线成漩涡状流动，称为涡流。

3. 变压器是根据电磁感应原理制成的电器，基本结构为闭合铁心及一次、二次绕组。变压器可用来传输能量或传递信号。

4. 互感器是用于测量的变压器，分为电压互感器和电流互感器。

5. 继电器是一种根据特定形式的输入信号（如电流、电压等物理量）的变化来接通或断开小电流电路的自动控制电器。

思考与练习

一、填空题

1. 磁感线分布_____的地方，磁场强；磁感线分布_____的地方，磁场弱。

2. 磁体和电流周围都存在_____。

3. 产生电磁感应的条件是_____。

4. 铁磁材料是指_____的材料，如_____。

5. 当交变磁通穿过铁心时，产生的感应电流_____，称为_____。

6. 涡流损耗会引起铁心_____，可采用_____来减小涡流。

二、简答题

1. 变压器的铁心和绕组各有什么作用？

2. 自耦变压器有什么优缺点？

3. 使用交流电压互感器和交流电流互感器应注意什么问题？为什么？

三、计算题

一单相变压器接到 220V 的交流电源上，变压器的二次绕组匝数为 400 匝，电压为 110V，求一次绕组匝数。

四、简答题

查阅资料，试说明汽车前照灯基本控制电路的工作原理。

第4章
汽车电动机与发电机

根据电磁感应原理进行机械能与电能互换的旋转机械称为电机。其中，将电能转换为机械能的电机称为电动机，将机械能转换为电能的电机称为发电机。汽车电源系统中的发电机和起动系统中的起动机是汽车重要的电气设备，此外，还有诸如雨刮器电机、喷水和控制玻璃升降的电机、空调系统电机、电动后视镜电机、控制天窗的电机、中控门锁的电机、电动座椅电机等。据统计，在高级轿车中电机使用量多达 100 多个。图 4.1 所示为汽车交流发电机线路图。本章主要学习电动机和发电机的基本结构、工作原理及三相异步电动机的基本电气控制线路。

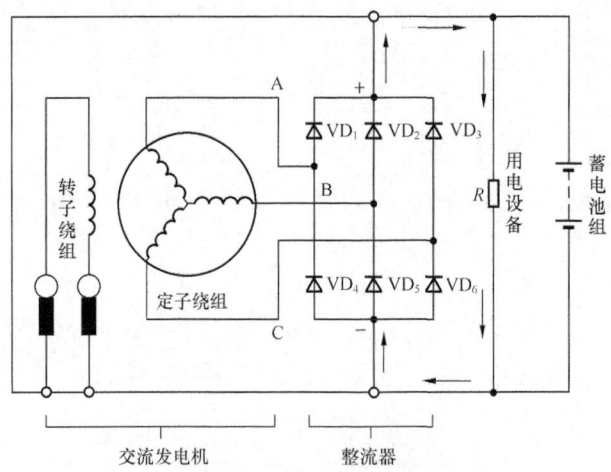

图 4.1 汽车交流发电机线路图

【学习目标】

◎ 了解三相异步电动机的基本结构及工作原理；

◎ 了解直流电动机的结构和工作原理；

◎ 熟悉常用低压电器的结构及用途；

◎ 了解三相异步电动机正、反转控制电路结构及原理；

◎ 了解交流发电机的结构及工作原理；

◎ 识别常见低压电器及其电路符号；

◎ 掌握三相异步电动机的电气控制线路；

◎ 了解直流电机的起动和调速方法。

|4.1　交流电动机|

电动机可分为交流电动机和直流电动机两大类。交流电动机又可分为异步电动机（也称感应电动机）和同步电动机。异步电动机有单相和三相两种。单相电动机一般为 1kW 以下的小容量电机，在实验室和日常生活中应用较多。三相异步电动机具有构造简单、价格低廉、工作可靠、易于控制及使用维护方便等突出优点，在工农业生产中应用很广。

4.1.1　三相交流异步电动机的结构及工作原理

三相交流异步电动机是应用最广泛的电气设备之一，本小节主要介绍三相交流异步电动机的结构及工作原理。

基础知识

三相异步电动
机的结构

1．三相交流异步电动机的结构

三相交流异步电动机由两个基本部分组成——定子和转子。定子和转子之间有一个很小的空气隙（中、小型异步电动机，气隙一般在 0.2～1.5mm）。此外，还有端盖、轴承、风冷装置、接线盒等零部件。图 4.2 所示为三相笼型异步电动机的结构及符号。

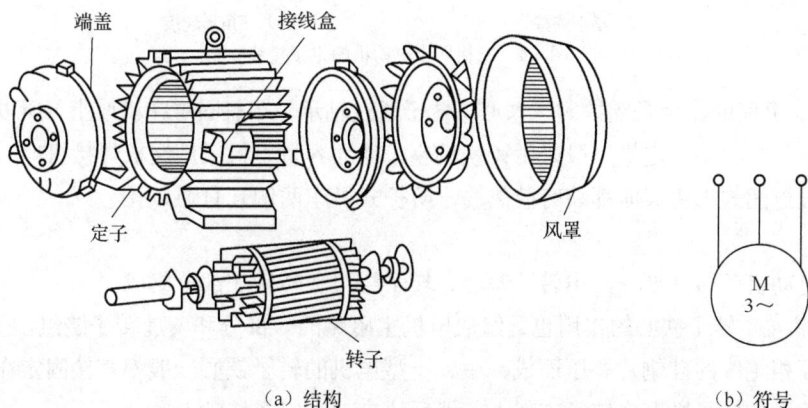

端盖　接线盒

定子

风罩

转子

M
3～

（a）结构　　　　　（b）符号

图 4.2　三相笼型异步电动机的结构及符号

（1）定子

定子是电动机的固定部分，由定子铁心、定子绕组和机座 3 部分组成。

① 定子铁心。定子铁心的作用是安放定子绕组并作为异步电动机主磁通磁路的一部分。为了减少旋转磁场在铁心中引起的涡流损耗和磁滞损耗，定子铁心用导磁性较好、表面涂有绝缘漆的硅钢片叠压而成，并用压圈与扣片紧固。为了安放定子绕组，在定子铁心内圆开有均匀分布的槽，常见的槽形有半闭口槽、半开口槽、开口槽等，如图 4.3 所示。

② 定子绕组。定子绕组是异步电动机定子的电路部分。每相绕组由若干个绝缘良好的线圈组嵌放在槽内，按一定规律连接而成，在槽内的布置既可以是单层的，也可以是双层的，绕组与槽壁间及两层绕组间都需用绝缘体隔开，以免电动机在运行时绕组出现击穿或短路故障。导体放在槽内，需用绝缘槽楔固定。

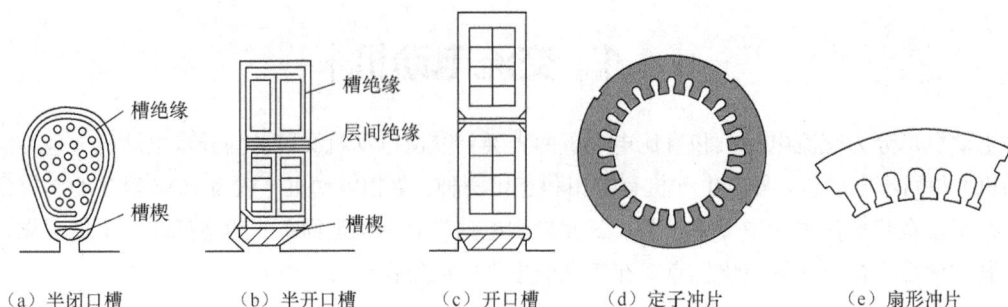

（a）半闭口槽　（b）半开口槽　（c）开口槽　（d）定子冲片　（e）扇形冲片

图 4.3　三相笼型异步电动机定子槽形

三相异步电动机的定子绕组是一个三相对称绕组，它由 3 个完全相同的绕组所组成，每个绕组即一相，3 个绕组在空间相差 120° 电角度。高压和大、中型电机的定子绕组常采用星形接法，只有 A_1、B_1、C_1 3 根引出线；而中、小容量低压电机常引出 A_1-A_2，B_1-B_2，C_1-C_2 三相 6 个线柱，可以根据需要接成星形或三角形，如图 4.4 所示。

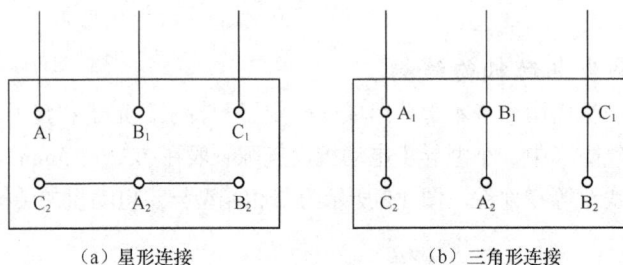

（a）星形连接　　　　　　（b）三角形连接

图 4.4　三相异步电动机的定子接线

③ 机座。机座的作用是支撑定子铁心，转子通过轴承、端盖固定在机座上，所以要求它有足够的机械强度。中、小型电机一般采用铸铁机座，而大容量电机采用钢板焊接机座。为了增加散热能力，一般封闭式机座表面都装有散热筋，防护式机座两侧开有通风孔。

（2）转子

转子是电动机的转动部分，由转子铁心、转子绕组和转轴 3 部分组成。

① 转子铁心。转子铁心的作用也是组成电机主磁路的一部分和安放转子绕组。它由外圆冲有均匀槽口、互相绝缘的硅钢片叠压而成。中、小型电机的转子铁心一般都直接固定在转轴上，而大型异步电动机的转子则套在转子支架上，然后让支架固定在转轴上。

② 转子绕组。根据绕组形式不同，可分为笼型转子和绕线式转子两种。笼型转子常用裸铜条插入转子槽中，铜条两端用短路环焊接起来，如果把铁心去掉，绕组就像一个鼠笼，所以称为笼型转子，如图 4.5（a）所示；中、小型电机的笼型转子采用铸铝的方法，将导条、端环和风扇叶片一次铸成，称为铸铝转子，如图 4.5（b）所示。为改善电动机的起动性能，转子可采用斜槽、深槽和双笼型结构。

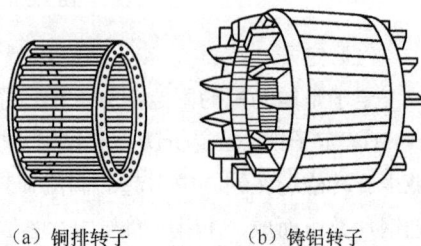

（a）铜排转子　　（b）铸铝转子

图 4.5　笼型转子绕组图

笼型转子无需集电环等附件，因而结构简单、制造方便，成本低，运行可靠。

③ 转轴。转轴的作用是支撑转子铁心，输出转矩，所以它必须有足够的机械强度和刚度，以防断裂并保证气隙均匀。转轴一般用中碳钢制成，轴伸端有键槽，用来固定皮带轮或联轴器。

2．三相异步电动机的工作原理

三相异步电动机是利用三相交流电通入定子三相对称绕组所产生的旋转磁场来使转子转动的。

（1）定子绕组的旋转磁场

设有 3 个同样的线圈置在定子槽内，彼次相隔 120°，组成了最简单的定子三相对称绕组 A_1-A_2、B_1-B_2、C_1-C_2。三相绕组接成星形时，末端 A_2、B_2、C_2 连在一起，首端 A_1、B_1、C_1 接入相序为 A、B、C 的三相电源上，绕组中通入三相对称电源（以 A 相绕组中的电流为参考量）

$$i_A = I_m \sin \omega t , \quad i_B = I_m \sin(\omega t - 120°) , \quad i_C = I_m \sin(\omega t + 120°)$$

为便于分析，将电动机定子简化为三相六槽结构，如图 4.6 所示。规定：电流为正值时由首端 A_1、B_1、C_1 流入，末端 A_2、B_2、C_2 流出，用 ⊗ 表示；电流为负值时则由末端流入，首端流出，用 ⊙ 表示。

三相绕组通入三相电流后分别产生各自的交变磁场，而在空间产生的合成磁场是一个旋转磁场。下面分析图 4.7 所示 5 个瞬时的合成磁场。

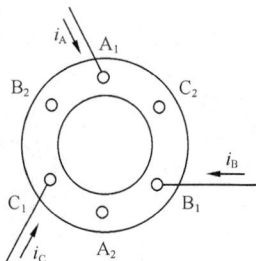

图 4.6　三相绕组通入三相交流电

当 $t_0 = 0$ 时，i_A 为零，A 相绕组中没有电流流过；i_B 为负，电流从末端 B_2 流入，首端 B_1 流出；i_C 为正，电流从首端 C_1 流入，末端 C_2 流出。根据右手螺旋定则可判断出合成磁场方向由下方 N 极指向上方 S 极，如图 4.7（a）所示。

当 $t_1 = \dfrac{T}{4}$ 时，i_A 为正，i_B 为负，i_C 为负，合成磁场由左方 N 极指向右方 S 极，如图 4.7（b）所示。从图中可以看出，从 t_0 到 t_1 经过了 1/4 周期，因此合成磁场沿顺时针方向旋转了 90°。

当 $t_2 = \dfrac{T}{2}$ 时，i_A 为零，i_B 为正，i_C 为负，合成磁场由上方 N 极指向下方 S 极，如图 4.7（c）所示。可以看出，从 t_1 到 t_2 又经过了 1/4 周期，合成磁场继续沿顺时针方向旋转 90°。

当 $t_3 = \dfrac{3T}{4}$ 时，同理合成磁的方向又沿顺时针方向旋转了 90°，如图 4.7（d）所示。

当 $t_4 = T$ 时，合成磁场回到 $t_0 = 0$ 的位置，即合成磁场的方向在空间沿顺时针方向旋转了 360°，如图 4.7（e）所示。

由此可见，图 4.7 所示的定子绕组通入交流电后，将产生磁极对数 $p = 1$（一个 N 极，一个 S 极）的旋转磁场，又称两极旋转磁场。电流变化一周，合成磁场在空间旋转 360°。

（2）旋转磁场的转速

磁极对数 $p = 1$ 的旋转磁场，与正弦电流同步变化。对于 50Hz 的工频电流，旋转磁场在空间每秒转 50r，则旋转磁场转速 $n_1 = 50 \times 60 = 3\,000$（r/min）。设交流电频率为 f，则旋转磁场转速为 $n_1 = 60f$。实验证明，随着电动机磁极对数的增加，旋转磁场转速将降低。当磁极对数 $p = 2$ 时（四极电动机），交流电变化一周，旋转磁场只转过 1/2 周，因而它的转速为 $p = 1$ 时磁场转速的 1/2。由此类推，当旋转磁的磁极对数为 p 时，交流电变化一周，旋转磁场转过 $1/p$ 周，所以旋转磁场的转速 n_1 称为同步转速，$n_1 = \dfrac{60f}{p}$（r/min）。

当三相交流电频率为 50Hz 时，不同磁极对数的异步电动机的旋转磁场转速如表 4.1 所示。

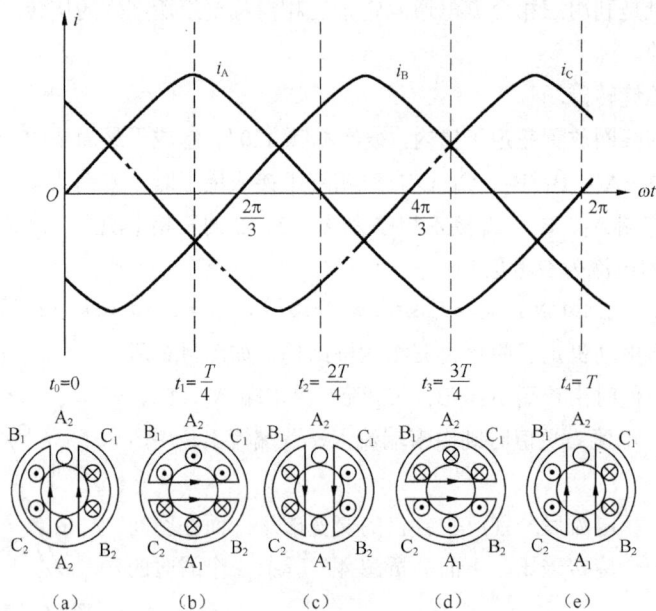

图 4.7　旋转磁场的产生

表 4.1　　　　　　　　　　　　　　磁极对数与转速对应表

p	1	2	3	4	5	6
n_1 / (r·min^{-1})	3 000	1 500	1 000	750	600	500

（3）三相交流异步电动机的旋转原理

图 4.8 所示定子绕组中通有三相对称电流，它产生的旋转磁场以同步转速 n_1 顺时针方向旋转，相当于磁场不动，转子导体逆时针方向切割磁感线，产生感应电动势和感应电流。用右手定则可判断其方向，在转子导体上半部分流出纸面，下半部分流入纸面。有电流的转子导体在旋转磁场中要受到电磁力的作用，用左手定则可判定，转子上半部分导体所受电磁力（F）的方向向右；下半部分导体所受电磁力的方向向左。这两个电磁力对转子转轴形成电磁转矩，使转子沿旋转磁场的方向（顺时针）以转速 n_2 旋转。

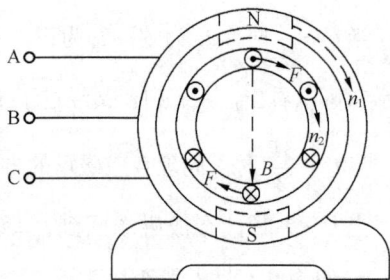

图 4.8　三相交流异步电动机旋转原理

电动机正常运行时，转子转速 n_2 不可能达到同步转速 n_1。如果转子转速等于同步转速，则转子导体和旋转磁场之间就不存在相对运动，转子导体不再切割磁感线，也就不存在感应电动势、转子电流和电磁转矩，故转子不能继续以同步转速 n_1 转动。可见，转子转速 n_2 总要低于同步转速 n_1，即转子不能与旋转磁场同步，这就是"异步"名称的由来。

若改变三相交流电源的相序，就改变了旋转磁场的方向，可以使电动机反转。

（4）转差率

旋转磁场的同步转速 n_1 与转子转速 n_2 之差称为转差，转差与同步转速 n_1 的比值，称为异步电动机的转差率，用 s 表示，即 $s = \dfrac{n_1 - n_2}{n_1}$。

转差率 s 是描绘异步电动机运行情况的重要参数。电动机在起动瞬间，$n_2 = 0$，转差率 $s = 1$ 最大；空载运行时，转子转速接近于同步转速，$n_2 \rightarrow n_1$，转差率 $s \rightarrow 0$ 最小；额定负载时转差率 $s_N = 0.02 \sim 0.07$。转差率的变化范围为 $0 \sim 1$，转子转速越高，转差率越小。可见，转差率 s 是描述转子转速与旋转磁场转速差异程度的，即电动机的异步程度。

3．三相交流异步电动机的工作过程

三相异步电动机的工作原理和变压器相似，即通过电磁感应原理来工作。

（1）空载运行

电动机空载运行是指电动机的定子绕组接到三相电源，电动机轴上未带机械负载的运行状态。

空载时，定子绕组中流过的电流称为空载电流 I_0，大小为额定电流的 20%～50%。电动机空载电流主要是用来产生工作磁通的励磁电流，使空载时电动机功率因数很低，一般为 0.2 左右；空载时没有输出机械功率，却有各种损耗，效率很低。

（2）负载运行

电动机负载运行是指电动机的定子绕组接到三相电源上，电动机轴上带机械负载的运行状态。

电动机负载运行，相当于在电动机轴上增加了一个阻转矩，引起电动机转速下降，旋转磁场与转子之间的相对转速增大，转子感应电动势增加，转子绕组感应电流增大，从而产生较大的电磁转矩去带动负载工作。

电动机的转速和电流都是随负载变化的，异步电动机输出机械功率增加时，定子绕组从电源取用的电流将随之增加，即输入的功率随之增大，电动机转速相应下降，电流也相应增大。

4．三相异步电动机的铭牌

在三相异步电动机的机壳上均有一块铭牌，如图 4.9 所示。要正确使用电动机，必须看懂铭牌上所标出的电动机型号及主要技术数据。

三相异步电动机			
型号 Y-112M-4		编号	
4.0kW		8.8A	
380V	1 440r/min	LW 82dB	
接法 △	防护等级 IP44	50Hz	45kg
标准编号	工作制 S1	B 级绝缘	年 月
×× 电机厂			

图 4.9　三相异步电动机的铭牌

三相异步电动机的铭牌

型号表示电动机的种类和特点。如 Y-112M-4 的含义如下。

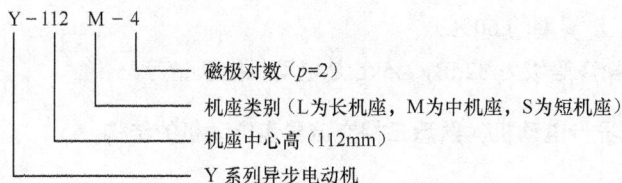

Y - 112　M - 4

磁极对数（$p=2$）
机座类别（L 为长机座，M 为中机座，S 为短机座）
机座中心高（112mm）
Y 系列异步电动机

异步电动机的产品名称代号及其汉字意义如表 4.2 所示。

表 4.2　　　　　　　　　　　　电动机产品名称代号及汉字意义

产 品 名 称	新 代 号	汉 字 意 义	老 代 号
异步电动机	Y	异	J、JO
绕线式异步电动机	YR	异绕	JR、JRO
防爆型异步电动机	YB	异爆	JB、JBS
高起动转矩异步电动机	YQ	异起	JQ、JQO

（1）技术数据

① 额定功率 P_N 表示电动机额定运行时输出的机械功率。

② 额定电压 U_N 表示电动机额定运行时定子绕组上所加的线电压有效值。

③ 额定电流 I_N 表示电动机额定运行时定子绕组的线电流有效值。

④ 额定转速 n_N 表示电动机额定运行时转子的转速。

⑤ 额定频率 f_N 表示电动机定子绕组所接电源的频率。

（2）接法

表示定子三相绕组的接法，与电源电压有关。若铭牌上的电压为 380V，接法为△时，就表明定子每相绕组的额定电压是 380V，当电源线电压为 380V 时，定子绕组应接成△；若铭牌上的电压为 380/220V，接法为丫/△，就表明定子每相绕组的额定电压是 220V，所以，当电源线电压为 380V 时，定子绕组应接成丫，当电源线电压为 220V 时，定子绕组应接成△。通常，功率在 3kW 以下的异步电动机，定子绕组进行丫连接；功率在 4kW 以上的异步电动机，定子绕组进行△连接。

（3）防护方式

IP44 表示电动机外壳防护的方式为封闭式电动机。因外壳是全封闭的，所以防护效果好，但散热条件较差，为增大散热面积，机壳上都铸有散热片，尾部装有外风扇，Y 系列电动机多采用 IP44 防护方式。

（4）绝缘等级（B 级绝缘）

表示电动机各绕组及其他绝缘部件所用绝缘材料的等级。绝缘材料按耐热性能可分为 Y、A、E、B、F、H、C 七个等级，见表 4.3。Y 系列电动机多采用 B 级绝缘。

表 4.3　　　　　　　　　　　　绝缘材料耐热性能数据

绝缘等级	Y	A	E	B	F	H	C
最高允许温度/℃	90	105	120	130	155	180	大于180

（5）工作制

工作制 S_1 表示电动机在铭牌标出的额定条件下长期连续运行；S_2 表示短时间工作制，在额定条件下只能在规定时间内运行（即在短时工作后有一段较长的间歇时间使电动机充分冷却）；S_3 表示断续工作制，在额定条件下以周期性间歇方式运行（电动机周期性地开机、停机，每个周期不超过 10min，其中开机时间不超过工作周期的 60％）。

此外，铭牌上还有 LW82dB 表示噪声等级为 82dB，45kg 是电动机的质量等。

案例 4.1　拆装一台三相交流异步电动机，熟悉三相交流异步电动机的结构。

三相交流异步电动机一台，拉马（用于拆卸皮带和轴承）、活扳手、呆扳手、锤子、紫铜棒、旋具、刷子等。

操作步骤

（1）拆卸电动机皮带轮或联轴器，将皮带轮或联轴器上的固定螺丝钉或销子松脱或取下，再用专用工具"拉马"转动丝杠，把皮带轮或联轴器慢慢拉出。

（2）拆卸风扇或风罩。拆卸皮带轮后，就可把风罩卸下来。然后取下风扇上定位螺栓，用锤子轻敲扇四周，旋卸下来或从轴上顺槽拔出，卸下风扇。

（3）拆卸轴承盖和端盖。一般小型电动机都只拆风扇一侧的端盖。

（4）抽出转子。对于鼠笼式转子，可直接从定子腔中抽出。

拆装标准件时注意操作规范，全纹六角头螺栓用扳手，螺钉（十字槽）用起子。

（5）观察对应部件的名称、定子绕组的连接形式、前后端部的形状、引线连接形式、绝缘材料的放置等。

（6）重新装配好电动机。

三相交流异步电动机的铁心为什么采用硅钢片叠压而成？

作业测评

1．在三相交流异步电动机中，向空间位置互差 120° 的定子三相绕组中通入_____，则将产生一个沿定子内圆旋转的磁场，称为_____。

2．旋转磁场的同步转速是指_____。

3．三相交流异步电动机的转向是由_____决定的。

4．三相交流异步电动机在_____时转速最高。

4.1.2　三相交流异步电动机的起动和调速

电动机的起动过程是指电动机从接通电源至正常运转的过程。电动机的调速是指人为地改变电动机的转速。三相异步电动机是如何起动和进行转速调整的？本小节就来介绍电动机常用的起动方法及调速方法。

基础知识

1．三相异步电动机的起动

大型电动机在起动过程中由于起动电流很大，将导致供电线路电压在电动机起动瞬间突然降低，以致影响同一线路上其他电气设备的正常工作。如果多次频繁起动，还会使电动机由于热量堆积，导致损坏，因而必须设法控制起动电流。

常用的起动方法有以下几种。

（1）直接起动

直接起动也称为全压起动，是指电动机直接与电源相连的起动方法。直接起动的异步电动机受到供电变压器容量的限制，一般要求起动时线路压降不应超过线路额定电压的 5%。在线路压降允许的前提下，一般 10kW 以下的异步电动机可以直接起动。

（2）降压起动

为了保证电网供电质量及适应生产机械需要，容量较大的笼型三相异步电动机均采用降压起动，即电动机起动时降低加在电动机定子绕组上的电压，待起动结束时再恢复到额定电压运行。笼型三相异步电动机常用的降压起动方法有定子绕组串电阻降压起动、自耦变压器降压起动、星-三角（Y-△）降压起动。这里只介绍降压起动的基本原理，降压起动控制线路将在后面小节介绍。

① 定子绕组串电阻降压起动。图 4.10 所示为定子绕组串电阻降压起动的电路图。起动时，将 SA$_1$ 闭合，三相电源电压经电阻 R 接到三相交流电动机定子绕组上，电动机降压起动。起动完毕后，将 SA$_2$ 闭合，使电阻 R 短路，定子绕组直接与电源相连，全压运行。

② 自耦变压器降压起动。图 4.11 所示为自耦变压器降压起动电路图。起动时，将 SA$_1$ 闭合，SA$_2$ 置于降压起动位置。此时，电动机定子绕组承受的是自耦变压器的二次电压。由于变压器变比 $k < 1$，因此电动机降压起动，定子绕组电流较全压起动时要小，反映到原边电路，输电线路上的电流将更小。待电动机起动完毕后，将 SA$_2$ 切换到全压运行位置上，电动机开始正常运行。

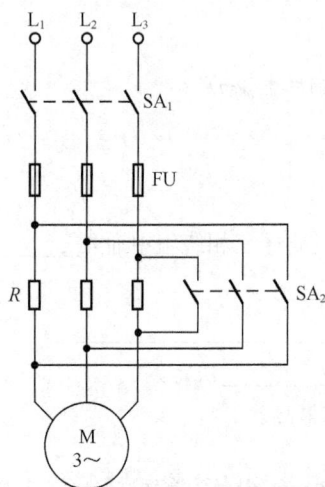

图 4.10　定子绕组串电阻降压起动

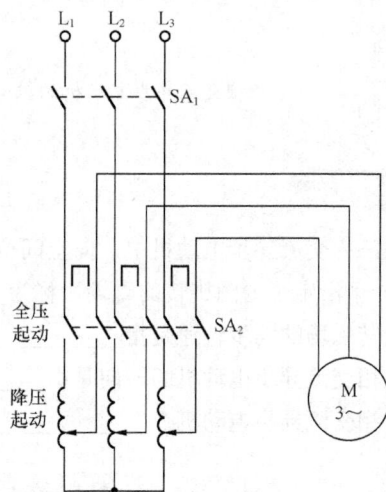

图 4.11　自耦变压器降压起动

③ Y-△降压起动。图 4.12 所示为Y-△降压起动电路图。对于正常工作时定子绕组为三角形连接的电动机，起动前可先换接成星形连接。换接后电动机每相绕组上的电压降为额定值的 $\dfrac{1}{\sqrt{3}}$，使起动转矩、起动电流均变为全压运行时的 $\dfrac{1}{3}$。

起动时，将开关 SA$_1$ 闭合，SA$_2$ 置于星形连接的位置上，电动机定子绕组星形连接降压起动。起动完毕后，再将 SA$_2$ 切换到三角形连接的位置上，电动机正常运行。

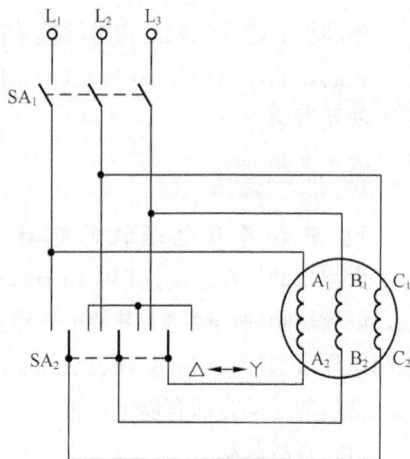

图 4.12　Y-△降压起动

2．三相异步电动机的调速

根据三相异步电动机工作原理可知，改变电动机定子绕组的同步转速可以改变转子的转速。

因此，根据 $n_0 = \dfrac{60f}{p}$ 可知，异步电动机的调速方法有变极调速、变频调速，此外还有变压调速。

（1）变极调速

变极调速即将定子绕组的接线端引出，工作转换开关改变定子绕组接法，从而改变磁极对数（p 发生变化），成为多速电动机。最常用的是双速电动机，也有三速或四速的电动机。

（2）变频调速

变频调速是通过改变异步电动机供电电源的频率来实现速度变化的。图 4.13 所示为变频调速的原理方框图。首先，通过晶闸管整流器将 50Hz 的交流电变换为电压可调的直流电，然后由逆变器将直流电变换为频率可调的三相交流电，实现三相异步电动机的无级调速。变频调速可使设备处于高效节能的工作状态，从而延长设备的使用寿命，故应用越来越广泛。

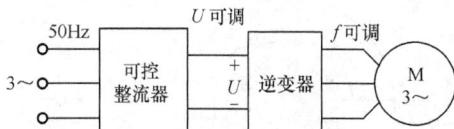

图 4.13 变频调速原理方框图

（3）变压调速

降低定子绕组所承受的电压，可以改变转矩，因而，利用电抗器或自耦变压器来降低定子绕组承受电压，可获得一定的调速范围。这种方法常用于泵类等负载的调速。

作业测评

1．电动机的起动过程是指＿＿＿＿＿＿＿＿＿＿＿＿＿＿，起动方法包括＿＿＿＿＿＿＿＿。

2．三相异步电动机的调速方法主要有＿＿＿＿＿＿、＿＿＿＿＿和＿＿＿＿＿。

4.1.3 三相交流同步电动机的结构及工作原理

同步电动机是指电动机转子的转速始终与定子旋转磁场的转速相同，同步电动机具有在负载变化范围较大时，保持转速恒定的优点。本小节主要介绍同步电动机的结构和基本工作原理。

基础知识

1．结构

同步电动机有旋转磁极式和旋转电枢式两种结构形式。由于旋转磁极式结构具有转子重量轻、制造工艺较简单、通过电刷和滑环的电流较小等优点，大、中容量的同步电动机多采用旋转磁极式结构。旋转磁极式电动机根据转子形状不同，可分为凸极式和隐极式两种，如图 4.14 所示。其中，凸极式的转子粗而短，气隙不均匀，多用于要求低转速的场合；隐极式转子细而长，气隙均匀，多用于要求高转速的场合。

同步电动机与其他旋转电机一样，由定子和转子两部分组成。旋转磁极式同步电机的定子主要由机座、铁心和定子绕组组成。定子铁心采用薄的硅钢片叠压而成，定子铁心的内表面嵌有在空间上对称的三相绕组。转子主要由转轴、滑环、铁心和转子绕组构成。转子铁心常采用高强度合金钢锻制而成，以兼顾导磁性能和机械强度的要求。转子铁心上装有励磁绕组，两个出线端分别与两个滑环相接。为便于起动，凸极式转子磁极的表面装有黄铜制成的导条，在磁极的两个端面用铜环将导条连接起来，构成一个不完全的笼型起动绕组。

2．工作原理

如图 4.15 所示，同步电动机工作时，定子的三相绕组中通入三相对称电流，转子的励磁绕组通入直流电流。在定子三相对称绕组中通入三相交变电流时，在气隙中会产生旋转磁场。在转子励磁绕组中通入直流电时，会产生极性恒定的静止磁场。若转子磁场的磁极对数与定子磁场的磁极对数相等，则转子磁场由于受到定子磁场的拉力作用而随定子旋转磁场同步旋转，即转子与旋转磁场以相同的速度和方向旋转。

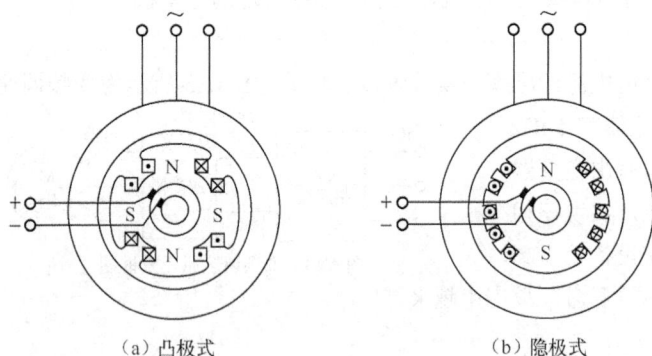

（a）凸极式　　　　　　　　　（b）隐极式

图 4.14　同步电动机结构示意图　　　　　　图 4.15　三相同步电动机工作原理

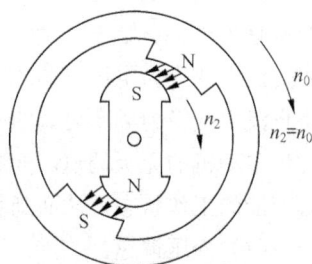

定子旋转磁场与转子的速度为 $n_1 = \dfrac{60f_1}{p}$，称为同步转速。同步转速的大小取决于电源频率 f_1 和定子与转子的磁极对数 p，而不因负载的变化而变化。定子旋转磁场的方向（或转子的旋转方向）取决于通入定子绕组的三相电流的相序，改变相序可改变同步电动机的旋转方向。

3．同步电动机的起动

同步电动机的起动分为两个阶段，即异步起动和牵入同步。常用的同步电动机起动方法有辅助电动机起动法、异步起动法和变频起动法。

（1）辅助电动机起动法

辅助电动机起动法是借助一台与待起动的同步电动机同磁极数的异步电动机来起动同步电动机。

（2）异步起动法

异步起动法用于凸极式同步电动机的起动。依靠转子极靴上的笼形绕组来起动同步电动机。起动时，先将同步电动机加速到接近同步转速，然后再通入励磁电流，依靠同步电机定子和转子磁场产生电磁转矩，将转子牵入同步。

采用辅助电动机起动法和异步起动法时，转子绕组不能直接短接，也不能开路，需串联一定阻值的电阻（通常为转子绕组电阻值的5～10倍），以防止起动失败或损坏转子绕组的绝缘。

（3）变频起动法

起动时，先在转子绕组中通入直流励磁电流，借助变频器逐步升高加在定子上的电源频率，使转子磁极在开始起动时就与旋转磁场建立起稳定的磁拉力而同步旋转，并在起动过程中同步增速，直到达到额定转速值。变频起动法可实现平滑起动，其应用越来越广泛。

作业测评

1．同步电动机的起动过程分为两个阶段，即＿＿＿＿＿＿＿＿＿和＿＿＿＿＿＿＿＿＿。

2．三相同步电动机的起动方法主要有＿＿＿＿＿＿＿、＿＿＿＿＿＿＿和＿＿＿＿＿＿＿。

3. 三相同步电动机的起动方法中＿＿＿＿＿＿＿＿可实现平滑起动。

|4.2　直流电动机|

直流电动机的结构比较复杂，维护也比较困难，但是其起动性能和调速性能要优于三相异步电动机，因此，在对起动转矩或调速指标要求较高的机械设备中多采用直流电动机驱动，如起重机械、电动机车等。直流电动机的结构有什么特点？它又是如何工作的？本节就来学习直流电动机的结构、工作原理及相关知识。

4.2.1　直流电动机的结构及工作原理

汽车起动机中应用的电动机就是直流电动机，为了更好地学习汽车电气有关知识，本小节主要介绍一下直流电动机的结构及工作原理。

基础知识

1．直流电动机的基本结构

直流电动机由定子和电枢两部分组成，图 4.16 所示为直流电动机的剖面图。定子包括主磁极、换向磁极、电刷装置、机座和端盖，是电动机的固定部分。电枢包括电枢铁心、电枢绕组和换向器等，是电动机的转动部分。

① 主磁极。主磁极绕组通入直流电流，产生主磁通。

② 换向极。换向极绕组与电枢绕组串联，可消除换向器与电刷间的电磁性火花。

③ 电枢绕组。电枢绕组由许多线圈有规律地连接而成，用来产生感应电动势、电磁转矩，实现能量的转换。

④ 换向器。将从电源输入的直流电流转换成电枢绕组内的交变电流，保证某一主磁极下线圈的电流方向恒定，从而使其产生的电磁转矩保持恒定方向。

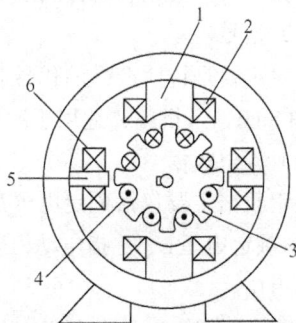

图 4.16　直流电动机剖面图
1—主磁极；2—励磁绕组；3—电枢铁心；
4—电枢绕组；5—换向磁极；6—换向极绕组

2．直流电动机的基本工作原理

图 4.17 所示为固定在定子内表面的 1 对磁极，磁极由直流电流励磁，产生恒定磁场。两磁极之间的转子表面嵌有导体，导体中通入直流电流。由于转子带电导体在磁场中受到电磁力作用，产生电磁转矩，使转子旋转。转子导体的受力方向及转子的电磁转矩方向如图 4.17（a）所示。设转子的初始位置为 0°位置，当转子在电磁转矩及惯性的作用下逆时针转过 180°时，转子带电导体受力方向及电磁转矩方向与 0°位置时情况正好相反，如图 4.17（b）所示，转子将按顺时针方向转过 180°，这样转子便不能连续旋转。导致转子不能连续旋转的原因是磁极下转子导体的电流方向在转子每转过 180°时改变一次，使转子导体受到的电磁转矩方向随之改变。

要使转子连续旋转，必须采取电流换向措施，以保证磁极下转子导体的电流方向始终不变。图 4.18 所示为直流电动机的工作原理图。图中 1 为换向器，由互相绝缘的两个圆弧形铜片构成，换向器固定在转子上随转子旋转。A、B 为两只电刷，固定在定子上。电刷与换向器之间滑动接触，直流电流通过电刷和换向器流入转子导体（电枢绕组）。当直流电源的极性和两磁极的极性如图 4.18 所示时，N 极（或 S 极）下的转子导体内电流方向总是由外向内（或由内向外），因此，作用在转子上的电磁转矩始终是逆时针方向，从而保证了转子按逆时针方向连续旋转。

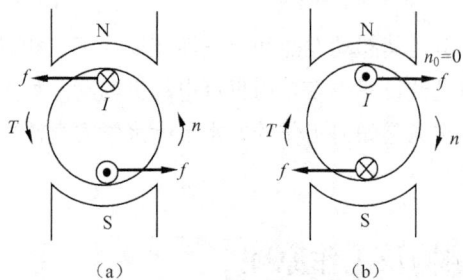

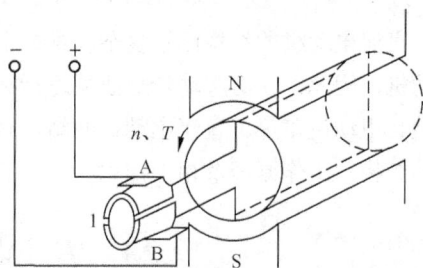

图 4.17　直流电动机的工作原理　　　　　图 4.18　直流电动机原理图

可见，直流电动机转子导体（电枢绕组）吸收电源的电能，通过电磁作用产生电磁转矩，使转子连续转动，将电能转换成机械能。转子作为能量转换的中枢，因此转子也称为电枢，流过转子导体的电流称为电枢电流。实际上，直流电动机的电枢绕组不止一个线圈，为了提高电磁转矩的数值及平稳程度，电枢绕组是由许多沿电枢表面均匀分布并按一定规律连接的线圈组成的。

3．直流电动机的铭牌

直流电动机的铭牌上标明了电动机的型号、额定数据及励磁方式等。

（1）型号

型号主要是说明产品的代号和规格代号。如直流电动机的型号为 Z-132L-TH，表示其是中心高为 132mm、长机座、适用于湿热地区使用的普通直流电动机。

（2）额定数据

额定数据主要包括额定电压 U_N、额定电流 I_N、额定功率 P_N 和额定转速 n_N。

① 额定电压 U_N 是指电动机安全工作的最高电压。即直流电动机额定运行时，电枢绕组外接电源的电压。

② 额定电流 I_N 是指直流电动机额定运行时，电枢绕组流过的直流电流。额定电流是电动机按规定长期额定运行时，电枢绕组允许通过的最大电流。

③ 额定功率 P_N 是指电动机额定运行时，轴上输出的机械功率。$P_N = U_N I_N \eta_N$，其中，η_N 为额定效率。

④ 额定转速 n_N 是指电动机额定运行时的转速。

（3）励磁方式

励磁方式是指励磁绕组的供电方式。励磁方式与电动机的性能密切相关。直流电动机有他励、并励、串励和复励 4 种励磁方式。他励方式的励磁绕组与电枢绕组分别由两个无关的直流电源供电。并励方式的励磁绕组与电枢绕组并联。串励方式的励磁绕组与电枢绕组串联，串励直流电动机的过载能力大。复励电动机有两个励磁绕组，一个励磁绕组与电枢绕组组成串联电路，另一个励磁绕组与该串联电路并联。当两个励磁绕组的磁场方向相同时，称为积复励，这种直流电动机的过载能力大。

案例 4.2　拆装一台直流电动机，熟悉直流电动机的结构。

直流电动机（1 台）、兆欧表、常用电工工具、活动扳手、手锤、紫铜棒、木锤、拉马等。

操作步骤

（1）拆除电动机外部连接导线，做好线头对应的连接标记。

（2）用硬物或油漆在端盖与机座止口处做好明显标记（不能用粉笔做标记）。

（3）有联轴器的电动机要做好电动机轴伸端与联轴器上的尺寸标记，再用拉马拉下联轴器。

（4）拆卸时应先拆除电动机接线盒内的连接线，然后拆下换向器端盖（后端盖）上通风窗的螺栓；打开通风窗，从刷握中取出电刷，拆下接到刷杆上的连接线；拆下换向器端盖的螺栓和轴承盖螺栓，取下轴承外盖；拆卸换向器端盖。拆卸时在端盖下方垫上木板等软材料，以免端盖落下时碰裂，用手锤通过铜棒沿端盖四周边缘均匀地敲击；拆下轴伸端端盖（前端盖）的螺栓，把端盖连同电枢从定子内小心抽出来，注意不要碰伤电枢绕组、换向器和磁极绕组；用厚纸或布将换向器包好，用绳子扎紧；拆下前端盖上的轴承盖螺栓，取下轴承外端盖；将电枢连同前端盖放在木架或木板上，并用纸或布包好。

 轴承若无需更换，不必拆卸取出。

（5）清除电动机内部的灰尘和杂物，若轴承润滑油已脏，则需更换润滑油脂。

（6）测量电动机各绕组的对地绝缘电阻。

（7）重新装配好电动机，按所做标记校正电刷的位置。

 装配时，拧紧端盖螺丝时，必须四周用力均匀，按对角线上下左右拧紧，不能先将一个螺丝拧紧后再拧另一个螺丝。

作业测评

1．直流电动机由_____和_____组成。其中_____是电动机的固定部分，_____是电动机的转动部分。

2．说明直流电动机定子和电枢的组成及各部分作用。

3．简述直流电动机的工作原理。

4.2.2　直流电动机的起动和调速

直流电动机的使用主要包括起动、反转、调速、制动等。本小节主要以并励直流电动机为例，讨论其起动和调速等情况。

基础知识

1．并励直流电动机的机械特性

电动机的机械特性是指转速 n 与电磁转矩 T 的关系曲线。并励直流电动机的机械特性为

$$n = \frac{U_a}{C_E \Phi} - \frac{R_a}{C_E C_M \Phi^2} T \, 。$$

当电源电压 U 不变时，主磁通 Φ 也基本不变，因此，机械特性近似为一条向下倾斜的直线，如图 4.19 所示。从图中可以看出，当负载转矩为零时，电磁转矩也近似为零，此时的转速称为理想空载转速，理想空载转速用 n_0 表示，则 $n_0 = \dfrac{U_a}{C_E \Phi}$。

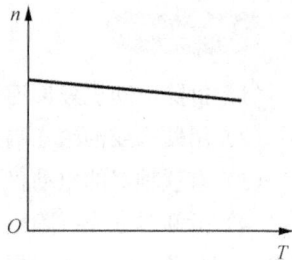

图 4.19　直流电动机的机械特性曲线

由于电枢绕组的电阻 R_a 很小，机械特性的斜率 $\dfrac{R_a}{C_E C_M \Phi^2}$ 也很小，即转速随负载变化改变不大，这种机械特性称为硬特性。

2．直流电动机的起动

直流电动机起动的瞬间，$n = 0$，$E_a = C_E \Phi n = 0$，此时电枢电流称为起动电流，用符号 I_{st} 表示，则 $I_{st} = \dfrac{U_a}{R_a}$。由于电枢绕组的电阻 R_a 很小，所以起动电流 I_{st} 很大。过大的起动电流流过电枢回路会使电枢绕组因过热及电磁力过大而损坏，换向器也可能因电磁性火花过大而损坏。过大的起动电流还可能因产生过大的冲击转矩而损坏传动机构的齿轮等，因此，直流电动机不允许直接起动。

减小起动电流的方法有两种，即降低电枢电压 U_a 或增大电枢电路的电阻 R_a。起动时与电枢绕组串联的电阻称为起动电阻，用符号 R_{st} 表示。一般情况下，选取的 R_{st} 或起动时的电枢电压 U_a' 满足 $I_{st} = \dfrac{U_a}{R_a + R_{st}} = (1.5 \sim 2.5)\, I_N$ 或 $I_{st} = \dfrac{U_a'}{R_{st}}$ $(1.5 \sim 2.5)\, I_N$。

需要注意的是，起动时应保证电枢绕组接电源时有主磁通（主磁通最好达到额定值），避免励磁绕组断电。因此，励磁绕组与电源的连接必须牢固。

3．直流电动机的反转

直流电动机的旋转方向是由电磁转矩的方向决定的。改变电枢的电流方向可以改变电磁转矩方向，从而实现电动机反转。改变励磁电流的方向也可以达到使电动机反转的目的，但是可能因电感电路中的电流突变，产生很大的电动势，击穿励磁绕组的绝缘，也可能因换接过程中瞬间的失磁或换接失败，造成电枢电路出现大电流或电动机的飞车（转速极高）现象。

4．直流电动机的调速

在负载不变的情况下，通过人为方法改变电动机转速的方法称为调速。根据直流电动机的机械特性方程可以看出其调速方法主要有以下几种。

① 电枢串电阻。电枢电路串联电阻增大时，转速下降；反之，转速升高。

② 改变电枢电压。电枢电压下降则转速下降；反之，转速升高。改变电枢电压的调速方法调速范围大，没有增加能量损耗，运行稳定性高，但是需要专用的直流调压电源，在调速性能要求较高的场合应用较多。这种调速方法只能在额定转速以下调节转速，属于无级调速。

③ 改变主磁通。在励磁电路中串联电阻或采用直流调压电源给励磁电路供电，并调节励磁绕组的电压，都可以改变励磁电流，从而改变主磁通，达到调速的目的。励磁电流减小时，主磁通减小，转速升高；反之，转速下降。由于主磁通为额定值，磁路已接近饱和，因此，这种调速方法的调速范围不大，通常与改变电枢电压配合使用来获得较大的调速范围。

作业测评

1．为什么直流电动机不允许直接起动？

2．直流电动机的调速方法有哪几种？

4.2.3　汽车起动机简介

发动机常被称为汽车的心脏，而发动机在以自身动力运转之前，必须借助外力旋转，这个外力就是由汽车起动机提供的。汽车发动机常用的起动方式有人力起动和电力起动机起动两种。电力起动机起动具有操作方便、起动迅速可靠、具有重复起动能力等特点，因而被广泛采用。

基础知识

1．对汽车起动机的基本要求

（1）必须有足够的转矩和转速

汽车起动机要带动发动机旋转，必须克服发动机的阻力矩。发动机的阻力矩与发动机的工作容积、气缸数和压缩比等有关。对构造一定的发动机来说，当温度低时，润滑油的黏度较大，阻力矩就大；在起动加速过程中，还要克服各运动机件的惯性力，故起动电动机必须具备足够的转矩。

发动机有起动的最低曲轴转速限制，一般汽油机为 50～70r/min，柴油机为 100～150r/min，因此，起动机的转速必须达到能够带动发动机曲轴以超过最低转速运转，才能正常起动发动机。

（2）转矩应能随转速的升高而降低

发动机起动之初，曲轴由静止开始转动时，机件做加速运动，需克服较大的静止惯性力，同时各摩擦部分处于半干摩擦状态，摩擦阻力也较大，此时需要较大的起动转矩，才能带动发动机转动，并使转速很快升高。随着曲轴转速升高，加速阻力减小，润滑油膜也逐渐形成，所需的转矩也相应减小，当曲轴转速升至起动转速，发动机起动后，就能够自己独立工作，不再需要起动机带动运转了。因此，希望转矩能随着转速的升高而降低。

2．汽车起动机的组成与分类

（1）汽车起动机的组成

汽车起动机都是由直流串励式电动机、传动机构和控制装置三部分组成的，图 4.20 所示为汽车起动机的实物图及其组成。汽车起动机在发动机中的安装位置如图 4.21 所示。

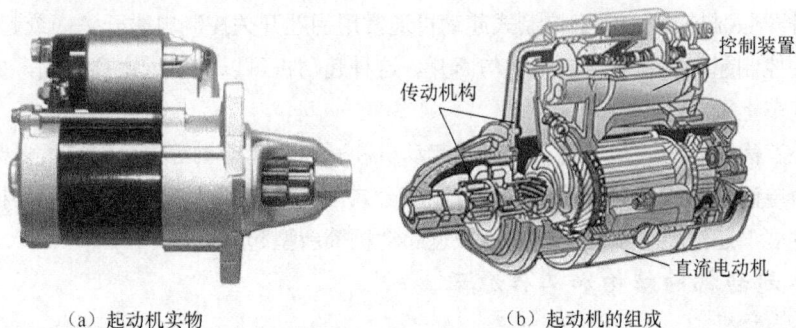

（a）起动机实物　　　　　（b）起动机的组成

图 4.20　汽车起动机实物及组成

① 直流串励式电动机。直流串励式电动机的作用是产生电磁转矩。

② 传动机构。传动机构也称为啮合机构，其作用是在发动机起动时，使起动机小齿轮与飞轮齿圈啮合，将起动机的转矩传给发动机曲轴；在发动机起动后，使起动机自动脱离飞轮齿圈。

③ 控制装置。控制装置即电磁开关，用来接通和断开起动机与蓄电池间的电路。

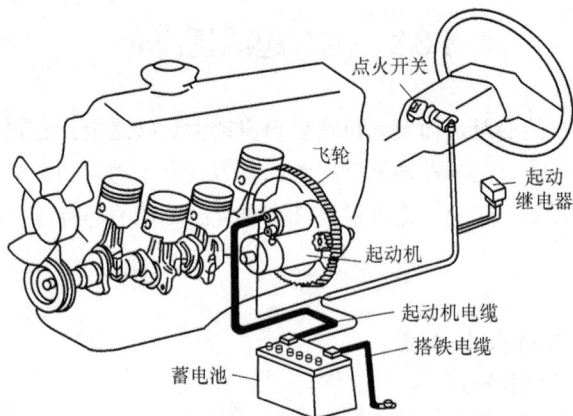

图 4.21　起动机在发动机中的安装位置

（2）起动机的分类

汽车起动机的种类很多，但电动机部分一般没有大的差别，主要差异在传动机构和控制装置。

汽车起动机按传动机构的不同可分为惯性啮合式起动机、电枢移动式起动机和强制啮合式起动机。

① 惯性啮合式起动机。这种起动机起动时，其驱动齿轮惯性力自动啮入飞轮齿圈，起动后，驱动齿轮又靠惯性力自动与飞轮齿圈脱开。因工作可靠性差，现代汽车已很少使用这种起动机了。

② 电枢移动式起动机。这种起动机是靠电动机内部辅助磁极的电磁吸力，吸引电枢做轴向移动，使驱动齿轮啮入飞轮齿圈。起动后，回位弹簧使电枢回位，使驱动齿轮与飞轮齿圈脱离。因其结构复杂，这种起动机仅用于一些大功率的柴油车上。

③ 强制啮合式起动机。这种起动机通常靠人力或电磁力拉动拨叉，强制驱动齿轮啮入和脱离飞轮齿圈。因其结构简单、工作可靠、操作方便，被现代汽车广泛采用。

汽车起动机按控制装置的不同可分为直接（机械）操纵式起动机和电磁控制式起动机两类。

① 直接（机械）操纵式起动机。这种起动机是由驾驶员利用脚踏或手拉的方式，直接控制操纵机械式起动机主电路开关，接通或切断起动电流。目前这种形式的起动机已不再使用了。

② 电磁控制式起动机。电磁控制式起动机通常用钥匙开关控制电磁开关（或起动继电器），再由电磁开关控制起动机主电路的接通与断开。这种起动机可以实现远距离控制，操作简便、省力，在现代汽车上被广泛采用。

此外，还有齿轮移动式起动机、同轴式起动机和减速式起动机等。目前，大多数汽车起动机的控制机构为电磁操纵式，而传动机构为强制啮合式，为电磁操纵强制啮合式起动机。随着新材料和技术的发展，还出现了永磁起动机和减速起动机等新型起动机。

3．汽车起动机的结构和工作原理

（1）起动电动机

起动电动机为直流串励式直流电动机，用永久磁铁做磁极，没有激磁线圈。图 4.22 所示为该电动机的机械特性曲线，从图中可以看出直流串励式直流电动机具有如下的特性：负荷增加时，转速低，转矩大；负荷减小时转矩也相应减小，转速提高。由于转速随负荷的变化有明显的变化，适用于短时间内要求大转矩（大负载）的情况，符合起动发动机的要求。

起动电动机由电枢、永久磁铁、电刷等组成，其结构如图 4.23 所示。因电枢线圈通过的电流很大，所以使用了大截面、电阻小的扁平铜线。电刷用铜和石墨粉压制而成，一般含铜 80%～90%，石墨 10%～20%，以减小电刷电阻并增加其耐磨性。起动电动机的工作原理与前述的直流电动机相同，此处不再赘述。

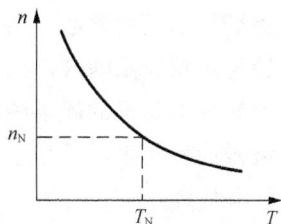

图 4.22　串励式直流电动机机械特性曲线

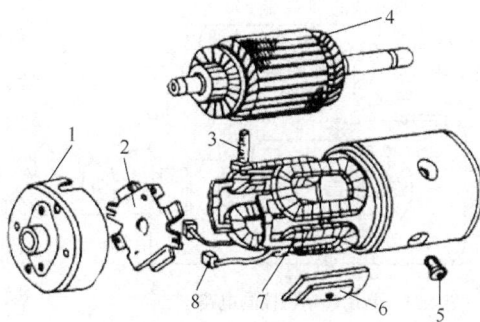

图 4.23　串励式直流电动机结构
1—端盖；2—电刷架；3—接线柱；4—电枢；
5—磁极固定螺钉；6—磁极铁心；7—励磁绕组；8—电刷

（2）传动机构

传动机构又称离合机构或离合器，由单向离合器和传动拨叉等部件构成。单向离合器属于超速保护装置，其作用是传递电动机转矩以起动发动机，在发动机起动后自动打滑，保证电枢不致飞散。

图 4.24 所示为传动机构的工作过程示意图。传动机构安装在电动机电枢的延长轴上，用来起动发动机时将驱动齿轮与电枢轴连成一体，使发动机起动。强制啮合式起动机的传动机构工作过程如下：起动机不工作时，起动机的电枢与磁极错开。接通起动开关起动发动机时，在磁极磁力的作用下，整个电枢连同驱动齿轮移动与磁极对齐的同时，驱动齿轮与飞轮齿圈啮合。发动机起动后，切断起动开关，磁极退磁，电枢轴连同驱动齿轮退回，脱离与飞轮的啮合。

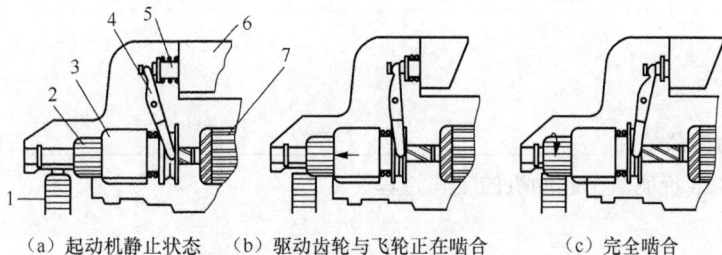

（a）起动机静止状态　　（b）驱动齿轮与飞轮正在啮合　　（c）完全啮合
图 4.24　传动机构工作过程示意图
1—飞轮；2—驱动齿轮；3—单向离合器；4—拨叉；
5—活动铁心；6—电磁开关；7—电枢

（3）控制机构

控制机构也称为操纵机构，其作用是控制起动机主电路的通、断，驱动齿轮的移除和退回。起动机的控制部分分为直接操纵式和电磁操纵式两种。

直接操纵式控制机构检修方便，且不消耗电能，有利于提高起动转速。但是驾驶员的劳动强度大，不易于远距离操纵，目前已很少使用。

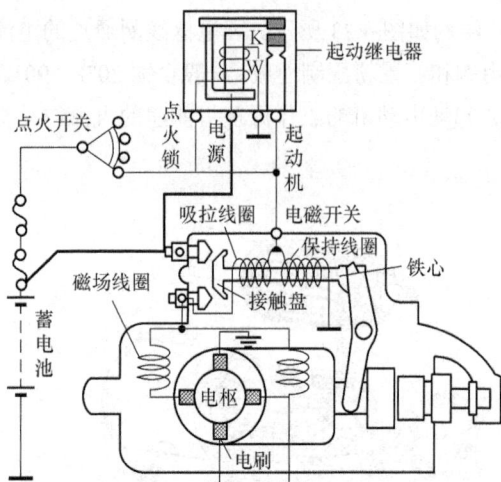

图 4.25 常用起动机控制电路

电磁操纵式控制机构，也称为电磁开关，使用方便，工作可靠，适合远距离操纵，目前被广泛使用。图 4.25 所示为带有起动继电器控制电磁开关的常用起动机控制电路。分析电路可知，起动发动机时，接通总开关，点火开关置于起动挡时，起动继电器触点闭合，电磁开关中的吸拉线圈和保持线圈电路被接通，产生磁场从而吸引铁心。铁心牵引拨叉，使小齿轮与飞轮齿圈啮合。此时，流经吸拉线圈的电流经电动机的磁场线圈流入电枢，电动机慢慢旋转起来，并使小齿轮和飞轮齿圈进行圆滑啮合。

吸引线圈电路电流流通的路径：蓄电池正极→保险丝→点火开关（起动挡）→起动继电器的起动机接柱→吸拉线圈→电动机开关接柱→磁场线圈（励磁线圈）→正电刷→电枢线圈→负电刷→搭铁→蓄电池负极。

保持线圈电路电流流通的路径：蓄电池正极→保险丝→点火开关（起动挡）→起动继电器的起动机接柱→保持线圈→搭铁→蓄电池负极。

两个齿轮啮合完成后，总开关断开，电动机直接与蓄电池相连，产生大转矩，驱动发动机。发动机起动后，如果起动开关仍然接通，则单向离合器工作，防止发动机逆向驱动电动机。如果起动开关断开，停止向电磁线圈通电，则铁心返回原位，制动装置工作，电动机停止，回到起动前的状态。

想一想

如果起动机电磁开关的保持线圈断路，起动机会出现什么故障现象？

作业测评

1. 汽车起动机都是由＿＿＿＿＿＿＿＿、＿＿＿＿＿＿＿和＿＿＿＿＿＿＿三部分组成的。
2. 根据图 4.25 说明汽车起动机的工作过程。

|4.3 控制电动机|

在自动控制系统中，伺服电动机和步进电动机是两种常见的控制电动机，汽车电子油门控制系统（EGAS）、汽车空调系统中就应用了伺服电动机，在汽车怠速控制系统（ISC）、牵引力控制系统（TRC）、巡航控制系统（CCS）的节气门执行器中都应用了步进电动机。本节主要介绍这两种控制电动机的基本知识。

4.3.1　伺服电动机

基础知识

　　伺服电动机在自动控制系统中作为执行元件，执行控制指令，将指令信号转换为转轴上的角位移或角速度输出。伺服电动机的指令信号通常是电压信号，称为控制电压。伺服电动机按使用电源类型不同，分为交流伺服电动机和直流伺服电动机两类。

　　图 4.26 所示为交流伺服电动机的电路图。交流伺服电动机的结构与单相电容式异步电动机相似。电动机定子上装有互差 90° 的两相绕组，一相为励磁绕组 A_1A_2，接交流电源 u_f；另一相控制绕组 B_1B_2，接输入信号 u_c。励磁绕组上串联有电容，起移相作用。

　　当交流电压 u_f 和信号电压 u_c 同时加在定子绕组上时，产生旋转磁场，转子随之转动。转速的高低与信号的大小成正比。当 u_c 为零，即无控制信号输入时，则不产生旋转磁场，转子起动转矩为零，因此，转子静止不动。信号反相时，转子反转。

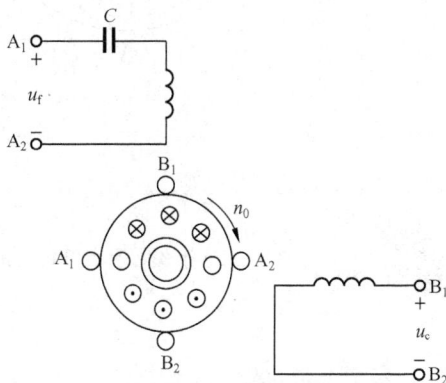

图 4.26　交流伺服电动机的电路图

作业测评

　　查阅资料，了解汽车空调系统及电子油门控制系统中伺服电机的作用及工作原理。

4.3.2　步进电动机

基础知识

　　步进电动机与一般电动机不同，不是连续运转的，而是一步一步转动的，因此称为步进电动机。给步进电动机输入一个电脉冲信号时，它就转过一定的角度或移动一定的距离。步进电动机的精度高，惯性小，控制性能好，不会因电压波动、负载变化或温度变化等原因而改变输出量与输入量之间的固定关系。因此，步进电动机广泛用于数控机床及计算机外围设备的控制系统中。

　　图 4.27 所示为步进电动机的原理图。定子铁心由硅钢片叠压而成，其定子上装有 6 个均匀分布的磁极，每对磁极上都绕有控制绕组，每相绕组首端 A_1、B_1、C_1 接电源，末端 A_2、B_2、C_2 相连，构成星形连接。转子也由硅钢片叠压而成，转子形状为凸极，称为齿。

　　当向 A 相绕组输入电脉冲时，由于磁通总是沿磁阻最小的路径闭合，于是产生磁场力使转子铁心齿 1、3 与 A 相绕组轴线对齐，如图 4.27（a）所示。若将电脉冲通入到 B 相绕组中，同理可知，转子铁心齿 2、4 与 B 相绕组轴线对齐，如图 4.27（b）所示。根据以上分析可得，如定子绕组按 A—B—C—A…的顺序重复输入电脉冲，转子将按顺时针方向一步一步转动。电动机的转速与输入的电脉冲频率有关，电脉冲的频率越高，电动机的转速越快。需要转子反转时，只需改变输入电脉冲的顺序即可。

　　在实际应用中，为了提高步进电动机的精度，一般将步进电动机定子每一个极分成许多小齿，用于计算机绘图仪、自动记录仪表、钟表等行业。

(a)   (b)

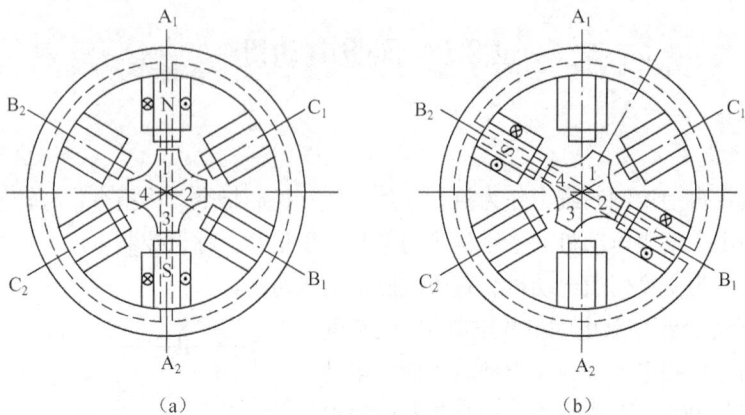

图 4.27 步进电动机工作原理

为什么电子油门控制系统中要使用伺服电机而怠速控制系统中要使用步进电机?

作业测评

1. 查阅资料,了解汽车怠速控制系统中步进电机的作用及工作原理。
2. 查阅资料,了解汽车牵引力控制系统中步进电机的作用及工作原理。

|4.4 常用低压电器|

低压电器是指额定电压等级在交流 1 200V、直流 1 500V 以下的电器,在电气线路中起通断、保护、控制或调节作用。低压电器是电气控制中的基本组成元件,因此我们应该熟悉常用低压电器的结构、工作原理和使用方法。低压电器种类繁多,用途广泛,工作原理各不相同,不同功能的低压电器组合,可以构成具有各种控制功能的电路,完成生产和生活设备对电气性能的要求。本节我们来学习闸刀开关、铁壳开关、组合开关、按钮、熔断器、交流接触器、时间继电器、热继电器、空气断路器等几种常用低压电器的有关知识。

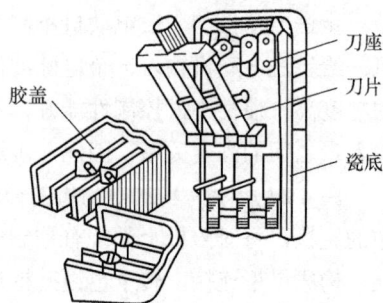

(a)闸刀开关的结构

基础知识

1.闸刀开关

闸刀开关是一种手动电器。闸刀开关的主要部件是刀片(动触点)和刀座(静触点)。按刀片数量不同,闸刀开关可分为单刀、双刀和三刀 3 种。图 4.28 所示为胶木盖瓷座三刀闸刀开关的结构和符号。

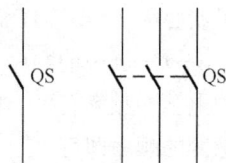

(b)符号(单刀/三刀)

图 4.28 闸刀开关的结构与符号

闸刀开关主要用作电源的隔离开关，也就是说在不带负载（用电设备无电流通过）的情况下切断和接通电源，以便对作为负载的设备进行维修、更换熔丝，或对长期不工作的设备切断电源。这种场合下使用时，闸刀开关的额定电流只需等于或略大于负载的额定电流。

闸刀开关也可以在手动控制电路中作为电源开关使用，直接用它来控制电动机起、停操作，但电动机的容量不能过大，一般限定在 7.5kW 以下。用作电源开关的闸刀开关其额定电流应大于电动机额定电流的 3 倍。

2．铁壳开关

铁壳开关与闸刀开关的不同之处是将熔断器和刀片与刀座等安装在薄钢板制成的防护外壳内。在铁壳内部装有速断弹簧，用以加快刀片与刀座分断速度，减少电弧。图 4.29 所示为铁壳开关的外形。

在铁壳开关的外壳上，还设有机械联锁装置，使壳盖打开时开关不能闭合，开关断开时壳盖才能打开，从而保证了操作安全。铁壳开关一般用作不频繁接通和分断电路。

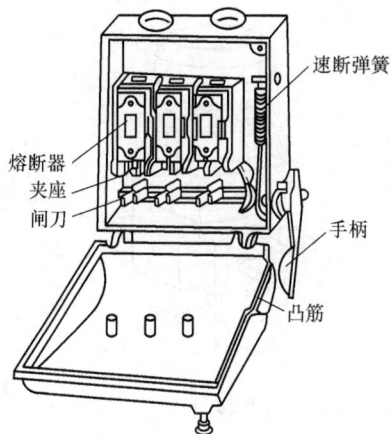

图 4.29　铁壳开关

3．组合开关

组合开关也称为转换开关，它是一种手动电器。组合开关的结构主要由静触点、动触点和绝缘手柄组成。静触点一端固定在绝缘板上，另一端伸出盒外，并附有接线柱，以便和电源线及其他用电设备的导线相连。动触点装在另外的绝缘垫板上，垫板套装在附有绝缘手柄的绝缘杆上，手柄能沿顺时针或逆时针方向转动，带动动触点分别与静触点接通或断开。图 4.30 所示为组合开关的外形、结构和工作原理示意图。

组合开关一般在电气设备中用于不频繁接通和分断电路，接通电源和负载，控制小容量三相异步电动机的正、反转及 丫-△ 起动等方面。

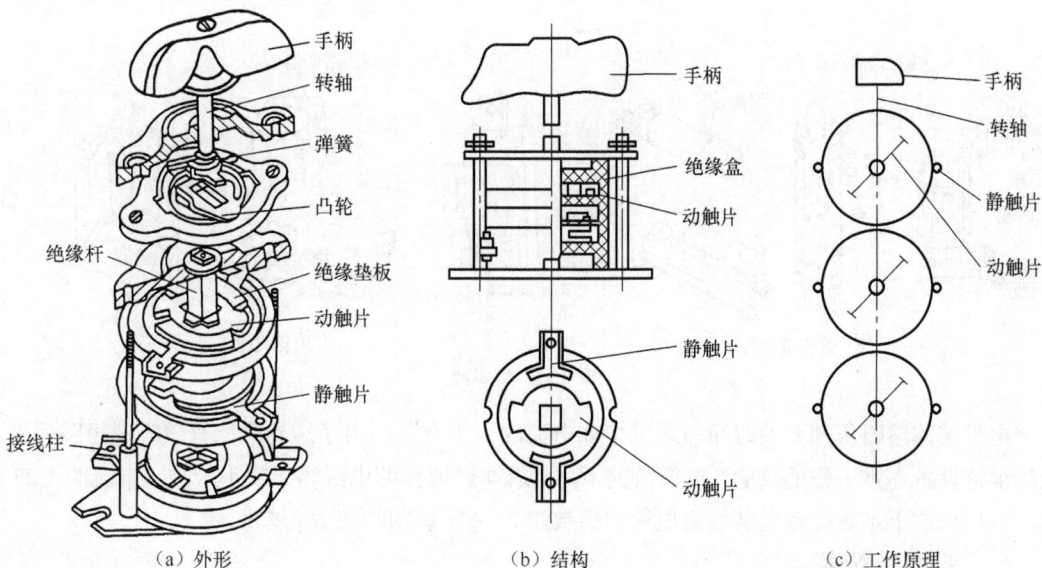

（a）外形　　　　（b）结构　　　　（c）工作原理

图 4.30　组合开关

4．按钮

按钮是一种简单的手动电器。按钮的结构主要由桥式动触点、静触点及按钮帽和复位弹簧组成。图4.31所示为按钮外形、结构及符号。当用手按下按钮帽时，动触点向下移动，上面的动断（常闭）触点先断开，下面的动合（常开）触点后闭合。当松开按钮帽时，在复位弹簧的作用下，动触点自动复位，使得动合触点先断开，动断触点后闭合。这种在一个按钮内分别安装有动断和动合触点的按钮称为复合按钮。

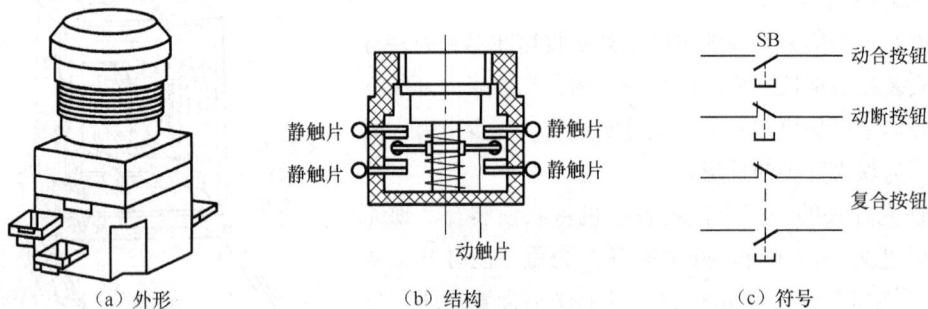

图4.31　按钮开关

5．熔断器

熔断器是一种保护电器，主要应用于短路保护。熔断器的结构主要由熔体和外壳组成。由于熔断器串联在被保护的电路中，所以，当过大的短路电流流过易熔合金制成的熔体（熔丝或熔片）时，熔体因过热而迅速熔断，从而达到保护电路及电气设备的目的。根据外壳的不同，有多种形式的熔断器可供选用。图4.32所示为几种常见熔断器的外形图及符号。

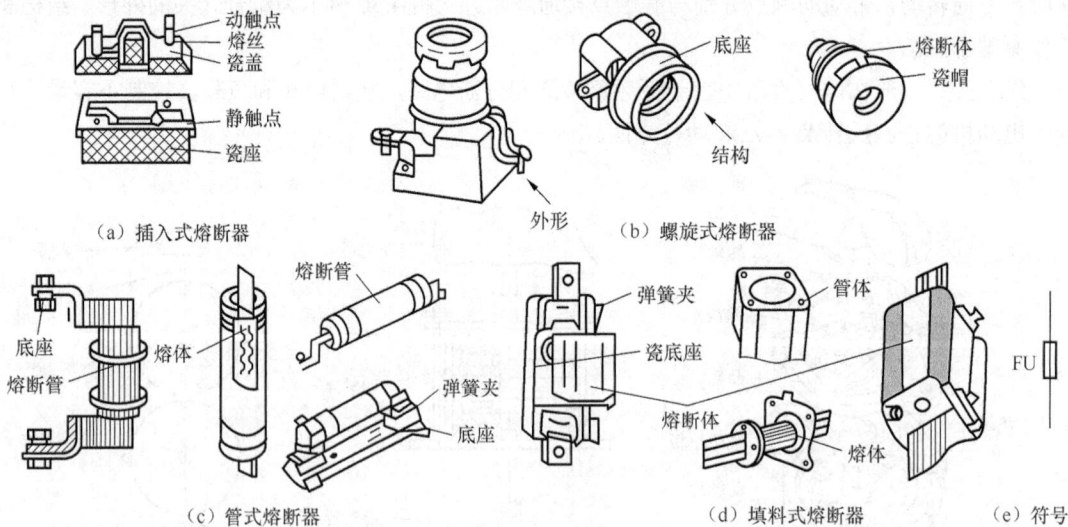

图4.32　熔断器

由于熔体熔断所需要的时间与通过熔体电流的大小有关，为了达到既能有效实现短路保护，又能维持设备正常工作的目的，一般情况下，要求通过熔体的电流等于或小于额定电流的1.25倍时，可以长期不熔断；超过其额定电流的倍数越大，熔体熔断的时间越短。

6．交流接触器

交流接触器是一种自动控制电器。交流接触器的结构主要由电磁铁和触点组两部分组成。电磁铁的铁心分为动、静铁心，一般静铁心是固定不动的，动铁心在接触器线圈通电时，在电磁吸力作用下向静铁心移动；线圈断电时，在复位弹簧作用下恢复到原来位置。接触器触点组的动触点与动铁心直接相连，当动铁心移动时，拖动动触点做相应的移动。图 4.33 所示为交流接触器外形图、结构图及符号。

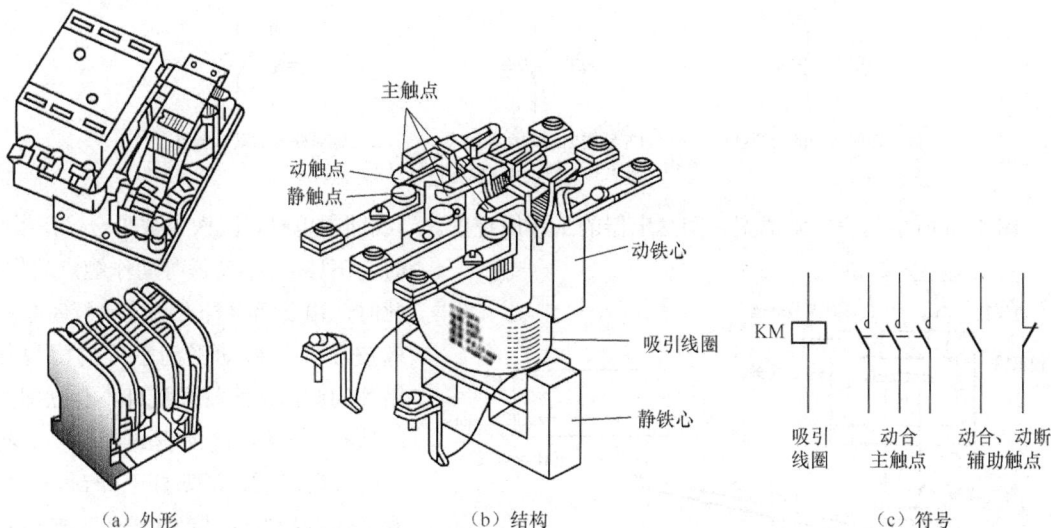

（a）外形　　　　　　　（b）结构　　　　　　　（c）符号

图 4.33　交流接触器的外形、结构及符号

图 4.34 所示为交流接触器工作原理示意图。交流接触器的触点分为主触点和辅助触点。主触点通常为 3 对动合触点，它的接触面积较大，带有灭弧装置，所以允许通过较大的电流；辅助触点既有动合触点，又有动断触点。图 4.34 中有动合与动断辅助触点各两对，辅助触点接触面积较小，不带有灭弧装置，所以允许通过的电流也就较小。

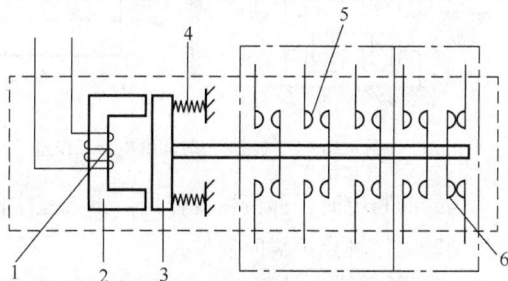

图 4.34　交流接触器工作原理图
1—线圈；2—铁心；3—衔铁；4—弹簧；
5—主触头；6—辅助触头

无论是主触点还是辅助触点，都因连接在动铁心上而与其同步动作。当吸引线圈通电时，动铁心克服复位弹簧作用力向静铁心移动，拖动所有触点动作，其动断触点断开，动合触点闭合，从而完成电气设备所要求的控制。

交流接触器的吸引线圈中通过的是交流电，所以其铁心中产生的磁通也是交变的，在磁通为零时，所产生的电磁吸力也为零，会引起电磁铁的铁心在工作时发生振动，从而产生噪声，解决的方法是在铁心部分端面上嵌装短路环。若在实际应用中发现交流接触器工作时发出很大噪声，应重点检查短路环是否脱落、断裂。

接触器主要用于远距离频繁地控制和分断主电路或大容量控制电路，主要用于控制电动机，或其他电力负载。

7．时间继电器

时间继电器是一种以时间为参量的继电器，具有延时分断或接通触点的作用。空气阻尼型时间继电器是利用空气阻尼的原理实现延时的，由电磁系统、延时机构和触点 3 部分组成。时间继电器的图形符号如图 4.35 所示，文字符号为 KT。

（a）线圈一般符号　（b）通电延时线圈　（c）断电延时线圈　（d）延时闭合的动合触点

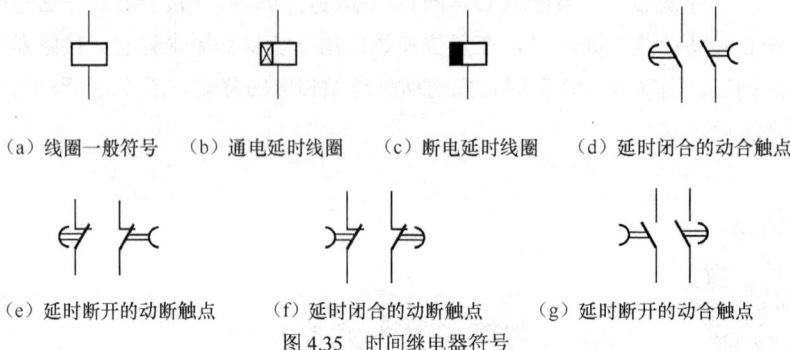

（e）延时断开的动断触点　（f）延时闭合的动断触点　（g）延时断开的动合触点

图 4.35　时间继电器符号

图 4.36 所示为空气阻尼型时间继电器的工作原理图。当线圈得电时，因铁心被吸合，托板瞬时向下移动，推动瞬时动作触点动作。此时，由于活塞杆上端连接气室中的橡皮膜向下移动受到空气的阻尼作用，因此，活塞杆和杠杆不会立即跟随铁心向下移动，而是缓慢下降。经过一段时间后，活塞杆下降到一定位置，通过杠杆的转动才能推动延时动作触点动作，使动断触点断开，动合触点闭合。从线圈得电到延时动作触点动作完成的一段时间即为空气阻尼型时间继电器的延时时间。延时时间的长短可通过上气室进气孔的延时调节螺钉调节进气孔的大小来改变。

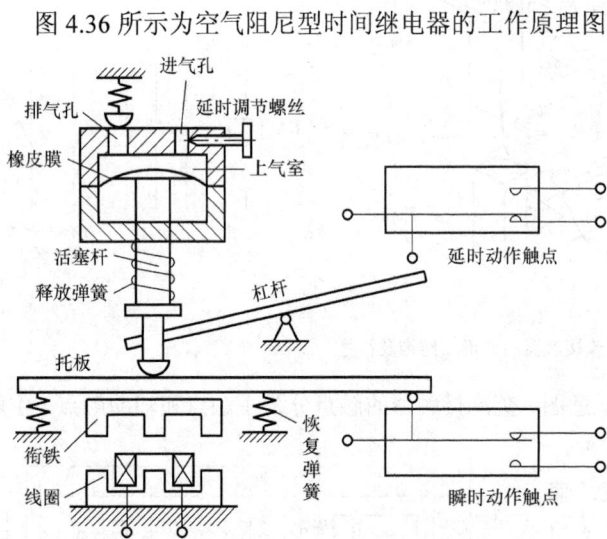

图 4.36　空气阻尼型时间继电器工作原理

当线圈断电时，弹簧恢复作用，上气室中的空气经排气孔（单向阀）迅速排出，瞬时动作触点和延时动作触点都瞬时复位。

上述延时动作触点称为通电延时型触点，其触点分别为延时闭合动合触点和延时断开动断触点，其工作情况可概括为线圈得电→延时→触点动作，线圈断电→触点立即复位。

空气阻尼型时间继电器也可做成断电延时型，其延时触点分别是延时闭合动断触点和延时断开动合触点，其工作情况可概括为线圈通电→触点动作，线圈断电→延时→触点复位。

8．热继电器

热继电器是一种过载保护电器，它利用电流热效应原理工作，主要由发热元件、双金属片和触点组成。热继电器的发热元件绕制在双金属片（两层膨胀系数不同的金属碾压而成）上，导板等传动机构设置在双金属片和触点之间，热继电器有 1 对动断触点。图 4.37（a）、图 4.37（b）和图 4.37（c）所示分别为热继电器外形图、原理示意图及符号。

热继电器的发热元件串接在被保护设备的电路中，当电路正常工作时，对应的负载电流流过发热元件产生的热量不足以使双金属片产生明显的弯曲变形；当设备过载时，负载电流增大，与它串联的发热元件产生的热量使双金属片产生弯曲变形，经过一段时间后，当弯曲程度达到一定幅度时，由导板推动杠杆，使热继电器的触点动作，其动断触点断开，动合触点闭合。

热继电器触点动作后，有两种复位方式。调节螺钉旋入时，可使双金属片冷却后触点自动复位；调节螺钉旋出时，双金属片冷却后动触点不能自动复位，必须按下复位按钮，才能使动触点实现手动复位。

热继电器的整定电流（发热元件长期允许通过而刚刚不致引起触点动作的电流值）可以通过调节偏心凸轮在小范围内调整。

由于热惯性，双金属片从它通过大电流而温度升高，到双金属片弯曲变形，需一定的时间，所以，热继电器不适用于对电气设备（如电动机）实现短路保护。为充分发挥三相异步电动机的潜能和避免不必要的停车，短时过载是允许的。

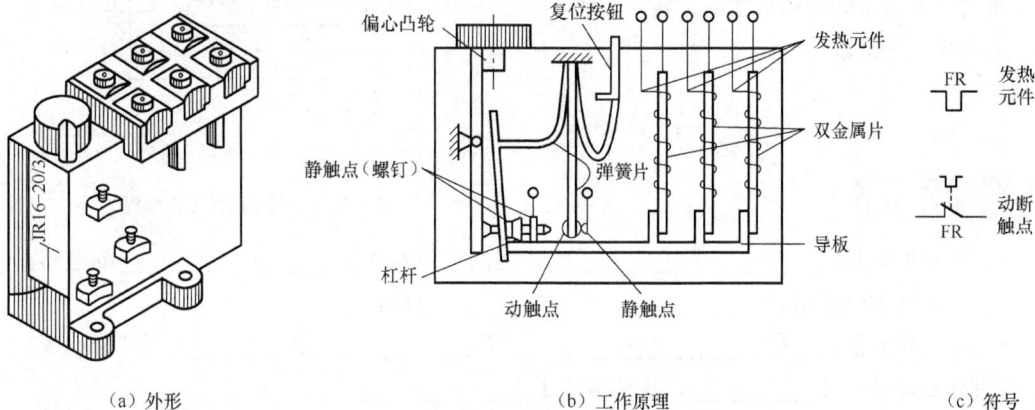

（a）外形　　　　　　　　　（b）工作原理　　　　　　　　（c）符号

图 4.37　热继电器

9. 空气断路器

空气断路器曾称自动空气开关，可用来接通和分断负载电路，也可用来控制不频繁起动的电动机。它主要由触点、脱扣机构组成。图 4.38 所示为空气断路器的外形图及符号。空气断路器可以对电气设备实现短路、过载和欠压保护，在动作上相当于刀开关、熔断器、热继电器和欠电压继电器的组合作用。

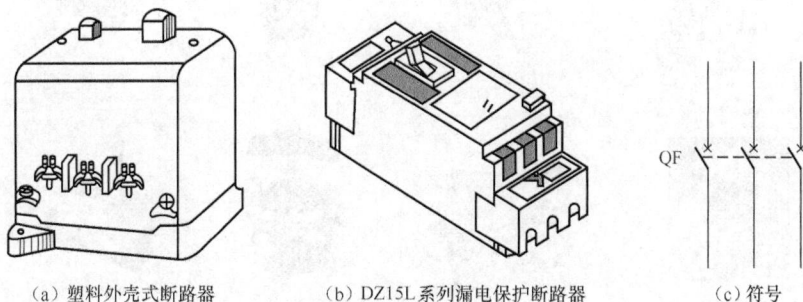

（a）塑料外壳式断路器　　（b）DZ15L系列漏电保护断路器　　（c）符号

图 4.38　空气断路器的外形及符号

空气断路器利用手柄装置使主触点处于"合"或"分"的状态。图 4.39 所示为空气断路器的工作原理示意图。当空气断路器正常工作时，手柄处于"合"位置，此时触点连杆被搭钩锁住，使触点保持闭合状态；扳动手柄置于"分"位置时，主触点处于断开状态，空气断路器的"分"与"合"在机械上是互锁的。

当被保护电路发生短路或严重过载时，由于电流很大，过流脱扣器的衔铁被吸合，通过杠杆将搭钩顶开，主触点迅速切断短路或严重过载的电路。

当被保护电路发生过载时，通过发热元件的电流增大，产生的热量使双金属片弯曲变形，推动杠杆顶开搭钩，主触点断开，切断过载电路。过载越严重，主触点断开越快，但由于热惯性，主触点不可能瞬间动作。

当被保护电路失压或电压过低时，欠压脱扣器中衔铁因吸力不足而将被释放，经过杠杆将搭钩顶开，主触点被断开；当电源恢复正常时，必须重新合闸后才能工作，实现了欠压和失压保护。

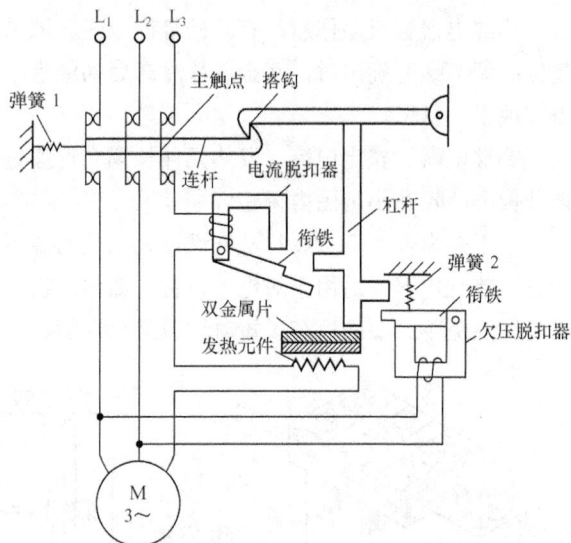

图 4.39　空气断路器工作原理

作业测评

1．低压电器是指_____，对用电设备进行_____的电器。

2．铁壳开关一般用于_____电路。

3．交流接触器是一种_____，主要由_____和_____两部分组成。

4．熔断器是一种_____，主要应用于_____。

5．热继电器是一种_____，它是利用_____原理工作的。

6．空气断路器是一种_____的保护电器，可以对电气设备实现_____、_____和欠压保护，在动作上相当于刀开关、熔断器、热继电器和欠电压继电器的组合作用。

7．识别图 4.40 所示的常用低压电器。

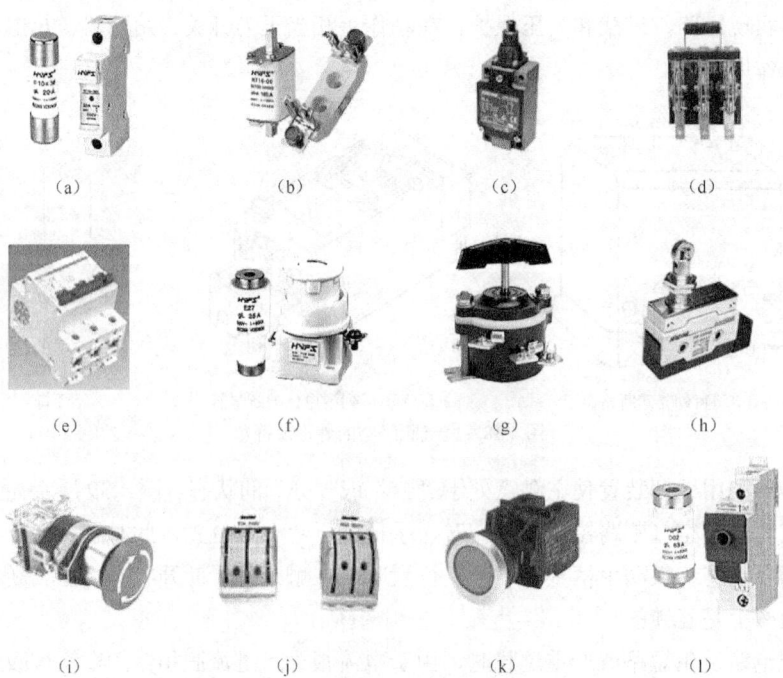

图 4.40　作业测评 7 题图

4.5 三相异步电动机的控制

三相异步电动机是电动机中应用最广泛的一种电机，要使其能够按人们的要求进行起动、正转、反转以及速度调整，就需要对电动机进行控制。目前普遍采用继电器、接触器、按钮及开关等控制电器组成控制系统，这种控制系统称为继电—接触器控制系统。本节就来学习利用继电—接触器控制系统实现对三相异步电动机的起动控制及正、反转控制。

4.5.1 三相异步电动机的正、反转控制线路

基础知识

1. 单向旋转控制线路

三相异步电动机的单向旋转控制线路如图 4.41 所示，QS 为闸刀开关，起隔离开关作用；FU 为熔断器，起短路保护作用；FR 为热继电器，起过载保护作用（其发热元件和动断触点分别画在两处，以便于阅读电路图）；M 为三相交流异步电动机，是直接起动控制电路的控制对象；SB_{stP} 为动断按钮，也称停止按钮；SB_{st} 为动合按钮，也称起动按钮；KM 为交流接触器，其主触点控制电动机的起动和停止，交流接触器线圈和触点也画在不同位置，在分析和阅读电路图时应特别注意。

单向旋转控制过程如下。

起动过程：按下起动按钮 SB_{st}，接触器 KM 线圈得电，一方面接触器 KM 动合主触点闭合，三相异步电动机 M 定子绕组得电，电动机直接起动；另一方面接触器 KM 动合辅助触点闭合，使得在松开按钮 SB_{st}（SB_{st} 复位、断开）后，仍然保持接触器 KM 线圈得电，这种作用称为自锁。

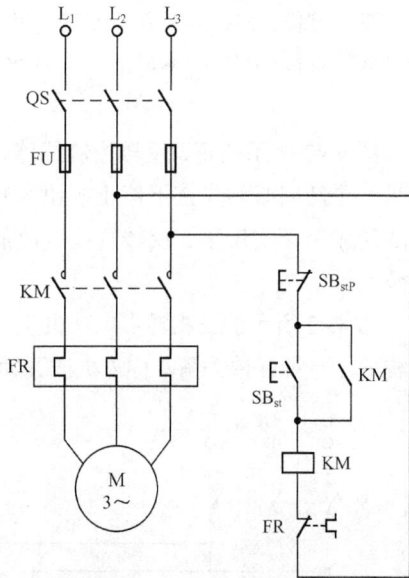

图 4.41 单向旋转控制线路

停止过程：按下停止按钮 SB_{stP}，接触器 KM 线圈断电，其主触点和自锁触点都复位，三相异步电动机 M 定子绕组脱离电源而停止；接触器 KM 自锁触点断开后，松开停止按钮 SB_{stP}，接触器 KM 线圈也不能得电。

控制过程也可以用符号来表示，其方法规定如下：各种电器在没有外力作用或未通电的状态记作"−"，电器在受到外力作用或通电的状态记作"+"，并将它们相互关系用"—"表示，线的左面符号表示原因，线的右面符号表示结果，自锁状态在接触器符号右下角写"自"表示。三相异步电动机单向旋转控制线路控制过程可表示为：

起动过程：$SB_{st}^{\pm}$—$KM_{自}^{+}$—M^{+}（起动）

停止过程：$SB_{stP}^{\pm}$—KM^{-}—M^{-}（停止）

其中，$SB_{st}^{\pm}$ 和 $SB_{stP}^{\pm}$ 表示先按下，后松开。

2．正、反转控制线路

三相异步电动机正、反转控制线路如图 4.42 所示，QF 为空气断路器，作为隔离开关并兼作短路保护；KM_F 为正转交流接触器，当其主触点单独闭合时，电动机正转；KM_R 为反转交流接触器，当其主触点单独闭合时，改变了电动机定子的电源相序，电动机反转；图中其他元器件的作用与图 4.41 所示的电动机单向旋转控制线路基本一致。

从图 4.42 中可以看出，在正转和反转交流接触器线圈 KM_F 和线圈 KM_R 支路中，串入了对方的动断辅助触点，这种控制方式称为互锁（连锁），它是指当正转接触器 KM_F 线圈得电时，其串联在反转接触器线圈 KM_R 支路中的动断辅助触点打开，此时即使误按下反转起动按钮 SB_{stR}，反转接触器 KM_R 的线圈也不会得电。这种控制关系在正、反转控制电路中是十分必要的，若不设置互锁，则在故障状态下或误操作时，可能会使三相交流电源短路。利用接触器动断辅助触点的互锁也称为电气互锁。

正、反转控制过程为

正转过程：$SB_{stF}^{\pm}$ ┬ $KM_{F自}^{+}$ —M^{+}（正转）
　　　　　　　　　└ KM_R（互锁）

停止过程：$SB_{stP}^{\pm}$ —KM_F —M^{-}（停止）

反转过程：$SB_{stR}^{\pm}$ ┬ $KM_{R自}^{+}$ —M^{+}（反转）
　　　　　　　　　└ KM_F（互锁）

图 4.42 所示的正、反转控制线路不能实现电动机 M 的直接正、反转过渡。由一个转向过渡到另一个转向必须先按下停止按钮 SB_{stP}。若要实现正、反转的直接过渡，需加入复合按钮。图 4.43 所示为可实现正、反转直接过渡的线路（图中只画出了控制电路，其主电路与图 4.41 所示一致）。

图 4.43 所示的三相异步电动机正、反转控制电路中，复合按钮使用了动合、动断触点各 1 对，也构成了一种互锁关系，称为机械互锁。

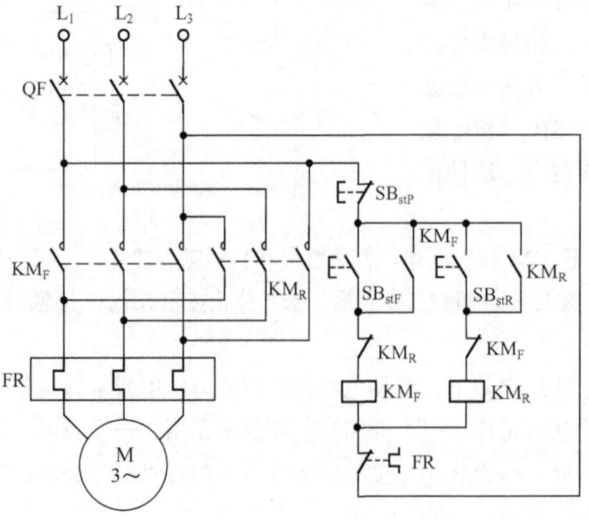

图 4.42 正、反转控制线路

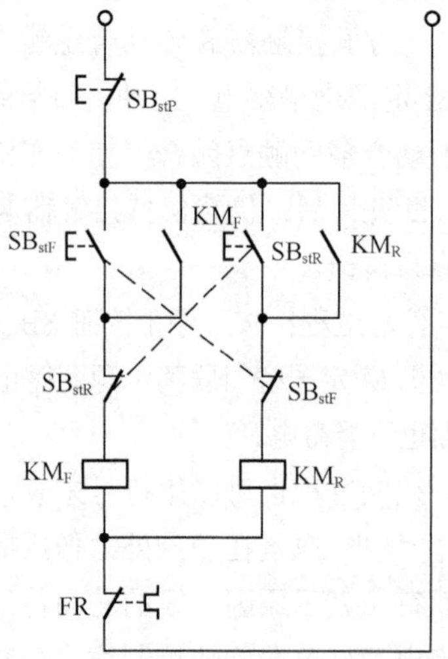

图 4.43 机械互锁正、反转控制线路

正、反转控制过程为

正转过程：$SB_{stF}^{\pm}$—KM_R^-（互锁）
　　　　　　└—$KM_{F自}^+$—M^+（正转）

反转过程：$SB_{stR}^{\pm}$—KM_F^-—M^-（正转停止）
　　　　　　└—$KM_{R自}^+$—M^+（反转）

3．双重互锁线路

在实际应用的线路中，一般同时采用电气互锁和机械互锁，这种方式称为双重互锁。双重互锁的可靠程度高。图 4.44 所示为双重互锁电动机的正、反转控制线路。分析图 4.44 可得出双重互锁电动机的正、反转控制过程为

正转过程：$SB_{stF}^{\pm}$—KM_R^-（机械互锁）
　　　　　　├—$KM_{F自}^+$—M^+（正转）
　　　　　　└—KM_R^-（电气互锁）

反转过程：$SB_{stR}^{\pm}$—KM_F^-—M^-（正转停止）
　　　　　　├—$KM_{R自}^+$—M^+（反转）
　　　　　　└—KM_F^-（电气互锁）

想一想：三相异步电动机的直接起动电路中，有热继电器做过载保护，是否可以省掉熔断器？

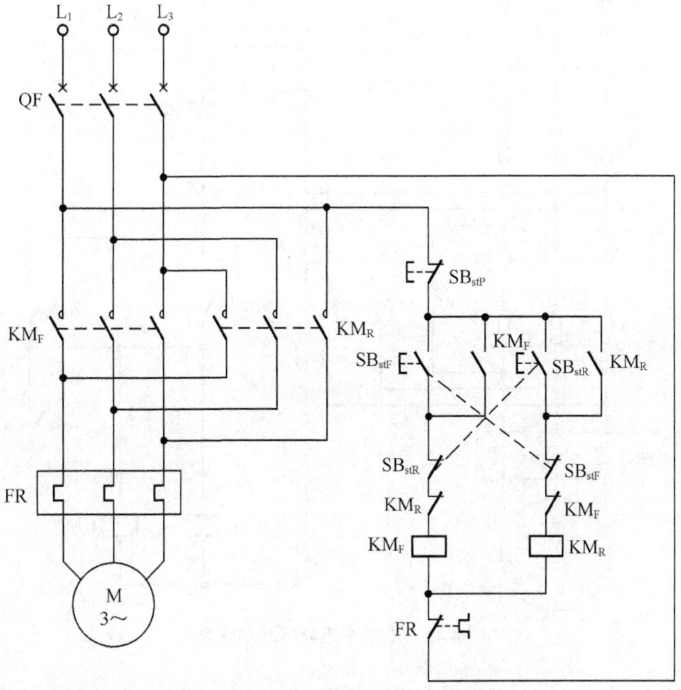

图 4.44　双重互锁正、反转控制线路

作业测评

1．三相异步电动机直接起动电路中熔断器和热继电器的作用是什么？

2．电气互锁和机械互锁有什么区别？

4.5.2　三相异步电动机的降压起动线路

由于三相异步电动机直接起动电流比额定电流大得多，因此，对于容量较大的电动机一般采用降低起动电压的方法来降低起动电流，待起动过程结束后，再恢复额定电压，使三相异步电动机在正常电压下运行。本小节主要学习三相异步电动机降压起动电路的构成及工作原理。

基础知识

1．三相异步电动机的降压起动线路

图 4.45 所示为三相异步电动机定子绕组串电阻降压起动控制电路。降压电阻 R 起动时串联在电动机定子绕组中，起到降低起动电流的作用；接触器 KM_R 主触点并联在降压电阻 R 两端，当 KM_R 线圈得电时，其主触点闭合，使降压电阻短接，则电动机开始在全压状态下工作。

降压起动过程：$SB_{st1}{}^{\pm}$—$KM_{F\,自}{}^{+}$—M^{+}（M 串 R 起动）

随着起动过程进行，转子转速上升到额定值附近时，起动过程结束，接着转入正常运行。

正常运行过程：$SB_{st2}{}^{\pm}$—$KM_{R\,自}{}^{+}$—R^{-}（R 短接，M 全压运行）

需要注意的是，图 4.45 所示的电路在控制过程中，需要人工按下短接电阻的按钮 SB_{st2}，才能实现降压起动。

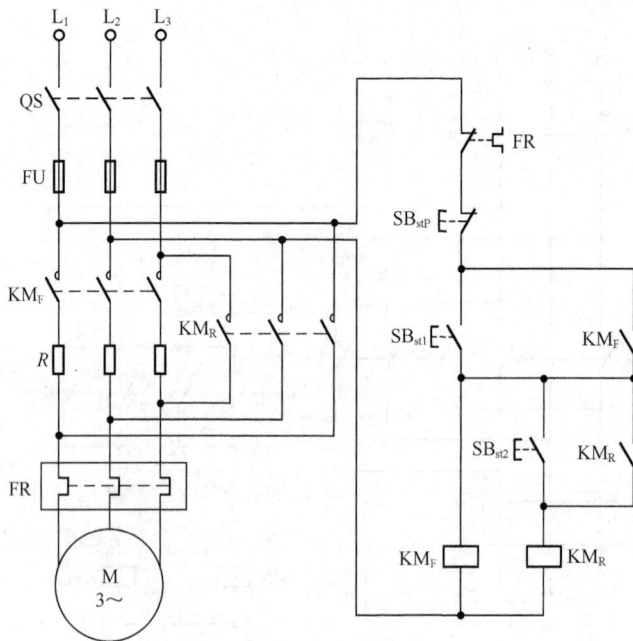

图 4.45　串联电阻降压起动线路

2．延时控制电路

延时控制电路是指控制过程中的中间状态由时间继电器自动延时转换，它可以有效提高电路自动化程度。采用时间继电器，可以自动完成图 4.45 所示的三相异步电动机串联电阻降压起动过程，其电路图如图 4.46 所示。图中时间继电器 KT 采用通电延时型时间继电器。

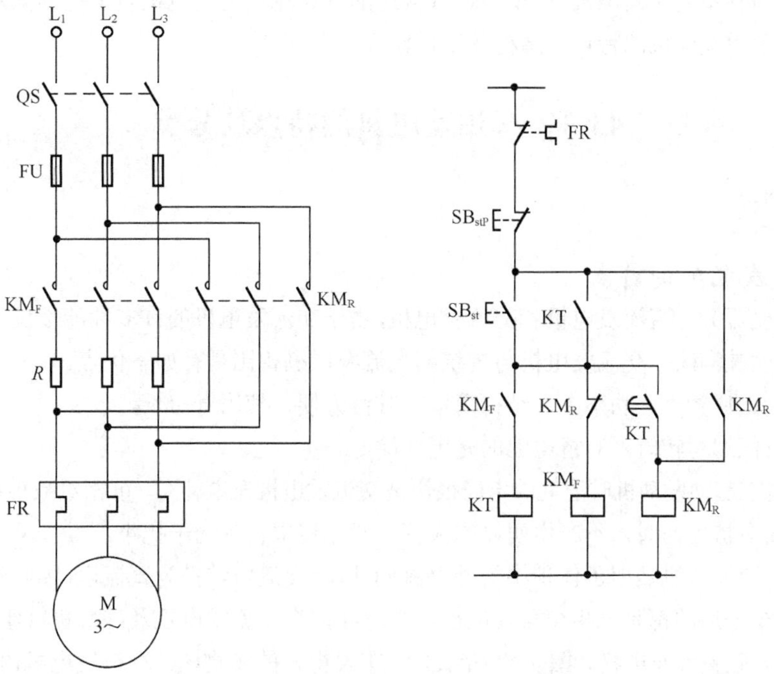

图 4.46　时间继电器控制串联电阻降压起动线路

串联电阻降压起动过程为：

$$SB_{st}^{\pm}—KM_F^+—M^+（M串R起动）$$
$$\quad\quad |—KT_{自}^{+}\xrightarrow{\Delta t}KM_{R自}^{+}—R^-（R短接，M全压运行）$$
$$\quad\quad\quad\quad |—KM_F^-—KT^-$$

图 4.46 所示电路在电动机全压运行时，利用接触器 KM_R 的动断触点分别将接触器 KM_F 和时间继电器 KT 线圈的电源切断，使得电动机在全压运行时，将这两个电器从电源上移出，这样既减少了电能损耗，又可提高电器使用寿命。

作业测评

1. 说明三相异步电动机进行降压起动的原因及方法。
2. 说明延时控制电路的工作原理。

| 4.6　车用发电机 |

发电机是将机械能转变为电能的电机，是根据电磁感应原理工作的。发电机是汽车电气系统的两个主要电源之一，与蓄电池并联工作。发电机是车辆运行中的主要电源，在发电机发出的电能多于汽车电器所消耗的电能时，它能将多余的电能储存在蓄电池中；当汽车电器用电超过发电机所输出电能时，由蓄电池补充不足的电能（发动机起动时，起动机消耗的电能也是由蓄电池提供的）。发电机可分为直流发电机和交流发电机两类。汽车交流发电机具有体积小、重量轻、结构简单、维护方便、使用寿命长和低速充电性能好等特点，因此被广泛应用。交流发电机可分为同步交流发电机和异步交流发电机。汽车中普遍应用的硅整流交流发电机属于三相同步交流发电机。本节主要介绍车用发电机的特点、结构及工作原理。

4.6.1　车用发电机的特点及分类

基础知识

1. 车用发电机的特点

车用发电机可分为直流发电机和交流发电机,由于交流发电机的许多性能都优于直流发电机,故直流发电机已被淘汰。交流发电机与传统的直流发电机相比具有如下优点。

① 体积小、质量小、功率大、结构简单、维修方便、使用寿命长。

② 发动机低速运转时,对蓄电池的充电性能好。

③ 蓄电池在起动发动机时消耗的电能很快被交流发电机充电补充,可相对减小蓄电池的容量。

④ 交流发电机工作时,不产生明显的火花,对无线电设备的干扰小。

⑤ 由于交流发电机装用了体积小的硅整流元件,将交流电转换为直流电,因此外部电路简单。

目前,汽车采用的都是三相交流发电机,由三相同步交流发电机及硅二极管组成的整流器组成,因此也称为硅整流发电机。图4.47所示为汽车发电机的实物图。汽车发电机内部的二极管整流电路能将交流电整流为直流电,因此,输出的是直流电。为了保持输出电压的恒定,满足汽车用电器的需求,交流发电机配装了电压调节器,对发电机的输出电压进行控制。图4.48为汽车发电机的连接电路图。

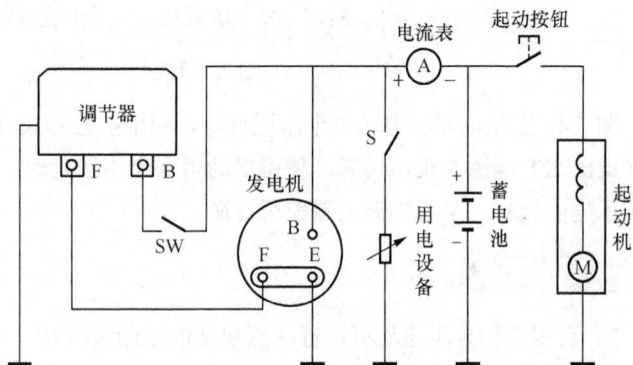

图4.47　汽车发电机实物图　　　　　　　图4.48　汽车发电机的连接电路图

汽车交流发电机是由发动机驱动的,其转速取决于发动机的转速。汽车交流发电机在工作时具有如下特点。

① 工作转速范围宽。现代汽车发动机的转速范围很宽,汽车交流发电机的工作转速范围也很宽,一般在1 000～12 000r/min,因而对发电机的零部件的要求也较高。

② 负载变化范围大。车辆运行过程中,电器的使用具有随机性,从而使发电机的负载变化范围大。

③ 工作环境差。发动机工作时的震动、工作环境温度的变化及灰尘等对发电机工作的稳定性和可靠性都提出了更高的要求。

④ 与蓄电池并联,采用单线制,负极搭铁（少数用于某些特定场合的发电机采用双线制）。

2．车用发电机的分类

车用交流发电机可按整流器结构、总体结构和搭铁形式进行分类。按整流器结构不同，可分为六管发电机、八管发电机、九管发电机、十一管发电机等，这几种交流发电机的基本结构相同，所不同的是整流器中的硅整流二极管的数量分别为 6 只、8 只、9 只、11 只。普通发电机一般只有 6 只二极管，九管发电机和十一管发电机由于增加了激磁二极管，使工作状况有了明显的提高。

作业测评

1．发电机可分为＿＿＿＿＿＿＿＿＿＿＿＿和＿＿＿＿＿＿＿＿＿＿＿＿两类。

2．交流发电机分为＿＿＿＿＿＿＿＿和＿＿＿＿＿＿＿＿，汽车用的发电机属于＿＿＿＿＿＿＿＿＿＿，汽车发电机输出的是＿＿＿＿＿＿＿＿＿＿＿。

3．为了保持输出电压的恒定，满足汽车用电器的需求，汽车交流发电机配装了＿＿＿＿＿＿＿＿＿。

4．汽车发电机与蓄电池＿＿＿＿＿＿＿＿，采用＿＿＿＿＿＿＿＿，＿＿＿＿＿＿＿＿＿＿＿＿。

4.6.2　车用发电机的结构及工作原理

基础知识

1．结构

车用三相交流同步发电机由转子总成、定子总成、传动带轮、风扇、前后端盖、电刷等部件组成。

（1）转子

转子的作用是产生磁场。如图 4.49 所示，转子由转子轴、磁轭、励磁绕组、两块爪形磁极、集电环（滑环）等组成。其中，两块六爪磁极压装在转子轴上，其空腔内装有导磁绕组，励磁绕组的两根引出线分别与压装在轴上的集电环焊接在一起。集电环与轴绝缘，并与装在后端盖内的两个电刷相接触，两个电刷通过引线分别接在两个螺钉接线柱上，两个接线柱即为发电机的 "＋" 极（电枢）和 "－" 极（搭铁）。当这两个接线柱与直流电源相接时，则有电流流过励磁绕组，从而产生磁场。转子励磁绕组的励磁方式有两种：一种是自励，另一种是它励。当汽车在起动和发电机转速很低时，由蓄电池供给发电机励磁绕组电流，称为它励。当发动机转速达到一定值后，发电机产生的电压超过蓄电池电压时，发电机转为自励，由发电机本身发出的电供给励磁绕组。

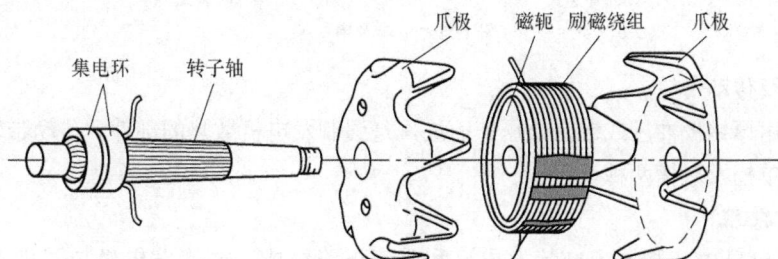

图 4.49　转子结构

（2）定子

定子由定子铁心和定子绕组组成。定子铁心由相互绝缘的内缘带嵌线槽的圆环状硅钢片叠压而成，嵌线槽内嵌入三相对称的定子绕组。绕组一般采用星形连接，即每相绕组的首端分别与整流器的硅二极管相接，每相绕组的尾端连接在一起，形成中性点（N），图 4.50 所示为定子绕组结构及星形连接图。

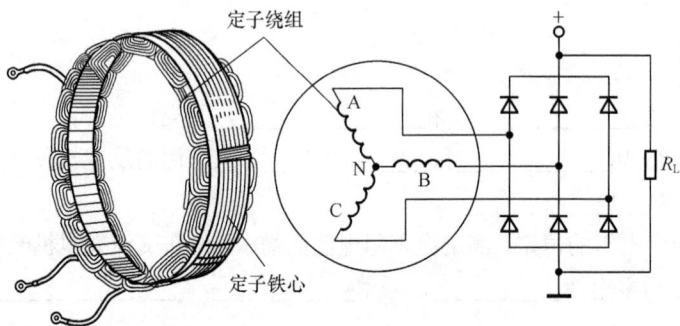

图 4.50　定子结构与三相绕组的星形连接图

（3）前后端盖

前后端盖用来支撑转子和固定定子，用非导磁材料铝合金制成，具有漏磁少、轻便、散热性好等优点。后端盖内装有电刷架和电刷等，外部装有接线柱。汽车上使用的交流发电机前后端盖上常设有通风口，在发电机工作时，对发电机内部起到冷却作用。

（4）电刷与电刷架

两只电刷装在电刷架的孔内，并利用弹簧的压力使其与集电环保持良好接触。电刷与电刷架的结构有外装式和内装式两种，图 4.51 所示为这两种结构的示意图。

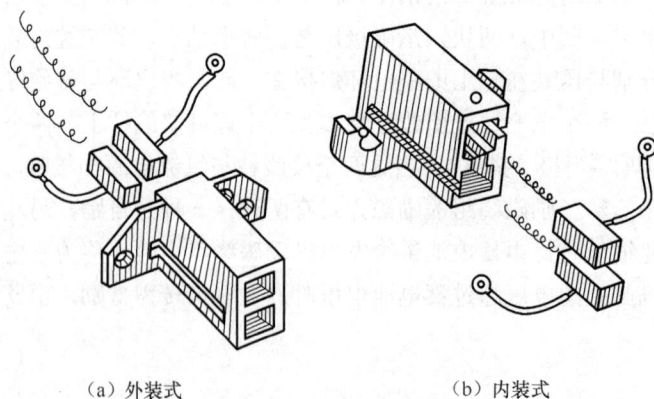

（a）外装式　　　　　　　　　（b）内装式
图 4.51　电刷及电刷架

（5）风扇及传动带轮

风扇一般由厚钢板冲压或铝合金压铸而成，是强制发电机散热的部件。传动带轮用铸铁或铝合金制成，有单槽及双槽两种。

2．工作原理

硅整流发电机由三相同步交流发电机和整流电路组成。同步发电机与同步电动机的工作原理类似。图 4.52 所示为同步发电机的工作原理。同步发电机的定子结构与一般的异步电机相似，在叠压而成的铁心上开槽，装上定子三相绕组。电机转子上装有磁极，每个磁极上都套有一个励磁线圈，线圈按一定规律连接起来，称为励磁绕组。励磁绕组通入直流电，产生磁场，当原动机拖动电机转子旋转时，磁场与定子绕组有相对运动，便在定子绕组中感应出交流电动势，即定子三相绕组会产生三相交流电动势，再经由二极管组成的整流元件变为直流电输出。由于定子磁场是由转子磁场引起的，且它们之间总是保持着同步关系，因此这种发电机称为同步发电机。

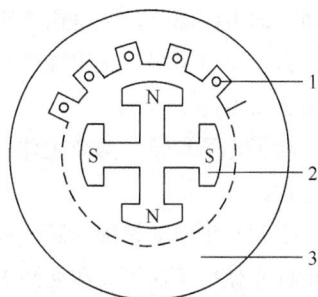

图 4.52　同步发电机工作原理
1—定子绕组；2—磁极；3—定子铁心

同步发电机的定子绕组内的交流电动势的频率 f 决定于电机的磁极对数 p 和转子转速 n，且有

$$f = \frac{pn}{60}$$

式中，n——同步转速，r/min；

　　　p——磁极对数；

　　　f——交流电动势的频率，Hz。

想一想　试一试描述图 4.1 所示电路的工作过程。

作业测评

1．三相交流同步发电机由＿＿＿＿＿＿、＿＿＿＿＿＿、＿＿＿＿＿＿、＿＿＿＿＿＿及＿＿＿＿＿＿等部件组成。

2．三相交流同步发电机中的转子的作用是＿＿＿＿＿＿。

3．汽车电路使用的是＿＿＿电，而交流发电机产生的是＿＿＿电，必须经过＿＿＿才能使用。

4．转子激磁绕组的激磁方式有两种：一种＿＿＿＿＿＿，一种是＿＿＿＿＿＿。

|4.7　技能训练|

4.7.1　三相异步电动机的简单测试及运行实验

基础知识

1．三相笼型异步电动机的结构和铭牌

三相异步电动机主要由定子和转子两个基本部分组成，定子和转子之间有很小的空气间隙。转子由转子铁心、转子绕组和转轴组成。定子由定子铁心、定子绕组和机座组成。定子绕组组成

电动机的电路部分，它是由若干个线圈组成的三相绕组，每相定子绕组有两个出线端，一个叫首端，另一个叫尾端。三相绕组有 6 个出线端，其中 3 个首端分别用 A_1、B_1、C_1 表示，3 个尾端分别用 A_2、B_2、C_2 表示。

除了定子和转子两个主体部分外，三相异步电动机还有端盖、轴承、轴承盖、风扇、接线盒等附件。

三相异步电动机的铭牌一般固定在机座上，通过铭牌用户可以了解电动机的类型、性能、技术指标和使用条件等。图 4.53 所示为三相异步电动机的铭牌。在使用电动机以前，应查阅铭牌，了解电动机的基本数据。

三相异步电动机			
型号	Y112M-4	额定频率	50Hz
额定功率	4kW	绝缘等级	E 级
接法	△	温升	60℃
额定电压	380V	定额	连续
额定电流	8.6A	功率因数	0.85
额定转速	1440r/min	重量	59kg

图 4.53　三相异步电动机的铭牌

2．测试定子绕组的绝缘电阻

绝缘电阻主要是指三相异步电动机定子绕组对地绝缘电阻和各相绕组之间的绝缘电阻，如果绕组绝缘不良，极容易造成接地故障和短路故障。

绝缘电阻的测量一般使用兆欧表，其使用方法如下。

① 对地绝缘电阻的测量。兆欧表"线（L）"端接电动机定子绕组的出线端，兆欧表"地（E）"端接到电动机的机座上，以大约 120r/min 的转速摇动手柄，可直接在兆欧表刻度盘上读取绝缘电阻值。测量时可以分相测量，也可以三相并联在一起测量。绕组对地绝缘电阻应不小于 0.5MΩ。

② 相间绝缘电阻的测量。将三相绕组的 6 个出线端连接头全部拆开，用兆欧表分别测量每两相之间的绝缘电阻，相间绝缘电阻应不小于 0.5MΩ。

无论是对地绝缘电阻还是相间绝缘电阻都应符合要求，若低于规定值应进行技术处理。

3．测试异步电动机的起动电流、空载电流及转子转速

三相异步电动机直接起动时，起动瞬间的定子电流称为起动电流。起动电流的数值一般都很大，其值可达额定电流的 4～7 倍。随着转子转速快速升高，电流很快减小到电动机的额定电流，完成起动过程。对于小功率电动机以及空载运行的电动机，因起动过程转速升高极快，较难观察到起动电流的确切数值，为此，可以适当增加电动机轴上的负载，延长起动过程以便于观测。

空载电流是指异步电动机轴上不带负载情况下电动机的定子电流，其值最小。

三相异步电动机的转速测量是利用转速表进行的，测量时将转速表的转轴顶到电动机转轴的中心孔里，适当加以压力，待转速表表针稳定后可以直接读出电动机的转速。

4．三相异步电动机定子绕组连接

三相异步电动机定子有 3 个绕组，6 个接线端，根据需要可将定子绕组连接成星形或三角形两种方式。目前我国生产的三相异步电动机额定电压一般为 380V，定子绕组的连接方式根据电动机容量分为两类：一般额定功率在 4kW 以下的小容量电动机采用星形连接；额定功率在 4kW 以上的电动机采用三角形连接。两种方式如图 4.54 所示。

5．三相异步电动机的正反转

三相异步电动机转子转向是由定子所产生的旋转磁场来决定的，而旋转磁场的转向是由通过定子绕组的三相交流电的相序决定的，所以改变定子绕组中电源的相序，就可以改变电动机转子转向。改变三相电源相序只要调换三相定子绕组中任意两根电源线就可以实现。图 4.55 所示为三相异步电动机正反转线路原理图。

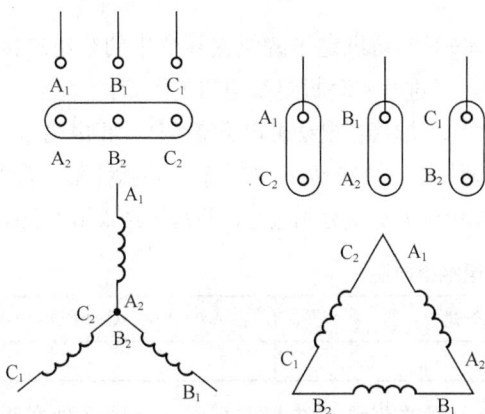

图 4.54　三相绕组的星形与三角形连接图　　　图 4.55　三相异步电动机正、反转线路原理

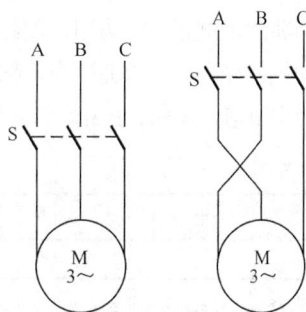

实训目标

① 进一步了解三相异步电动机的结构和铭牌数据的意义。
② 学会测试三相异步电动机定子绕组的绝缘电阻。
③ 学会测试三相异步电动机的起动电流、空载电流和转子转速。
④ 了解三相异步电动机定子绕组的连接。
⑤ 了解三相异步电动机正反转线路的连接。

实训条件

三相笼型异步电动机、交流电压表、钳形电流表、兆欧表、三极刀开关、熔断器。

操作步骤

（1）了解异步电动机的铭牌

根据实验选定电动机，观察电动机铭牌数据，分别选摘下列数据，记录于表 4.4 中，并对其进行简单解释。

铭牌数据包括型号、额定功率、接法、额定电压、额定电流、额定转速、额定频率、功率因数、温升。

表 4.4 三相异步电动机的铭牌

	数　据	简 单 解 释
型　　号		
额定功率		
接　　法		
额定电压		
额定电流		
额定转速		
功率因数		
温　　升		

（2）定子绕组绝缘电阻的测量

旋下电动机接线盒盖螺钉，打开接线盒，取下电动机定子绕组接线盒中的绕组连接片，如图 4.56 所示，这时定子绕组相互不做任何连接，可进行电动机绝缘电阻的测量。

使用兆欧表测量绝缘电阻，测量时将兆欧表"L"端接在电动机定子绕组任一相出线端，"E"端接在电动机外壳上。平放兆欧表，摇动手柄，逐渐加速到 120 r/min 左右时，待指针稳定后读取转子绕组绝缘电阻值，A 相、B 相、C 相绕组对地绝缘电阻的测量分别进行，将测得结果填入表 4.5 中。

表 4.5 定子绕组绝缘电阻

A-地	B-地	C-地

相间绝缘电阻的测量与定子绕组对地绝缘电阻的测量方法基本相同，不同之处在于兆欧表"L"端和"E"端分别接在任意两相绕组接线端上。同样以 120 r/min 转速摇动兆欧表手柄，读取相间绝缘电阻值。因为定子有三个绕组，所以相间绝缘电阻的测量应有三次，即 A、B、C 三相每两相间均需要测量一次，将测量结果填入表 4.6 中。

表 4.6 定子绕组绝缘电阻

A-B	B-C	C-A

（3）测试异步电动机起动电流、空载电流及转速

根据实验电动机的铭牌数据和电源电压，确定电动机定子绕组采用的连接方式。按图 4.57 所示连接线路，合上电源开关 S，起动电动机，将起动电源数据记录在表 4.7 中。

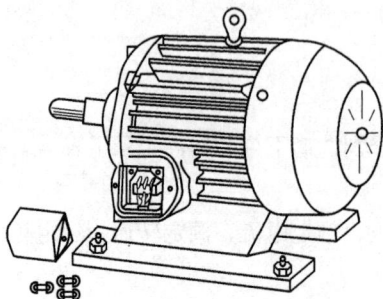

图 4.56　电动机接线盒连接片

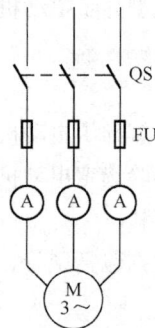

图 4.57　三相异步电动机直接起动线路

表 4.7   电动机起动电流

转 速	起 动 电 流

待电动机转速稳定后，测量电动机空载运行时的转速 n_0 和每相的空载电流，并将数据记录在表 4.8 中。

表 4.8   电动机空载电流机转速

转 速	空 载 电 流

（4）三项异步电动机正反转线路的连接

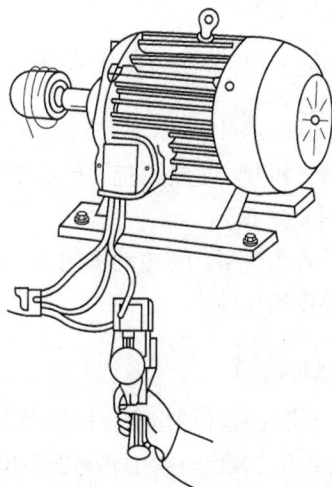

按图 4.58（a）所示连接线路，检查无误后合上电源开关 S，观察电动机正转工作情况。断开电源开关 S，按图 4.58（b）所示连接线路，检查后合上电源开关 S，观察电动机反转工作情况。

在图 4.58 所示电动机正反转运行时，使用钳形电流表分别测量正、反转状态下的空载电流。测量方法如图 4.59 所示。

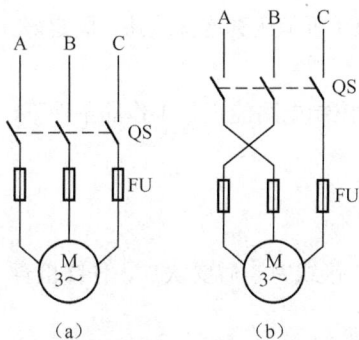

图 4.58 三相异步电动机正、反转线路   图 4.59 用钳形电流表测量电流

注意事项

① 使用兆欧表测量绝缘电阻时，引线不要使用双股绞线或双股并行塑胶线，也不能将两根测量线缠绕在一起，以免导线漏电，影响读数的准确性。

② 使用兆欧表时，摇动的速度应均匀，不要停摇后再读取绝缘电阻值，应边摇动边读数。兆欧表内手摇发电机的电压较高，测量时不能碰触电动机和兆欧表测量引线，更不能将两根测量线短路。

③ 用钳形电流表测量小于 5A 的电流时，为了得到准确读数，可将被测导线多绕几圈放进钳口进行测量。实际电流的数值应为电流表读数除以放进钳口内的导线根数。

④ 使用转速表时应双手把表拿稳，将转速表转轴缓缓顶住电动机转轴的中心孔，待表针稳定下来后即可读数。使用转速表用力要恰当，不能过大或过小。

⑤ 进行电动机正、反转线路调换时，必须切断电源。本实验接触强电机会较多，应特别注意安全。

4.7.2　三相异步电动机的正、反转控制实验

基础知识

三相异步电动机正、反转控制电路如图 4.60 所示。该电路中采用双重互锁，即由复合按钮构成的"机械互锁"和由动断辅助触点构成的"电气互锁"，从而能够极大地提高电路的可靠性。

电动机在正、反转起动按钮 SB$_1$、SB$_2$ 控制下，可以直接从正转过渡到反转，或从反转直接过渡到正转。这种过渡可以不按停止按钮 SB$_3$ 而直接进行。

实训目标

① 进一步加深对电气控制电路的理解。
② 学会安装三相异步电动机正、反转控制电路。
③ 掌握互锁的概念，会连接互锁电路。

实训条件

三相笼型异步电动机、交流接触器、热继电器、刀开关、熔断器、实验安装板、接线端子排、按钮。

操作步骤

（1）按三相异步电动机正、反转控制电路原理图 4.60 所示认真连接线路，固定好元件。电器布置图如图 4.61 所示。

（2）检查无误后，将电动机脱开，通电试运行，在控制电路能正常工作的条件下，再将电动机接入电路继续实验。

注意事项

① 主电路正反转两组交流接触器主触点不能接错，接线完毕后要认真、仔细检查。
② 触点不能接错，否则容易发生电源短路事故。
③ 该实验由强电供电，应特别注意用电安全。

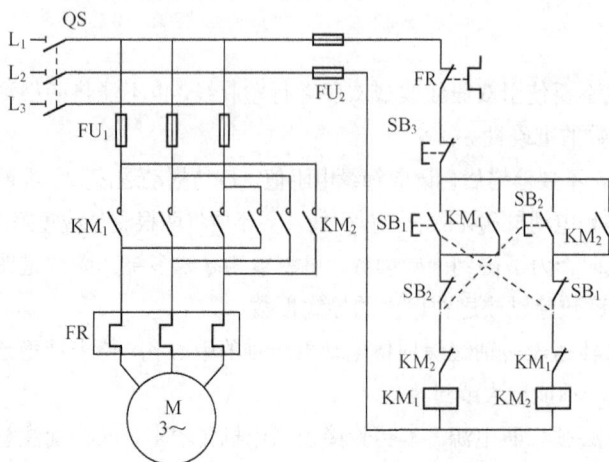

图 4.60　电动机正、反转双重联锁控制电路

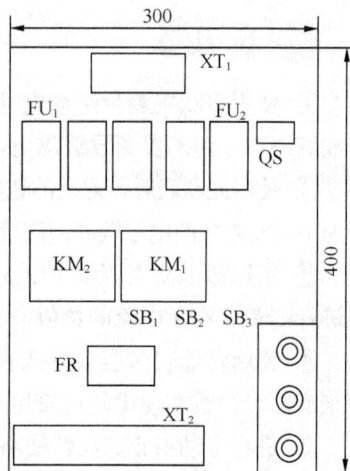

图 4.61　正、反转控制电路布置图

4.7.3　汽车起动机主要电气部件的检测

基础知识

起动机的检测分为解体检测和不解体检测两种。解体检测随解体过程一同进行；不解体测试可以在拆卸之前或装复以后进行。

1. 起动机的不解体检测

（1）吸拉线圈的性能测试

吸拉线圈检测连接方法如图 4.62 所示，将电磁开关上与起动机连接的端子（C）断开，与蓄电池负极连接。电磁开关壳体与蓄电池负极连接。将电磁开关上与点火开关连接的端子（50）与蓄电池正极连接，此时，起动机驱动齿轮应向外移出，否则说明电磁开关有故障。

（2）保持线圈的性能测试

保持线圈检测接线方法如图 4.63 所示。在吸引线圈性能测试的基础上，拆下电磁开关（C）端子上的线，此时，驱动齿轮应保持在伸出位置不动。否则，说明保持线圈损坏或搭铁不正常。

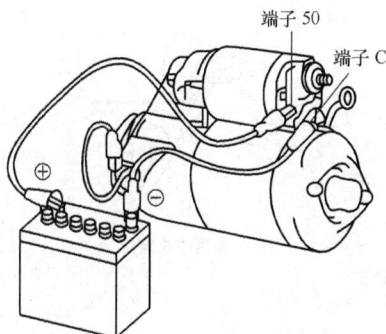

图 4.62　吸拉线圈检测接线方法

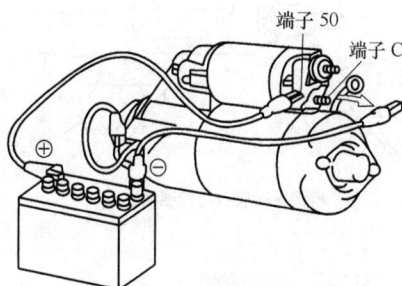

图 4.63　保持线圈检测接线方法

（3）驱动齿轮回位测试

测试方法如图 4.64 所示。在 4.63 图接线的基础上，拆下壳体上的连接线，此时驱动齿轮应迅速复位。如不能复位，说明复位弹簧失效。

（4）起动机空载测试

① 固定起动机，按照图 4.65 所示的方法连接导线。

② 检查起动机应平稳运转，同时驱动齿轮应移出。

③ 读取电流表的数值，应符合标准值。

④ 断开端子后，起动机应立即停止转动，同时驱动齿轮缩回。

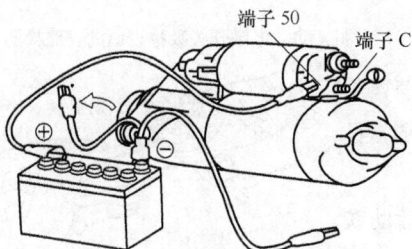

图 4.64　驱动齿轮回位测试接线方法

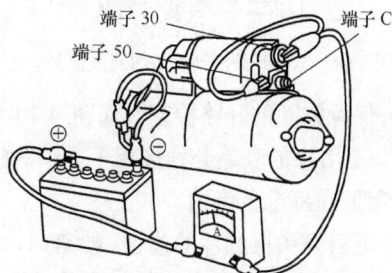

图 4.65　起动机空载测试接线方法

2．起动机的解体检测

（1）直流电动机的检测

① 磁场绕组的检测。如图 4.66 所示，万用表置于通断测量挡，检查励磁绕组两电刷之间应导通；励磁绕组与定子外壳不应导通。

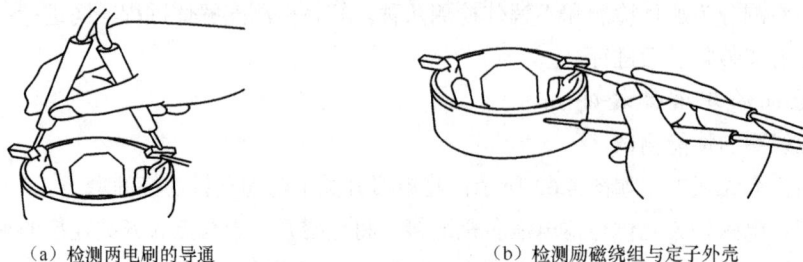

（a）检测两电刷的导通　　　　　　　（b）检测励磁绕组与定子外壳

图 4.66　励磁绕组的检测方法

② 电枢的检测。万用表置于欧姆挡，选择量程 2MΩ，检测方法如图 4.67 所示，换向器和电枢线圈铁心之间应不导通；万用表置于欧姆挡，选择量程 200Ω，检查电枢绕组（换向片与换向片间），两表笔放在两整流片上，应导通。

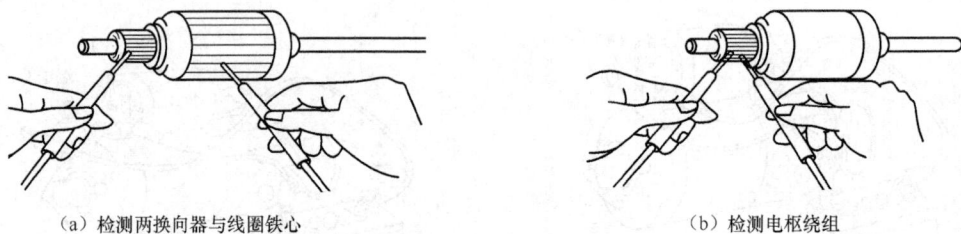

（a）检测两换向器与线圈铁心　　　　　　　（b）检测电枢绕组

图 4.67　电枢的检测方法

（2）电磁开关的检测

① 起动继电器的检测。给继电器线圈通电，其触点吸合，此时用万用表检测应导通。给继电器线圈断电时，其触点断开，此时用万用表检查应不导通。

② 电磁开关的检测。如图 4.68 所示，将活动铁心推入，然后松开，活动铁心应能迅速回位。图 4.69 为电磁开关吸拉线圈的开路检查方法，用万用表欧姆挡连接端子 50 和端子 C 应导通，且电阻的阻值应符合标准规定。

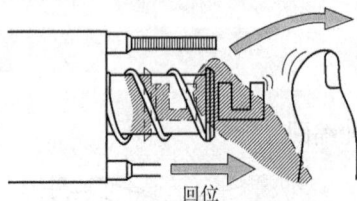

回位

图 4.68　电磁开关活动铁心的回位检测

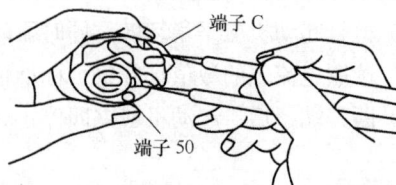

端子 C

端子 50

图 4.69　电磁开关吸拉线圈的开路检测

③ 保持线圈的开路检查。如图 4.70 所示，万用表置于欧姆挡，万用表的表笔分别接端子 50 和搭铁时，应导通，且电阻的阻值在标准范围内。

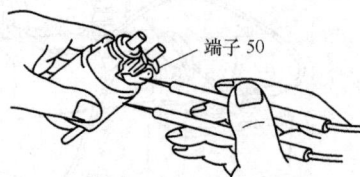

④ 电磁开关接触片的检查。检查时，可用手推动活动铁心，使接触盘与两接线柱接触，然后用万用表欧姆挡连接端

端子 50

图 4.70　电磁开关保持线圈的开路检测

子 30 和端子 C，若导通且阻值为 0Ω，则表明接触片正常。

3．检测的注意事项

（1）不同型号的起动机解体与组装顺序有所不同，起动机解体和组装时应按厂家规定的操作顺序进行。

（2）组装时各螺栓应按规定转矩拧紧。

实训目标

① 加深对起动机的结构和工作原理的认识和理解。
② 学会检测汽车起动机的主要电气部件。

实验条件

汽车起动机、蓄电池、拆装工具、万用表。

操作步骤

① 对汽车起动机进行不解体检测。按操作规范对起动机的吸拉线圈、保持线圈、驱动齿轮回位进行检测，然后完成空载测试。
② 按照规范要求对汽车起动机进行拆解。
③ 按照规范要求对起动机直流电动机的磁场绕组进行断路和搭铁检测。
④ 对起动机电枢绕组进行搭铁、短路和断路检测。
⑤ 对电磁开关线圈进行断路和短路检测。

将检测结果记入表 4.9 中，并与标准要求进行比较，得出结论（合格或不合格）。

表 4.9　　　　　　　　　　　汽车起动机检测数据记录表

检 测 项 目		标 准 情 况	检 测 结 果	结　　论
磁场绕组	磁场绕组断路检测	通（0Ω）		
	磁场绕组搭铁检测	不通（∞）		
	磁场绕组断路检测	每个磁极对螺钉旋具的吸引力相同		
电枢绕组	断路检测			

4.7.4　汽车发电机的检测

基础知识

1．汽车发电机的接线柱简介

B＋（POS/＋）：正极输出端，接蓄电池正极和汽车上的用电器（负载），无电瓶电机（仅给汽车上的大功率供电，不给蓄电池充电）B+直接接空调等大功率用电器。

B－（NEG/－）：负极输出端，接电瓶负极，双线制电机有 B－端。

C：计算机控制端口，接口为 9 针、25 针 RS 232、RS 422 或 RS 485 等。

D＋：Trio(diode)，三个小功率磁场二极管端，为转子提供持续励磁电流。

DF＋：励磁端，接充电指示灯、继电器，输出功率不超过 1A。

E：接地端。

F+：励磁端，接充电指示灯、继电器，输出功率不超过1A。

L：充电指示灯端，只接指示灯，无输出功能，无激磁功能。

N：中性点输出端，输出电压为B+电压的一半，近似直流电，可接直流继电器和转速表。

S：蓄电池电压传感器端口。

W（R/IC）：相输出端，输出电压为B+输出电压的一半，可接转速表、交流继电器或直流继电器。

一般汽车发电机的接线柱有4个，有以下3种常见的配置：B+、N、D+、E；B+、N、F+、E和B+、W、D+、E，其中B+、W、D+、E的配置常见于德系车中。

2. 汽车发电机的接线规律

（1）国产硅整流发电机的接线柱旁均有标记或名称，"+"或"B+"为"电枢"接线柱，此接线柱应与电流表或蓄电池"+"极相连；"F"为"磁场"接线柱，它与调节器"磁场"接线柱相连；"E"为"搭铁"接线柱，应与调节器的"搭铁"接线柱相接。

（2）采用外装调节器的交流发电机的磁场线圈搭铁方式有两种：一种是磁场线圈直接在发电机内部搭铁，如国产东风汽车的发电机；另一种是磁场线圈不在发电机内部搭铁，而是通过调节器搭铁，如解放汽车的交流发电机。

（3）发电机与蓄电池并联，蓄电池负极必须搭铁。蓄电池正极经电流表（或直接）接电机正极，蓄电池静止电动势常在11.5～13.5V，发电机输出电压常限定在13.8～15V（24V电系限定在28～30V）。发电机工作时正常电压比蓄电池电压高0.3V，主要是为了克服线路压降，既使蓄电池充电充足，又使其不至于过度充电。

（4）汽车发电机和调节器的接线方法：B+是电流输出端，接电流表；F是励磁线圈，接发电机调节器F接柱；N中性点，接充电指示灯；D+与调节器外壳相连；发电机调节器"+"极接电源。

【实训目标】

① 进一步加深对汽车发电机结构和工作原理的理解。
② 学会检测汽车发电机主要电气部件。

【实训条件】

汽车发电机、万用表、拆装工具。

【操作步骤】

（1）对汽车发电机进行拆解前的检测。用万用表对发电机外接线柱进行测量，初步判定发电机的状态。

常用汽车发电机各接线柱间电阻值如表4.10所示。

表4.10　　　　　　　　常见汽车发电机各接线柱间电阻值

发电机型号	"F"与"E"间电阻/Ω	"B"与"E"间电阻/kΩ		"N"与"E"或"B"间电阻/kΩ	
		正向	反向	正向	反向
JF11、13、15、21、132N	4～7	40～50	≥10	10～15	≥10
JWF14（无刷）	3.5～3.8	40～50	≥10	10～15	≥10
夏利JFZ1542	2.8～3.0	40～50	≥10	10～15	≥10
桑塔纳JFZ1913	2.8～3.0	65～80	≥10	10～15	≥10

将测得的汽车发电机结果填入表 4.11 中，并依此判断汽车发电机的状态。

表 4.11　　　　　　　　汽车发电机测量结果（使用万用表型号及挡位：＿＿＿＿＿＿＿＿＿＿＿＿＿）

发电机型号	"F"与"E"间电阻/Ω	"B"与"E"间电阻/Ω		"N"与"E"或"B"间电阻/Ω	
		正向	反向	正向	反向

（2）拆解汽车发电机。按照拆解规范对汽车发电机进行拆解。

（3）转子绕组（励磁绕组）短路与断路检查。用万用表 $R×1$ 挡检测两集电环之间电阻，应符合技术标准。若阻值为"∞"，则说明断路；若阻值过小，则说明短路。一般 12V 发电机转子绕组电阻为 3.5～6Ω，24 V 发电机转子绕组电阻为 15～21Ω。

（4）转子绕组搭铁检查。检查转子绕组与铁心（或转子轴）之间的绝缘情况。用万用表电阻最大挡检测两集电环与铁心（或转子轴）之间的电阻，若表针有偏转，则说明有搭铁故障。正常应指示"∞"。

（5）定子绕组短路与断路检查。用数字万用表检测定子绕组 3 个接线端，两两相测。正常时阻值小于 1Ω 且相等。指针不动或阻值过大，说明断路；过小（近似等于 0Ω）说明短路。

（6）定子绕组搭铁检查。检查定子绕组与定子铁心间绝缘情况。用数字万用表电阻最大挡检测定子绕组接线端与定子铁心间的电阻，若绝缘电阻≤100kΩ，则说明有搭铁故障。正常应指示趋于"∞"。

将以上检测结果记入表 4.12 中。

表 4.12　　　　　　　　汽车发电机测量记录　（使用万用表型号及挡位：＿＿＿＿＿＿＿＿＿＿＿＿＿）

发电机型号	转子阻值	转子绝缘电阻	定子阻值	定子绝缘电阻

（7）检测完成后，按规范要求将发电机装配好。

注意事项

① 拆装过程中必须按规范要求操作，养成遵守规范的意识。
② 使用万用表测电阻时，注意挡位的选择。
③ 实训结束后，拆装工具要按规范摆放。

┃本 章 小 结┃

1. 电动机可分为交流电动机和直流电动机两大类。交流电动机又可分为异步电动机和同步电动机。

2. 三相交流异步电动机由两个基本部分组成：定子和转子。三相异步电动机是利用电磁感应原理工作的。将三相交流电通入定子三相对称绕组，产生旋转磁场使转子转动。

3. 电动机的转速和电流都随负载的变化而变化。异步电动机输出机械功率增加时，定子绕组从电源取用的电流将随之增加，则输入的功率随之增大，电动机转速相应下降，电流也相应增大。

4. 电动机的起动过程是指电动机从接通电源至正常运转的过程。电动机的调速是指人为地改变电动机的转速。

5. 直流电动机由定子和电枢两部分组成，直流电动机转子导体吸收电源的电能，通过电磁作用产生电磁转矩，使转子连续转动，将电能转换成机械能。

6. 伺服电动机在自动控制系统中作为执行元件，执行控制指令，将指令信号转换为转轴上的角位移或角速度输出。伺服电动机的指令信号通常是电压信号，称为控制电压。伺服电动机按使用电源类型不同，分为交流伺服电动机和直流伺服电动机两类。

7. 低压电器是指额定电压等级在交流 1 200V、直流 1 500V 以下的电器，在电气线路中起通断、保护、控制或调节作用。

8. 常用的低压电器包括闸刀开关、铁壳开关、组合开关、按钮、熔断器、交流接触器、热继电器及空气断路器等。

9. 采用继电器、接触器、按钮及开关等控制电器组成的控制系统称为继电–接触器控制系统。

10. 发电机是将机械能转变为电能的电机，是根据电磁感应原理工作的。发电机可分为直流发电机和交流发电机两类，汽车发电机一般为交流同步发电机。

11. 同步发电机的定子磁场是由转子磁场引起的，且它们之间总是保持着同步关系，励磁绕组通入直流电，产生磁场，当原动机拖动电机转子旋转时，磁场与定子绕组有相对运动，便在定子绕组中感应出交流电动势，即定子三相绕组会产生三相交流电动势。

| 思考与练习 |

一、填空题

1. 在三相异步交流电动机中，向相位互差_____的定子三相绕组中通入_____，则会产生一个沿定子内圆的磁场，称为_____。

2. 当电源频率一定时，交流电动机定子绕组的磁极数越多，旋转磁场的同步转速_____。

3. 旋转磁场的同步转速是指_____。

4. 电动机的额定功率是指_____。

5. 发电机是将_____转变为_____的电机，是根据_____原理工作的。

6. 直流电动机的使用主要包括_____、_____、_____和_____等。

7. 低压电器是指_____的电器，在电气线路中起_____、_____、_____和_____作用。

8. 三相异步电动机的转向是由_____决定。

9. 三相异步电动机在_____状态下运行时转速最高。

二、简答题

1. 电动机按供电电源的不同分为哪两大类？
2. 定子铁心是用什么材料制作的？有什么作用？
3. 转子铁心是用什么材料制作的？有什么作用？
4. 说明三相交流同步发电机的工作原理。
5. 简述同步电动机的起动方法。
6. 分析三相异步电动机直接起动和正、反转控制电路的控制过程。
7. 简述车用发电机的结构及工作原理。

三、设计电路

设计一个顺序控制电路，要求两台三相异步电动机 M_1、M_2 能够顺序起动，同时停止。

随着汽车电子技术的发展，电子电路的维修在汽车修理中越来越重要。在电子电路中，电源、放大、振荡和调制电路被称为模拟电子电路，因为它们加工和处理的是连续变化的模拟信号。汽车中的模拟电路很多，汽车电源电路、起动电路、信号处理电路、点火控制等电路中都含有模拟电路，图 5.1 所示为汽车电子点火系统电路线路图。本章主要介绍模拟电子电路的基础知识、汽车中常用的模拟电子电路的基本工作原理及常见器件的检测。

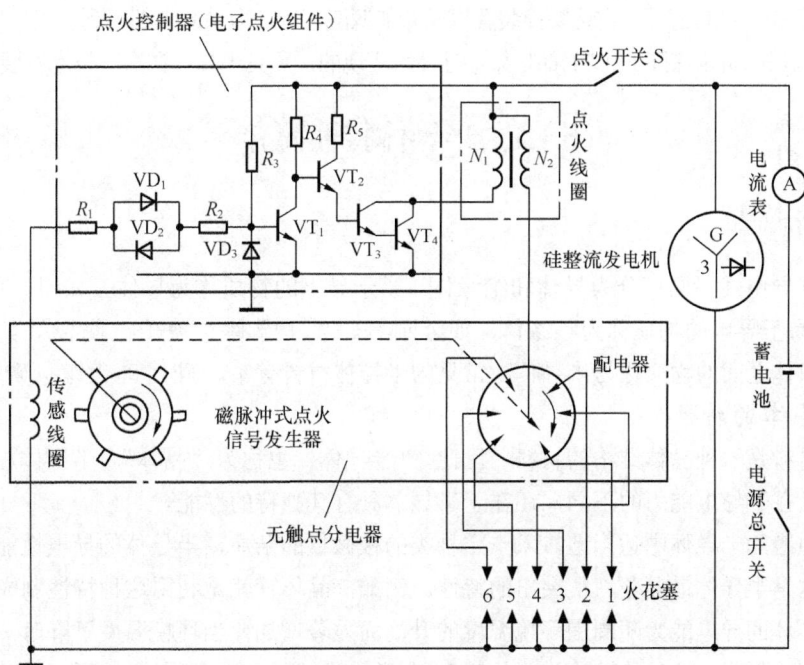

图 5.1 汽车电子点火系统电路线路图

◎ 掌握常用半导体器件 ——二极管、三极管、晶闸管的结构、主要参数和特性；

◎ 熟悉滤波电路、稳压电路的作用和原理；

◎ 了解共发射极单管放大电路的结构；

◎ 理解共发射极单管放大电路、运算放大器的工作原理；

◎ 理解负反馈的概念；

◎ 学会识别与检测常见电子元器件如二极管、三极管；

◎ 能够正确连接整流与滤波电路。

5.1 半导体基础知识

多数现代电子器件都是由半导体材料制成的，汽车电子系统中就应用了很多半导体元器件，如二极管、三极管，还有一些传感器、雷达防撞装置以及新能源汽车的动力系统中都用到了半导体材料。有资料称，目前汽车电子的创新80%以上都是靠半导体来实现的，足见半导体在汽车技术发展中的重要性。

5.1.1 半导体特性简介

基础知识

物质根据导电性不同可分为导体和绝缘体。易于导电的物质称为导体，如银、铜、铁、锡等金属；不易于导电的物质称为绝缘体，如金刚石、人工晶体、琥珀、陶瓷等。导电能力介于导体和绝缘体之间的物质称为半导体，常见的半导体材料有锗、硅、砷化镓、磷化镓等。

1. 半导体的特性

半导体材料是一种晶体结构的材料，因此，"半导体"也称为"晶体"。半导体与导体、绝缘体的区别不只在于导电能力的不同，还在于半导体具有其独特的性能。

（1）在纯净的半导体中适当地掺入一定种类的极微量的杂质，半导体的导电性能就会成百万倍地增加，这是半导体最显著、最突出的特性。例如，晶体管就是利用这种特性制成的。

（2）半导体的导电能力随周围环境温度的升高而显著增加；当环境温度下降时，半导体的导电能力就显著地下降，这种特性称为"热敏"。热敏电阻就是利用半导体的这种特性制成的。

（3）半导体在光照条件下，导电能力会显著增强，成为"导体"；当没有光线照射时，半导体会像"绝缘体"一样不导电，这种特性称为"光敏"。如用于自动化控制中的光电二极管、光电三极管和光敏电阻等，就是利用半导体的光敏特性制成的。常会看到晶体管表面涂有一层黑漆，实际上也是为了防止光照对半导体产生影响。

2. 半导体的分类

用于制作半导体的材料很多，因而其分类方法比较多。按化学成分可分为元素半导体和化合物半导体两大类。常用的半导体材料有锗（Ge）、硅（Si）、砷化镓（GaAs）等。Si、Ge称为元素半导体，GaAs称为化合物半导体。半导体还可以分为晶态半导体、非晶态的玻璃半导体、有机半导体等。其中晶态半导体又可以分为单晶半导体和多晶半导体。上述材料中，锗（Ge）、硅（Si）、砷化镓（GaAs）都是单晶，是由均一的晶粒有序堆积组成；而多晶则是由很多小晶粒杂乱地堆积而成。对于非晶态半导体，有非晶态硅、非晶态锗等，它们没有规则的外形，也没有固定熔点，内部结构不存在长程有序，只是在若干原子间距内的较小范围内存在结构上的有序排列，称作短程有序。

在实际应用中，根据半导体材料中是否含有杂质，又将半导体材料分为本征半导体和杂质半导体。本征半导体是指不含杂质的纯净半导体。由于本征半导体的导电能力很弱，热稳定性也很差，因此，不宜直接用于制造半导体器件，在生产实际中，普遍采用的是杂质半导体。在本征半导体中掺入微量的杂质，会使半导体的导电性能发生显著的变化，这种半导体称为杂质半导体。根据掺入的杂质不同，杂质半导体可分为空穴（P）型半导体和电子（N）型半导体两大类。

作业测评

1．物质根据导电性可分为_____、_____和_____。

2．半导体的特性受_____和_____影响较大，利用半导体的"热敏"特性可制成_____；利用半导体的"光敏"特性，可制成_____。

3．根据半导体材料中是否含有杂质，半导体可分为_____和_____，其中_____在实际应用中更广泛。

5.1.2　PN 结的形成和特性

基础知识

1．PN 结的形成

在一块完整的硅片上，用不同的掺杂工艺使其一边形成 N 型半导体，另一边形成 P 型半导体，则在两种半导体的交界面附近就形成了 PN 结，图 5.2 所示为 PN 结的结构示意图。PN 结是 P 型半导体和 N 型半导体结合后，由于扩散作用，在其交界处形成的一个空间电荷区。这个空间电荷区形成了一个内电场，其方向是从带正电的 N 区指向带负电的 P 区。图 5.3 所示为 PN 结处形成的内电场。PN 结是构成各种半导体器件的基础。

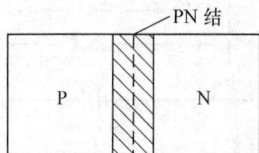

PN 结形成

图 5.2　PN 结的结构示意图

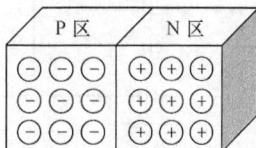

图 5.3　PN 结处的内电场

2．PN 结的特性

PN 结在没有外加电压的情况下，扩散运动与漂移运动处于动态平衡，通过 PN 结的电流为 0。

（1）单向导电性

当 PN 结外加正向电压（称为 PN 结正向偏置），即电源的正极接 P 区，负极接 N 区时，外加电场与 PN 结内电场方向相反，如图 5.4（a）所示。在这个外加电场作用下，PN 结的平衡状态被打破，由于扩散作用形成扩散电流，使 PN 结变窄。这时，正向的 PN 结表现为一个很小的电阻。由于 PN 结是高阻区，而 P 区和 N 区的电阻很小，所以正向电压几乎全部加在 PN 结两端。在 PN 结上产生一个外电场，其方向与内电场相反，在它的推动下，N 区的电子要向左边扩散，并与原来空间电荷区的正离子中和，使空间电荷区变窄。同样，P 区的空穴也要向右边扩散，并与原来空间电荷区的负离子中和，使空间电荷区变窄。结果使内电场减弱，破坏了 PN 结原有的动态平衡。于是扩散运动超过了漂移运动，扩散又继续进行。与此同时，电源不断向 P 区补充正电荷，向 N 区补充负电荷，结果在电路中形成了较大的正向电流 I_F。而且 I_F 随着正向电压的增大而增大。

PN 结外加反向电压时称为 PN 结反向偏置，如图 5.4（b）所示，即电源的正极接 N 区，负极接 P 区，外加电场方向与 PN 结内电场方向相同，PN 结处于反向偏置。反向电压产生的外加电场的方向与内电场的方向相同，使 PN 结内电场加强，它把 P 区的多子（空穴）和 N 区的多子（自由电子）从 PN 结附近拉走，使 PN 结进一步加宽，PN 结的电阻增大，打破了 PN 结原来的平衡，在电场作用下的漂移运动大于扩散运动。这时，通过 PN 结的电流主要是少子形成的漂移电流，称为反向电流 I_R。由于在常温下，少数载流子的数量不多，故反向电流很小，因此，PN 结在反向偏置时呈现一个很大的电阻，可认为它基本是不导电的，即 PN 结反向偏置时不能导通。此外，当外加电压在一定范围内变化时，它几乎不随外加电压的变化而变化，因此反向电流又称为反向饱和电流。当反向电流可以忽略时，就可认为 PN 结处于截止状态。但是，由于本征激发随温度的升高而加剧，导致电子—空穴对增多，因而反向电流将随温度的升高而成倍增长。反向电流是造成电路噪声的主要原因之一。在反向电压的作用下，PN 结的内电场加强，扩散作用很弱，扩散电流趋近于零。

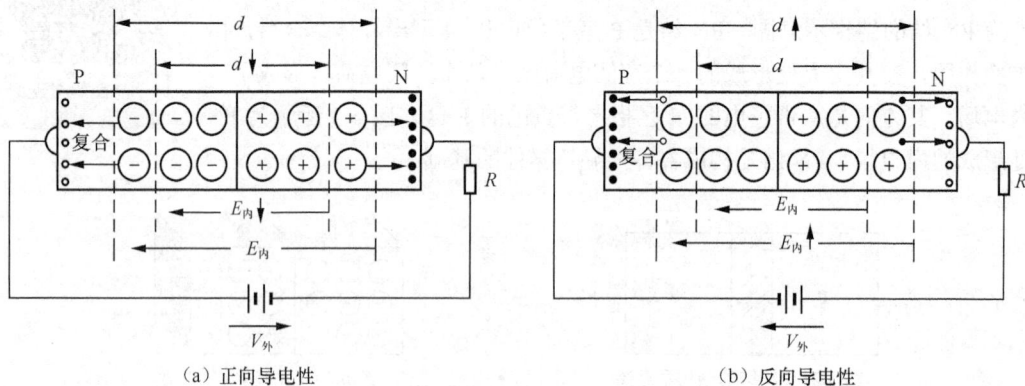

图 5.4　PN 结的单向导电性

（a）正向导电性　　　　　　　　　　（b）反向导电性

综上所述，PN 结正偏时，正向电流较大，相当于 PN 结导通；PN 结反偏时，反向电流很小，相当于 PN 结截止。这种正向偏置电压下导通，反向偏置电压下截止的特性称为单向导电性。

（2）PN 结的伏安特性

PN 结的伏安特性是指加在 PN 结两端的电压与流过 PN 结的电流的关系。图 5.5 所示为 PN 结正向偏置时的伏安特性曲线。从曲线中可以看出 PN 结有导通和截止两个状态。

（3）PN 结的反向击穿特性

图 5.6 所示为 PN 结反向偏置时的伏安特性曲线。从图中可以看出，当 PN 结外加的反相电压不超过一定范围时，反向电流非常微小，且反向电流随电压的增大变化不大。但是，当反向电压的绝对值达到某一数值后，反向电流会突然增大，此时，PN 结处于"反向击穿"状态，此时的电压称为反向击穿电压。发生反向击穿时，反向电流在很大范围内变化时，PN 结两端的电压几乎保持不变。利用这个特性可制成稳压二极管。

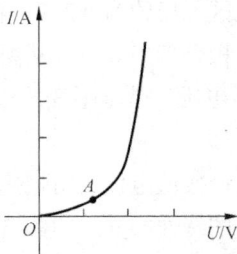

图 5.5　PN 结正向偏置时的伏安特性　　　　图 5.6　PN 结反向偏置时的伏安特性

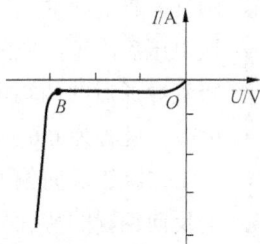

作业测评

1．什么是 PN 结？
2．PN 结有什么特性？

| 5.2　晶体二极管及应用 |

晶体二极管是诞生最早的半导体器件之一，几乎所有的电子电路中都要用到它。汽车发电机的整流电路、点火电路、信号灯电路以及继电器中都用到了二极管，本节将介绍晶体二极管的结构、特性及其应用电路。

5.2.1　晶体二极管的结构、符号和特性

基础知识

1．二极管的结构与符号

晶体二极管也称为半导体二极管（简称二极管），是由一个 PN 结构成的半导体器件。二极管是由一个 PN 结加上两条电极引线做成管芯，并用管壳封装而成的。P 型区的引出线称为正极或阳极，N 型区的引出线称为负极或阴极。图 5.7 所示为二极管的实物、结构及符号。

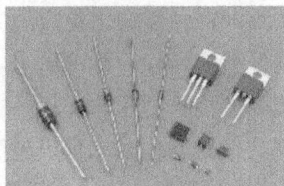

（a）二极管实物图　　　　　（b）二极管结构示意图　　　　（c）符号

图 5.7　二极管

2．二极管的特性

二极管是由 PN 结构成的，因此，具有与 PN 结相同的单向导电性。

二极管的单向导电

二极管的伏安特性

二极管正向偏置时，阳极接高电位，阴极接低电位。图 5.5 所示的 PN 结正向偏置伏安特性也就是二极管正向偏置时的伏安特性。当正向电压较小时，正向电流几乎为 0（曲线 *OA* 段），此时二极管并未真正导通，该段对应的电压称为二极管的死区电压活阈值电压。普通二极管有硅管和锗管两种，通常硅管的死区电压为 0.5V，锗管的死区电压约为 0.2V。当正向电压超过死区电压后，正向电流迅速增加，此时二极管真正导通。从图中可以看出，二极管导通后的两端电压（二极管的导通电压）基本不变，通常锗管为 0.2～0.3V，硅管为 0.6～0.7V。

二极管反向偏置时，即二极管的阳极接低电位，阴极接高电位。二极管的反向偏置的特性与 PN 结反向偏置时的特性相同。如图 5.6 所示，当反向电压不超过一定范围时（曲线 *OB* 段），反向电流很小且基本保持恒定。小功率硅二极管的反向电流一般不超过 0.1μA，可忽略不计。当反向电压达到击穿电压后，会造成二极管突然导通而被击穿，造成二极管永久损坏。

3．二极管的参数

二极管的参数是评价二极管性能的重要指标，了解二极管的主要参数，便于正确选择和使用二极管。

二极管的主要参数包括最大整流电流、最高反向工作电压和反向电流。

（1）最大整流电流 I_{FM}

最大整流电流是指二极管长期工作时，允许通过二极管的最大正向电流的平均值。当实际电流超过 I_{FM} 时，二极管会因过热而损毁。

（2）最高反向工作电压 U_{RM}

最高反向工作电压是指保证二极管不被击穿所允许施加的最大反向电压。实际使用中，二极管的反向电压不应超过 U_{RM}，以防止发生反向击穿。

（3）反向电流 I_R

反向电流是指二极管加反向电压而未击穿时的反向电流。若 I_R 较大，则不能正常使用。反向电流越小，二极管的单向导电性越好。

4．特殊二极管

（1）稳压二极管

稳压二极管也称为齐纳二极管，是一种用特殊工艺制造的硅半导体二极管。这种二极管的杂质浓度比较大，空间电荷区内的电荷密度高，且很窄，容易形成强电场。当反向电压加到某一定值时，反向电流急剧增加，产生反向击穿。图 5.8 所示为稳压二极管的符号及伏安特性。图中的 U_Z 表示反向击穿电压，即稳压管的稳定电压。在稳压二极管的反向击穿区域，电流有很大变化时，只引起很小的电压变化，即电压基本不变，这就是稳压二极管的稳压作用原理。反向击穿曲线越陡，稳压二极管的稳压性能越好。

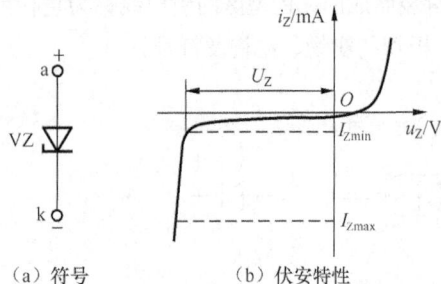

（a）符号　　　　（b）伏安特性

图 5.8　稳压二极管

在稳压二极管稳压电路中，一般都加入限流电阻 R，使稳压二极管工作电流在 I_{Zmax} 和 I_{Zmin} 的稳压范围。

（2）光电二极管

随着科学技术的发展，在信号传输和存储等环节中，越来越多地应用光信号。采用光电子系统的突出优点是抗干扰能力较强、传送信息量大、传输耗损小且工作可靠。光电二极管是光电子系统的电子器件。

光电二极管的结构与 PN 结二极管类似，管壳上的一个玻璃窗口能接收外部的光照。这种器件的 PN 结在反向偏置状态下运行，它的反向电流随光照强度的增加而上升。图 5.9 所示为光电二极管的符号。光电二极管的主要特点是它的反向电流与照度成正比。

（3）发光二极管

发光二极管（LED）通常用元素周期表中 Ⅲ、Ⅴ族元素的化合物，如砷化镓、磷化镓等制成。这种管子通入电流时会发光，这是电子与空穴直接复合而放出能量的结果。图 5.10 所示为发光二极管的符号。发光二极管经常用作电子设备中的指示灯、数码管等显示元件，也可用于光通信，其工作电流一般为几毫安至十几毫安。它的优点是工作电压低、耗电量少、体积小、寿命长。

图 5.9　光电二极管符号	图 5.10　发光二极管符号

案例 5.1　利用万用表欧姆挡判别二极管的极性，检测二极管。

取普通万用表 1 只、二极管若干。

操作步骤

（1）将万用表拨到"Ω"挡（选用 $R\times100$ 或 $R\times1k$ 挡）。

（2）将万用表的红、黑表笔分别接二极管的两端，观察测得的电阻值。

（3）若测得的阻值在几百欧到几千欧，将二极管两个电极对调继续测量。若测得的阻值在几十千欧或几百千欧，则表明二极管是正常的。

（4）若测得的正反向电阻均较小，说明二极管内部短路，若测得的正、反向电阻值都很大，说明二极管开路或接触不良。

注意事项

（1）万用表置于欧姆挡时，表内电池的正极与黑表笔相连，负极与红表笔相连，与万用表面板上用来表示测量直流电压或电流的"+""−"号相反。

（2）由于 $R\times1$ 挡内部电流较大，容易烧坏二极管，$R\times10$ 挡内部电压较高可能将二极管击穿，所以一般不用这两挡检测二极管。

作业测评

1. 识别下列半导体元件符号。

（a）　　　　（b）　　　　（c）　　　　（d）

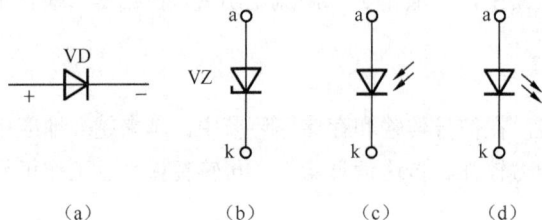

图 5.11　作业测评 1 题图

2．半导体二极管也称为_____，是由_____构成的半导体器件。

3．二极管具有_____特性。

4．二极管的主要参数包括_____、_____和_____。

5．二极管的反向电压不应超过_____，否则会发生_____。

6．二极管的反向电流越小，二极管的单向导电性_____。

7．稳压二极管工作在_____区。

5.2.2　二极管的应用电路

二极管具有单向导电性，相当于一个开关。利用二极管的这种开关特性，可以将正弦交流电压转换为脉动直流电压，组成整流及滤波电路；还可利用稳压二极管组成稳压电路等。本小节主要学习二极管的常见应用电路——整流滤波电路、稳压电路、钳位电路及限幅电路。

基础知识

1．整流电路

把交流电转换成直流电的过程称为整流。完成这一变换的电路称为整流电路。整流电路中起整流作用的元件就是具有单向导电特性的二极管。

整流电路按交流电的相数不同分为单相整流电路和三相整流电路。本小节主要介绍常用的单相桥式整流电路和汽车发电机采用的三相桥式整流电路。

（1）单相桥式整流电路

① 单相桥式整流电路的组成。图 5.12 所示为单相桥式整流电路，电路由变压器 T_r、4 个二极管 $VD_1 \sim VD_4$ 及负载电阻 R_L 组成。其中，变压器将正弦交流电压 u_1 变换成适当数值的交流电压 u_2。

② 单相桥式整流电路的工作原理。在图 5.13 中，当输入电压 u_2 处于正半周时，点 A 电位高，点 B 电位低。二极管 VD_1 和 VD_3 因承受正向电压而导通，VD_2 和 VD_4 因承受反向电压而截止，电路中有电流流过，电流的路径为 $A \rightarrow VD_1 \rightarrow R_L \rightarrow VD_3 \rightarrow B$。流过负载 R_L 的电流方向是自上向下的。当输入电压 u_2 处于负半周时点 B 电位高，点 A 电位低。二极管 VD_2 和 VD_4 导通，VD_1 和 VD_3 截止，电路中的电流路径为 $B \rightarrow VD_2 \rightarrow R_L \rightarrow VD_4 \rightarrow A$。流过负载电阻 R_L 的电流方向仍然是自上向下的。

由此可见，在交流电压 u_2 的一个周期内，由于二极管的单向导电性，4 个二极管分为两组轮流导通和截止，从而使负载电阻 R_L 上获得了单一方向的脉动直流电压 u_0，其波形如图 5.13 所示。

单相半波整流电路

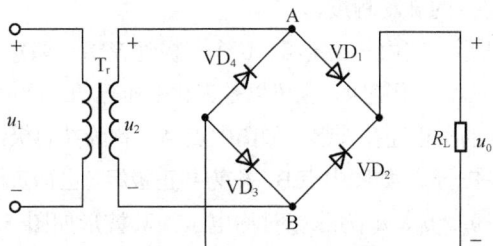

图 5.12　单相桥式整流电路

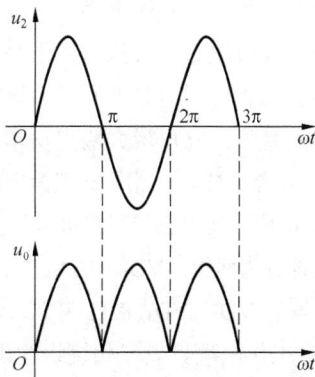

图 5.13　单相桥式整流电路波形图

桥式整流电路负载上得到的直流电压和电流，即整流电路输出的电压或电流，是用脉动直流电压或电流的平均值表示的。

在输入正弦交流电压的一个周期内，负载两端电压的平均值 u_0 与变压器次级电压 u_2 的关系是

$$U_0 = \frac{2\sqrt{2}}{\pi}U_2 = 0.9U_2 \tag{5.1}$$

流过负载的电流 I_0 为

$$I_0 = \frac{U_0}{R_L} \tag{5.2}$$

桥式整流电路中，每个二极管在电源电压变化的一个周期内，只有半个周期导通，因此每个二极管的平均电流值等于负载电流的一半，即 $I_D = \frac{1}{2}I_0$；当二极管截止时，它承受的最高反向工作电压 U_{Rm} 为 u_2 的最大值，即 $U_{Rm} = \sqrt{2}U_2$。

【例 5.1】　某电气设备采用单相桥式整流电路整流，电源电压为 220V 交流电，整流电路电压为 6V，电流为 40mA，求整流二极管参数和变压器一次、二次绕组匝数比。

解：整流电路如图 5.12 所示。

根据式（5.1）可知变压器二次绕组电压为

$$U_2 = \frac{U_0}{0.9} = 6.67\,(\text{V})$$

二极管的平均电流为

$$I_D = \frac{1}{2}I_0 = \frac{40\times10^{-3}}{2} = 0.02\,(\text{A})$$

二极管承受的最高反向工作电压为

$$U_{Rm} = \sqrt{2}\times6.67 = 9.4\,(\text{V})$$

变压器一次、二次绕组匝数比为

$$n = \frac{N_1}{N_2} = \frac{U_1}{U_2} = \frac{220}{6.67} = 33$$

（2）三相桥式整流电路

单相整流电路一般只适用于小功率整流，当负载功率较大，要求输出电压脉动幅度较小时，为了避免三相电网负载不平衡而影响供电质量，通常采用三相整流，汽车交流发电机采用的就是三相桥式整流，它可增大输出功率并减小输出电压的脉动程度。

① 电路组成。三相桥式整流电路如图 5.14 所示。它由三相绕组、6 个二极管 $VD_1 \sim VD_6$ 及负载电阻 R_L 组成。其中三相绕组可以是交流发电机的三相定子绕组，也可以是三相变压器的二次绕组，6 个二极管分为两组：VD_1、VD_3、VD_5 3 个二极管的负极连在一起，如图中点 A，称为共负极组（也称正极管）；VD_2、VD_4、VD_6 3 个二极管的正极连在一起，如图中点 B，称为共正极组（也称负极管）。

② 工作原理。设三相绕组输出的交流电压 u_a、u_b、u_c 为三相对称电压，其波形如图 5.15 所示。$u_a = \sqrt{2}U \sin \omega t$，$u_b = \sqrt{2}U \sin(\omega t - 120°)$，$u_c = \sqrt{2}U \sin(\omega t + 120°)$。

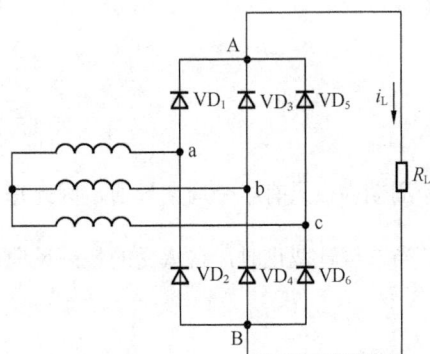

图 5.14　三相桥式整流电路

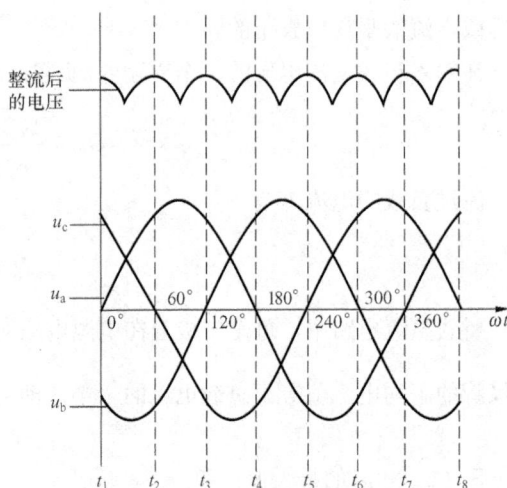

图 5.15　三相桥式整流电路波形图

整流过程如下。

在 $t_1 \sim t_2$ 时间内，u_a 始终为正，u_b 始终为负，u_c 由正变负，此时电路中的 a 相电位最高，b 相电位最低，二极管 VD_1 和 VD_4 因承受正向电压而导通，电流路径为：点 a→VD_1→点 A→R_L→点 B→VD_4→点 b。

如果忽略 VD_1 和 VD_4 的正向压降，则可认为点 A 电位等于点 a 电位，且为最高，点 B 电位等于点 b 电位，且为最低，此时，VD_3、VD_5 和 VD_2、VD_6 均因承受反向电压而截止，加在负载 R_L 上的电压近似等于线电压 u_{ab}，即 $u_L = u_{ab}$。

在 $t_2 \sim t_3$ 时间内，a 相电位仍为最高，c 相电位最低，此时，二极管 VD_1 和 VD_6 在正向电压作用下导通，其余 4 个二极管在反向电压作用下截止，电流路径为点 a→VD_1→点 A→R_L→点 B→VD_6→点 c。负载 R_L 上的电压近似等于线电压 u_{ac}，即 $u_L = u_{ac}$。

在 $t_3 \sim t_4$ 时间内，b 相电位最高，c 相电位最低，此时，二极管 VD_3 和 VD_6 在正向电压作用下而导通，其余 4 个二极管在反向电压作用下而截止，电流路径为点 b→VD_3→点 A→R_L→点 B→VD_6→点 c，则 $u_L = u_{bc}$。

依此类推，可列出如图所示的二极管的导通顺序，各组二极管的导通情况是每隔 1/6 周期交换一次，每只二极管持续导通 1/3 周期，终上所述，可得到如下结论：三相交流电压经过三相桥式整流电路的整流，在负载上得到的是一个单向脉动的直流电压，其波形如图 5.15 所示。

2．滤波电路

经过整流以后得到的直流电虽然方向不变，但脉动程度较大，为了获得平稳的直流电，必须采用滤波电路。常用的滤波电路有电容滤波电路和电感滤波电路。

（1）电容滤波电路

电容滤波电路是在整流电路输出端并联电容器 C，利用其充、放电特性使电压趋于平滑的原理组成的电路，单相桥式整流电容滤波电路如图 5.16（a）所示。

当变压器的二次电压 u_2 在正半周并大于电容器端电压 u_C 时，桥式整流输出的电压在向负载供电的同时，也给电容器充电，当充电电压达到最大值 U_2 时，u_C 也达到最大值 U_2，此后 u_2 开始下降，电容器开始向负载电阻放电，维持负载两端电压缓慢下降，填补相邻两峰值电压之间的空白，其波形如图 5.16（b）所示。

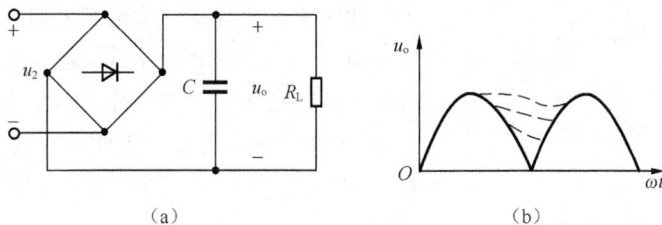

图 5.16　桥式整流电容滤波电路及其波形

一般来说，在电容滤波电路中，不但输出电压的波形变得平滑，而且使输出电压的平均值增大，输出的直流电压为 $U_o=（1\sim1.4）U_2$。

为了获得较好的滤波效果，要选择容量较大的电容器，一般选用电解电容器作为滤波电容。使用电解电容时要注意它的极性，不可接错，否则，电容器易被击穿。电容滤波电路适用于负载较小且基本不变的电路。

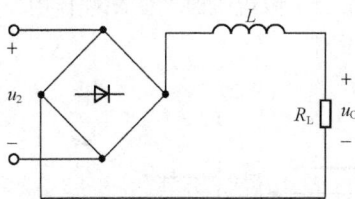

图 5.17　桥式整流电感滤波电路

（2）电感滤波电路

电感滤波电路是在整流电路输出端与负载电阻 R_L 之间串联电感线圈 L，利用电感线圈在电流变化时，产生的自感电动势阻碍电流的变化，构成滤波电路，使负载电流和电压的平滑程度得到提高，单相桥式整流电感滤波电路如图 5.17 所示。

电感线圈串联在整流电路的输出端，当电感 L 足够大时，桥式整流电路输出的电压交流成分因频率较高，故大部分降在线圈上；其中的直流成分则由于频率为零，即感抗为零，则降压在负载电阻 R_L 两端。相当于电感线圈滤除了交流成分，而将保留的直流成分传输给负载电阻，从而实现滤波。

由于实现滤波的电感元件体积大，结构复杂，电感自身的电阻会引起直流电压损失和功率损失，因此，实际应用中较少采用电感滤波。电感滤波电路主要适用于负载电流较大的电路。

3．稳压电路

利用稳压二极管组成的并联型稳压电路如图 5.18 所示，稳压二极管作为调整元件与负载并联，电阻 R 为限流电阻，用来限制流过稳压管的电流。

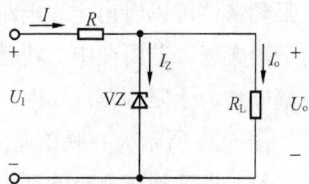

图 5.18　并联型稳压电路

工作原理：当电源电压波动或负载变化引起输出电压 U_o 变化时，电路中的电流会随之变化，导致限流电阻上的压降随之变化，从而使 U_o 保持不变。

稳压过程：$U_i \uparrow \rightarrow U_o \uparrow \rightarrow I_Z \uparrow \rightarrow U_R \uparrow \rightarrow U_o \downarrow$

从稳压过程可以看出，由于稳压二极管的稳压作用，使输出电压 U_o 保持近似恒定。上述稳压过程为 U_o 增大时的稳压过程，当 U_o 减小时，上述调节过程仍然成立。

4．钳位保护电路

钳位是指将某点的电位限制在规定电位的措施，产生这个措施的电路叫作钳位电路。

汽车中的电子产品一般都连接在 12V 电源上，其电路都必须工作在 9～16V 的标称电压范围内。汽车电气系统是由大电流电动机、继电器、螺线管、车灯和不断颤动的开关触点组成，不可避免地会出现电流、电压的波动，因此需要设置保护电路来保护与汽车 12V 总线连接的各种系统。在汽车电子点火控制电路就设置了二极管钳位保护电路，来保护其中的电子器件不会因电路中的瞬时高电压击穿。

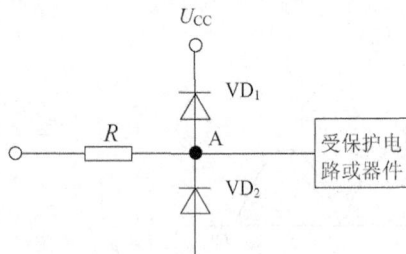

图 5.19　二极管钳位保护电路

二极管钳位保护电路是由两个二极管反向并联组成的，如图 5.19 所示。分析电路可知，两个二极管中每次只能有一个二极管处于导通状态，另一个截止。当点 A 处的电压超过 $U_{CC}+0.7$V 时，VD_1 导通；当该点电压小于 -0.7V 时，VD_2 导通。因此，点 A 的输出电压被钳制在 -0.7V～$U_{CC}+0.7$V，从而实现对受保护电路或器件的保护作用。

5．限幅电路

限幅电路的作用是把输出信号幅度限定在一定的范围内，即当输入电压超过或低于某一参考值后，输出电压将被限制在某一电平（称作限幅电平），且再不随输入电压变化。限幅电路常用于整形、波形变换、过压保护等电路。汽车轮速传感器信号处理电路中就用到了二极管限幅电路。

限幅电路按功能分为上限幅电路、下限幅电路和双向限幅电路三种。上限幅电路在输入电压高于某一上限电平时产生限幅作用；下限幅电路在输入电压低于某一下限电平时产生限幅作用；双向限幅电路则在输入电压过高或过低的两个方向上均产生限幅作用。

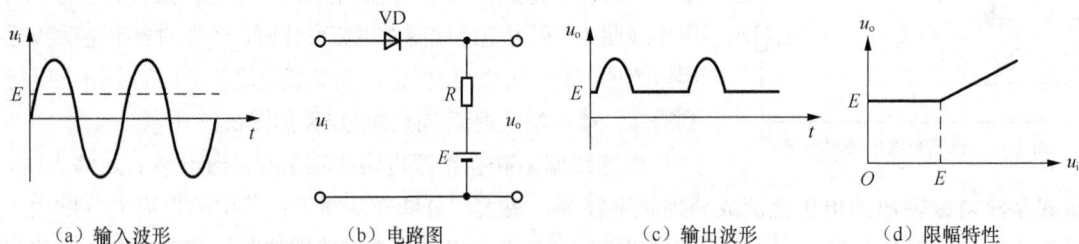

（a）输入波形　　　（b）电路图　　　（c）输出波形　　　（d）限幅特性

图 5.20　二极管串联单向限幅电路

图 5.20 所示为串联单向限幅电路及其输入波形、输出波形和限幅特性。串联限幅电路中的二极管串联在输入与输出之间。当 u_i 高于 E 时，VD 导通，$u_o=E$；当 u_i 低于 E 时，VD 截止，$u_o=u_i$。从限幅特性可以看出，该电路将输出信号的下限电平限定在某一固定值 E 上，所以称这种限幅器为下限幅器。若将图中二极管极性对调，则得到的输出信号上限电平被限定在某一数值上，这种限幅器称为上限幅器。

图 5.21 所示为并联单向限幅电路及其输入波形、输出波形和限幅特性，二极管与负载 RL 并联。若二极管具有理想的开关特性，则当 u_i 低于 E 时，VD 不导通，$u_o=E$；当 u_i 高于 E 以后，VD 导通，$u_o=u_i$。当输入振幅大于 E 的正弦波时，输出电压波形如图所示。从输出电压波形可以看出该电路将输出信号的下限电平限定在某一固定值 E 上，所以称这种限幅器为上限幅器。

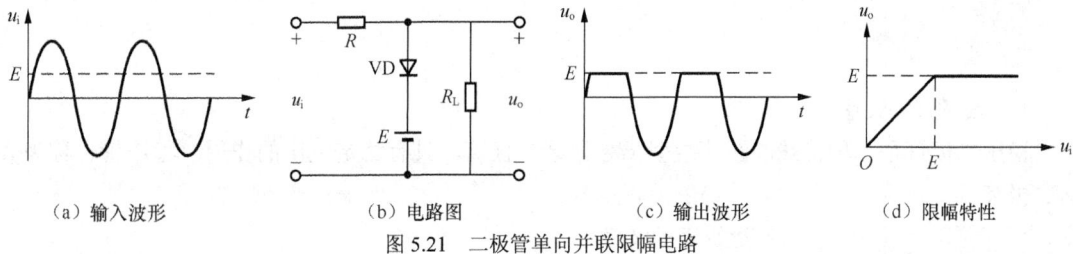

（a）输入波形　　　　　（b）电路图　　　　　（c）输出波形　　　　　（d）限幅特性

图 5.21　二极管单向并联限幅电路

将上、下限幅器组合在一起，就组成了如图 5.22 所示的双向限幅电路，当输入一个振幅较大的正弦信号时，其输出波形如图 5.22 所示。从限幅特性可以看出，双向限幅电路在输入电压过高或过低的两个方向上均产生限幅作用。

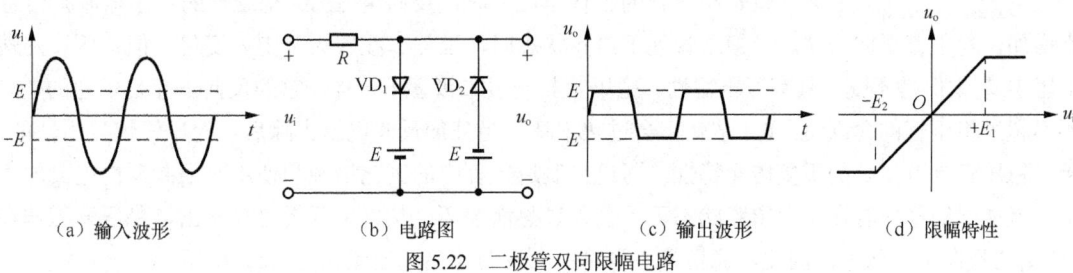

（a）输入波形　　　　　（b）电路图　　　　　（c）输出波形　　　　　（d）限幅特性

图 5.22　二极管双向限幅电路

想一想　　单相桥式整流电路中，若有一个二极管 VD_1 内部短路，整流电路会出现什么现象？若有一个二极管 VD_2 虚焊（断路），整流电路会出现什么现象？若有一个二极管 VD_3 方向接反，整流电路会出现什么现象？

作业测评

1．整流电路中起整流作用的元件是＿＿＿＿＿＿＿＿＿。

2．交流电在整流以后得到的直流电＿＿＿＿＿＿＿＿＿，为了获得平稳的直流电，必须采用＿＿＿＿＿＿，这种电路中起主要作用的元件是＿＿＿＿或＿＿＿＿。

3．用线将 5.23 图所示的元器件连接成桥式整流电路。

4．图 5.24 所示电路中，已知 $u_i=5\sin\omega t$（V），二极管导通电压 $U_D=0.7V$。试画出 u_i 和 u_o 的波形，并标出幅值。

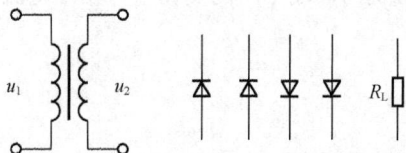

图 5.23　作业测评 3 题目

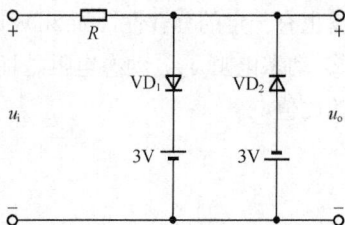

图 5.24　作业测评 4 题目

5.2.3　特殊二极管

汽车电子电路中除了用到普通二极管之外，还常常应用一些特殊功能的二极管。如稳压二极管、光电二极管、发光二极管等。

基础知识

1. 稳压二极管

稳压二极管是一种特殊的面接触型半导体硅二极管，具有稳定电压的作用。稳压管也称为齐纳二极管。

（1）稳压管的特性

图 5.25 所示为稳压管的伏安特性曲线、符号、典型应用电路和实物图。稳压管与普通二极管的区别主要为其反向特性。从稳压管的反向特性曲线可以看出，当反向电压较小时，反向电流几乎为零，当反向电压增高到击穿电压 V_z（也是稳压管的工作电压）时，反向电流 I_z（稳压管的工作电流）会急剧增加，稳压管反向击穿。当稳压管处于击穿状态时，虽然 I_z 在较大范围内变化，但稳压管两端电压 V_z 基本保持不变，具有恒压特性。稳压管与一般二极管不一样，它的反向击穿是可逆的，只要不超过稳压管的允许值，PN 结就不会过热损坏，当外加反向电压去除后，稳压管恢复原性能，所以稳压管具有良好的重复击穿特性。通过在制造过程中的工艺措施和使用时限制反向电流的大小，就能保证稳压管在反向击穿状态下不会因过热而损坏。从以上分析可以看出，稳压管工作在 PN 结的反向击穿状态，因此，稳压管在电路中应反向连接，如图 5.25（c）所示。

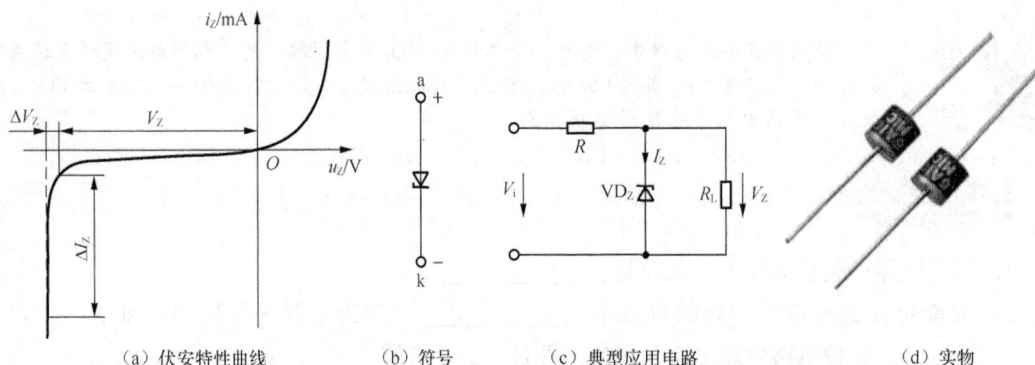

（a）伏安特性曲线　　（b）符号　　（c）典型应用电路　　（d）实物

图 5.25　稳压管的伏安特性、符号、典型应用电路及实物图

（2）稳压管的主要参数

① 稳定电压 V_Z。稳定电压是指稳压管正常工作时，管子两端的电压，由于制造工艺的原因，稳压值也有一定的分散性，如 2CW14 型稳压值为 6.0～7.5V。

② 动态电阻 r_Z。动态电阻是指稳压管在正常工作范围内，端电压的变化量与相应电流的变化量的比值。

$$r_Z = \frac{\Delta V_Z}{\Delta I_Z}$$

稳压管的反向特性越陡，r_Z 越小，稳压性能就越好。

③ 稳定电流 I_Z。稳定电流是指稳压管正常工作时的参考电流值，只有 $I \geqslant I_Z$，才能保证稳压管有较好的稳压性能。

④ 最大稳定电流 I_{Zmax}。允许通过的最大反向电流，$I > I_{Zmax}$ 管子会因过热而损坏。

⑤ 最大允许功耗 P_{ZM}。最大允许功耗是指管子不致发生热击穿的最大功率损耗 $P_{ZM} = V_Z I_{Zmax}$

⑥ 电压温度系数 α_V。温度变化 10℃时，稳定电压变化的百分数定义为电压温度系数。电压

温度系数越小，温度稳定性越好，通常硅稳压管在 V_Z 低于 4V 时具有负温度系数，高于 6V 时具有正温度系数，V_Z 在 4～6V 时，温度系数很小。

（3）稳压管正常工作条件

稳压管正常工作的条件有两条，一是工作在反向击穿状态，二是稳压管中的电流要在稳定电流和最大允许电流之间。当稳压管正偏时，它相当于一个普通二极管。图 5.25（c）所示为最常用的稳压电路，当 V_i 或 R_L 变化时，稳压管中的电流发生变化，但在一定范围内其端电压变化很小，因此起到稳定输出电压的作用。

2．光电二极管

光电二极管又称为光敏二极管，其管壳上有一个玻璃窗口，用来接受光照。

（1）光电二极管的特性

光电二极管与普通二极管一样，都具有一个 PN 结。光电二极管的 PN 结的面积一般尽量做得很大，而电极面积尽量小。当光线照射于 PN 结时，光电二极管可以成对地产生自由电子和空穴，使半导体中少数载流子的浓度提高。这些载流子在一定的反向偏置电压作用下可以产生漂移电流，使反向电流增加。因此它的反向电流随光照强度的增加而线性增加，这时光电二极管等效于一个恒流源。当无光照时，光电二极管的伏安特性与普通二极管一样。图 5.26 所示为光电二极管的等效电路、符号及实物图。

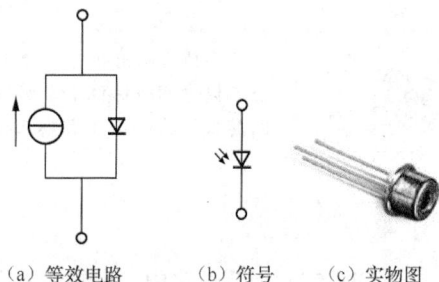

（a）等效电路　　　（b）符号　　　（c）实物图

图 5.26　光电二极管的等效电路及符号

（2）光电二极管的主要参数

① 暗电流：指无光照时的反向饱和电流，一般<1μA。

② 光电流：指在额定照度下的反向电流，一般为几十毫安。

③ 灵敏度：指在给定波长（如 0.9μm）的单位光功率时，光电二极管产生的光电流，一般≥0.5μA/μW。

④ 峰值波长：指使光电二极管具有最高响应灵敏度（光电流最大）的光波长。一般光电二极管的峰值波长在可见光和红外线范围内。

⑤ 响应时间：指加定量光照后，光电流达到稳定值的 63% 所需要的时间，一般为 10^{-7}s。

光电二极管作为光控元件可用于各种物体检测、光电控制、自动报警等方面。当制成大面积的光电二极管时，可当作一种能源而被称为光电池。此时它不需要外加电源，能够直接把光能变成电能。

3．发光二极管

发光二极管是一种将电能直接转换成光能的半导体固体显示器件，简称 LED（Light Emitting Diode）。与普通二极管相似，发光二极管也是由一个 PN 结构成。发光二极管的 PN 结封装在透明塑料壳内，外形有方形、矩形和圆形等。发光二极管的驱动电压低、工作电流小，具有很强的抗振动和冲击能力、体积小、可靠性高、耗电省和寿命长等优点，被广泛用于信号指示等电路中。在电子技术中常用的数码管，就是用发光二极管按一定的排列组成的。

发光二极管的原理与光电二极管相反。这种发光二极管正向偏置通过电流时会发出光来，这是由于电子与空穴直接复合时放出能量的结果。它的光谱范围比较窄，其波长由所使用的基本材料而定。不同半导体材料制造的发光二极管会发出不同颜色的光，如磷砷化镓（GaAsP）材料发红光或黄光，磷化镓（GaP）材料发红光或绿光，氮化镓（GaN）材料发蓝光，碳化硅（SiC）材料发黄光，砷化镓（GaAs）材料发不可见的红外线。

发光二极管的符号如图 5.27 所示。它的伏安特性与普通二极管相似，死区电压为 0.9～1.1V，其正向工作电压为 1.5～2.5V，工作电流为 5～15mA。反向击穿电压较低，一般小于 10V。

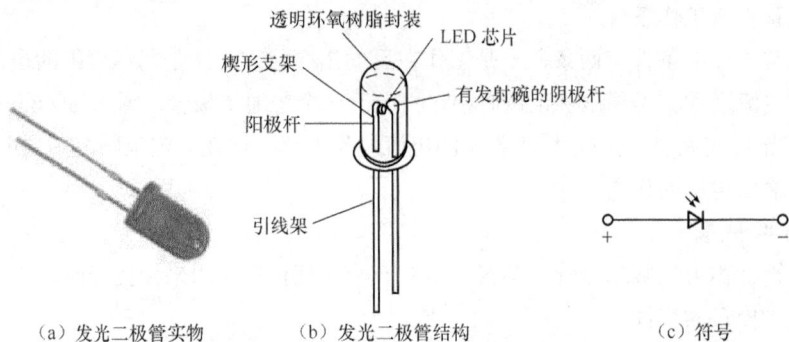

（a）发光二极管实物　　　　（b）发光二极管结构　　　　（c）符号

图 5.27　发光二极管的等效电路及符号

> 想一想
>
> 二极管具有单向导通的特性，当二极管阳极电位大于阴极电位时，二极管导通，反之，当二极管阳极电位小于阴极电位时，二极管截止。那么当电路中有两个二极管时，如何判断其工作状态？（考虑三种情况：两个都正偏、两个都反偏、一个正偏一个反偏。）

作业测评

1. 图 5.28 所示电路中，已知输入电压 $u_i=5\sin t$（V），二极管的导通电压为 0.7V。分别画出它们的输出电压波形和传输特性曲线 $u_o=f(u_i)$。

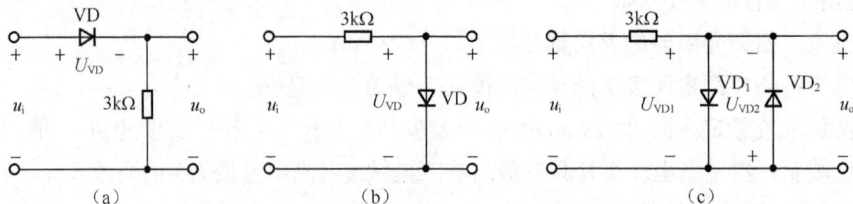

图 5.28　作业测评 1 题目

2. 有两个硅稳压管，VD_{Z1}、VD_{Z2} 的稳定电压分别为 6V 和 8V，正向导通电压为 0.7V，稳定电流为 5mA。求图 5.29 所示各电路的输出电压 U_o。

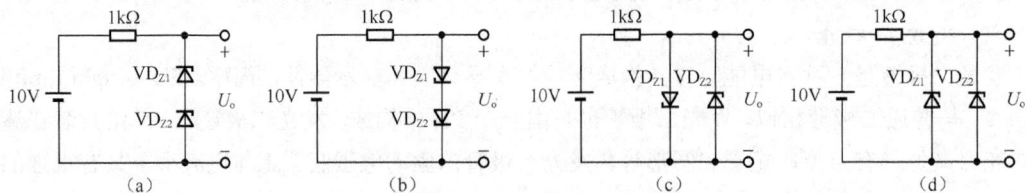

图 5.29　作业测评 2 题目

3. 图 5.30 所示为一限幅电路，输入电压 $u_i=10\sin t$（V），试画出输出电压的波形和传输特性曲线。设 VD1、VD2 的性能均理想。

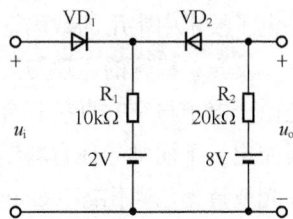

图 5.30　作业测评 3 题目

5.3　晶体三极管及应用

晶体三极管也称为半导体三极管或晶体管，简称三极管，具有电流放大作用及开关作用。由三极管组成的放大电路也广泛应用于工业及家用电子设备中。汽车电子电路中常利用三极管的导通和截止实现对电气设备的控制，如发动机喷油器、怠速控制阀、自动变速器电磁阀、继电器等都是通过三极管来控制的，在一些传感器中也会用到三极管。为了更好地分析理解汽车电路的工作原理，本节将介绍晶体三极管的基本知识及应用电路。

5.3.1　晶体三极管的结构、符号和特性

晶体三极管按频率可分为高频管、低频管；按功率可分为小功率管、中功率管和大功率管；按半导体材料可分为硅管、锗管；按结构可分为 NPN 型管和 PNP 型管。

基础知识

1．三极管的结构与符号

图 5.31 所示为三极管的实物图。三极管的外形和封装种类很多，但其内部结构都是由"3 个区，两个 PN 结"组成的。图 5.32 所示为 NPN 型和 PNP 型三极管的结构图及符号。三极管的 3 个区分别称为集电区、基区和发射区，基区与集电区交界处的 PN 结称为集电结，发射区与基区交界处的 PN 结称为发射结。由发射区、基区和集电区各引出一个电极，分别称为发射极、基极和集电极。发射极、基极和集电极分别用字母 E、B、C 表示。图 5.33 所示为常见的三极管外形和引脚排列。

图 5.31　三极管实物图

在晶体三极管中，3 个电极的电流方向是确定的，从图 5.32 所示可以看出，NPN 型和 PNP 型晶体管各极电流方向是不同的。对于 NPN 型晶体管，电路符号中发射极的电流方向是并由管内流向管外，而基极电流和集电极电流是流入管内的；PNP 型晶体管发射极电流是由管外流向管内的，而基极和集电极的电流是流出管外的。即晶体管的符号不仅指出了管子的极性（NPN 型或 PNP 型），同时也指出了发射极电流的流动方向。

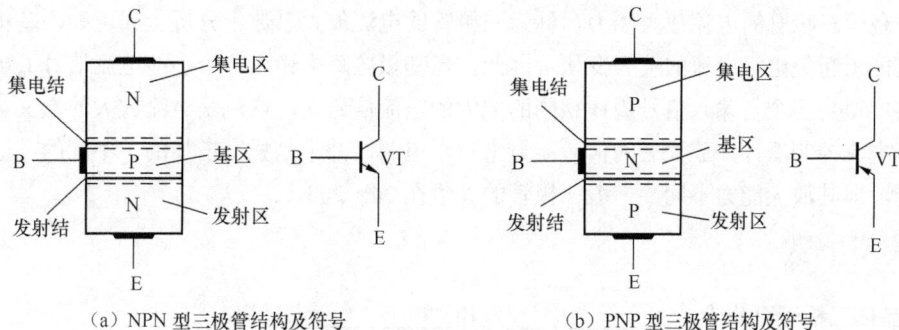

（a）NPN 型三极管结构及符号　　　　（b）PNP 型三极管结构及符号

图 5.32　三极管的结构和符号

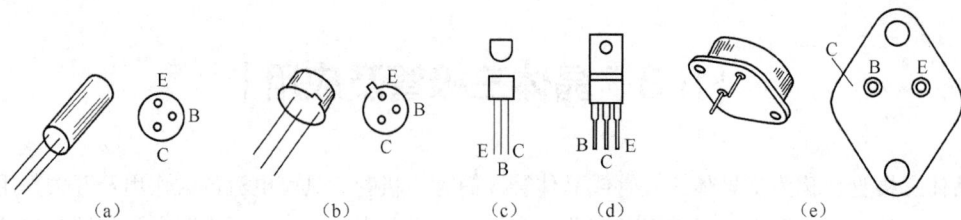

图 5.33　常见的三极管外型及引脚排列

2．三极管的放大作用

（1）三极管的工作电压

二极管有 1 个 PN 结（2 个电极），加 1 个电压就可以使其工作在导通或截止状态。而三极管有两个 PN 结（3 个电极），必须加两个电压，才能确定两个 PN 结的工作状态。对 3 个电极加两个外加电压，必须有一个电极是共用的电极，因此，三极管构成的电路可分为共发射极、共基极和共集电极 3 种接法。

（2）三极管的电流放大作用

常用的硅 NPN 型和 PNP 型三极管，除了电源极性不同外，其工作原理都是相同的，都具有电流放大特性。下面通过介绍 NPN 型硅管的电流放大原理来了解三极管的放大作用。

图 5.34 所示为 NPN 型三极管的连接电路。图中管子的发射极作为公共端接地，且使 $U_{CC} > U_{BB}$。在基极电源 U_{BB} 的作用下，发射结中基极电位高于发射极电位（即发射结正向偏置），在集电极电源 U_{CC} 的作用下，集电结中集电极电位高于基极电位（即集电结反向偏置）。

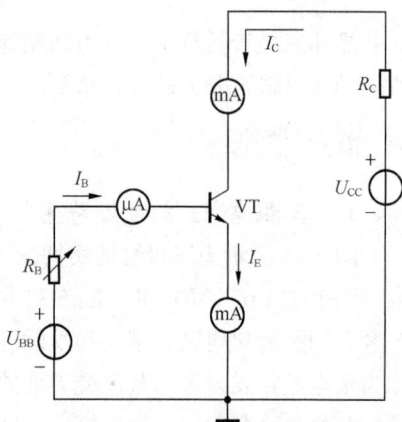

图 5.34　NPN 型三极管的连接电路

从图中可以看出，3 个电流表分别测量基极电流 I_B、集电极电流 I_C 和发射极电流 I_E。调节电阻 R_B 的大小，观察各电流表的数值，可以得到以下结论。

① 三极管各极之间的电流存在如下关系：$I_E = I_B + I_C$，且 $I_C \gg I_B$，因此，可以认为 $I_C \approx I_E$。三极管各极电流的大小取决于电压 U_{BE} 的大小（调节 R_B 可改变 U_{BE}），U_{BE} 增大，I_B 增大，I_C 和 I_E 也随之增大。

② 基极电流 I_B 和集电极电流 I_C 之间的关系：在一定范围内，I_C 和 I_B 的比值基本为一常数，基极电流 I_B 增大，集电极电流 I_C 成比例增大。即有

$$\beta = \frac{I_C}{I_B}$$

β 体现了三极管的电流放大能力，称为三极管的电流放大系数。分析上式可知，基极电流的微小变化能引起集电极电流的较大变化，因此，当基极电路中输入一个小的电流信号 i_b 可以在集电极电路中得到一个与输入信号规律相同的放大的电流信号 i_c，这就是电流放大的意义。三极管作为一个电流控制器件，放大后的信号能量来自于电源，并不是凭空增加的。不同的三极管其 β 值也不同，即其放大能力不同，一般三极管的 β 值在 20～200。

作业测评

1．晶体三极管可分为＿＿＿＿＿＿＿＿型和＿＿＿＿＿＿＿＿型。

2．指出图 5.35 中三极管的类型，并标出各极名称。

3．判断图 5.36 电路中三极管的连接方式（共基极、共集电极、共发射极）。

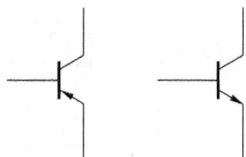

图 5.35　作业测评 2 题图　　　　　　　图 5.36　作业测评 3 题图

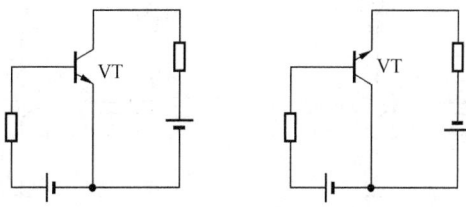

5.3.2　晶体三极管的工作状态、主要参数及基本放大电路

三极管共有 3 种工作状态，除了放大状态外，还有饱和状态和截止状态。三极管主要工作在截止和饱和工作状态之间。本小节将介绍三极管的 3 种工作状态的特点，熟悉三极管的主要参数。

基础知识

1．三极管的工作状态

三极管因其集电结和发射结所加的电压不同，具有不同的工作状态，可分为放大状态、饱和状态和截止状态。不同的工作状态表现出的特性不同，因此可被用于不同的场合。

（1）放大状态

当三极管的发射结正向偏置（正向偏置电压大于死区电压），集电结反向偏置时，就处于放大状态。此时，$I_B > 0$，集电极电流 I_C 受 I_B 控制，即 $I_C = \beta I_B$。图 5.37 所示为三极管处于放大状态的电路图。

三极管工作在放大状态的条件是发射结正向偏置，集电结反向偏置。

（2）饱和状态

处于放大状态的三极管，如果让 I_B 不断增大，当 I_B 达到一定数值后，集电极的电流 I_C 将不再随 I_B 的增大而增大，此时 I_C 达到了最大值，这就是饱和状态。三极管处于饱和状态时，I_B 对 I_C 不再有控制作用。图 5.38 所示为三极管饱和状态的电路图。

从图 5.38 所示可以看出，当减小 R_B，使发射结正向电压 U_{BE} 增加，I_B 增加，同时 I_C 也增加。I_C 增加，U_{CE}（即 $U_{CC} - R_C I_C$）减小。当 U_{CE} 减小到接近于零时，集电极电流 I_C 达到最大，$I_C \approx \dfrac{U_{CC}}{R_C}$，此时若再增加 I_B，I_C 也不可能再增加了，即三极管达到饱和。三极管达到饱和时的 U_{CE} 的值称为饱和压降，一般硅管的饱和压降约为 0.3V，锗管的饱和压降约为 0.1V。

三极管处于饱和状态的条件是发射结正向偏置，集电结也正向偏置。

（3）截止状态

当三极管的基极与发射极之间的电压 U_{BE} 为反偏电压或低于发射结的死区电压时（硅管低于 0.5V，锗管低于 0.2V），基极电流 $I_B = 0$，此时 $I_C \neq 0$，称为穿透电流，用 I_{CEO} 表示，I_{CEO} 非常小，可认为 $I_{CEO} = I_C = 0$，此时三极管就处于截止状态。三极管处于截止状态时，集电极和发射极之间呈现很大的电阻，相当于 C、E 之间处于断开状态，此时 $U_{CE} \approx U_{CC}$。图 5.39 所示为三极管处于截止状态的电路图。处于截止状态的三极管集电极电位最高，发射极电位次之，基极电位最低。

三极管处于截止状态的条件是发射结反向偏置，集电结也反向偏置。

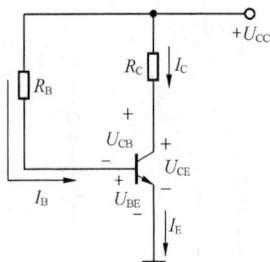

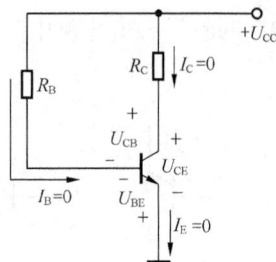

图 5.37　三极管放大状态电路图　　　图 5.38　三极管饱和状态电路图　　　图 5.39　三极管截止状态电路图

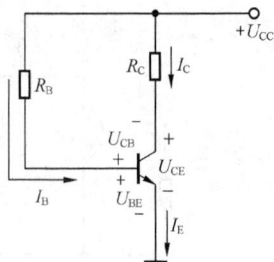

三极管的 3 种工作状态各有特点。一般情况下，在模拟电子电路中，三极管主要工作在放大状态，避免其工作在饱和状态或截止状态，否则会使被放大的交流信号出现失真，汽车电气系统中的信号处理电路中，就用到了三极管的放大特性；在数字电子电路中，三极管主要工作在饱和或截止两种状态，起开关作用。汽车电气系统中的无触点电子点火系统的电子点火器、电子式电压调节器都应用了三极管的这种开关特性。

2．三极管的主要参数

三极管的参数是设计电路、选用三极管的依据，主要有电流放大系数、穿透电流、集电极最大允许电流、反向击穿电压和集电极最大耗散功率。

（1）电流放大系数 β

通常三极管的电流放大系数 β 值在 20～200，β 值太小，放大能力差；β 值太大，工作性能不稳定，常用的 β 值在 100 左右为宜。

（2）穿透电流 I_{CEO}

基极开路时（$I_B = 0$），集电极和发射极之间的反向电流称为穿透电流，用 I_{CEO} 表示。I_{CEO} 随温度的升高而增大，I_{CEO} 越小，管子的性能越稳定。硅管的穿透电流比锗管小，因此硅管的稳定性较好。

（3）集电极最大允许电流 I_{CM}

集电极最大允许电流是指三极管正常工作时，集电极允许的最大电流。当 I_C 超过一定值时，电流放大系数 β 会下降，如果超过了 I_{CM}，β 会下降到无法正常工作的程度。

（4）反向击穿电压 U_{CEO}

反向击穿电压是指基极开路时，加在集电极和发射极之间的最大允许电压，用 U_{CEO} 表示。当 $U_{CE} > U_{CEO}$ 时，三级管会因击穿而损坏。

（5）集电极最大允许耗散功率 P_{CM}

三极管正常工作时，集电结所允许的最大耗散功率称为集电极最大允许耗散功率，用 P_{CM} 表示。$P_{CM} < 1W$ 的称为小功率管，$P_{CM} > 1W$ 的称为大功率管。

3．三极管基本放大电路

放大电路也称放大器，其作用是把微弱的电信号（电流、电压或功率）转变为较强的电信号，然后送到负载，以完成特定的功能。

（1）共射极单管放大电路

图 5.40 所示为共发射极单管放大电路，该电路采用的是单电源供电。电路中各元件的作用如下。

① VT——NPN 型晶体管，是放大电路的核心元件，起电流放大作用。

② U_{CC}——放大电路的直流电源。一方面与 R_B、R_C 相配合，保证晶体管的发射结正向偏置，集电结反向偏置，即保证晶体管工作在放大状态。另一方面为输出信号提供能量。U_{CC} 的数值一般为几伏至十几伏。

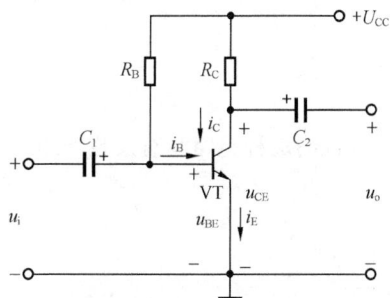
图 5.40　共发射极放大电路

③ R_B——基极偏置电阻。与 U_{CC} 配合，决定了放大电路基极电流 I_B 的大小，R_B 的阻值一般为几十千欧至几百千欧。

④ R_C——集电极负载电阻。主要作用是将晶体管集电极电流的变化量转化为电压变化量，反映到输出端，从而实现电压放大。R_C 的阻值一般为几千欧至十几千欧。

⑤ C_1、C_2——耦合电容。起"通交流隔直流"的作用（一方面隔离放大电路与信号源和负载之间的直流通路，另一方面使交流信号在信号源、放大电路和负载之间能顺利地传送），C_1、C_2 的数值一般为几微法至几十微法。

此电路中，输入信号从晶体管的基极与发射极之间输入，输出信号从晶体管的集电极与发射极之间输出，共用发射极，所以称为共射极电路。

共射极单管放大电路的工作原理如下。

① 静态工作情况

把放大器的输入端短路，则放大器处于无信号输入状态，由于直流电源 U_{CC} 的存在，电路中各处存在着直流信号，电路这时的工作状态称为静态。静态时，晶体管直流电压 U_{BE}、U_{CE} 和对应的 I_B、I_C 统称为静态工作点 Q，常分别记作 U_{BEQ}、U_{CEQ}、I_{BQ}、I_{CQ}。

直流信号在电路中流通的路径称为直流通路，图 5.40 所示电路的直流通路如图 5.41（a）所示。

按照直流通路的结构，可得电路的静态工作点为

$$I_{BQ} = \frac{U_{CC} - U_{BEQ}}{R_B} \approx \frac{U_{CC}}{R_B}$$

$$I_{CQ} = \beta I_{BQ}$$

$$U_{CEQ} = U_{CC} - I_{CQ} R_C$$

式中，$U_{BEQ} \approx 0.7V$，近似计算时可忽略不计。

② 动态工作情况

放大电路输入的交流信号不为零时的工作状态称为动态。交流信号在电路中流通的路径称为交流通路，画交流通路的方法如下：耦合电容和旁路电容视为短路，直流电源由于内阻很小，对交流信号也视为短路，图 5.40 所示电路的交流通路如图 5.41（b）所示。

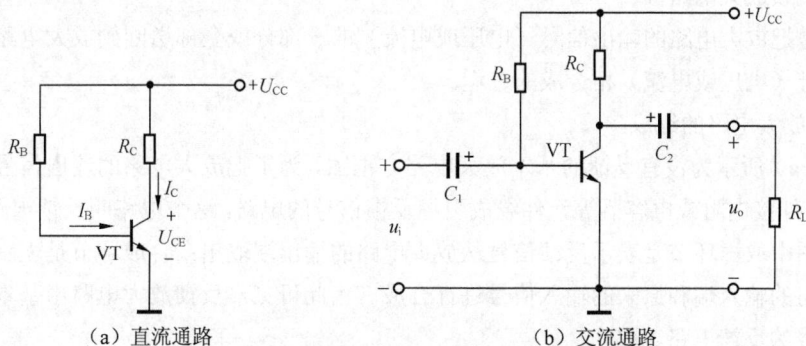

（a）直流通路　　　　　　　　　　（b）交流通路
图 5.41　基本共发射极放大电路的直流通路和交流通路

若电路输入的交流信号为 $u_i = U_m \sin \omega t$，电路中各电量将在原静态值上叠加一个交流分量。

$$u_{BE} = U_{BE} + u_i$$

$$i_B = I_B + i_b$$
$$i_C = I_C + i_c$$
$$u_{CE} = U_{CC} - i_C R_C$$

其波形如图 5.42 所示。从图中可以看出，u_o 和 u_i 相位相反，说明这种电路具有反相作用。

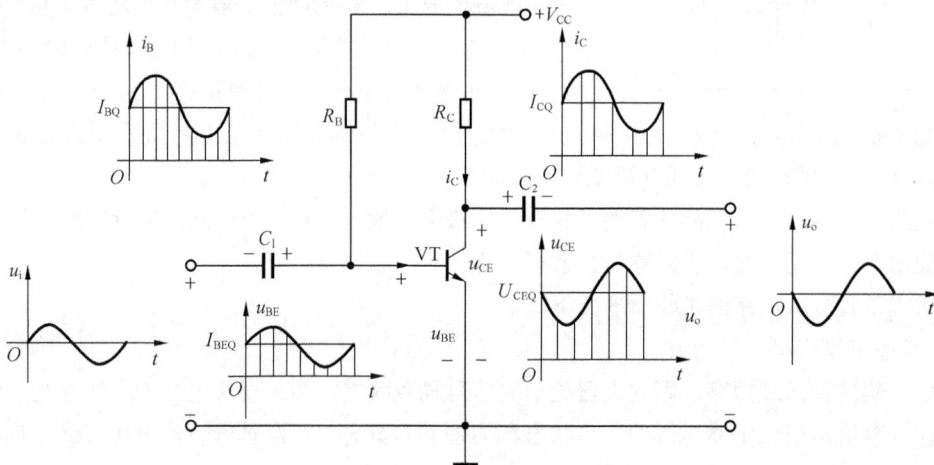

图 5.42 动态分析的波形

（2）射极输出器

图 5.43 所示电路为共集电极放大电路，交流信号从基极输入，从发射极输出，集电极是输入、输出回路的公共端，因此称为共集电极放大电路。由于信号从发射极输出，也称其为射极输出器。

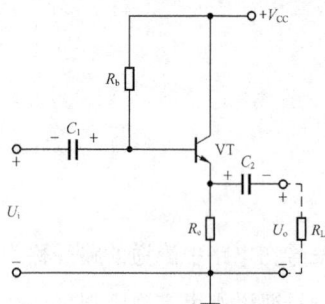

图 5.43 射极输出器

由于射极输出器的输出电压与输入电压数值相近、相位相同，即输出信号总是跟随输入信号变化，射极输出器又称射极跟随器，这也是射极输出器最显著的特点。

此外，射极输出器还具有输入电阻大（可达几十千欧姆到几百千欧姆）、输出电阻小（一般为几欧姆到几百欧姆）的特点，因而广泛用于多级放大电路、电子测量仪器以及集成电路中。

（3）负反馈放大电路

反馈就是把放大电路的输出信号（电压或电流）的一部分或全部送回到放大电路的输入端，并与输入信号（电压或电流）相合成的过程。

① 反馈放大电路的组成

图 5.44（a）所示为没有反馈的基本放大电路方框图。为了把放大电路的输出信号送回到输入端，通常采用外接电阻或电容器等元件组成引导反馈信号的电路，这个电路叫反馈电路，如图 5.44（b）所示。图中取样环节是表示反馈信号从放大电路的输出端取出；合成环节是表示反馈信号送回到放大电路的输入端和原来的输入信号进行合成。由此可见，反馈放大电路由基本放大电路与传输反馈信号的反馈电路组成。

② 反馈电路的类型

根据反馈的极性不同，反馈信号的取样对象不同，以及反馈电路在放大电路的连接方式不同，大致可分为以下几类。

正反馈和负反馈。反馈信号起到增强输入信号作用的叫正反馈；反馈信号起到削弱输入信号作用的叫负反馈。

直流反馈和交流反馈。对直流量起到反馈作用的叫直流反馈；对交流量起到反馈作用的叫交流反馈。

电压反馈和电流反馈。反馈信号与输出电压成正比的叫电压反馈；反馈信号与输出电流成正比的叫电流反馈。通常电压反馈电路的取样端与放大电路输出端是并联的；电流反馈电路的取样端与放大电路输出端是串联的。

串联反馈和并联反馈。放大电路的净输入信号由原输入信号和反馈信号串联而成的叫串联反馈；放大电路的净输入信号由原输入信号和反馈信号并联而成的叫并联反馈。

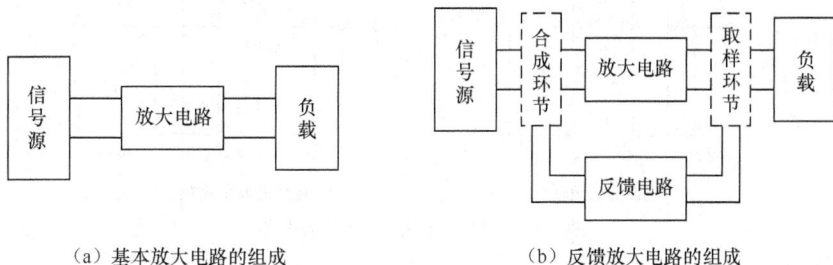

（a）基本放大电路的组成　　　　　　（b）反馈放大电路的组成

图 5.44　反馈放大电路的示意图

③ 反馈的判断

反馈的形式很多，对于一个反馈电路，需要判断它是电压反馈还是电流反馈，是串联反馈还是并联反馈，是正反馈还是负反馈，下面介绍几种判断方法。

判断正反馈还是负反馈。通常采用瞬时极性法来判别。首先假设在原输入信号作用下，三极管的基极电位在某一瞬时的极性。瞬时极性为"+"，意思是指电位在升高；瞬时极性为"−"，则指电位在降低。其次，根据三极管集电极瞬时极性与基极的瞬时极性相反，而发射极的瞬时极性与基极的瞬时极性相同，以及电容、电阻等反馈元件不会改变瞬时极性的关系，来决定各点的瞬时极性。最后判断出反馈到输入端的反馈信号的极性。若反馈到输入端基极的极性和原假设极性相同为正反馈，相反为负反馈。

判断电压反馈还是电流反馈。由于交流信号可以通过电容器，因此把放大电路的输出端短路，即使输出电压为零时，如果反馈信号也为零，则为电压反馈；如果反馈信号不为零，则为电流反馈。

判断并联反馈还是串联反馈。把放大电路的输入端短路，如果此时反馈信号同样被短路，使净输入信号为零，则为并联反馈；如果此时反馈信号没有消失，则为串联反馈。

此外，也可以从反馈电路与放大电路的输入端连接方式来判断。反馈到基极的是并联反馈，反馈到发射极的是串联反馈。

④ 负反馈放大器的 4 种基本形式

在实际应用中，负反馈放大器的电路形式多种多样，其特点各异。综合考虑反馈电路与输入及输出回路的连接方式，负反馈放大器可归纳为电流串联负反馈、电压串联负反馈、电流并联负反馈和电压并联负反馈 4 种基本形式，如图 5.45 所示。

（4）OTL 功放电路

OTL 功放电路是一种常用的以输出功率为主的功率放大器，称为无输出变压器功放电路，简称 OTL 功放电路。功率放大器经常作为多级放大器的最后一级。它的主要作用是输出足够大的功率驱动负载正常工作，如使电机转动、继电器动作、扬声器发声等。功率放大器简称功放。

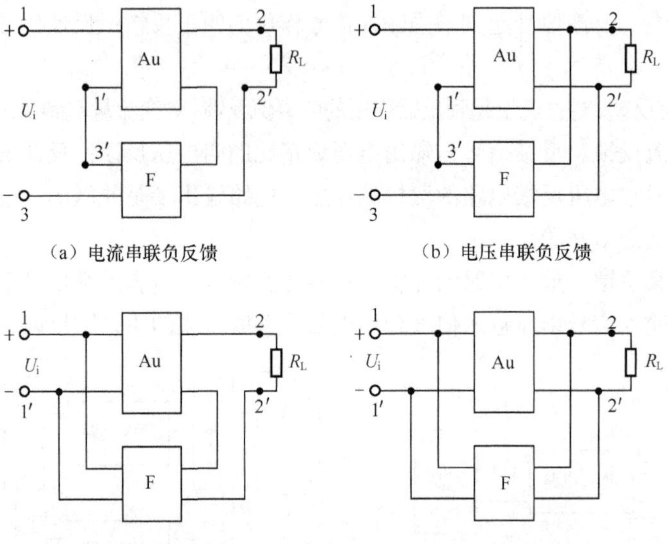

（a）电流串联负反馈　　　　　　　　　　（b）电压串联负反馈

（c）电流并联负反馈　　　　　　　　　　（d）电压并联负反馈

图 5.45　4 种负反馈放大器的方框图

① 电路组成

OTL 功放电路即单电源供电的互补对称功率放大器。图 5.46 所示为 OTL 功率放大器的典型电路。

VT_1 和 VT_2 是一对导电类型不同，特性参数对称的功放管，其连接方式上下对称，两管都接成发射极输出。VT_1 是 NPN 型晶体管，它在信号的正半周导通；VT_2 是 PNP 型晶体管，它在信号的负半周导通。两管工作性能对称，互为补偿，故称为互补对称放大器，其电路如图 5-47 所示。

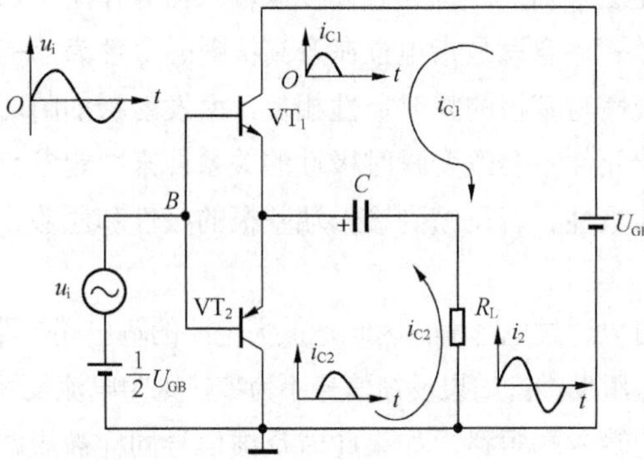

图 5.46　互补对称 OTL 功放电路

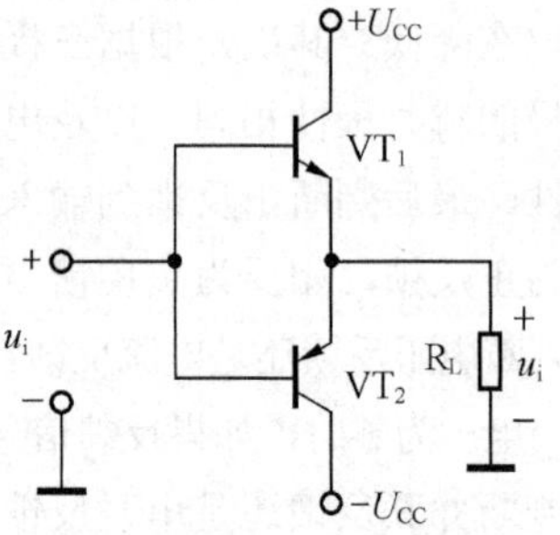

图 5.47　互补对称 OCL 功放电路

② 工作原理

静态（电路输入 $u_i = 0$）时，$U_B = \frac{1}{2}U_{GB}$，由于 VT_1 和 VT_2 对称连接，特性一致，每管压降为 $\frac{1}{2}U_{GB}$，这时电容 C 上电压也为 $\frac{1}{2}U_{GB}$，$U_B = U_E$。VT_1 和 VT_2 均因零偏而截止，这时仅有很小的穿透电流 I_{CEO} 通过。

动态（电路输入 $u_i \neq 0$）时，u_i 接入输入端。在 u_i 的正半周，VT_1 的基极电位高于 $\frac{1}{2}U_{GB}$，其发射结处于正偏，VT_1 管导通；VT_2 的发射结处于反偏，VT_2 管截止。输出电流 i_{C1} 由电源正端经 VT_1、C、R_L 回到电源负端。同理，输入信号为负半周时，VT_2 导通，VT_1 截止，输出电流 i_{C2} 由

电容 C 的正极、VT_2、R_L 回到电容 C 的负极，这时 C 代替电源向 VT_2 供电，即 C 充当 VT_2 导通时的电源，这要求电容 C 上的电压 U_{GB} 基本上维持不变，C 必须足够大。这样负载 R_L 上的电流为 $i_{C1}+i_{C2}=i_L$，它是一个完整的正弦电流。

（5）OCL 功放电路

OCL 功放电路也是一种常用的以输出功率为主的功率放大器，称为无输出电容功放电路，简称 OCL 功放电路。

① 电路组成

OCL 功放电路的原理如图 5.48 所示。电路由正、负两个电源供电，VT_1 是 NPN 型晶体管，VT_2 是 PNP 型晶体管，要求两管参数对称。两管的基极和发射极分别连接在一起，信号从基极输入，从发射极直接耦合输出，R_L 是负载。这个电路可以看作是由图 5.48 所示的两个射极输出器电路组合而成，尽管射极输出器不具有电压放大作用，但有电流放大作用，所以，仍然具有功率放大作用。

② 工作原理

静态时，VT_1 和 VT_2 都不导通，负载 R_L 上静态电流为零，输出 $u_o = 0$。

动态时，在输入信号正半周期间，VT_1 管发射结正向偏置导通，VT_2 管截止，VT_1 管的 i_{C1} 流过负载 R_L；在输入信号负半周期间，VT_2 管发射结正向偏置导通，VT_1 管截止，VT_2 管的 i_{C2} 流过负载 R_L。这样，在输入信号作用下，VT_1、VT_2 交替导通，电流方向如图 5.48 所示，负载 R_L 上得到一个完整的波形。

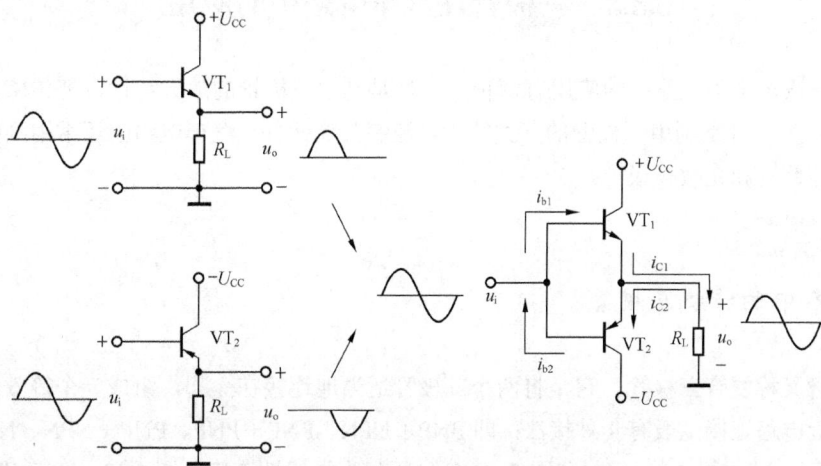

图 5.48　OCL 功放电路及工作原理

案例 5.2　**利用万用表欧姆挡判别三极管的管型和引脚**

取普通万用表 1 只、三极管若干、变阻器若干。

操作步骤

（1）将万用表转换开关置于"Ω"挡，选择 $R×100$ 或 $R×1k$ 挡，用黑表笔（内接表内电池的正极）接三极管的任意 1 个引脚，再用红表笔（内接表内电池的负极）接触其余两只引脚。①若两次测量的电阻值都很小，则黑表笔接的引脚是基极，且该三极管是 NPN 型三极管。②若两次测量的电阻值都很大，则黑表笔接的引脚是基极，且该三极管是 PNP 型三极管。

（2）若测试结果不符合两次电阻均很小或很大的条件，则黑表笔接的不是基极，更换 1 个引脚进行测试，直到确定基极为止。

（3）对于 NPN 型三极管，测定基极后，假设其余的两只引脚中的 1 只为集电极 C，在 B、C 之间接入 1 个电阻，$R_B = 10\sim100\text{k}\Omega$ 或用手指捏住基极 B 和假定的集电极 C（注意，两极不能接触），用黑表笔接触 C 极，红表笔接触 E 极，读出阻值，然后将假定的 C、E 对调一下，再测 1 次阻值，比较两次测得的电阻值的大小，读数较小（即电流较大）的 1 次为正确的假设，即黑表笔接的是集电极 C，红表笔接的是发射极 E。

（4）对于 PNP 型三极管，将上述测量过程中的红、黑表笔位置对调，测量两次 C、E 之间的阻值，则读数较小的 1 次，红表笔接的是集电极 C。

作业测评

1. 要使三极管工作在放大状态，则需在发射结加_____电压，集电结加_____电压；放大状态下，I_B、I_C 和 I_E 之间的关系为：_____和_____。
2. 已知三极管的 $\beta = 120$，$I_B = 6\text{mA}$，则 $I_B =$ _____。
3. 负反馈放大器的类型有_____。
4. 功率放大器是以_____为主的放大器。它的主要作用是_____。
5. 常用的功率放大器类型有_____和_____两种。

5.3.3　三极管在汽车电路中的应用

三极管在汽车电子电路中的应用有两种：一种是利用三极管的放大特性，把传感器信号放大后传给 ECU；另一种是利用三极管的开关特性，控制其他元件。汽车电路中还常用到两种特殊三极管，即达林顿管和光敏三极管。

基础知识

1. 汽车中的特殊三极管

（1）达林顿管

达林顿管又称复合三极管。它是将两个三极管适当地连接在一起，组成一个等效的新的三极管。达林顿管电路连接一般有 4 种接法：即 PNP + NPN、PNP + PNP、PNP + NPN、NPN + NPN。如图 5.49 所示。其中图 5.49（a）和图 5.49（c）所示为异极性连接，图 5.49（b）和图 5.49（d）所示为同极性连接，实际应用中普遍采用同极性连接方式。一般图 5.49（b）所示的接法的达林顿三极管叫 PNP 达林顿三极管；而图 5.49（d）所示的接法的达林顿三极管称为 NPN 达林顿管。两个三极管复合成一个新的达林顿管后，其三个电极名称不变，即：B 为基极、C 为集电极、E 为发射极。达林顿管的特点是两个三极管中，前面三极管的功率一般比后面三极管的要小，前面三极管基极为达林顿管基极，后面三极管射极为达林顿管射极。所以达林顿管在电路中使用方法与单个普通三极管一样，只是放大倍数 β 是两个三极管放大倍数的乘积。

达林顿管中的两个三极管可以是同型号的，也可以是不同型号的；可以是相同功率，也可以是不同功率的。无论怎样组合连接，最后构成的达林顿三极管的放大倍数都是两个三极管放大倍数的乘积。

达林顿管具有如下的特点：①放大倍数大（可达数百、数千倍）；②驱动能力强；③功率大；④开关速度快；⑤可做成功率放大模块；⑥易于集成化。

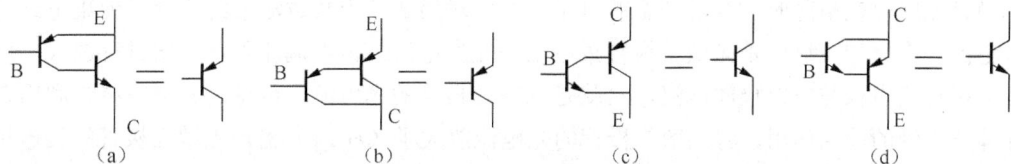

图 5.49　达林顿管的连接方式

达林顿管主要用于大负载驱动电路、音频功率放大器电路、自动控制电路以及中、大容量的开关电路。图 5.50 所示为达林顿管控制的汽车点火驱动电路。电脑依据发动机转速、曲轴位置、凸轮轴位置、水温、爆震传感器等信号控制点火正时，通过达林顿管控制点火线圈的初级线圈。达林顿管由两个三极管实现电流放大。从图中可以看出，B 极用于连接电脑的点火正时信号（高电平触发）；C 极用于连接点火线圈的初级线圈的负极；E 极用于搭铁。当 B 极输入高电平时，达林顿管导通，初级线圈通电；当 B 极输入低电平时，达林顿管截止，初级线圈断电，在点火线圈次级产生高压电。

（2）光敏三极管

光敏三极管与普通的半导体三极管一样，是采用半导体制作工艺制成的具有 NPN 或 PNP 结构的半导体管。光敏三极管的特殊性在于它有一个对光敏感的 PN 结作为感光面，通常用集电结作为受光结，因此，光敏三极管实质上相当于一种在基极和集电极之间接有光敏二极管的普通三极管。为适应光电转换的要求，光敏三极管的基区面积做得较大，发射区面积做得较小，入射光主要被基区吸收。和光敏二极管一样，光敏三极管的芯片被装在带有玻璃透镜金属管壳内，当光照射时，光线通过透镜集中照射在芯片上。光敏三极管的等效电路、外形、符号及实物如图 5.51 所示。图 5.51（d）所示的实物图中有两个引脚和三个引脚的光敏三极管，这是因为光敏三极管的基极通常不引出，一些引出基极的光敏三极管，一般用于温度补偿和附加控制等作用。

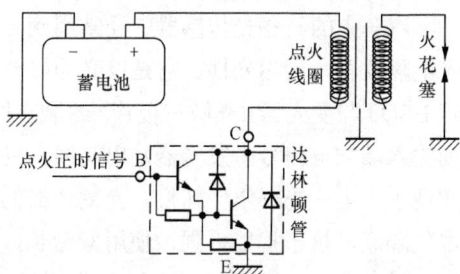

图 5.50　达林顿管控制的点火驱动电路

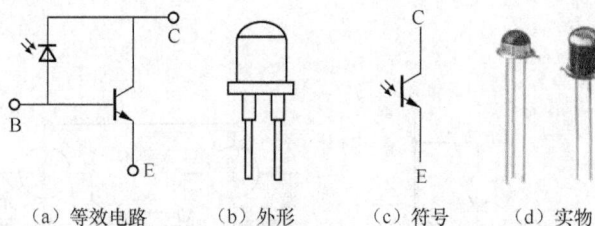

（a）等效电路　　（b）外形　　（c）符号　　（d）实物

图 5.51　光敏三极管的等效电路、外形、符号及实物

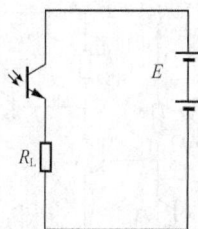

图 5.52　光敏三极管的工作原理

光敏三极管的工作原理如图 5.52 所示。在电路中，光敏三极管的集电极接正电位，发射极接负电位。无光照射时，流过光敏三极管的电流，就是正常情况下光敏三极管集电极与发射极之间的穿透电流 I_{CEO} 它也是光敏三极管的暗电流，其大小为

$$I_{CEO} = (1 + h_{FE}) I$$

式中，I_{CEO}——集电极与基极间的饱和电流；

h_{FE}——共发射极直流放大系数。

当有光照射在基区时，激发产生的电子—空穴对增加了少数载流子的浓度，使集电结反向饱和电流大大增加，这就是光敏三极管集电结的光生电流。该电流注入发射结进行放大，成为光敏三极管集电极与发射极间电流，它就是光敏三极管的光电流。可见，光敏三极管利用普通半导体三极管的放大作用，将光敏二极管的光电流放大了（$I+h_{FE}$）倍。光敏三极管的集电极电流不只受基极电路和电流控制，同时还受光辐射的控制。因此，光敏三极管比光敏二极管具有更高的灵敏度。

光敏三极管在汽车电路中常用于自动变光调节及报警电路等。图 5.53 所示为光敏三极管控制的前照灯监视报警电路，该电路主要由光敏三极管 VT_1、三极管 VT_2、VT_3 和蜂鸣器 HA、发光二极管 VD 等组成。白天时，光敏三极管 VT_1 受到光照射呈低阻状态，使 VT_2 因基极为低电平处于截止状态。此时若驾驶员开前照灯或忘记关前照灯时，则 VT_3 的基极将变为高电平，使 VT_2 导通，蜂鸣器 HA 发出报警声，同时发光二极管 VD 也被点亮。在晚上，VT_1 因无光照射或光照很弱而呈高阻状态，VT_2 因基极变为高电平而导通，使 VT_3 的基极处于低电平而截止，蜂鸣器 HA 不发声。若此时断开汽车发动机开关，则 VT_2 截止，VT_3 导通，蜂鸣器发出报警声，发光二极管被点亮，从而提醒驾驶员关闭前照灯。

汽车中还常用到一种光电达林顿管。光电达林顿管是把光敏三极管和普通三极管按达林顿连接方法接在一起，封装在一个管壳内的特殊三极管。由于增加了一级电流放大，输出电流的能力大大加强，因此，光电达林顿管具有更高的灵敏度和更大的输出电流，可直接驱动灵敏继电器。图 5.54 所示为光电达林顿管的结构。

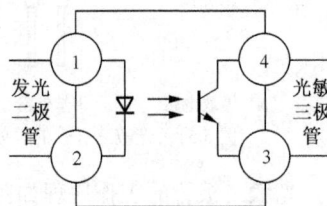

汽车上的一些光传感器中经常用到一种半导体光电器件——光电耦合器。光电耦合器也称为光电隔离器，简称光耦。它是以光为媒介来传输电信号的器件，通常把发光器（红外线发光二极管 LED）与受光器（光敏三极管）封装在同一管壳内，图 5.55 所示为常用的光电耦合器的结构图。当输入端加电信号时发光器发出光线，受光器接受光线之后就产生光电流，从输出端流出，从而实现了"电—光—电"转换。光耦合器的主要优点是单向传输信号，输入端与输出端完全实现了电气隔离，抗干扰能力强，使用寿命长，传输效率高。汽车中使用光电耦合器的传感器常用来检测曲轴位置、车高位置、转向角等，在车速传感器和减速传感器中也有应用。

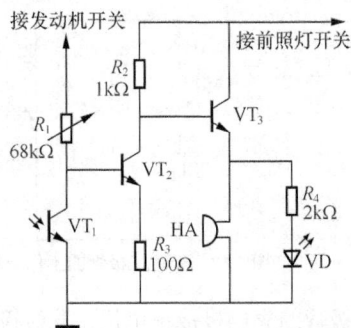

图 5.53 汽车前照灯监视报警电路　　图 5.54 光电达林顿管　　图 5.55 光电耦合器的结构

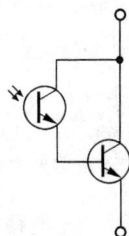

2. 电子点火系统电路

汽车上使用的电子点火系统，不管是有触点点火系统还是无触点点火系统，都是利用晶体三极管作为开关来接通或断开点火系统的初级电路，通过点火线圈来产生高压电的。

　　捷达轿车采用的是霍尔式无触点电子点火系统,主要由分电器(内装霍尔式点火信号发生器)、点火控制器、点火线圈、火花塞、高压线等组成。图 5.56 所示为捷达轿车的无触点点火系统电路原理图。发动机运转时,电流从电源的"＋"极经点火开关传送至点火控制器和点火线圈"＋"接柱。当点火信号发生器输出信号电压陡升时,点火控制器 5 中的晶体管导通,接通了点火线圈初级电路,使初级线圈 L_1 有电流通过。其电流回路是:电源正极→点火开关→点火线圈"＋"接线柱→点火线圈初级线圈→点火线圈"－"接线柱→点火控制器→电源负极。当点火信号发生器输出电压陡降时,点火控制器 5 中的晶体管截止,点火线圈初级电路的电流被切断,于是在点火线圈的次级线圈 L_2 中便产生供发动机各缸火花塞点火用的高压电。

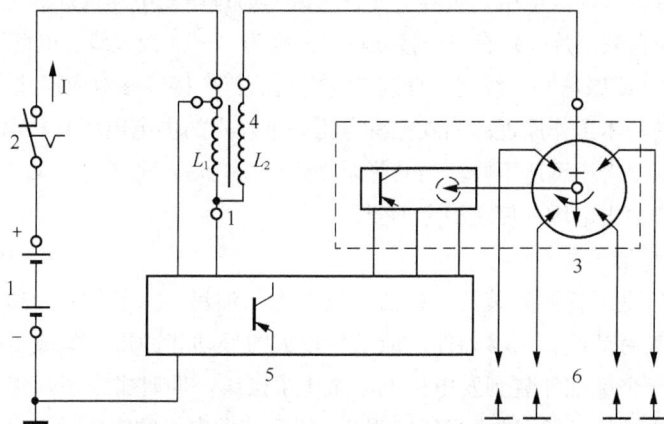

图 5.56　捷达轿车无触点点火系统电路原理图
1—电源；2—点火开关；3—带点火信号发生器的分电器；4—点火线圈；
5—点火控制器；6—火花塞

3. 车速传感器信号调理电路

　　在汽车电子电路中,三极管放大电路主要用于对传感器的微弱信号进行放大。车速信号是汽车中通用性较强的一个信号,仪表盘和车身模块以它作为一个参考信号。汽车车速传感器通常采用霍尔器件,为了去除干扰,改善传感器信号波形,可以通过 RC 滤波和三级管放大的方法进行处理,对脉冲信号进行整形放大,图 5.57 所示为汽车车速传感器的调整电路。车速传感器信号经过由电容 C_1、C_2 和电阻 R_2 构成的滤波电路进行滤波,再经过晶体三极管 VT 进行放大后输送到 A/D 信号转换器中。二极管 VD 起到去除干扰的作用,使输出信号更准确和稳定。

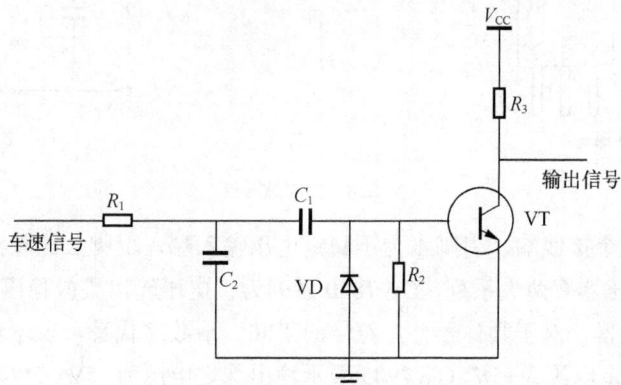

图 5.57　汽车车速传感器的调整电路

4．电压调节电路

为使发电机电压在不同的转速下均能保持一定，汽车交流发电机配置了电压调节器。汽车电压调节器可分为触点式电压调节器和电子电压调节器两种，电子电压调节器性能优于触点式电压调节器。电子电压调节器又包括晶体管调节器和集成电路调节器两种。

① 晶体管调节器

晶体管电压调节器利用晶体管的开关作用，控制发电机励磁电路的通断。在发电机转速发生变化时，调节励磁电路的电流，使发电机电压保持稳定。这种调节器没有触点，使用过程中无需保养和维护，结构简单，体积小，重量轻。目前国内所生产的晶体管调节器一般由2～3个三极管、一个稳压管或二极管以及一些电阻、电容等元件组成，通过印制电路板连成电路。外壳由薄而轻的铝合金制成，表面有散热片，外有三个接线柱，分别为"＋"（或火线、电枢）接线柱、"－"（或搭铁）接线柱，"F"（或磁场）接线柱，分别与发电机的三个接线柱对应连接。

晶体管调节器的基本工作原理：当发电机电压高于规定的供电电压时，电子开关立即切断励磁电流，使发电机输出电压迅速下降，当其降至规定电压之后，电子开关又接通励磁电流，如此反复，控制发电机的输出电压，使之稳定不变。

② 集成电路调节器

集成电路调节器是用树脂封装的，能防潮及泥土、油污等，能够在130℃的高温环境正常工作。此外，由于其内部没有可移动件，能承受较大的振动和冲击。集成电路调节器体积小、重量轻，可以作为一个标准件装到发电机上，简化了接线，同时省去了从点火开关到调节器及从调节器到交流发电机的导线，减少了线路损失，从而使发电机的实际输出功率提高5%～10%。集成电路调节器的电压调节精度高，能通过较大的激磁电流，使用寿命长，一般能达16万千米以上。

5．车用集成稳压器

汽车中常用集成稳压器作为车用仪表电路的供电电源，也用来抑制车载电子系统脉冲干扰。集成稳压器是将串联型稳压电路的元件集成制作在一个芯片上，构成集成稳压电路。由于它有3个引脚（输入端、输出端和公共端），所以又称三端稳压器。常用的有三端式集成稳压器的外形和符号如图5.58所示。

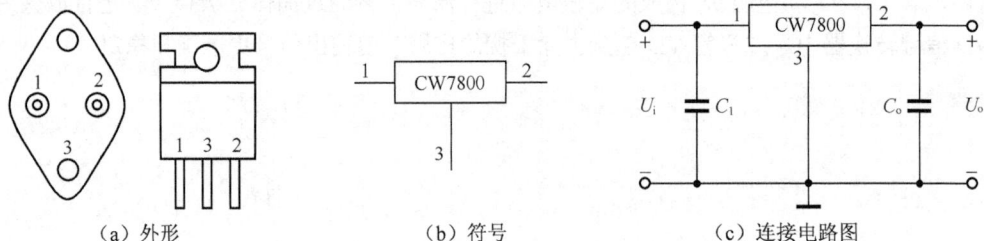

（a）外形　　　　　　　　　（b）符号　　　　　　　　　（c）连接电路图

图5.58　集成稳压器

集成稳压器有3个接线端，引脚1为不稳定电压输入端，引脚2为稳定电压输出端，引脚3为公共端。集成稳压器有两大系列，CW7800系列为正电压输出集成稳压器，CW7900系列为负电压输出集成稳压器。对于具体器件，符号的"00"用数字代替，表示输出电压值。例如，CW7805表示输出稳定电压为+5V，CW7905表示输出稳定电压为−5V。CW7900系列与CW7800系列除输出电压极性不同外，外部引线排列亦不相同，使用时要特别注意。

图 5.58（c）所示为三端集成稳压器连接电路，图中 C_1 和 C_0 用来进一步完善电路性能，它们可以改善电路的特性和瞬态响应。

作业测评

1. 在串联型稳压电路中，三极管工作在_____状态。
2. 集成稳压器是由什么组成的？

|5.4　集成运算放大器|

5.4.1　集成运算放大器的基本知识

汽车上，采用集成运放的控制部件越来越多，如天津夏利和日本丰田轿车交流发电机调节器、爆震控制电路、怠速控制电路以及各种信号比较电路中，都采用了集成运算放大器电路。

基础知识

1. 运算放大器的结构和特点

运算放大器是一个高放大倍数的直接耦合多级放大电路，为了便于使用，运算放大器常被制作成集成电路，称为集成运算放大器，简称运放。运放的内部电路相当复杂，但作为使用者，只需关注它的外部特性。

运算放大器的特点包括：输入电阻非常高，输出电阻很小，电压放大倍数很大，零点漂移很小，能放大交流信号也能放大直流信号等。图 5.59 所示为运放的符号及输入输出特性。

图 5.59（a）中，u_+ 是运放的同相输入端，由此端输入信号时，输出信号与输入信号的相位相同；u_- 是运放的反相输入端，由此端输入信号时，输出信号与输入信号的相位相反。图 5.59（b）中，A、B 间是运放的线性运行区，运放工作在线性运行区时，$u_o = A_0(u_+ - u_-)$，其中 A_0 是运放未接任何外部反馈线路时的电压放大倍数，称为开环电压放大倍数，其值很大。A、B 点以外区域为正、负饱和区，运放处于饱和区时，$u_o = \pm U_{opp}$（最大输出电压）。

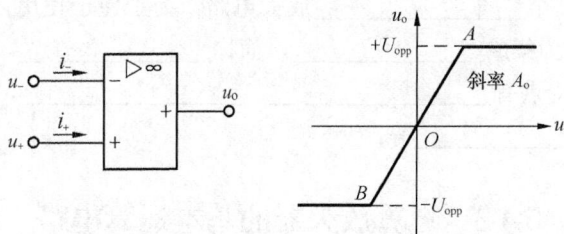

（a）符号　　　　　　　　（b）输入输出特性

图 5.59　运算放大器的符号与特性

为保证运放正常工作，除需合适的电源电压（常采用双电源供电，也可采用单电源供电）外，一般还需加调零电位器、消振电容等，如图 5.60（a）所示，但在画电路原理图时，常只画出与输入输出信号有关的元件，如图 5.60（b）所示。

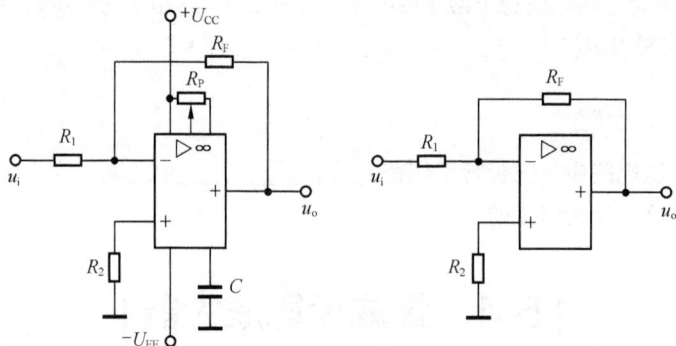

（a）实际电路　　　　　　　　　（b）实际电路的电路原理图

图 5.60　运算放大器电路图的画法

2．理想运算放大器

理想化的运算放大器被称为理想运算放大器，其理想化条件有以下几点。

① 开环电压放大倍数为无穷大，即 $A_o = \infty$。

② 输入电阻为无穷大，即 $r_i = \infty$。

③ 输出电阻为零，即 $r_o = 0$。

实际运放工作在线性状态时，与理想运放相差并不大，为了简化分析，可将实际运放看作理想运放。集成运放工作在线性区时，有 $u_o = A_o (u_+ - u_-)$，因为 $A_o = \infty$，u_o 为有限值（绝对值小于电源电压值），所以 $(u_+ - u_-) = 0$，即 $u_+ = u_-$。

由于 $u_+ = u_-$，反向端与同相端之间可视为短路。但事实上 A_o 不可能无限大，两输入端又不可能短接，所以不是真正短路，而是"虚假短路"，简称虚短。

由于理想运算放大器的输入电阻 $r_i = \infty$，相当于两输入端不取用电流，即 $i_+ = i_- = 0$。实际上 r_i 不可能无限大，u_+ 和 u_- 也不可能完全相等，i_i 只能是近似为零，称为"虚假断路"，简称虚断。

运用以上两个结论，可大大简化运算放大器应用电路的分析。

作业测评

1．运算放大器是一个_____放大电路，为了便于使用，运算放大器常被制作成_____，称为集成_____，简称_____。

2．运算放大器的特点有_____，_____，_____以及_____等。

5.4.2　运算放大器的基本运算电路

基础知识

1．比例运算电路

实现输出信号与输入信号按一定比例运算的电路称为比例运算电路，比例运算电路包括反相比例运算电路和同相比例运算电路两种。

① 反相比例运算电路。反相比例运算电路如图 5.61 所示，输入信号 u_i 经 R_1 加到反相输入端上，输出信号与输入信号的相位相反，因此，该电路也称为反相放大器。图中 R_2 为平衡电阻，取 $R_2 = R_1 /\!/ R_F$。运用虚短和虚断概念，由图 5.61 可得 $i_i = i_F$，而 $i_i = \dfrac{(u_i - u_-)}{R_1} = \dfrac{u_i}{R_1}$，$i_F = \dfrac{(u_- - u_o)}{R_F} = \dfrac{-u_o}{R_F}$，

所以 $\dfrac{u_i}{R_1} = \dfrac{-u_o}{R_F}$，整理有 $u_o = -\dfrac{R_F}{R_1} u_i$。该式表明：输出电压 u_o 与输入电压 u_i 为比例运算关系，比例系数仅由 R_F 和 R_1 的比值确定，与集成运放的参数无关，改变 R_F 和 R_1 的阻值，可使 u_o 与 u_i 获得不同的比例，从而实现比例运算。式中的负号表示 u_o 与 u_i 反相。

若 $R_F = R_1$ 时，有 $u_o = -u_i$，这时，图 5.61 所示电路称为反相器，这种运算称为变号运算。

反相比例运算电路中，因为 $i_2 = 0$，R_2 中没有电流，所以 $u_+ = 0$，又 $u_+ = u_-$，说明反相输入端是一个不接地的"接地"端，称为"虚假接地"，简称虚地。

② 同相比例运算电路。同相比例运算电路如图 5.62 所示，输入信号 u_i 经 R_2 加到同相输入端上，输出信号与输入信号的相位相同，因此，该电路也称为同相放大器。图中 R_2 为平衡电阻，取 $R_2 = R_1 /\!/ R_F$。

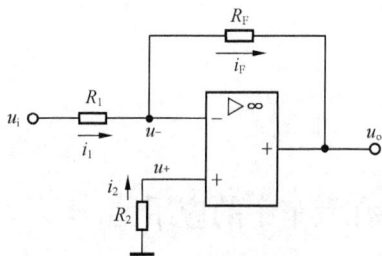

图 5.61　反相比例运算电路　　　　　图 5.62　同相比例运算电路

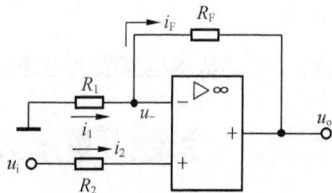

根据分析集成运放的两个重要依据可知，$u_i = u_+ = u_-$，$i_+ = i_- = 0$，$i_i = i_F$。由于 $i_i = -\dfrac{u_-}{R_i} = -\dfrac{u_i}{R_i}$，

$i_F = \dfrac{u_- - u_o}{R_F} = \dfrac{u_i - u_o}{R_F}$，所以 $-\dfrac{u_i}{R_i} = \dfrac{u_i - u_o}{R_F}$。

整理可得 $u_o = \left(1 + \dfrac{R_F}{R_1}\right) u_i$。上式表明：输出电压 u_o 与输入电压 u_i 为比例运算关系，比例系数仅由 R_F 和 R_1 的比值确定，与集成运放的参数无关，改变 R_F 和 R_1 的值，即可改变 u_o 与 u_i 的比例，式中的正号表示 u_o 与 u_i 同相。

当 $R_F = 0$ 时，$u_o = u_i$，电路为电压跟随器。由于集成运放的 A_0 和 r_i 很大，所以用集成运放组成的电压跟随器比分立元件的射极跟随器的跟随精度更高。

2．加法运算电路

加法运算电路是实现若干个输入信号求和功能的电路，在反相比例运算电路中增加若干个输入端，就构成了反相加法电路。图 5.63 所示为两个输入端的反相加法电路，图中 R_3 为平衡电阻，$R_3 = R_1 /\!/ R_2 /\!/ R_F$。

运用虚地概念，有 $i_F = i_1 + i_2$，即 $-\dfrac{u_o}{R_F} = \dfrac{u_{i1}}{R_1} + \dfrac{u_{i2}}{R_2}$，整理得 $u_o = -\left(\dfrac{R_F}{R_1} u_{i1} + \dfrac{R_F}{R_2} u_{i2}\right)$。

当 $R_1 = R_2 = R_F$ 时，则有 $u_o = -(u_{i1} + u_{i2})$。

3．减法运算电路

减法运算电路是实现若干个输入信号相减功能的电路，如图 5.64 所示。由图可知：

$$u_- = u_{i1} - R_1 i_1 = u_{i1} - \frac{R_1}{R_1 + R_F}(u_{i1} - u_o), \quad u_+ = \frac{R_3}{R_3 + R_2}u_{i2}。$$

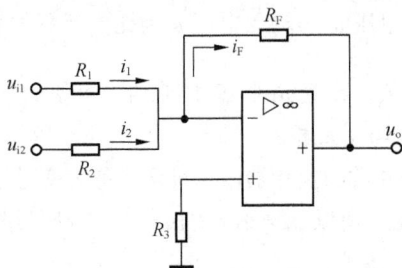

图 5.63　反相加法运算电路

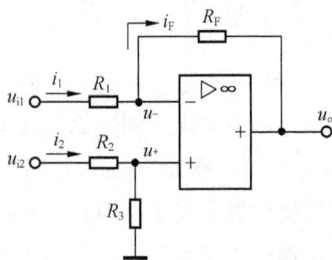

图 5.64　减法运算电路

由于 $u_+^{\cdot} = u$，所以 $u_o = (1 + \frac{R_F}{R_1})\frac{R_3}{R_3 + R_2}u_{i2} - \frac{R_F}{R_1}u_{i1}$。

当 $R_1 = R_2 = R_3 = R_F$ 时，有 $u_o = u_{i2} - u_i$。

作业测评

查阅资料，了解基本运算放大电路的应用。

5.4.3　集成运算放大器在汽车中的应用

基础知识

1．汽车自动空调控制系统光电测量电路

图 5.65 所示为电子控制单元（Electronic Control Unit，ECU）内部的汽车自动空调控制系统光电测量电路，由光电二极管、三极管、集成运算放大器等光电元器件组成。无光照时，光电二极管的反向电流很小。有光照时，二极管有光电流流过，光的照度越大，光电流也越大，经过集成运算放大器放大后，输出电压信号 $u_o = iR_F$，送至空调电控单元，来调整空调的温度及出风量。

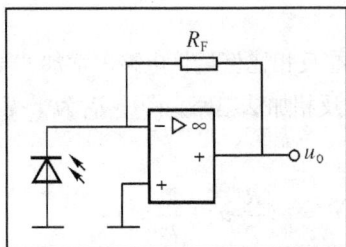

图 5.65　ECU 光电测量电路

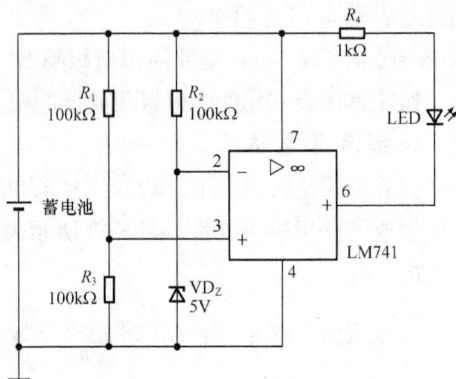

图 5.66　蓄电池电压过低报警电路

2. 蓄电池电压过低报警电路

如图 5.66 所示，蓄电池电压过低报警电路由集成运放（LM741）、稳压管、发光二极管及一些电阻组成。电路中，电阻（R_2）与稳压管（VD_Z）组成电压基准电路，向比较器提供 5V 的基准电压。R_1、R_3 组成分压电路，中间点作为电压检测点。当蓄电池电压高于 10V 时，比较器输出电压为 12V，发光二极管不发光，指示电压正常；当蓄电池电压低于 10V 时，比较器输出电压为 0，发光二极管发光，指示电压过低。

作业测评

查阅资料，了解集成运算放大器在汽车中的应用。

| 5.5 正弦波振荡器 |

振荡器是一种能量转换装置，它无需外加信号就能自动地把直流电转换成具有一定频率、一定振幅、一定波形的交流信号，这种现象称为自激振荡，这种装置称为自激振荡器，简称振荡器。

振荡器可分为两大类：一类是正弦波振荡器，其输出波形是正弦波，如各种频率的正弦波信号发生器、本振、载波振荡器等；另一类是非正弦波振荡器，其输出波形是非正弦波，包含丰富的谐波，如方波、锯齿波、三角波等。这里仅介绍应用广泛的正弦波振荡器。

基础知识

1. 正弦波振荡器的振荡条件及基本组成

（1）正弦波振荡器的振荡条件

振荡电路的方框图如图 5.67 所示。如果从输出电压 u_o 取出与输入电压 u_i 同相位的正反馈电压 u_f，且 $u_f = u_i$，则就可用反馈的信号代替输入信号。这样，放大电路不需输入信号也能够保持输出电压 u_o，这时正反馈放大电路就变成了自激振荡器。由此可见，一个放大电路产生自激振荡的条件如下。

图 5.67　振荡电路的方框图

① 相位平衡条件。振荡电路中必须有一个由放大器和正反馈网络构成的反馈环，要保证反馈到放大器输入端的电压相位与原输入电压相位一致，形成正反馈。

② 振幅平衡条件。为了持续振荡，稳定输出，反馈到放大电路输入端的电压不得低于输入电压。

（2）正弦波振荡器的基本组成

正弦波振荡器一般包括以下几个基本部分。

① 放大电路。这是满足振幅平衡条件必不可少电路。

② 正反馈电路。这是满足相位平衡条件必不可少电路。

③ 选频电路。为了使振荡器输出所需要的、单一频率的正弦波信号所必需的电路。选频电路若由 R、C 元件组成，则称为 RC 正弦波振荡器；若由 L、C 元件组成，则称为 LC 正弦波振荡器；若由石英晶体元件组成，则称为石英晶体正弦波振荡器。

④ 稳幅电路。这部分电路主要用来稳定振荡器输出信号的振幅。稳幅通常利用放大电路

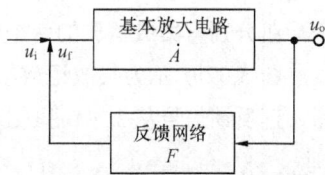

中非线性元件如晶体管来实现，也可采用负反馈电路或其他限幅电路来保证振荡器输出的信号振幅稳定。

2. LC 正弦波振荡器

常见的 LC 正弦波振荡器有变压器反馈式、电感三点式和电容三点式 3 种类型，它们都是由电感 L 和电容 C 组成选频电路，利用 LC 并联谐振的特性确定自激振荡输出信号的频率。

（1）变压器反馈式正弦波振荡器

变压器反馈式正弦波振荡器如图 5.68 所示，集成运放组成放大电路，正反馈由变压器一次绕组 L_1、二次绕组 L_2 之间的互感耦合来实现，L_2 为反馈绕组，L_1 和 C_2 并联谐振组成选频电路，R_F 为负反馈电阻，起稳幅作用，R_2 为平衡电阻，C_1 为耦合电容。

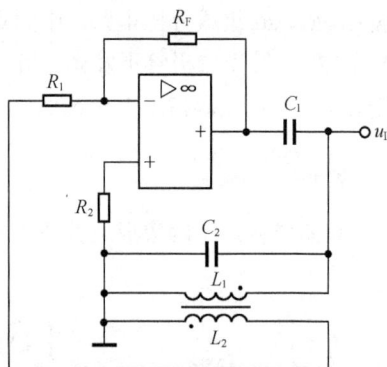

图 5.68　变压器反馈式正弦波振荡器

由 LC 并联电路的知识可知，当外加信号的频率 $f_0 = \dfrac{1}{2}\pi\sqrt{L_1 C_2}$ 时，产生并联谐振。正反馈信号的大小由 L_1 和 L_2 的匝数比确定，当变压器的匝数比和负反馈电阻 R_F 选择合适时，可以满足振幅平衡条件。用瞬时极性法可判断该电路为正反馈，满足自激振荡的相位平衡条件。所以，能产生自激振荡。

这种振荡器的振荡频率一般在几十千赫到几兆赫之间，改变 C_2 的大小可以在较宽的范围内方便地调节振荡器输出信号的频率。

（2）电感三点式正弦波振荡器

图 5.69 所示为电感三点式正弦波振荡器。在 LC 谐振回路中将电感分为 L_1、L_2 两个部分，彼此之间具有互感，由于电感有 3 个端钮 a、b、c，对于交流通路，耦合电容 C_1 相当于短路，这 3 个端钮分别与集成运放的两个输入端和输出端连接，故称为电感三点式。

图 5.69 所示为集成运放组成的放大电路，等效电感 L（L_1 和 L_2 串联）与 C_2 并联组成选频电路，正反馈信号从 L_1 两端取出，R_F 为负反馈电阻，起稳幅作用，R_2 为平衡电阻，C_1 为耦合电容。振荡时的振荡频率为 $f_0 = \dfrac{1}{2}\pi\sqrt{L C_2}$。

电感三点式正弦波振荡器可以通过改变电感线圈的中心抽头，改变反馈信号 u_f 的强弱和输出信号波形的失真程度。这种振荡器常用于对输出信号波形要求不高的场合。

（3）电容三点式正弦波振荡器

图 5.70 所示为电容三点式正弦波振荡器。

与图 5.69 所示电感三点式正弦波振荡器相比，只是电感 L_1、L_2 的位置改接为电容 C_2、C_3，电容 C_2 的位置改接为电感 L，反馈信号 u_f 从 C_2 两端取出。运用瞬时极性法可判断该电路为正反馈性质，满足相位平衡条件，电路的振幅平衡条件也很容易满足，其振荡频率为 $f_0 = \dfrac{1}{2}\pi\sqrt{L C}$，式中 C 为 C_2、C_3 的串联值。

电容三点式正弦波振荡器的振荡频率可达 100MHz，输出信号的波形好，所以，这种振荡器常用于对波形要求高、振荡频率固定的场合，如图 5.70 所示。

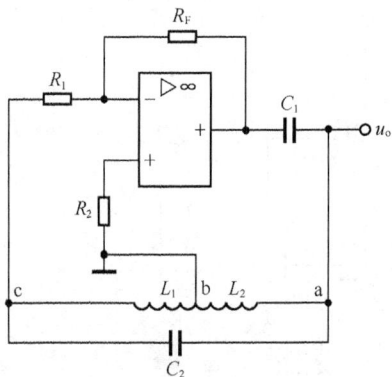

图 5.69　电感三点式正弦波振荡器

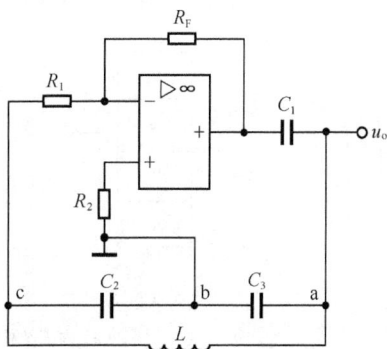

图 5.70　电容三点式正弦波振荡器

作业测评

1．什么是振荡器？
2．说明正弦波振荡器的基本组成。
3．查阅资料，了解振荡器在汽车中的应用。

5.6　晶闸管及应用

晶闸管也称为可控硅整流元件，简称可控硅，是一种大功率开关型的半导体器件，能够控制强电。在汽车中晶闸管可用于电子点火系统及电压调节器中。

基础知识

晶闸管分普通型晶闸管和特种晶闸管，平常说的晶闸管一般是指普通型晶闸管。

1．晶闸管的结构

晶闸管按外形分有螺栓式、平板式及塑封式，如图 5.71 所示。晶闸管内部是由 3 个 PN 结组成的，可看成是由 1 个 PNP 型三极管和 1 个 NPN 型三极管构成的复合管，如图 5.72 所示。从 P_1 引出的是阳极 A，从 N_2 引出的是阴极 K，从 P_2 引出的是控制极 G（也称为门极），晶闸管的符号如图 5.72（c）所示。

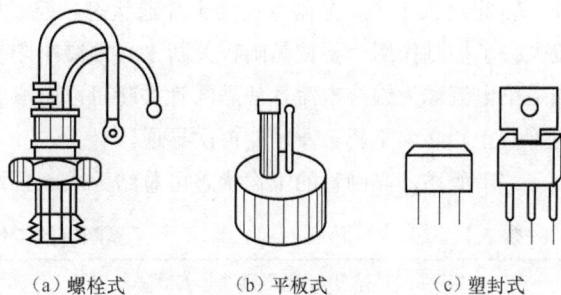

（a）螺栓式　　　（b）平板式　　　（c）塑封式
图 5.71　晶闸管的外形

2．工作原理

晶闸管可看作是一个受控制的二极管，从其符号可以看出，晶闸管也具有单向导电性。晶闸管工作时，其阳极和阴极分别与电源和负载连接，组成晶闸管的主电路；晶闸管的门极和阴极与控制晶闸管的装置连接，组成晶闸管控制电路。当控制极加一个足够大的控制电压时，晶闸管在这个控制电压作用下，会像二极管一样导通，即使控制电压取消，也不会改变其正向导通的工作状态。

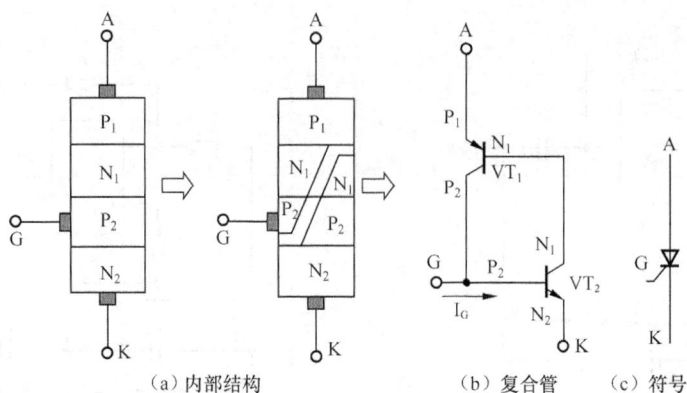

（a）内部结构　　　　　　　　　（b）复合管　　（c）符号

图 5.72　晶闸管的内部结构及符号

图 5.73 所示为晶闸管的工作原理图。如果控制极不加电压，当阳极 A 和阴极 K 之间加正向电压时，在 3 个 PN 结中有两个 PN 结正向偏置，1 个 PN 结反向偏置，晶闸管不导通，此时晶闸管处于阻断状态；当 A、K 之间加反向电压时，两个 PN 结反向偏置，1 个 PN 结正向偏置，晶闸管也处于阻断状态。

如果控制极 G 与阴极 K 之间加正向电压 U_G，且 A、K 之间也加正向电压 U_A，则 U_G 使 VT_2 发射结正向偏置，VT_1 和 VT_2 在 U_A 作用下集电结反向偏置，因

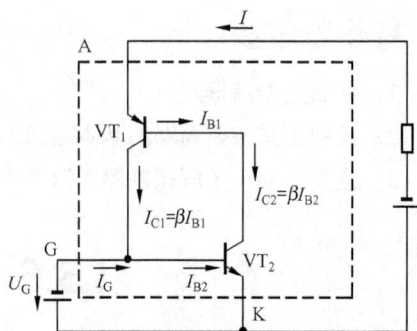

图 5.73　晶闸管的工作原理

此控制极产生控制电流 I_G，该电流作为 VT_2 的基极电流 I_{B2}。经过 VT_2 的放大作用后，其集电极电流 $I_{C2} = \beta I_{B2} = \beta I_G$，该电流又流入 VT_2 的基极，再次放大。如此循环下去，形成强烈的正反馈，使两个晶闸管很快达到饱和导通。导通后，晶闸管的压降很小，电源电压几乎全部加在负载上，晶闸管中有负载电流流过。

晶闸管导通后，其导通状态只需依靠管子本身的反馈作用来维持，因此，即使控制极电流消失，I_{C1} 也远大于 I_G，晶闸管仍处于导通状态。控制极的作用就是触发晶闸管导通，导通后控制极就失去了控制作用。要使晶闸管关断，必须减小阳极电流，使其不能维持正反馈过程，阳极的这个最小电流称为维持电流。使晶闸管关断可以采取将阳极电压降为零或使其反向的方法。一旦晶闸管截止，必须重新触发才能再次导通。

综上所述，晶闸管的工作状态可总结为表 5.1 所示的 3 种情况。

表 5.1　　　　　　　　　　　　　　　晶闸管的工作状态

电压极性			工作状态
阳极 A	阴极 K	控制极 G	
反向	正向	正向或零电压	反向阻断
正向	反向	—	正向阻断
正向	反向	正向	正向触发导通（切除触发信号仍导通）

作业测评

1. 晶闸管也称为_____，简称_____。

2．简述晶闸管导通的条件。

3．查阅资料，了解晶闸管在汽车中的应用。

|5.7　技能训练|

5.7.1　汽车专用万用表的使用

汽车专用万用表是一种数字万用表，除了具有数字式万用表的功能外，还具有一些汽车专用的测试功能，如检测发动机转速、闭合角、频宽比（占空比）、频率、压力、时间、电容、电感、温度、半导体元件等。图 5.74 所示为汽车专用万用表的实物图。

图 5.74　汽车万用表

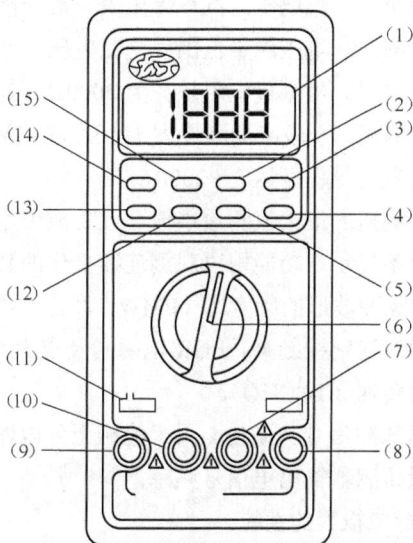

图 5.75　笛威 9406 型汽车万用表面板

基础知识

1．汽车万用表的基本结构

汽车万用表主要由数字及模拟量显示屏、功能按钮、测试项目选择开关、温度测量插孔、公用插孔（用于测量电压、电阻、频率、闭合角、频宽比和转速等）、搭铁用的插孔（COM 孔）、用于电流测量用的插孔等构成。图 5.75 所示为笛威 9406 型万用表的面板。各部分名称及作用如下。

（1）LCD 液晶显示屏幕。

（2）MAX：测试中读取最大值（如测试发电机电压时，按下此键，可测得这一时段发电机输出的最高电压值）。

（3）锁定：按下此键，可锁定目前屏幕上测得的数值。

（4）AC（交流）/DC（直流）：按下此键可直接转换交、直流测试形式。

（5）省电：按下此键，可使电源在 15min 后自动关闭。

（6）挡位开关：拨动开关可选择需测试挡位。

（7）插孔：正极（红色测试表笔）插座和测试温度时的正极表笔插座。

（8）插孔：负极测试黑色表笔插座。

（9）插孔：电流测试时正极（红色表笔）插座。

（10）插孔：温度测试负极（黑色表笔）插座。

（11）防水符号。

（12）准位：测试电路中平均电压时，平均电压以上为 HI，平均电压以下为 LO。

（13）相位：按下此键，可选择波形斜率正负。

（14）RPM：四行程/二行程/IDS 转换键。

（15）按下此键可显示出表内部保险丝（是否正常）。

2．汽车万用表的功能

汽车万用表一般都具有以下功能。

（1）测量交、直流电压。汽车万用表一般应能测量大于 40V 的电压，但测量范围不能过大，否则读数精度降低。电压测量范围：交流电压为 200mV～500V，直流电压为 200mV～500V。

（2）测量电阻。可测量电阻量程为 2000Ω、$2k\Omega$、$20k\Omega$、$200k\Omega$、$2M\Omega$、$20M\Omega$。

（3）测量电流。一般应能测量大于 10A 的电流。有些汽车万用表配有感应式电流夹钳，可进行大电流的测量，量程可达 5～2000A。

（4）记忆测量的最大值和最小值。该功能可用于检查电路的瞬间故障。

（5）模拟条显示。功能用语观测连续变化的数据。

（6）测量脉冲波形的频宽比（PMW）和点火线圈一次侧电流的闭合角。该功能用于检测喷油器、发动机怠速稳定控制阀、EGR 电磁阀及点火系统等的工作情况。

（7）测量转速（TACHO）。

（8）输出脉冲信号。该功能用于检测无分电器点火系统故障。

（9）测量传感器输出电信号频率。

（10）测量二极管的性能。

（11）测量温度。配置温度传感器后，可检测冷却液温度、尾气温度、进气温度等。

除了上述基本功能外，有些汽车万用表还有一些扩展功能。如压力和真空度测量、自动断电（15min）、自动变换量程（RPM）、读数保持（数值锁定）以及电池自测（低电位提示）等。汽车万用表的背光功能可使显示数据在光线较暗时也能看清楚。

3．汽车万用表的使用方法

这里仅介绍专用功能的使用方法。

（1）信号频率测试

汽车电路中的许多传感器是用频率作为输出信号的，如卡门涡旋式空气流量计、某些车型的进气歧管绝对压力传感器、车速传感器和发动机怠速电动机等。图 5.76 所示为接线方法，测试频率时，将"选择开关"置于"频率（Freq）"挡，黑表笔搭铁（自汽车万用表搭铁插孔引出），红表笔（自汽车万用表公用插孔引出）接被测信号线（传感器信号输入端）。显示屏即显示被测频率。

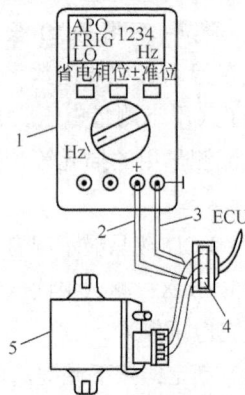

图 5.76　用汽车万用表检测信号频率
1—万用表；2—红表笔；3—黑表笔；
4—ECU 端子插座；5—被测传感器

（2）温度测量

温度测量的接线方法如图 5.77 所示。将"选择开关"置于"温度（Temp）"挡，按下功能按钮"℃/℉"，将黑表笔搭铁，将汽车万用表配备的带测针的特殊插头插入汽车万用表温度测量插孔，探针端接触被测温度部位，显示屏即显示被测温度。

（3）检测点火线圈一次侧电路的闭合角

检测点火线圈的接线方法如图 5.78 所示。将"选择开关"置于"闭合角（Dwell）"挡，选择对应的缸数（4CYL、5 CYL、6 CYL、8 CYL）位置。黑表笔（自面板 COM 孔引出）搭铁，红表笔（自电压/欧姆插孔中引出）接点火线圈负接线柱。发动机运转，显示屏即显示点火线圈一次侧电路闭合角。

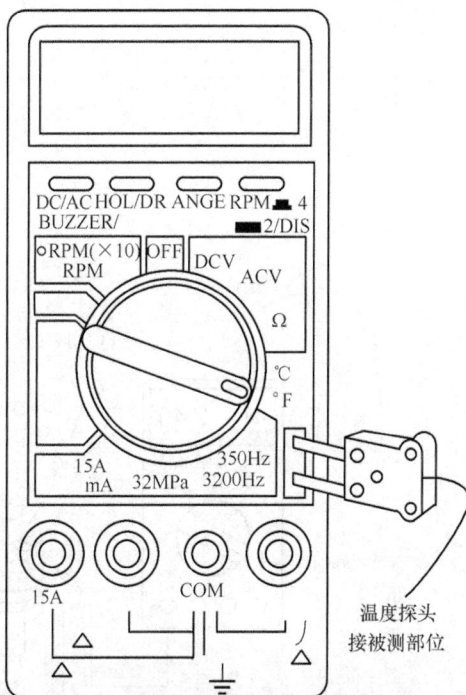

图 5.77　用汽车万用表检测温度

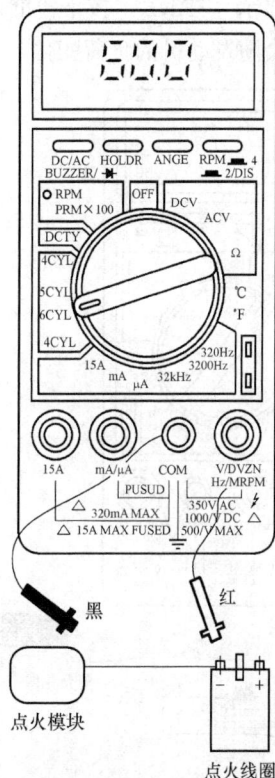

图 5.78　用汽车万用表检测点火线圈闭合角

（4）测量频宽比（占空比）

占空比是脉冲电流保持时间与间歇时间的比值。发动机电控系统中测试占空比的部位主要是通以脉冲电流的各种电磁阀。将"选择开关"置于"Duty Cycle"挡，红表笔接被测电路信号，黑表笔搭铁，起动发动机，显示屏即显示脉冲信号的占空比。接线方法如图 5.79 所示。

（5）起动机起动电流测量

将"选择开关"置于"400mV"挡（1mV 相当于 1A 的电流，即用测量电流传感器电压的方法来测量起动机起动电流），

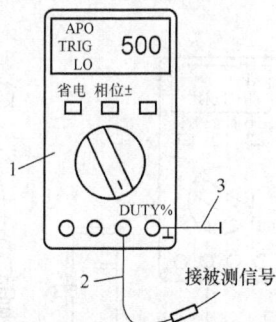

图 5.79　用汽车万用表测量占空比
1—万用表；2—红表笔；3—黑表笔

把霍尔式电流传感夹夹到蓄电池线上，其引线插头插入电流测量座孔，按下"最小/最大"功能按钮，然后拆下点火高压线，用起动机转动曲轴 2～3s，显示屏即显示起动电流。

（6）转速测量

接线方法如图 5.80 所示。将"选择开关"置于"转速（RPM 或 RPM×10）"挡，转速测量专用插头带感应夹的红色导线插入面板的电压/欧姆插孔内，黑色导线插入搭铁插孔（COM）内，感应夹夹在某一缸通往火花塞的高压线上，其上方箭头应指向火花塞。按下"转速"选择按钮，根据被测发动机的冲程数和有无分电器，选择"4"或"2/DIS"。起动发动机，显示屏即显示发动机转速。

（7）检测喷油器的喷油时间（喷油脉宽）

接线方法如图 5.81 所示。将"选择开关"置于"20ms"挡。红表笔接喷油器电源接线柱，黑表笔接喷油器的 ECU 接线柱。起动发动机运转至正常温度，按下"相位±"键，调整触发方向，使屏幕显示"TRIG"，按下"准位"键，使屏幕显示"LO"。观察屏幕，会显示出喷油时间，喷油时间会随发动机的负荷变化，一般为 0.6～3.0ms。

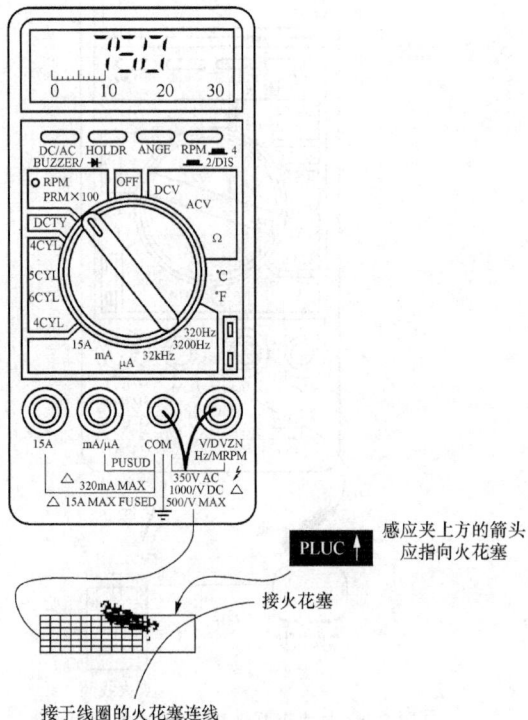

感应夹上方的箭头应指向火花塞

接火花塞

接于线圈的火花塞连线

图 5.80　用汽车万用表测量转速

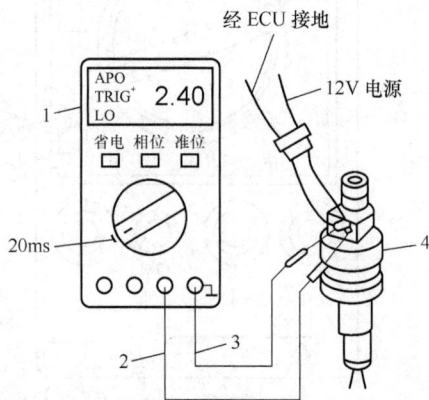

经 ECU 接地

12V 电源

图 5.81　用汽车万用表测量喷油器喷油时间
1—万用表；2—红表笔；3—黑表笔；4—喷油器

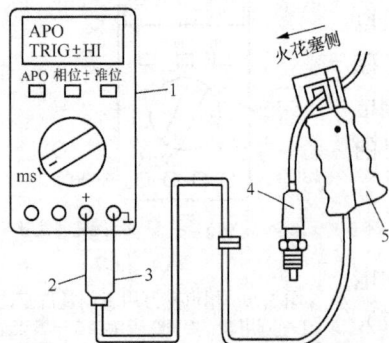

火花塞侧

图 5.82　用汽车万用表测试火花塞放电时间
1—万用表；2—红表笔（+）；3—黑表笔（—）；
4—火花塞；5—感应钳

（8）测试火花塞放电时间

按图 5.82 所示连接汽车万用表，感应钳的符号"←"朝向火花塞一侧，将"选择开关"置于"20ms"挡。起动发动机到正常工作温度，按下"相位±"键，使屏幕显示"TRIG±"，再按"准位"键使屏幕显示"HI"及火花塞放电时间。逐缸对火花塞高压线进行测试后，可分析对比各火花塞的放电时间，进而判断火花塞工作是否正常。

实训目标

① 熟悉汽车万用表的功能和使用方法。

② 会使用汽车万用表进行电路测量。

实训条件

汽车万用表 3～5 块、电阻器若干、电容器若干、二极管若干、三极管若干、电控发动机实训台。

操作步骤

按照基础知识部分的介绍，将学生分成小组，以小组为单位进行汽车万用表的使用训练。分别使用汽车万用表进行下列项目的测量。

（1）使用汽车万用表测量电阻器的电阻。

（2）使用汽车万用表测量电容器的电容量。

（3）使用汽车万用表测量二极管的性能。

（4）使用汽车万用表测量三极管的放大倍数。

（5）起动电控发动机实训台，使用汽车万用表进行温度、传感器信号频率、转速的测量，熟悉汽车万用表的使用方法。

注意事项

① 严格遵守汽车万用表的使用规范。

② 测量电流、电压时，不能带电进行量程切换。

③ 测电阻时，不能带电测量。

④ 汽车万用表用完后，应将转换开关置于交流电压最大挡位或空挡上。

5.7.2　示波器的使用

基础知识

示波器是用来观察和测量多种电信号波形的一种电子仪器。主要技术指标有灵敏度、频带范围、测量电压范围等。图 5.83 所示为示波器的实物图。利用示波器可以观察一个电信号的波形。若使用双踪示波器，就可以同时观察到两个电信号波形，进而对这两个电信号的相位差和幅值大小进行比较。

1．双踪示波器的面板简介

模拟示波器的调整和使用方法基本相同，本书以 MOS-620/640 双踪示波器为例进行介绍。

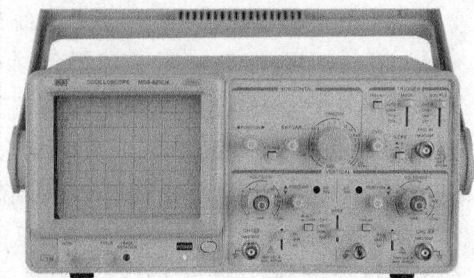

图 5.83　示波器实物

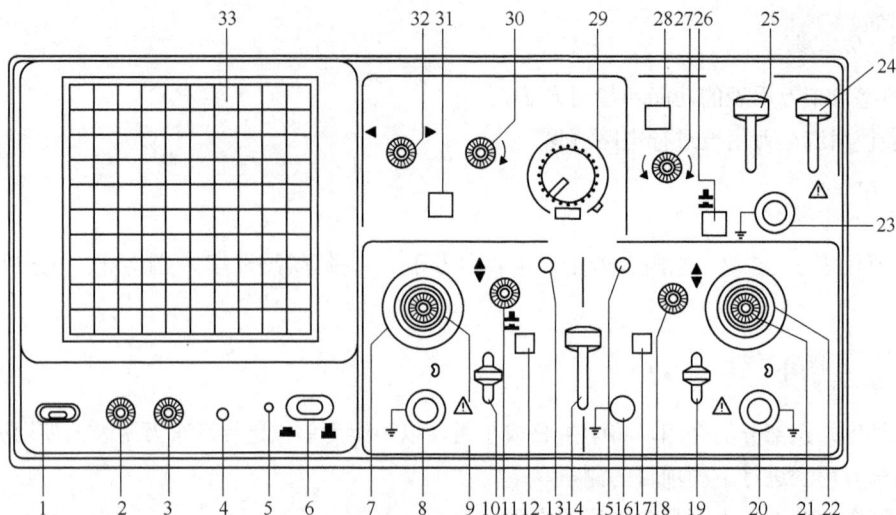

图 5.84　MOS-620/640 双踪示波器面板

MOS-620/640 双踪示波器的调节旋钮、开关、按键及连接器等都位于前面板上，如图 5.84 所示，各部分名称及作用如下。

（1）示波管操作部分

6——"POWER"：主电源开关及指示灯。按下此开关，其左侧的发光二极管指示灯 5 亮，表明电源已接通。

2——"INTEN"：亮度调节钮。调节轨迹或光点的亮度。

3——"FOCUS"：聚焦调节钮。调节轨迹或亮光点的聚焦。

4——"TRACE ROTATION"：轨迹旋转。调整水平轨迹与刻度线相平行。

33——显示屏：显示信号的波形。

（2）垂直轴操作部分

7、22——"VOLTS/DIV"：垂直衰减钮。调节垂直偏转灵敏度，从 5mV/div～5V/div，共 10 个挡位。

8——"CH1X"：通道 1 被测信号输入连接器。在 X-Y 模式下，作为 X 轴输入端。

20——"CH2Y"：通道 2 被测信号输入连接器。在 X-Y 模式下，作为 Y 轴输入端。

9、21——"VAR"垂直灵敏度旋钮：微调灵敏度大于或等于 1/2.5 标示值。在校正（CAL）位置时，灵敏度校正为标示值。

10、19——"AC-GND-DC"：垂直系统输入耦合开关。选择被测信号进入垂直通道的耦合方式。"AC"：交流耦合；"DC"：直流耦合；"GND"：接地。

11、18——"POSITION"：垂直位置调节旋钮。调节显示波形在荧光屏上的垂直位置。

12——"ALT" / "CHOP"：交替/断续选择按键，双踪显示时，放开此键（ALT），通道 1 与通道 2 的信号交替显示，适用于观测频率较高的信号波形；按下此键（CHOP），通道 1 与通道 2 的信号同时断续显示，适用于观测频率较低的信号波形。

13、15——"DC BAL"：CH1、CH2 通道直流平衡调节旋钮。垂直系统输入耦合开关在 GND 时，在 5mV 与 10mV 之间反复转动垂直衰减开关，调整"DC BAL"使光迹保持在零水平线上不移动。

14——"VERTICAL MODE"：垂直系统工作模式开关。CH1：通道 1 单独显示；CH2：通道 2 单独显示；DUAL：两个通道同时显示；ADD：显示通道 1 与通道 2 信号的代数或代数差（按下通道 2 的信号反向键"CH2 INV"时）。

17——"CH2 INV"：通道 2 信号反向按键。按下此键，通道 2 及其触发信号同时反向。

（3）触发操作部分

23——"TRIG IN"：外触发输入端子。用于输入外部触发信号。当使用该功能时，"SOURCE"开关应设置在 EXT 位置。

24——"SOURCE"：触发源选择开关。"CH1"：当垂直系统工作模式开关 14 设定在 DUAL 或 ADD 时，选择通道 1 作为内部触发信号源；"CH2"：当垂直系统工作模式开关 14 设定在 DUAL 或 ADD 时，选择通道 2 作为内部触发信号源；"LINE"：选择交流电源作为触发信号源；"EXT"：选择"TRIG IN"端子输入的外部信号作为触发信号源。

25——"TRIGGER MODE"：触发方式选择开关。"AUTO"（自动）：当没有触发信号输入时，扫描处在自由模式下；"NORM"（常态）：当没有触发信号输入时，踪迹处在待命状态并不显示；"TV-V"（电视场）：当想要观察一场的电视信号时；"TV-H"（电视行）：当想要观察一行的电视信号时。

26——"SLOPE"：触发极性选择按键。释放为"+"，上升沿触发；按下为"−"，下降沿触发。

27——"LEVEL"：触发电平调节旋钮。显示一个同步的稳定波形，并设定一个波形的起始点。向"+"旋转触发电平向上移，向"−"旋转触发电平向下移。

28——"TRIG.ALT"：当垂直系统工作模式开关 14 设定在 DUAL 或 ADD 时，且触发源选择开关 24 选 CH1 或 CH2 时，按下此键，示波器会交替选择 CH1 和 CH2 作为内部触发信号源。

（4）水平轴操作部分

29——"TIME/DIV"：水平扫描速度旋钮。扫描速度从 0.2μs/div 到 0.5s/div 共 20 挡。当设置到 X-Y 位置时，示波器可工作在 X-Y 方式。

30——"SWP VAR"：水平扫描微调旋钮。微调水平扫描时间，使扫描时间被校正到与面板上"TIME/DIV"指示值一致。顺时针转到底为校正（CAL）位置。

31——"×10 MAG"：扫描扩展开关。按下时扫描速度扩展 10 倍。

32——"POSITION"：水平位置调节钮。调节显示波形在荧光屏上的水平位置。

（5）其他操作部分

1——"CAL"：示波器校正信号输出端。提供幅度为 $2V_{pp}$，频率为 1kHz 的方波信号，用于校正 10∶1 探头的补偿电容器和检测示波器垂直与水平偏转因数等。

16——"GND"：示波器机箱的接地端子。

2．双踪示波器的调整与操作

正确调整和操作示波器对于提高测量精度和延长仪器的使用寿命十分重要，在使用过程中一定要保证操作规范。

（1）聚焦和辉度的调整

调整聚焦旋钮使扫描线尽可能细，以提高测量精度。扫描线亮度（辉度）应适当，过亮不仅会降低示波器的使用寿命，而且也会影响聚焦特性。

（2）正确选择触发源和触发方式

触发源的选择：如果观测的是单通道信号，就应选择该通道信号作为触发源；如果同时观测两个时间相关的信号，则应选择信号周期长的通道作为触发源。

触发方式的选择：首次观测被测信号时，触发方式应设置于"AUTO"，待观测到稳定信号后，调好其他设置，最后将触发方式开关置于"NORM"，以提高触发的灵敏度。当观测直流信号或小信号时，必须采用"AUTO"触发方式。

（3）正确选择输入耦合方式

根据被观测信号的性质来选择正确的输入耦合方式。一般情况下，被观测的信号为直流或脉冲信号时，应选择"DC"耦合方式；被观测的信号为交流时，应选择"AC"耦合方式。

（4）合理调整扫描速度

调节扫描速度旋钮，可以改变荧光屏上显示波形的个数。提高扫描速度，显示的波形少；降低扫描速度，显示的波形多。显示的波形不应过多，以保证时间测量的精度。

（5）波形位置和几何尺寸的调整

观测信号时，波形应尽可能处于荧光屏的中心位置，以获得较好的测量线性。正确调整垂直衰减旋钮，尽可能使波形幅度占一半以上，以提高电压测量的精度。

（6）合理操作双通道

将垂直工作方式开关设置到"DUAL"，两个通道的波形可以同时显示。为了观察到稳定的波形，可以通过"ALT/CHOP"（交替/断续）开关控制波形的显示。按下"ALT/CHOP"开关（置于CHOP），两个通道的信号断续地显示在荧光屏上，此设定适用于观测频率较高的信号；释放"ALT/CHOP"开关（置于 ALT），两个通道的信号交替地显示在荧光屏上，此设定适用于观测频率较低的信号。在双通道显示时，还必须正确选择触发源。当CH1、CH2信号同步时，选择任意通道作为触发源，两个波形都能稳定显示，当CH1、CH2信号在时间上不相关时，应按下"TRIG ALT"（触发交替）开关，此时每一个扫描周期，触发信号交替一次，因而两个通道的波形都会稳定显示。

值得注意的是：双通道显示时，不能同时按下"CHOP"和"TRIG ALT"开关，因为"CHOP"信号成为触发信号时不能同步显示。利用双通道进行相位和时间对比测量时，两个通道必须采用同一同步信号触发。

（7）触发电平调整。

调整触发电平旋钮可以改变扫描电路预置的阀门电平。向"+"方向旋转时，阀门电平向正方向移动；向"－"方向旋转时，阀门电平向负方向移动；处在中间位置时，阀门电平设定在信号的平均值上。触发电平过正或过负，均不会产生扫描信号。因此，触发电平旋钮通常应保持在中间位置。

3．信号发生器

信号发生器是用来生产正弦波信号的电子仪器。输出信号的频率、电压或功率在一定范围内连续可调，所输出信号的频率和电压有相应的读数指示装置。其主要技术指标有频率范围和输出电压范围等。目前的信号发生器功能多样化，除能产生正弦波信号外，还能产生矩形波信号、三角波信号等。

4．毫伏表

毫伏表是用来测量正弦波信号电压有效值的一种电子仪器。其主要技术指标有频带宽度和测量电压范围等。由于其灵敏度很高，测量时应注意量程的选择。

> **实训目标**

① 学会正确调整和使用示波器。

② 初步掌握用示波器观察和测量正弦波信号。

③ 学会使用信号发生器和毫伏表。

信号发生器、毫伏表、模拟示波器。

操作步骤

（1）信号发生器、毫伏表的调节

根据说明书或附录内容熟悉信号发生器和毫伏表面板上各旋钮的功能，并按图 5.85 接线。

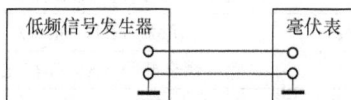

图 5.85　测量正弦波信号的电压

对于信号发生器，调节幅度旋钮逆时针旋到底，"输出衰减"置于"0"位；调节频率旋钮，使输出频率 $f = 1kHz$。

对于毫伏表，先进行机械调零，并将测量挡调节到最大挡位，测试时再选择合适的挡位。按表 5.2 要求进行测量，并将测量结果记入表 5.2 中。

（2）用示波器观察正弦信号的电压波形

① 调出扫描线。接通示波器电源，按表 5.3 设置旋钮位置调出扫描线，调节水平位移和垂直位移旋钮使扫描线置于荧光屏中央。调节辉度旋钮和聚焦旋钮，使扫描线亮度适中、细而清晰。

表 5.2　　　　　　　信号发生器"输出衰减"对输出电压的影响

信号发生器"输出衰减"位置/dB	0	10	20	40	80
毫伏表读数					
量程					

表 5.3　　　　　　　示波器面板旋钮状态设置

电源（POWER）	按下
辉度（INTEN）	逆时针旋到底
聚焦（FOCUS）	居中
输入耦合（AC-GND-DC）	GND
↑↓移位（POSITION）	居中（旋转按进）
垂直工作方式（V.MODE）	Y1
触发（TRIG）	自动
触发源（TRIG SOURCE）	内
内触发（INT TRIG）	Y1
扫描时间选择（TIME/DIV）	0.5 ms
→←移位（POSITION）	居中

② 观察几个控制旋钮的功能。观察"输入耦合"旋钮和"触发电平控制"旋钮的功能，按图 5.86 接线。调节信号发生器使输出的正弦信号频率 $f = 1kHz$，大小为 $U_o = 0.8V$（毫伏表读数）。用示波器 Y1 通道观察信号波形，相关旋钮位置按表 5.4 中所述确定。

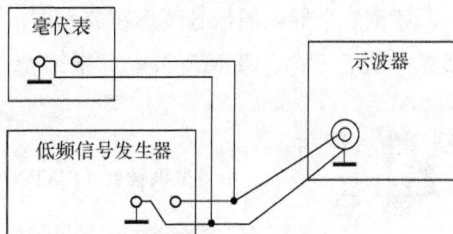

图 5.86　用示波器观察正弦波信号波形的接线图

表 5.4 示波器面板旋钮状态设置

控 制 旋 钮	设 置 位 置
垂直工作方式（V.MODE）	通道 1（Y1）
触发方式（TRIG MODE）	自动（AUTO）
触发信号源（TRIG SOURCE）	内（LNT）
内触发（INT TRIG）	通道 1（Y1）
输入耦合开关（AC-GND-DC）	AC
伏/格选择开关（VOLTS/DIV）	0.5V
扫描时间选择（TIME/DIV）	0.2ms
触发电平控制旋钮（TRIG LEVEL）	按进（+极性）

调节触发电平旋钮，获得稳定的波形。当观察低频信号小于 25Hz 时，触发方式（TRIG MODE）的开关位置设置于常态（NORM）。按表 5.5 中的要求，改变"触发电平控制"和"输入耦合选择"，旋钮位置，将显示波形记入表 5.5 中。

表 5.5 荧光屏显示波形

触发电平控制	输入耦合选择	荧光屏显示波形
按进（+极性）	AC	
	GND	
	DC	
按出（−极性）	AC	

用示波器的校正方波信号对示波器进行校正。用示波器 Y1 通道观测校正方波信号时，将 1∶1 探头接在校正 0.5V 方波输出端，微调旋钮处于校正位置，其他相关旋钮按表 5.3 所示设置。示波器提供的校正信号时 0.5V，1kHz 的方波信号。调节垂直和水平位置移位旋钮，使波形显示在荧光屏的中间部位，调节触发电平控制旋钮使波形稳定。波形在垂直方向应占 1 格，在水平方向应占 5 格。

观察"扫描时间"（TIME/DIV）选择开关的功能。输入正弦信号 f = 1kHz，U = 0.8V，观察"输入耦合选择"旋钮和"触发电平控制"旋钮功能，将观察和测量结果记入表 5.6 中。用示波器测量信号周期方法如下。

表 5.6 "扫描时间"选择开关控制情况

信号频率 f	屏幕上要求显示波形周期数	扫描时间选择 Time/DIV	波形所占水平格数	换算后的信号频率
500Hz	1			
2kHz	1～3			
10kHz	3～5			

读测一个周期的信号波形在荧光屏水平方向上所占格数（设为 N 格），记下此时的 TIME/DIV 挡级，则 $T = N \times$（TIME/DIV）。根据 $f = 1/T$ 可计算信号的频率。

注意 扫描微调控制（SWP VAR）应处于校正位置，即开关顺时针旋到底。

观察伏/格选择开关（VOLTS/DIV）的功能。保持正弦波信号频率不变（f = 1kHz），改变信号幅值，将观察到的结果记入表 5.7 中。用示波器测量信号幅值方法如下。

表 5.7   "伏/格"选择开关情况

信号电压 U（毫伏表读数）	Y 轴灵敏度选择 VOLTS/DIV	波形所占垂直格数	换算后电压有效值

读出待测波形在荧光屏垂直方向上所占格数（设为 N），记下此时的伏/格挡级。待测信号通过 10∶1 探头接至示波器输入端时，电压有效值为

$$U = 10 \times N \times （伏/格）/2\sqrt{2}$$

待测信号通过 1∶1 探头接至示波器输入端时，电压有效值为

$$U = N \times （伏/格）/2\sqrt{2}$$

> **注意**
>
> 微调控制（VAR）应处于校正位置，即开关顺时针旋到底。

用示波器同时观察两个波形。当垂直工作方式开关置交替（ALT）或断续（CHOP）时就可以很方便地观察两个波形。当两个波形的频率较高时，工作方式用交替（ALT），当两个波形的频率较低时，用断续（CHOP）方式，内触发选择开关置于组合方式（VERT MODE）。

当测量两波形的相位差时，需要用相位超前的信号作同步信号。

注意事项

使用示波器时应注意以下事项。

① 不要将光点和扫描线调得太亮，以避免观察者的眼睛过度疲劳和示波管荧光屏光层表面的灼伤。

② 测量电压不要超过规定值。

5.7.3 单相桥式整流电容滤波电路实验

基础知识

1. 整流电路及工作原理

整流就是把交流电转变为直流电的过程。利用二极管的单向导电性可实现这个过程。整流电路一般可分为半波、全波和桥式 3 种，图 5.87 中开关 S_1 和 S_2 断开时，为单相桥式整流电路（开关 S_1 或 S_2 闭合时，为单相桥式整流电容滤波电路）。桥式整流电路的输出电压的平均值 U_o 为

$$U_o = \frac{2\sqrt{2}}{\pi}U_2 \approx 0.9U_2$$

U_2 为电源变压器的二次绕组电压有效值。考虑到实际整流电路具有一定的内阻，故 U_o 常小于上述表达式。

桥式整流电路在交流电压作用下，其中二极管 VD_1、VD_3 和 VD_2、VD_4 轮流导通，在负载上得到脉动的直流电压。

2．电容滤波电路及工作原理

滤波作用就是滤除输出直流电压中的交流成分。利用电抗性元件电容、电感可组成滤波电路。单相桥式整流电路滤波后，输出直流电压中的交流分量大大减小，而且输出电压的平均值也相应增大，图 5.87 中的开关 S_1 闭合后就构成单相桥式整流电容滤波电路。滤波电容和负载电阻越大，滤波效果越好。具有电容滤波的桥式整流电路输出电压的范围为 $U_o = (0.9 \sim 1.4) U_2$。而且电容越大，负载电阻越大，输出电压 U_o 越接近 $1.4U_2$。

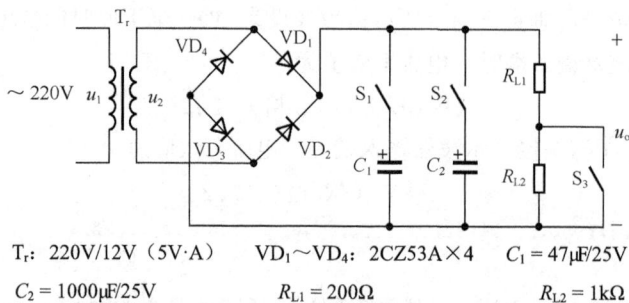

T_r：220V/12V（5V·A）　　VD$_1$～VD$_4$：2CZ53A×4　　$C_1 = 47\mu F/25V$

$C_2 = 1000\mu F/25V$　　　　$R_{L1} = 200\Omega$　　　　　　$R_{L2} = 1k\Omega$

图 5.87　桥式整流电路

实训目标

① 学会单相桥式整流电路的连接方法。
② 学会用示波器观察电路的工作波形。
③ 观察滤波器电容对整流输出电压波形的影响。

实训条件

示波器、万用表、实验电路板。

操作步骤

（1）桥式整流电路

桥式整流电路实验按图 5.87 所示连接线路。断开开关 S_1 和 S_2（滤波电容不接入电路），闭合开关 S_3 用示波器观察变压器副边交流电压 u_2 和整流电路输出脉冲电压 u_o 的波形，并将波形记在表 5.8 中，若使用双踪示波器观察时，要注意 u_2 和 u_o 的相位关系。

在断开开关 S_1、S_2、闭合开关 S_3 情况下，用万用表的交流电压挡测量 U_2，直流电流挡测量 U_0，并将数据记入表 5.8 中。

在断开开关 S_1、S_2 的基础上，断开开关 S_3。重复进行上述观察和测量，并将波形和数据记入表 5.8。

表 5.8　　　　　　　　　　　　　桥式整流电路波形与数值

负载电阻 R_L	滤波电容 C	u_2 波形	u_o 波形	u_2	u_0
闭合 S_3	S_1、S_2 断开				
断开 S_3	S_1、S_2 断开				

（2）电容滤波电路

电容滤波实验电路仍然采用图 5.87 所示电路。断开开关 S_3，为便于观察电容滤波作用和不同容量电容滤波效果，先闭合开关 S_1，在整流电路中加入滤波电容 C_1，用示波器观察变压器二次交流电压 u_2 和输出脉冲电压 u_0 的波形。用万用表测量 u_2，将波形和测量数据记入表 5.9。

闭合开关 S_2（S_1 仍然保持闭合），增大滤波电容。观察 u_2 和 u_0 的波形，用万用表测量 u_2，将波形和测量数据记入表 5.9。

表 5.9　　　　　　　　　　　　电容滤波电路波形与数值

滤 波 电 路	u_2 波形	u_0 波形	u_2
S_1 闭合 S_2 断开			
S_1 闭合 S_2 闭合			

注意事项

① 桥式整流电路中，二极管的正负极不能接反，若某个二极管接反可能烧坏二极管或变压器。

② 滤波用的电解电容具有极性，接入电路时极性不能接反，在合理选择电容量的同时，还要选择合适的耐压值。

本 章 小 结

1. 单相桥式整流电路是由 4 个二极管组成的，可将交流电转换成直流电。单相桥式整流电路中，每半个周期有相对的两只二极管导通，使负载上得到方向一致的脉动直流电。

2. 滤波电路可以消除直流电中的脉动成分。常见的滤波元件有电容和电感。

3. 稳压电路的作用是稳定输出电压，减小电网波动和负载变化引起的电压不稳定。

4. 二极管钳位电路常用于保护其他电路或器件，限幅电路可以起到限制信号幅度的作用。

5. 汽车中常用的特殊二极管有稳压管、发光二极管和光电二极管。

6. 晶体三极管具有电流放大作用，利用三极管导通和截止之间状态转换，常将三极管作为电子开关使用。三极管开关电路主要用于汽车电子调压器、电子点火器以及各种信号报警电路。

7. 汽车中常用的特殊三极管有达林顿管和光电三极管。

8. 共发射极单管放大电路是以晶体三极管为核心，配合适当的元件构成的。在合适的偏置（发射结正偏、集电结反偏）下，晶体管可以将较小的基极电流转换成较大的集电极电流，并由集电极负载电阻 R_C 转换成电压输出，实现电压放大。

9. 多级放大器是多个单级放大电路耦合起来的放大器。其耦合方式有阻容耦合、变压器耦合和直接耦合。

10. 负反馈是将输出信号的一部分送回输入端，使净输入信号减小的控制方式。负反馈的 4 种基本电路类型：电压串联负反馈、电流串联负反馈、电压并联负反馈、电流并联负反馈。

11. 功率放大器要求输出足够的功率，有较高的效率和较小的失真。常见的有 OTL 功放电路和 OCL 功放电路。

12. 差分放大器是为了解决直流信号放大过程中出现的零点漂移问题而采取的一种特殊结构的放大器。

13. 集成运算放大器是一种集成化的、高放大倍数的放大电路。它可构成多种运算电路，如比例运算电路和加、减运算电路等。

14. 振荡器是一种自激放大器。产生自激振荡的条件是相位平衡条件和幅值平衡条件。

15. 晶闸管简称可控硅，是由 3 个 PN 结组成的，也可看成是由 1 个 PNP 型三极管和 1 个 NPN 型三极管构成的复合管，晶闸管有阳极 A、阴极 K 和控制极 G 3 个电极，能够控制强电。

|思考与练习|

1. 在图 5.88 所示的电路中，哪些电路在接通后白炽灯能够发光？

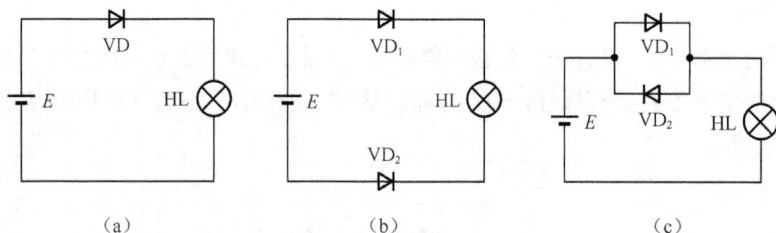

图 5.88　题 1 图

2. 在正向电压和反向电压相同的情况下测得 A、B、C、D 4 只二极管的正向电流和反向电流以及反向击穿电压见表 5.10，试判断哪只管子的性能最好。

表 5.10　　　　　　　　　　　　　　　单元测试 2 题表

管　　子	正向电流/mA	反向电流/μA	反向击穿电压/V
A	20	2	100
B	100	2	200
C	60	4	120
D	50	5	60

3. 如图 5.89 所示，测得硅三极管 3 个电极对地电压，说明三极管的工作状态。

4. 计算。

一个单相桥式整流电路如图 5.90 所示，若输出电压 $u_o = 18V$，负载电流 $I_L = 1A$，求：（1）电源变压器二次绕组电压 u_2；（2）整流二极管承受的最大反向电压 U_{RM}；（3）流过二极管的平均电流 I_V。

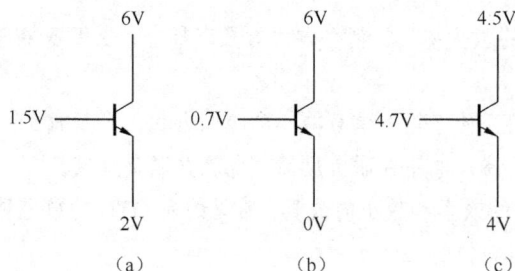

图 5.89　题 3 图

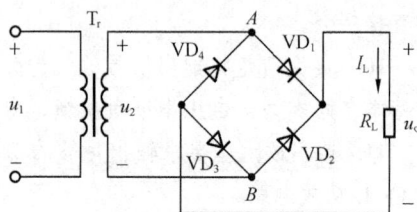

图 5.90　单相桥式整流电路

第6章
数字电路与汽车电脑

    数字电子电路是电子电路中另一大类电路,它加工和处理的对象是不连续变化的数字信号。数字电子电路又可分成脉冲电路和数字逻辑电路,它们处理的是不连续的脉冲信号。脉冲电路是专门用来产生电脉冲和对电脉冲进行放大、变换和整形的电路。一直以来,汽车都在不断地向信息化与智能化方向发展,而汽车的信息化与智能化离不开各种数字电路的应用,如汽车的音响电路、仪表电路及一些控制电路中都应用了数字电路,图 6.1 所示为汽车发动机电脑板。本章主要介绍数字电路的基本知识、基本数字电路的功能及汽车电脑的相关知识。

图 6.1　汽车发动机电脑板

◎ 理解数字信号, 认识数字电路;

◎ 掌握逻辑门电路的符号、功能和应用;

◎ 理解 RS 触发器、JK 触发器、D 触发器的工作原理;

◎ 掌握编码器、译码器、计数器、寄存器等电路的功能;

◎ 识别和检测集成电路;

◎ 安装汽车照明顶灯调光器电路;

◎ 组装汽车闪光讯响器电路。

| 6.1 数字电路基本知识 |

现代汽车的检测电路、音响电路、各种控制电路等广泛采用了数字电路技术。那么什么是数字电路, 这种电路有什么特点, 本节主要学习数字信号及数字电路的基本知识。

6.1.1 数字信号和数字电路

基础知识

1. 数字信号及数字电路

电信号分为模拟信号和数字信号两大类。在汽车电子电路中, 电信号主要在传感器、ECU 及执行器之间传递。传感器输入 ECU 的信号大体上可分为两大类: 一类是连续变化的信号, 如水温传感器输出的信号随冷却水温度变化而连续变化, 这类信号称为模拟信号, 如图 6.2 (a) 所示; 另一类信号是电压 "高" "低" 间隔变化的脉冲式信号, 如光电式曲轴位置传感器, 输出的信号是遮光盘不断通过光电耦合器而产生的 "有" 或 "无" (透光或遮光) 的规律变化的脉冲信号, 这类信号称为数字信号, 如图 6.2 (b) 所示。

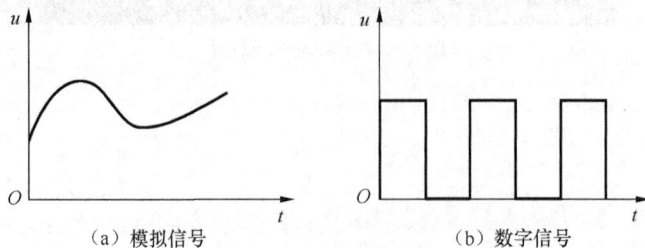

模拟信号和数字信号

(a) 模拟信号   (b) 数字信号

图 6.2 模拟信号与数字信号

数字电路是处理数字信号的电路。数字信号只有 "0" 或 "1" 两种取值, 反映在电路上就是高电平和低电平两种状态。数字电路的输出信号和输入信号之间具有一定的逻辑关系, 因此又称为逻辑电路。逻辑电路可分为组合逻辑电路和时序逻辑电路两类。组合逻辑电路是指任意时刻的输出信号仅取决于该时刻的输入信号，而与信号作用前电路原来的状态无关的电路。时序逻辑电路是指任意时刻的输出信号不仅取决于当时的输入信号，而且与电路的原来状态有关的电路（或者说与之前的输入状态有关的电路）。

2．数字电路的特点

（1）数字电路有利于集成化

数字电路中，基本数字只有 0 和 1 两个。因此，只要是具有两个稳定状态的或能区分出 2 个相反状态的电路即可。

（2）数字电路的抗干扰能力强

数字信号用两个相反的状态来表示，只有环境干扰很强时，才会使数字信号发生变化。因此，数字电路的抗干扰能力很强，工作稳定可靠。

（3）便于加密处理

信息传输的安全性和保密性越来越重要，数字通信的加密处理比模拟通信容易得多，以语音信号为例，经过数字变换后的信号可用简单的数字逻辑运算进行加密、解密处理。

（4）便于存储、处理和交换

数字信号的形式和计算机所用信号一致，可与计算机联网，便于用计算机对数字信号进行存储、处理和交换，实现自动化、智能化。

（5）设备便于集成化、微型化

构成数字电路的基本单元电路结构比较简单，对元件的精度要求不高，允许有一定的误差，因此，数字电路体积小、功耗低，适于集成化。

作业测评

1．电信号分为_____信号和_____信号两大类。

2．在时间和幅度上都是连续变化的信号称为_____，在时间上和幅度上都不连续的信号称为_____。数字电路是用来处理_____的电路。

3．数字电路的输入、输出电平有_____种状态，即_____，且输出信号和输入信号之间具有一定的_____，因此数字电路又称_____电路。

4．判断图 6.3 所示信号表示的是数字信号还是模拟信号。

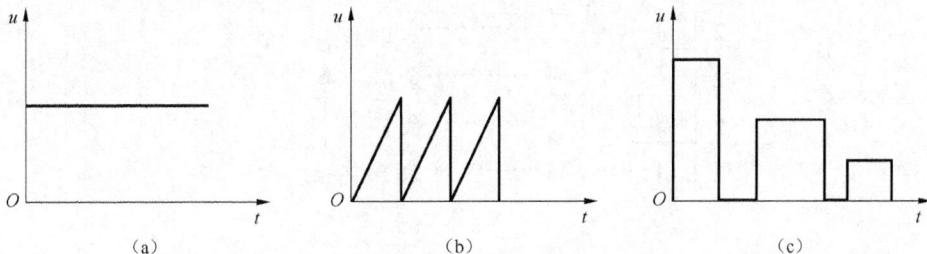

图 6.3　作业测评 4 题图

6.1.2　数字电路的分析方法

数字电路主要研究电路的输入与输出之间的逻辑关系，通常用逻辑代数、真值表及逻辑图等方法进行分析。由于数字信号只有两种状态，所以数字电路通常采用二进制数。

基础知识

1．数制

数制是数的表示方法，最常用的数制是十进制，但在计算机和数字通信中二进制更加适用。

（1）十进制数

十进制数是用 0～9 十个数码按照一定规律排列来表示数值的大小。数码的个数称为基数，计数规则是"逢十进一"，因此称为十进制。如

$$[1860]_{10} = 1 \times 10^3 + 8 \times 10^2 + 6 \times 10^1 + 0 \times 10^0$$

$$[555]_{10} = 5 \times 10^2 + 5 \times 10^1 + 5 \times 10^0$$

每个十进制数码在不同的数位上表示的数值不同，其中乘数 10^3、10^2、10^1、10^0 等是根据每个数字在数中的位置得来的，称为该位的"权"。

任何一个十进制正整数都可以写为 $D = \sum K_i 10^{i-1}$。

（2）二进制数

二进制数是用 0 和 1 两个数码按照一定规律排列来表示数值的大小。基数是 2，计数规则是"逢二进一"，故称为二进制。如

$$[1001]_2 = 1 \times 2^3 + 0 \times 2^2 + 0 \times 2^1 + 1 \times 2^0$$

任何一个二进制数都可以写为 $D = \sum K_i 2^{i-1}$。

（3）二进制数与十进制数的转换

① 二进制数转换为十进制数。将二进制数按展开式展开后相加，就得到等值的十进制数。

【例 6.1】 将 $[1001]_2$ 转换为十进制数。

解：$[1001]_2 = 1 \times 2^3 + 0 \times 2^2 + 0 \times 2^1 + 1 \times 2^0$

$\qquad\qquad = 8 + 0 + 0 + 1$

$\qquad\qquad = [9]_{10}$

② 十进制正整数转换为二进制数。采用"除 2 取余数，逆序排列"法。

【例 6.2】 将 $[13]_{10}$ 转换为二进制数。

解：

$$
\begin{array}{r|l}
2 & 13 \\
\hline
2 & 6 \\
\hline
2 & 3 \\
\hline
2 & 1 \\
\hline
 & 0
\end{array}
$$

············余 1　低位
············余 0
············余 1
············余 1　高位

所以，$[13]_{10} = [1101]_2$

2．码制

数字电路中的二进制数码不仅可以用来表示数字的大小，还可以用来表示各种文字、符号、图形等非数值信息，称为代码，如 110。建立这种代码与文字、符号或其他特定对象之间的对应关系的过程称为编码。编码的表示方法称为码制。

在数字电路中，经常用到二进制数码，而人们更习惯于使用十进制数码，所以常用 4 位二进制数码来表示 1 位十进制数码，称为二-十进制编码，简称 BCD 码。最常用的二进制代码是 8421BCD 码，其含义如表 6.1 所示。

表 6.1　8421BCD 码编码表

十进制数码	二进制数码			
	位权 8	位权 4	位权 2	位权 1
0	0	0	0	0
1	0	0	0	1
2	0	0	1	0
3	0	0	1	1
4	0	1	0	0
5	0	1	0	1
6	0	1	1	0
7	0	1	1	1
8	1	0	0	0
9	1	0	0	1

从表中可以看出，十进制数转换为 4 位二进制数时，其位权从高到低，依次是 8、4、2、1，因此称其为 8421BCD 码。

3．真值表

在图 6.4 所示的电路中，当开关闭合时白炽灯亮，开关断开时白炽灯灭。即对于开关的"闭合"与"断开"两种状态，对应电灯也存在"亮"和"灭"两种状态，类似这样的电路称为二值电路。

在图 6.4 中，开关只有"开"和"关"两种状态，没有中间状态，将开关的状态记为 A，称为逻辑变量。逻辑变量表示的是开关状态的变量，并非开关本身。

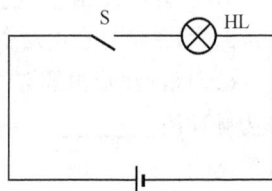

图 6.4　电路图

表 6.2 中用字母 A 作为表示开关状态的变量，即逻辑变量，开关处于断开状态时 $A=0$；开关闭合时 $A=1$。逻辑变量 A 的值 0、1 称为真值。同样将白炽灯灯的状态用变量 L 表示，设定白炽灯灭时 $L=0$，灯亮时 $L=1$，可得到表 6.3，将表 6.3 所示称为真值表。

表 6.2　电路的状态

开关状态 A	电灯状态 L
断　开	灭
闭　合	亮

表 6.3　真　值　表

A	L
0	0
1	1

数字电路的两个基本工作信号用 0 和 1 表示，对应的电路有 2 种不同的工作状态，即低电平和高电平（或低点位和高电位）。为了简便地描述这种关系，规定用 1 表示高电平，用 0 表示低电平，称为正逻辑。若用 0 表示高电平，用 1 表示低电平，则称为负逻辑。本书均采用正逻辑。

4．数字信号的波形

数字信号在电路中往往表现为突变的电压或电流，信号从高电平变为低电平，或者从低电平变为高电平是一个突然变化的过程。

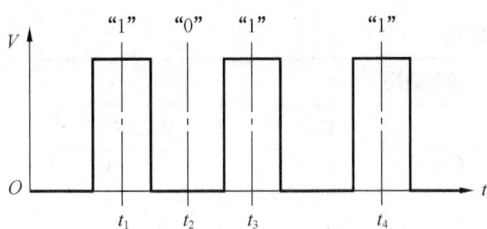

图 6.5　典型数字信号波形

图 6.5 所示为典型的数字信号的波形，也称为脉冲波形。脉冲的有或无可用"1""0"两个状态区别。有脉冲时为"1"，无脉冲时为"0"。图 6.4 中，t_1、t_2、t_3、t_4 时刻的脉冲分别为"1""0""1""1"。对于脉冲的波形而言，由低电位跳变到高电位称为脉冲的上升沿；脉冲波形由高电位跳变到低电位称为脉冲的下降沿。

作业测评

1．数制指的是＿＿＿＿＿＿。数字电路中使用的数制是＿＿＿＿＿＿。

2．编码是指建立二进制代码与＿＿＿＿＿＿之间对应关系的过程。常说的 BCD 码是＿＿＿＿＿＿。

3．数字电路的基本工作信号是两个基本的数字信号，用＿＿＿＿和＿＿＿＿表示，对应的电路中只处于两种不同的工作状态，即＿＿＿＿和＿＿＿＿ 两种工作状态。

4．正逻辑是指＿＿＿＿＿＿。

5．数字信号在电路中往往表现为＿＿＿＿＿＿，这种信号也称为＿＿＿＿＿＿。

6．脉冲波形由低电位跳变到高电位称为脉冲的＿＿＿＿；脉冲波形由高电位跳变到低电位称为脉冲的＿＿＿＿。

|6.2　基本逻辑门电路|

数字电路也称为逻辑电路。门电路是数字电路中最基本的逻辑元件。逻辑门指的是能实现一定因果逻辑关系的单元电路。在数字电路中，有 3 种最基本的逻辑关系："与"逻辑、"或"逻辑和"非"逻辑。对应的逻辑门为"与"门、"或"门和"非"门，这 3 种逻辑门是构成各种复合逻辑门及复杂逻辑电路的基础。本节主要学习 3 种基本的逻辑关系以及基本逻辑门电路的构成及作用。

6.2.1　"与"逻辑及"与"门电路

基础知识

1．"与"逻辑关系

当决定某一事件的所有条件都具备时，该事件才会发生，这种因果关系称为"与"逻辑关系。

图 6.6 所示的电路中，用两个开关 A、B 串联控制电路。只有当 A、B 都闭合时，白炽灯才会亮，任何一个开关断开，白炽灯都不会亮。这种因果关系即符合"与"逻辑关系。

与运算的逻辑关系

2．"与"门电路

图 6.7 为由二极管组成的"与"门电路及逻辑符号。图中 *A*、*B* 表示输入逻辑变量，*Y* 表示输出逻辑变量。分析电路可知，只有当两个输入端 *A*、*B* 都是高电位（或高电平）时，输出 *Y* 才是高电位，任一个输入端为低电位（或低电平）时，输出 *Y* 就是低电位。

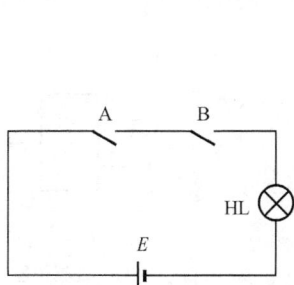

图 6.6　"与"逻辑控制电路

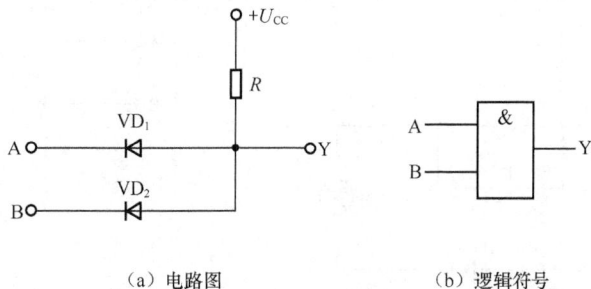

（a）电路图　　　　　（b）逻辑符号

图 6.7　二极管"与"门电路及"与"门逻辑符号

若用"0"表示低电平，"1"表示高电平，将门电路输入与输出之间的逻辑关系列成表格，即得到"与"门真值表，见表 6.4。

表 6.4　　　　　　　　　　　　　"与"门真值表

A	B	Y
0	0	0
0	1	0
1	0	0
1	1	1

从真值表可以看出，"与"门电路的逻辑功能可概括为"有 0 出 0，全 1 出 1"，其逻辑表达式为 Y=A·B 或 Y=AB，读作 Y 等于 A "与" B。

作业测评

1．数字电路也称为_____电路。_____是数字电路中最基本的逻辑元件。

2．数字电路的 3 种最基本的逻辑关系是_____、_____和_____。

3．"与"逻辑关系是指_____，"与"门电路的逻辑功能可概括为_____，逻辑表达式为_____。

6.2.2　"或"逻辑及"或"门电路

基础知识

1．"或"逻辑关系

当决定某一事件的几个条件中，只要有一个或者几个条件具备，该事件就会发生，这种因果关系称为"或"逻辑关系。

图 6.8 所示电路中，用两个开关 A、B 并联控制电路。只要其中任一开关闭合，白炽灯就会亮，只有当两个开关都不闭合时，白炽灯灯才熄灭。这种因果关系即符合"或"逻辑关系。

或运算的逻辑关系

2."或"门电路

图 6.9 所示为二极管组成的"或"门电路及逻辑符号。分析电路可知：只要有一个输入端为高电平时，输出就是高电平，只有当输入端全为低电平时，输出才是低电平。依此列出"或"门真值表，见表 6.5。

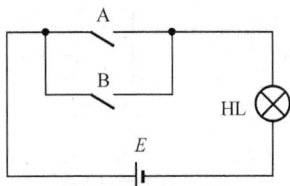

图 6.8 "或"逻辑控制电路

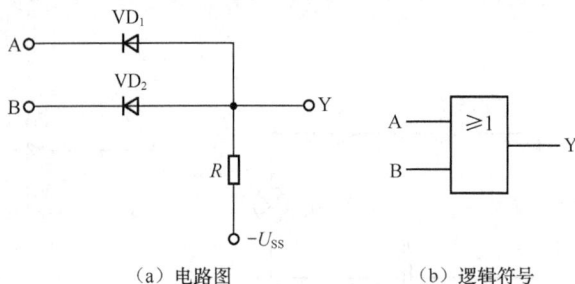

(a) 电路图　　　　　　(b) 逻辑符号

图 6.9 二极管"或"门电路及"或"门逻辑符号

表 6.5　　　　　　　　　　　　　　　"或"门真值表

A	B	Y
0	0	0
0	1	1
1	0	1
1	1	1

从真值表可以看出，"或"门逻辑关系可概括为"全 0 出 0,有 1 出 1"，其逻辑表达式为 Y=A+B，读作 Y 等于 A"或"B。

作业测评

1."或"逻辑关系是指＿＿＿＿＿＿＿＿＿＿＿＿＿＿＿＿＿＿＿＿＿＿＿＿＿。

2."或"门电路的逻辑功能可概括为＿＿＿＿＿＿＿，逻辑表达式为＿＿＿＿＿＿。

6.2.3 "非"逻辑及"非"门电路

基础知识

1."非"逻辑关系

当条件不成立时，结果就会发生，条件成立时，结果反而不会发生，这种因果关系称为"非"逻辑关系。

图 6.10 所示电路中，开关 S 和白炽灯并联。当开关断开时，白炽灯亮；当开关闭合时，白炽灯反而不亮。这种因果关系即符合"非"逻辑关系。"非"也称作"反"。

2."非"门电路

非运算的逻辑关系

"非"门电路又称反相器。图 6.11 所示为由三极管构成的"非"门电路及其逻辑符号。分析电路可知：合理选择电阻 R_1、R_2 及电源 U_{CC}，当输入端 A 为低电平时，三极管的基极为低电位，发射结反偏，三极管截止，输出为高电平；当输入端 A 为高电平时，三极管基极为正电位，则三极管因饱和而导通，输出为低电平，实现非逻辑关系。"非"门真值表见表 6.6。

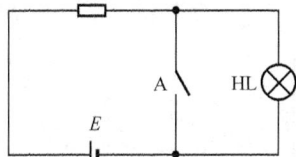

图 6.10　"非"逻辑控制电路

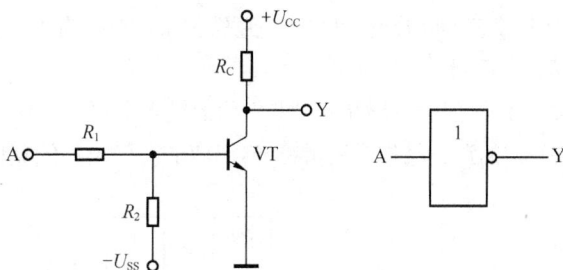

（a）电路图　　　　　（b）逻辑符号

图 6.11　三极管"非"门电路及"非"门逻辑符号

表 6.6　　　　　　　　　　　　"非"门真值表

A	Y
0	1
1	0

从真值表可以看出，"非"门逻辑关系可概括为"有 0 出 1，有 1 出 0"，其逻辑表达式为 $Y = \overline{A}$，读作 Y 等于 A "非"（或 A "反"）。

反相器广泛应用于天津夏利系列和日本丰田系列轿车交流发电机调节器中。

作业测评

1．"非"逻辑关系是指_____。

2．"非"门电路的逻辑功能可概括为_____，逻辑表达式为_____。

6.2.4　复合逻辑门电路

基础知识

1．"与非"门电路

将"与"门的输出端和"非"门的输入端直接相连，便组成了"与非"门电路，图 6.12 所示为"与非"门的逻辑结构及逻辑符号。"与非"门电路的真值表见表 6.7。

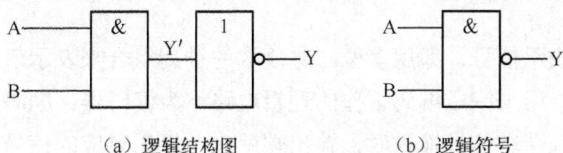

（a）逻辑结构图　　　　（b）逻辑符号

图 6.12　"与非"门逻辑结构及逻辑符号

其他逻辑运算

表 6.7　　　　　　　　　　　　"与非"门真值表

A	B	Y′	Y
0	0	0	1
0	1	0	1
1	0	0	1
1	1	1	0

从真值表可以看出,"与非"门逻辑关系可概括为:"有 0 出 1,全 1 出 0",其逻辑表达式为 $Y=\overline{A \cdot B}$。

2．"或非"门电路

将"或"门的输出端和"非"门的输入端直接相连,便组成了"或非"门电路,图 6.13 所示为"或非"门的逻辑结构及逻辑符号。"或非"门电路的真值表见表 6.8。

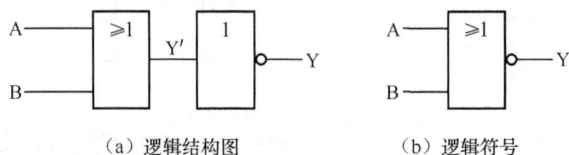

（a）逻辑结构图　　　　（b）逻辑符号

图 6.13 "或非"门逻辑结构及逻辑符号

表 6.8 "或非"门真值表

A B	Y'	Y
0　0	0	1
0　1	1	0
1　0	1	0
1　1	1	0

从真值表可以看出,"或非"门逻辑关系可概括为:"有 1 出 0,全 0 出 1",其逻辑表达式为 $Y=\overline{A+B}$。

作业测评

1．"与非"门电路是由＿＿＿＿＿＿＿＿构成的，其逻辑关系是＿＿＿＿＿＿＿。

2．"或非"门电路是由＿＿＿＿＿＿＿＿构成的，其逻辑关系是＿＿＿＿＿＿＿。

|6.3　组合逻辑电路|

组合逻辑电路是指任意时刻的输出信号仅取决于该时刻的输入信号,而与信号作用前电路原来的状态无关的电路。本节主要介绍编码器及译码器等的组成及功能。

6.3.1　编码器

数字系统总是用二进制代码来表示信号,即用多位二进制数的排列组合来表示信号。赋予每组代码以特定含义的过程称为编码。用来完成编码工作的逻辑电路称为编码器。编码器有多个输入端,多个输出端,当其中一个输入端有信号输入时,输出端就有一组相对应的信号输出。按照被编信号的不同特点和要求,编码器可分为二进制编码器、8421BCD 编码器和优先编码器等。下面介绍两种常用的编码器:二进制编码器和 8421BCD 编码器。

基础知识

1．二进制编码器

二进制编码器是将输入信号编成相应的二进制代码输出的逻辑电路。图 6.14 所示为 3 位二进制编码器的逻辑图。它是按常用的二进制编码顺序和二进制自然计数进位形式构成的,以方便使用和记忆。

1 位二进制代码有 0、1 两种状态，可以表示 2（2×1）种信号，两种二进制代码有 00、01、10 和 11 四种状态，可以表示 4（2×2）种信号，以此类推，n 位二进制代码可以表示 2^n 个信号。若二进制编码器有 n 个输出端，则可以对 2^n 个或 2^n 个以下的输入信号编码。3 位二进制编码器的真值表见表 6.9。

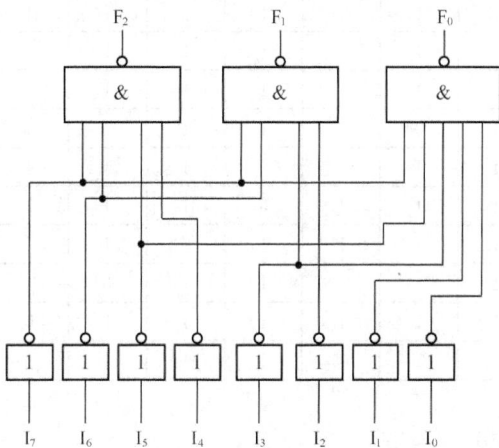

图 6.14　3 位二进制编码器逻辑图

表 6.9　　　　　　　　　　　　　　　3 位二进制编码器真值表

输　入								输　出		
I_0	I_1	I_2	I_3	I_4	I_5	I_6	I_7	F_2	F_1	F_0
1	0	0	0	0	0	0	0	0	0	0
0	1	0	0	0	0	0	0	0	0	1
0	0	1	0	0	0	0	0	0	1	0
0	0	0	1	0	0	0	0	0	1	1
0	0	0	0	1	0	0	0	1	0	0
0	0	0	0	0	1	0	0	1	0	1
0	0	0	0	0	0	1	0	1	1	0
0	0	0	0	0	0	0	1	1	1	1

这种编码器每次只允许输入 1 个为"1"的信号，如果同时输入多个信号"1"，其电路就会混乱，不能工作。

2．8421BCD 编码器

十进制是人们最熟悉的数制，8421BCD 编码器是将十进制数码转换成二进制数码的电路。

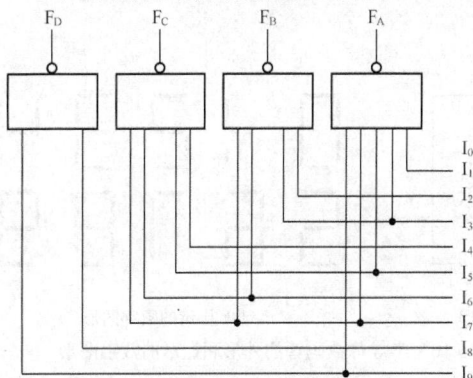

图 6.15 所示为 8421BCD 编码器的逻辑图。输入信号为 I_0，I_1，…，I_9 10 种不同信息，输出代码 F_D，F_C，F_B，F_A。

8421BCD 编码器的真值表见表 6.10。

这种编码器每次只允许输入 1 个为"0"的信号，如果同时输入多个信号"0"，其电路就会混乱，不能工作。

图 6.15　8421BCD 编码器逻辑图

表 6.10   8421BCD 编码器真值表

输　入										输　出			
I_0	I_1	I_2	I_3	I_4	I_5	I_6	I_7	I_8	I_9	F_D	F_C	F_B	F_A
0	1	1	1	1	1	1	1	1	1	0	0	0	0
1	0	1	1	1	1	1	1	1	1	0	0	0	1
1	1	0	1	1	1	1	1	1	1	0	0	1	0
1	1	1	0	1	1	1	1	1	1	0	0	1	1
1	1	1	1	0	1	1	1	1	1	0	1	0	0
1	1	1	1	1	0	1	1	1	1	0	1	0	1
1	1	1	1	1	1	0	1	1	1	0	1	1	0
1	1	1	1	1	1	1	0	1	1	0	1	1	1
1	1	1	1	1	1	1	1	0	1	1	0	0	0
1	1	1	1	1	1	1	1	1	0	1	0	0	1

作业测评

1．赋予每组代码以特定含义的过程称为_____。用来完成编码工作的逻辑电路称为_____。

2．编码器有_____个输入端，_____个输出端。

3．若二进制编码器有 n 个输出端，则可以对_____的输入信号编码。

6.3.2　译码器和显示器件

译码是编码的逆过程。完成译码工作的逻辑电路称为译码器。译码器种类很多，但工作原理大致相同，这里只介绍数码显示译码器的工作原理。数码显示译码器的功能是配合显示器件，将二进制数码以人们熟悉的 0～9 十个数码的形式直观地显示出来。

基础知识

数码显示器是用来显示数字、文字和符号的器件。我国字形管标准为 7 段字形，即由分布在同一平面上的 7 段发光笔划来组成字形。按发光物质的不同分为：半导体数码管、荧光数码管、液晶数字显示器等。其中应用最广泛的是半导体数码管。

1．半导体数码管

半导体数码管是用发光二极管（简称 LED）组成字段来显示数字的，因此又称为 LED 数码管。它是把发光二极管布置成"日"字形状制成，是一种广泛使用的显示器。

利用 7 个 LED 的不同发光组合，便可显示出 0，1，2，…，9 十个不同的数字。半导体数码管的外形和显示的数字图形如图 6.16 所示。

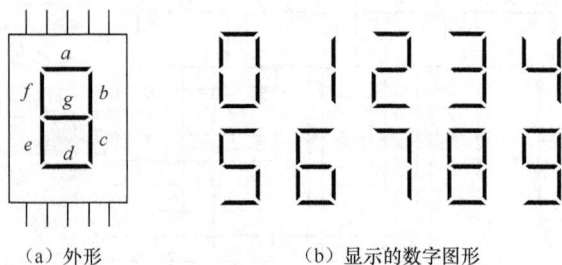

（a）外形　　　　　　（b）显示的数字图形

图 6.16　半导体数码管的外形和显示的数字图形

　　半导体数码管内部发光二极管的连接有两种形式,若 7 个 LED 的阳极连接在一起作为 1 个引出端,称为共阳极数码管;若 7 个 LED 的阴极连接在一起作为 1 个引出端,称为共阴极数码管,如图 6.17 所示。共阳数码管在应用时,应将阳极引出端接高电位,当 LED 的阴极为低电位时,LED 发光,当 LED 的阴极为高电位时,LED 不发光;共阴数码管中 LED 的阴极引出端接低电位,当某个 LED 的阳极接高电位时,对应的 LED 发光,而阳极接低电位的 LED 不发光。

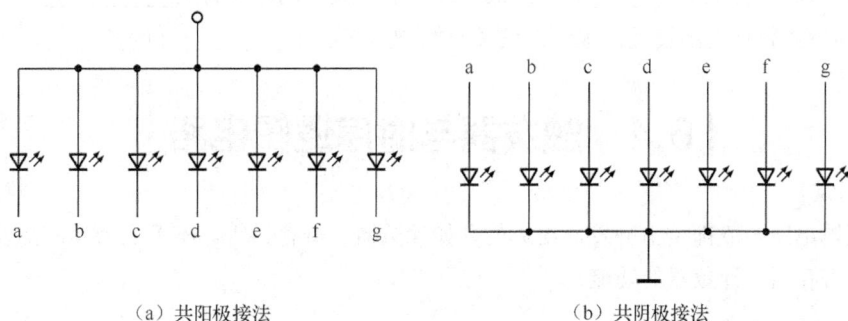

（a）共阳极接法　　　　　　　　　（b）共阴极接法

图 6.17　七段发光二极管接法

　　半导体数码管的优点包括工作电压低、使用寿命长、体积小、颜色丰富等,缺点是功耗较大。

2.数码显示译码器

　　数码显示译码器的原理如图 6.18 所示,输入的是 8421BCD 码,输出的是相应 a、b、c、d、e、f、g 端的高、低电平。

　　若数码显示译码器驱动的是共阴极数码管,如图 6.19 所示,则数码显示译码器的真值表见表 6.11。

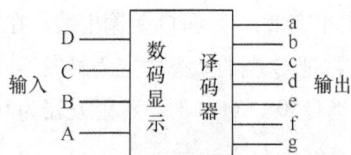

图 6.18　数码显示译码器的原理

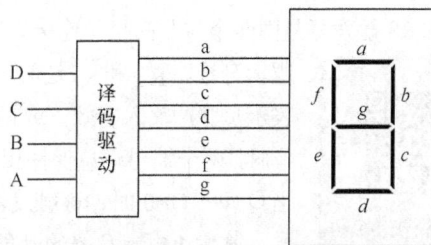

图 6.19　译码、显示原理电路

表 6.11　　　　　　　　　　　数码显示译码器真值表

十进制数	D	C	B	A	a	b	c	d	e	f	g
0	0	0	0	0	1	1	1	1	1	1	0
1	0	0	0	1	0	1	1	0	0	0	0
2	0	0	1	0	1	1	0	1	1	0	1
3	0	0	1	1	1	1	1	1	0	0	1
4	0	1	0	0	0	1	1	0	0	1	1
5	0	1	0	1	1	0	1	1	0	1	1
6	0	1	1	0	1	0	1	1	1	1	1
7	0	1	1	1	1	1	1	0	0	0	0
8	1	0	0	0	1	1	1	1	1	1	1
9	1	0	0	1	1	1	1	1	0	1	1

例如，输入的 8421BCD 码是 0110，译码器的输出端 a、c、d、e、f、g 端是高电平，b 端是低电平，共阴极数码管便显示出 6 字来。

作业测评

1．译码是编码的_____，译码器是完成_____的逻辑电路。
2．半导体数码管是用_____组成字段来显示数字的，又称为_____。
3．半导体数码管内部发光二极管的连接有两种形式，即_____和_____。

|6.4 触发器与时序逻辑电路|

时序逻辑电路一般都是由触发器组成的，如计数器、寄存器等。本节主要介绍触发器及由触发器组成的寄存器、计数器的功能。

6.4.1 触发器

触发器是一种具有记忆功能的逻辑元件，它有两种相反的稳定输出状态。按逻辑功能的不同，可分为 RS 触发器、JK 触发器、D 触发器、T 触发器等。

基础知识

1．RS 触发器

（1）基本 RS 触发器

基本 RS 触发器是由两个与非门交叉连接构成的，图 6.20 所示为基本 RS 触发器的逻辑结构图及逻辑符号。$\overline{R}_D$ 和 $\overline{S}_D$ 是信号的输入端，在输入端靠近方框处画有一个小圆圈，表示负脉冲输入有效，或输入信号是低电平有效，Q 和 $\overline{Q}$ 是输出端，在正常工作时，两个输出端总保持相反的状态，且常把 Q 端的状态规定为触发器的状态。当 Q=1、$\overline{Q}$=0 时，称触发器为 1 状态；当 Q=0、$\overline{Q}$=1 时，称触发器为 0 状态。

基本 RS 触发器的功能如下。

① 当 $\overline{R}_D = \overline{S}_D = 1$ 时，若触发器原有的状态为 Q=1、$\overline{Q}$=0，这时 G_1 门的 2 个输入信号 Q=1、$\overline{R}_D$=1，则 G_1 的输出 $\overline{Q}$=0；$\overline{Q}$=0 反馈至 G_2 的输入端，使 G_2 的输出 Q=1，即触发器的状态还是 1 状态。同样方法可以分析得出，若触发器原有的状态为 Q=0、$\overline{Q}$=1，输入信号 $\overline{R}_D = \overline{S}_D = 1$ 时，触发器的状态也不变。这就是触发器"保持"的逻辑功能，也称为记忆功能。

（a）逻辑结构图　　　　（b）逻辑符号

图 6.20　基本 RS 触发器逻辑结构图及逻辑符号

② 当 $\overline{R}_D = 1$、$\overline{S}_D = 0$ 时，不管触发器原有的状态是 0 状态还是 1 状态，因 $\overline{R}_D$ =0，则 G_1 的输出 $\overline{Q}$=1；$\overline{Q}$=1、$\overline{S}_D$ =1 作为 G_2 的输入，则 G_2 的输出 Q=0，即 Q=0、$\overline{Q}$=1。这就是触发器的置 0 或复位功能，$\overline{R}_D$ 端也称为置 0 端或复位端。

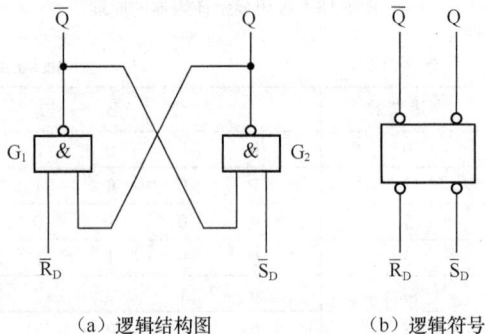

③ 当 $\overline{R}_D = 1$、$\overline{S}_D = 0$ 时，不管触发器原有的状态是 0 状态还是 1 状态，因 $\overline{S}_D = 0$，则 G_2 的输出 $Q = 1$；$Q = 1$、$\overline{S}_D = 1$ 作为 G_1 的输入，则 G_1 的输出 $\overline{Q} = 0$，即 $Q = 1$、$\overline{Q} = 0$，这就是触发器的置 1 或置位功能，$\overline{S}_D$ 端也称为置 1 端或置位端。

④ 当 $\overline{R}_D = \overline{S}_D = 0$ 时，G_1、G_2 的输出都为 1，根据触发器状态的规定，它既不是 1 状态，也不是 0 状态，Q 和 $\overline{Q}$ 不存在互补关系。当 $\overline{S}_D$ 和 $\overline{R}_D$ 信号同时撤除后，触发器的下一个状态是 0 状态还是 1 状态很难确定。因此，应禁止出现 $\overline{R}_D$ 和 $\overline{S}_D$ 同时为 0 的输入方式。

综上所述，可归纳出基本 RS 触发器的逻辑状态表，见表 6.12。基本 RS 触发器的输出状态直接受输入信号控制，只要输入信号变化，输出就随之变化。

表 6.12　　　　　　　　　　　　　基本 RS 触发器的逻辑状态表

$\overline{R}_D$	$\overline{S}_D$	Q	逻辑功能
0	1	0	置 0
1	0	1	置 1
1	1	原状态	保持
0	0	不确定	应禁止

（2）同步 RS 触发器

同步 RS 触发器由基本 RS 触发器和控制门组成的，如图 6.21 所示。所谓同步就是指触发器状态的改变与时钟脉冲 CP 同步进行。

同步 RS 触发器的功能如下。

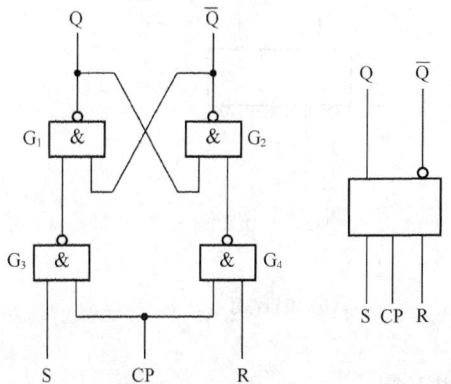

同步 RS 触发器

① 当 CP = 0 时，G_3、G_4 均被封锁，不论 RS 信号如何变化，G_3、G_4 的输出信号均为 1，G_1、G_2 组成的基本 RS 触发器状态保持不变。

② 当 CP = 1 时，G_3、G_4 被打开。G_3、G_4 的输出就是 S、R 信号取反，这时的同步 RS 触发器就等同于基本 RS 触发器，只是 S 或 R 需要输入正脉冲，通过 G_3 或 G_4 后才能转换成 G_1 或 G_2 门所需的负脉冲。

同步 RS 触发器的逻辑状态表见表 6.13，表中符号"×"表示取 0 或取 1 均可。

（a）逻辑结构图　　（b）逻辑符号
图 6.21　同步 RS 触发器

表 6.13　　　　　　　　　　　　　同步 RS 触发器的逻辑状态表

CP	R	S	Q	逻辑功能
0	×	×	原状态	保持
1	0	0	原状态	保持
1	0	1	1	置 1
1	1	0	0	置 0
1	1	1	不确定	应禁止

在 CP = 1 期间，如果输入信号发生多次变化，同步 RS 触发器的输出就可能发生多次翻转，但仍不能满足每来 1 个 CP 脉冲，输出状态发生 1 次翻转的要求。

2．主从 JK 触发器

主从 JK 触发器由两个同步 RS 触发器组成，前一级称主触发器，后一级称从触发器，输入端改用 J、K 表示，故称主从 JK 触发器，如图 6.22 所示。$\overline{S}_D$ 和 $\overline{R}_D$ 分别是直接置位端和直接复位端。当 $\overline{S}_D = 0$ 时，触发器被置位为 1 状态；当 $\overline{R}_D = 0$ 时，触发器被复位为 0 状态。它们不受时钟脉冲 CP 的控制，所以，有异步输入之称，主要用于触发器工作前或工作过程中强制置位和复位，不用时让它们处于 1 状态（高电平或悬空）。

主从 JK 触发器的功能如下。

当 CP 由 0 跳变到 1 时，主触发器的状态由输入信号 J、K 和从触发器的输出决定，但此时 $\overline{CP} = 0$，从触发器被封锁，保持原有的状态不变，主从 JK 触发器的状态不变。当 CP 由 1 跳变到 0 时，主触发器被封锁，其状态不变，但此时 $\overline{CP} = 1$，从触发器被打开，其输出状态受主触发器状态控制，即将主触发器中保存的状态传送到从触发器中去。可见，主从 JK 触发器在 CP = 1 时，接收输入信号，在 CP 下降沿输出相应的状态。表 6.14 所示为它的逻辑状态表。

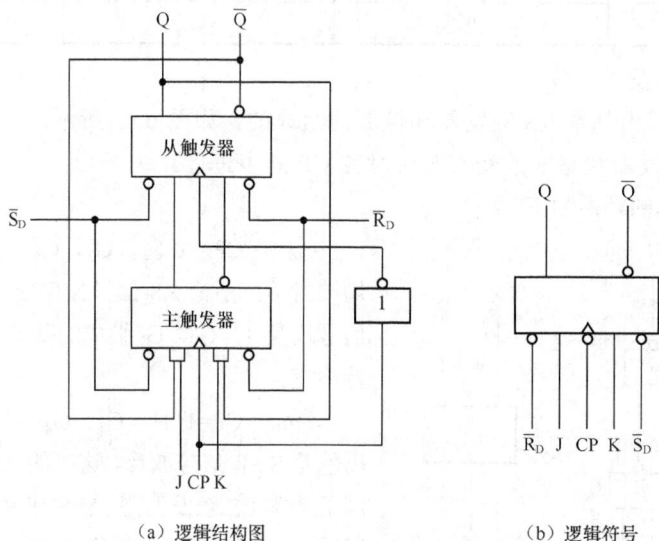

（a）逻辑结构图　　　　　（b）逻辑符号

图 6.22　主从 JK 触发器

表 6.14　　　　　　　　　　主从 JK 触发器的逻辑状态表

J	K	Q	逻 辑 功 能
0	0	原状态	保持
0	1	0	置0
1	0	1	置1
1	1	$\overline{Q}$	翻转

3．D 触发器

D 触发器也是一种应用很广泛的触发器，逻辑符号如图 6.23 所示。CP 处不加小圆圈，表明触发器是由 CP 脉冲的上升沿触发的。逻辑状态表见表 6.15。

由逻辑状态表可看出，CP 脉冲上升沿到来后，触发器的输出状态就是输入端 D 的状态。

表 6.15　　　　　　　　　　　　　　D 触发器的逻辑状态表

D	Q	逻 辑 功 能
0	0	置 0
1	1	置 1

4．T 触发器

T 触发器是一种只具有保持和翻转逻辑功能的触发器，图 6.24 所示为它的逻辑符号，表 6.16 所示为它的逻辑状态表。

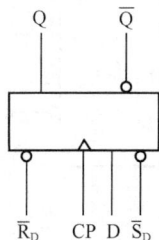

图 6.23　D 触发器的逻辑符号

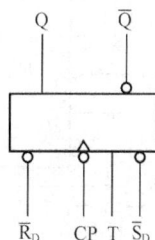

图 6.24　T 触发器的逻辑符号

表 6.16　　　　　　　　　　　　　　T 触发器的逻辑状态表

T	Q	逻 辑 功 能
0	原状态	保持
1	$\overline{Q}$	翻转

上述各种触发器中，JK 触发器功能最全，D 触发器使用最方便，故国内外生产的集成单元触发器产品中，这两种触发器最常见。

作业测评

1．触发器是一种具有_____功能的逻辑元件，它有两种_____输出状态。

2．基本 RS 触发器是由_____构成的。

3．同步 RS 触发器的"同步"是指_____。

4．主从 JK 触发器是由_____构成的；其中前一级称为_____，后一级称为_____。

6.4.2　计数器

计数器的应用十分广泛，它是电子计算机和数字化设备中重要的基本部件。在数字电路中，"计数"就是记忆输入脉冲的个数。计数器的种类很多，按计数长度分类，有二进制、十进制和任意进制计数器；按计数过程中数字的增减分类，有加法、减法和可逆计数器；按计数器中触发器翻转的情况分类，有同步和异步计数器。本小节主要介绍异步二进制加法计数器和十进制计数器的组成和工作原理。

基础知识

1．异步二进制加法计数器

图 6.24（a）所示为一个由三级下降沿触发的 JK 触发器组成的计数器电路，在 J、K 两端接

二进制异步计数器

高电平或悬空的情况下，每当 CP 脉冲下降沿到来时，触发器状态翻转一次。工作时，先将各触发器清零，使 $Q_3 Q_2 Q_1 = 000$。在计数脉冲 CP 作用下，触发器 FF_1 的状态如图 6.24（b）中 Q_1 所示。由于 Q_1 作为 FF_2 的时钟脉冲，所以，当 Q_1 产生下降沿跳变时，FF_2 的状态才发生翻转；Q_2 作为 FF_3 的时钟脉冲，Q_2 和 Q_3 的状态如图 6.25（b）所示。

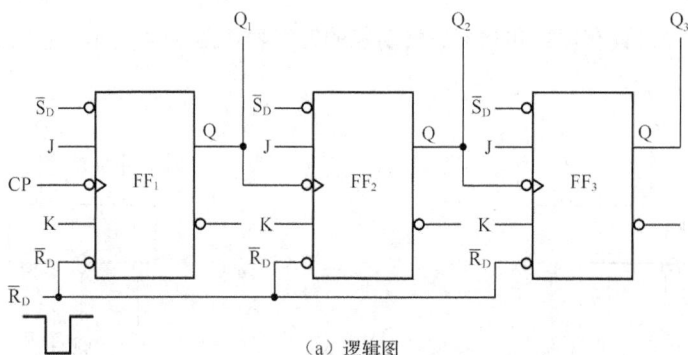

（a）逻辑图

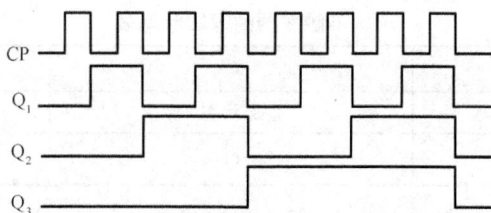

（b）工作波形

图 6.25 异步 3 位二进制加法计数器

由图 6.25（b）可见，当第 1 个计数脉冲 CP 到来后，3 个触发器状态 $Q_3 Q_2 Q_1$ 由 000 变为 001；第 2 个计数脉冲 CP 到来后，3 个触发器状态 $Q_3 Q_2 Q_1$ 由 001 变为 010；依次分析，可得出触发器状态 $Q_3 Q_2 Q_1$ 与计数脉冲 CP 的关系见表 6.17。触发器的不同状态可代表输入计数脉冲的数目，因此，这种电路称作计数器。随着计数脉冲的输入，计数器状态按二进制数递增规律变化，称为加法计数器。当输入 8 个 CP 脉冲后，计数器状态恢复为 000，则该计数器的模 $M = 8$。由此，4 个触发器组成的二进制计数器，计数模是 $M = 16$；n 个触发器组成的二进制计数器，计数模将是 $M = 2^n$。

表 6.17 三位二进制计数器状态表

计数脉冲	触发器状态			十进制数
CP	Q_3	Q_2	Q_1	
0	0	0	0	0
1	0	0	1	1
2	0	1	0	2
3	0	1	1	3
4	1	0	0	4
5	1	0	1	5
6	1	1	0	6
7	1	1	1	7
8	0	0	0	0

　　计数器电路中，若计数脉冲不是同时加到各个触发器上，使各触发器的翻转有先有后，这样的计数器就称为异步计数器。若计数脉冲 CP 同时加到所有触发器的时钟脉冲输入端，则称其为同步计数器。

2．十进制计数器

　　十进制计数器有 10 个计数状态，即计数模 $M=10$。十进制计数器可以看作以二进制计数器为基础变换而来。由于 3 位二进制计数器只有 8 个状态，不足以用来构成十进制计数器，4 位二进制计数器有 16 个状态，通过去掉 6 个状态，可以构成十进制计数器，至于去掉哪 6 个状态，完全取决于编码方式。若采用 8421 编码，则十进制加法计数器的状态表见表 6.18。

十进制计数器

表 6.18　　　　　　　　　　　　十进制加法计数器的状态表

计数脉冲	触发器状态				十进制数
CP	Q_3	Q_2	Q_1	Q_0	
0	0	0	0	0	0
1	0	0	0	1	1
2	0	0	1	0	2
3	0	0	1	1	3
4	0	1	0	0	4
5	0	1	0	1	5
6	0	1	1	0	6
7	0	1	1	1	7
8	1	0	0	0	8
9	1	0	0	1	9
10	0	0	0	0	0

　　在实际使用中，一般不直接由触发器来组成计数器，而使用集成计数器。中规模集成计数器种类很多，可以很方便地构成任意进制计数器。

作业测评

　　1．计数器是指_____的电路。

　　2．若计数器的计数脉冲不是同时加到各个触发器上，使各触发器的翻转有先有后，这样的计数器就称为_____。若计数脉冲 CP 同时加到所有触发器的时钟脉冲输入端，称其为_____。

6.4.3　寄存器

　　将二进制数码指令或数据暂时存储起来的操作称为寄存，具有寄存功能的电路称为寄存器。由于在数字电路中，必须把需要处理的数码、数据和指令先暂时寄存起来，以便随时调用，因此寄存器作为一种重要的逻辑电路，被普遍应用于各种数字化装置中。本小节主要介绍寄存器的功能、分类、数码寄存器和集成电路的应用等基本知识。

基础知识

1．寄存器的功能和分类

寄存器是由各种触发器组合起来构成的，借助于时钟脉冲的作用，把数据存放到具有记忆功能的触发器中。寄存器的功能是暂时存储二进制代码和数据，不对所存储的信息进行处理，电路结构比较简单。

按照寄存器的功能不同，寄存器分为数码寄存器和移位寄存器两大类。

按照代码输入输出方式不同，移位寄存器又有 4 种工作方式：串行输入-串行输出；串行输入-并行输出；并行输入-串行输出；并行输入-并行输出。

2. 数码寄存器

数码寄存器仅具有接收、存储和消除原来所存数码功能。1 个触发器可以存储 1 位二进制数码，若要寄存 n 位二进制数码，便须用 n 个触发器。图 6.26 所示为 4 个 D 触发器组成的 4 位数码寄存器，其中 $D_0 \sim D_3$ 为并行数码输入端，$Q_0 \sim Q_3$ 为并行数码输出端，CP 是时钟信号控制端。

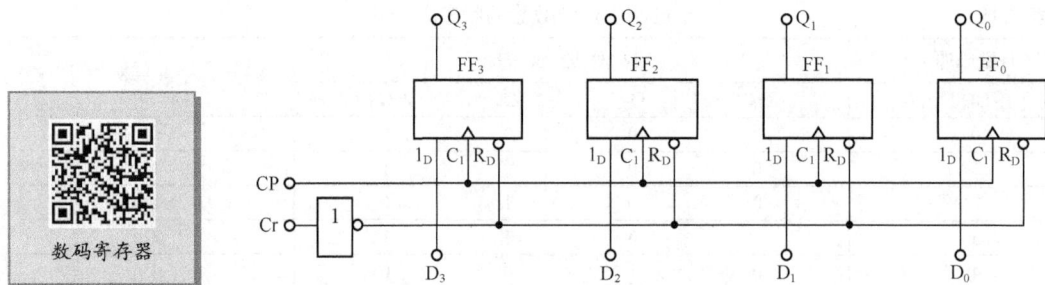

图 6.26 D 触发器组成的 4 位数码寄存器

数码寄存器的功能如下：

① 清零。图 6.26 中 Cr 是清零端，用以清除原来存入的数码。当 Cr = 1 时，无论寄存器中原来存放的内容如何，4 个 D 触发器都全部复位，$Q_3 Q_2 Q_1 Q_0 = 0000$。

② 存入数码。当 Cr = 0，CP 上升沿到来时，加在并行数码输入端的数码，如 1001 便立即被分别存入 $FF_3 \sim FF_0$ 触发器中，此时 $Q_3 Q_2 Q_1 Q_0 = 1001$。

③ 保持。当 Cr = 0，CP = 0 时，寄存器的各 D 触发器处于保持状态，即各位输出端的状态与输入无关。

作业测评

1．寄存器的功能是_____。

2．仅具有接收、存储和消除原来所存数码功能的寄存器称为_____。

3．1 个触发器可以存储_____位二进制数码，若要寄存 n 位二进制数码，须用_____个触发器。

| 6.5 汽车中的集成电路与汽车电脑 |

6.5.1 汽车中的集成电路

集成电路是利用半导体制作工艺，将晶体管、电阻、电容器等元件和连线一起制作在一块半导体基片上，并封装在一个外壳内组成不可分割的电路单元，是一种半导体器件，在电路中用字母"IC"表示。集成电路具有体积小、耐震动、耐潮湿、稳定性高等优点，广泛应用于汽车动力控制系统、底盘控制与安全系统、车身电子以及车载电子产品中。

基础知识

1．认识集成电路

集成电路的外形如图 6.27 所示，电路引脚的识别见表 6.19。

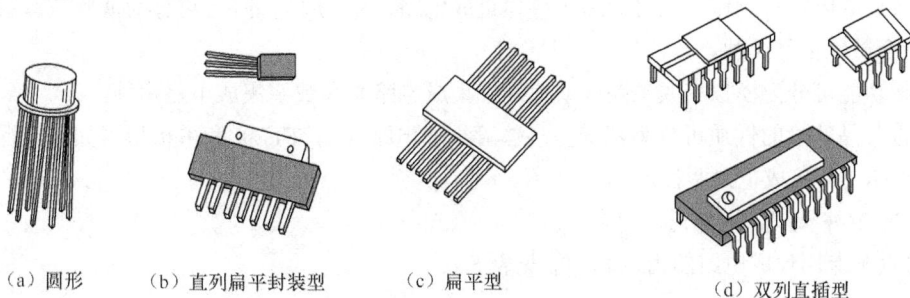

（a）圆形　　（b）直列扁平封装型　　（c）扁平型　　　　　（d）双列直插型

图 6.27　集成电路外形

表 6.19　　　　　　　　　　　　　　正确识别集成电路引脚

集成电路结构形式	引脚标记形式	引脚识别方法
圆形结构		圆形的集成电路形似晶体管，体积较大，外壳用金属封装，引脚有 3、5、8、10 多种。识别时将管底对准自己，从管键开始顺时针方向读引脚序号
扁平型平插式结构		这类结构的集成电路通常以色点作为引脚的参考标记。识别时，从外壳顶看，将色点置于正面左方位置，靠近色点的引脚即为第①引脚，然后按逆时针方向读出第②，③，…各引脚
扁平式直插方式结构（塑料封装）		塑料封装的扁平直插式集成电路通常以凹槽作为引脚的参考标记。识别时，从外壳顶端看，将凹槽置于正而左方位置，靠近凹槽左下方第 1 个脚为第①引脚，然后按逆时针方向读第②，③，…各引脚
扁平式直插式结构（陶瓷封装）		这种结构的集成电路通常以凹槽或金属封片作为引脚参考标记，识别方法同上
扁平单列直插结构		这种结构的集成电路，通常以倒角或凹槽作为引脚参考标记识别时将引脚向下置标记于左方，则可从左向右读出各引脚。有的集成电路没有任何标记，此时应将印有型号的一面正向对着自己，按上法读出引脚号

2．集成电路的分类

集成电路有以下几种分类方法。

① 按其功能、结构的不同，可以分为模拟集成电路、数字集成电路和数/模混合集成电路三大类。模拟集成电路又称线性电路，用来产生、放大和处理各种模拟信号（例如半导体收音机的音频信号、录放机的磁带信号等），其输入信号和输出信号成比例关系。数字集成电路用来产生、放大和处理各种数字信号（如 3G 手机、数码相机、电脑 CPU 等）。

② 按集成电路的制作工艺可分为半导体集成电路、膜集成电路（还可分为薄膜或厚膜集成电路）和混合集成电路 3 种。

③ 按功能可分为模拟集成电路（或称线性集成电路）和数字集成电路两种。

④ 按其晶体管的性质可分为双极型晶体管集成电路（如 TTL）和单极型（如绝缘栅场效应管，简称 MOS）集成电路两种。

3．汽车中的集成电路

部分汽车专用集成电路的用途和性能见表 6.20。

表 6.20　　　　　　　　　　汽车专用集成电路的用途与性能简介

电路名称	型　号	封装形式及代号	用途与性能简介
汽车电压调节器 IC	MC3325	塑封，646	用于外搭铁型交流发电机，具有过压保护、温度补偿、断路报警等功能
低压差电压调节器 IC	LM2931 LM2931C	塑封，29、221A、314D	用于外搭铁型交流发电机，具有低调节压差、过压保护、温度补偿、断路报警等功能
点火控制器 IC	MC3334	塑封，626	用于高能可变导通角磁感应式电子点火系统，能自动调整导通角和火花能量
发动机转速检测器 IC	MC3344	塑料封装，646 陶瓷封装，632	用于检测发动机转速，具有输入频率范围宽（10Hz～100kHz）、磁滞阻尼可调、电源电压的允许范围宽（7～24V）等优点
喷油器驱动器 IC	MC3484	塑封，314D	用于电控发动机燃油喷射系统
驱动开关 IC	MC3399T	塑封，314B	用于接通负载电路，可防止产生瞬时高压
汽车转向闪光器 IC	UAA1041	塑封，626	用于控制转向灯闪光，具有过压保护、转向灯故障报警、短路保护等功能

4．数字电路在汽车中的应用实例

（1）汽车水箱水位过低报警电路

汽车水箱中水量的减少，不仅直接影响发动机的冷却，也影响汽车的正常行驶。图 6.28 所示的汽车水箱水位过低报警电路，能在水箱水位低于最低水位时发出声光报警，提醒驾驶员加水。该报警器电路由铜棒探测器（可用铜线代替）、六反相器（CD4069）、发光二极管（LED）、压电陶瓷片（HTD）、电源等组成。压电陶瓷片是一种结构简单、轻巧的电声器件，用于超声波和次声波的发射和接收，工作原理是利用压电效应的可逆性，在其上施加音频电压，就可产生机械振动，从而发生声音。

将铜棒探测器下端置于水箱最低水位处，注意不能与接地的水箱体接触。当水箱水位处于最低水位以下时，探测器与水箱体之间呈开路状态，使反相器 G_1 的输入端为高电平，相应 G_3 的输出端为低电平，LED 中的红灯亮，指示水箱水位已处于最低水位以下。同时，G_4 输出高电平，使二极管 D 截止，G_5 和 G_6 组成的振荡器工作，其输出信号促使 HTD 发出声响报警。

当水箱内水位正常（最低水位以上）时，探测器与水箱体之间的电阻较小，结果 G_1 的输入端为低电平，G_3 输出高电平，LED 中的绿灯变亮，指示水位正常。同时 G_4 输出低电平，使 D 导通，相应 G_5 和 G_6 组成的振荡器停振，HTD 不发声，电路不发生报警。

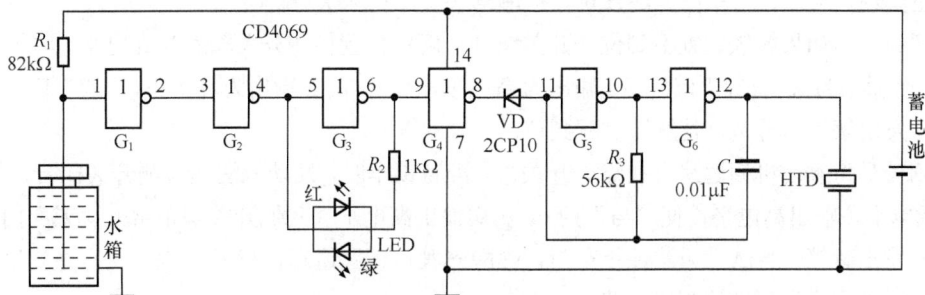

图 6.28　汽车水箱水位过低报警电路

（2）汽车门锁控制电路

现代轿车都装有门锁装置，图 6.29 所示为一种门锁控制电路，可以防止驾驶员将钥匙忘在点火开关内而下车关门。电路由"非"门、"与"门、"与非"门和"或"门电路组成。输入信号包括：发动机钥匙检测开关，钥匙插入点火开关内为闭合，拔出为断开；车门状态检测开关，车门打开为闭合，车门关闭为断开；解锁位置检测开关，处于解锁位置为闭合，处于锁止位置为断开；车门钥匙的锁止位置和开锁位置；车内门锁控制开关的锁止位置和开锁位置。

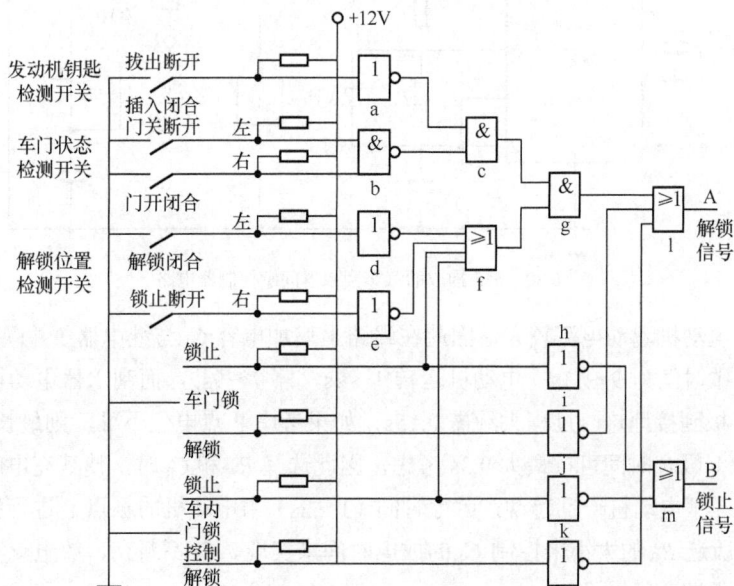

图 6.29　汽车门锁控制电路

在正常情况下，当驾驶员拔出发动机钥匙，准备锁车时，发动机钥匙检测开关断开，"非"门 a 输入高电平，输出低电平。"与"门 c、g 均输出低电平，控制解锁信号 A 的"或"门 1 的状态完全由车门锁或车内门锁控制开关实现控制。当车门锁插入钥匙，旋至锁止位置时，"非"门 h 输入低电平，输出高电平；控制锁止信号的"或"门 m 输出高电平，发出锁止信号 B。

当车门钥匙旋至解锁位置时，"非"门 i 输入低电平，输出高电平；控制解锁信号的"或"门 1 输出高电平，发出解锁信号 A。同理，当车内门锁控制开关被扳向锁止或解锁位置时，"或"门

m 或 1 也会发出相应的锁止信号 B 和解锁信号 A。

当车门未关好，准备锁车时，由于车门状态检测开关中的一个为闭合状态，"与非"门 b 有一个输入为低电平，所以输出为高电平，使"与"门 c、g 均输出高电平，控制"或"门 1 输出高电平，发出解锁信号 A，使车门无法锁止，提醒驾驶员车门未关好。

当解锁时，如果解锁装置不到位，开关断开，解锁位置检测开关输入为高电平，"非"门 d、e 中有一个输出为低电平，"或"门 f 输出为高电平，"与"门 g 输出为高电平，"或"门 1 输出为高电平，发出解锁信号 A，使解锁过程到位。

当驾驶员将发动机钥匙遗忘在点火开关内，准备锁车时，发动机钥匙检测开关闭合，"非"门 a 输入低电平，输出高电平，使"与"门 c、g 均输出高电平（其他开关均正常），"或"门 1 输出高电平，发出解锁信号 A，无法锁止车门，提醒驾驶员钥匙遗忘在车内。

（3）汽车刮水器间歇控制器电路

图 6.30 所示为汽车刮水器间歇控制电路。继电器线圈由 555 定时器的引脚 3 控制是否得电，而继电器的触点与刮水器电动机串联接入电路。这样通过控制继电器线圈的得电和断电就可以使刮水器电动机断续刮水。

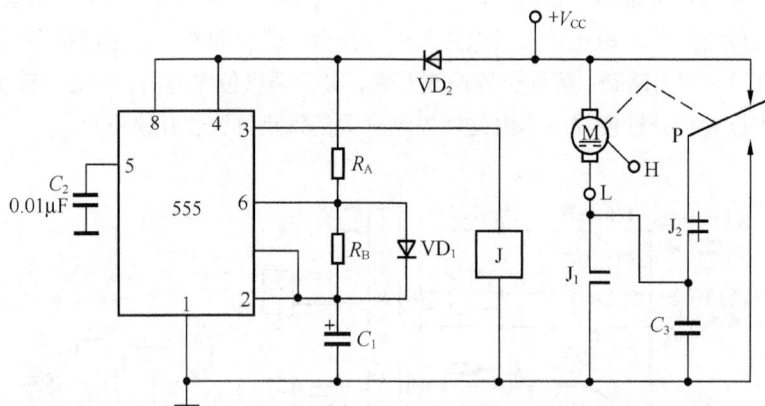

图 6.30　555 构成的汽车刮水器间歇控制器电路

由于刮水器电动机起动电流较大，因此在线路上增加电容 C_1 与继电器 J 并联，以保护触点。因一次刮水的间歇时间为 9～11s（电动机运转 1～2s，停 7～9s），而刮水器电动机的辅助滑动触点 P 脱离电源正极到接地这一过程大约需 0.15s，如果考虑 P 点电位不准，则最长约 0.27s。即继电器的常开触点 J_1 吸合时间可按最大 0.3s 考虑，因此选择 R_A 和 C_1 时，使其充电时间不小于 0.3s 即可。这样就保证了电动机一旦起动，运行时间（1～2s）由电动机的触点 P 进行控制，间歇时间（7～9s）则通过所选 R_B 的大小来控制 C_1 的放电时间来实现。C_1 不断充、放电就实现了刮水器电动机按一定间歇周期运行。

作业测评

1. 集成电路是一种_____器件，在电路中用_____表示。

2. 集成电路按功能、结构的不同，可以分为_____、_____和_____三大类。

3. 查阅资料，了解汽车中应用的集成电路。

6.5.2　汽车电脑

汽车电脑又称为行车电脑，即电子控制单元（Electric Control Unit，ECU），它是以单片机（大规模集成电路）为核心组成的电子控制装置，具有强大的数学运算、逻辑判断、数据处理与数据管理等功能。ECU 是汽车电子控制系统的控制中心，它能够按照预定程序自动地对各种传感器的输入信号进行处理，然后输出信号给执行器或执行元件，从而控制汽车运行。

基础知识

1. 汽车电脑的分类

汽车电脑已经得到了广泛的应用，常见的有发动机电脑、自动变速器电脑、车身控制系统电脑（ABS、ESP、EBD 等）、舒适系统电脑（电动座椅、自动雨刷、自动空调、自动大灯、中控锁、遥控钥匙、遥控玻璃升降等）等。虽然不同车型上配置的电脑数量和类型不尽相同，但总的发展趋势是用一台主电脑处理大多数传感器的输入信号，用一些较小的电子控制单元控制其他系统。

2. 汽车电脑的组成

汽车电脑的主要部分是单片机，单片机是一块集成了微处理器（CPU）、存储器以及输入和输出接口的电路板。微处理器是单片机的核心部件，微处理器将输入模拟信号转化为数字信号，并根据存储的参考数据进行对比处理，计算出输出值，输出信号经过功率放大后控制执行器，例如喷油器和继电器等。随着单片机计算能力和内存容量越来越大，汽车电脑的功能也越来越多。

3. 汽车电脑的工作过程

① 信号过滤和放大。汽车电脑对输入电路接收传感器和其他装置的输入信号，进行过滤和放大。输入信号放大的目的是使信号增加到汽车电脑可以识别的程度。某些传感器（例如氧传感器）产生一个小于 1V 的低电压信号，只能产生极小的电流，这样的信号送入电脑内的微处理器之前必须放大，这个放大作用由电脑中输入芯片中的放大电路来完成。

② 模数（A/D）转换。由于很多传感器产生的是模拟信号，而微处理器处理的是数字信号，所以必须把模拟信号转换为数字信号，这项工作由电脑输入芯片中的模数转换器完成。模数转换器以固定的时间间隔不断对传感器的模拟输入信号进行扫描，并对模拟信号赋予固定的数值，然后将这个固定值转换成二进制码。在一些汽车电脑中，将输入处理芯片和微处理器制成一体。

③ 微处理器将已经预处理过的信号进行运算，并将处理后的数据送至输出电路。

输出电路将数字信号放大，有些还要还原为模拟信号，以驱动执行元件工作。

随着汽车电子化和自动化程度的提高，汽车电脑将越来越多，这样必将导致车身线束日益复杂。为了实现多个汽车电脑之间的信息快速传递、简化电路以及降低成本，汽车电脑之间要采用通信网络技术连成一个网络系统。例如变速器需要与发动机协调配合，根据车速、发动机转速以及动力负荷等因素自动进行换挡，因此变速器电脑需要得到节气门位置传感器、车速传感器、水温传感器以及发动机转速传感器等信号，这就要实现变速器电脑与发动机电脑之间的信息传递，这个工作通常是由 CAN 总线来完成的。

4. 汽车电脑的特点

① 工作环境差。汽车需要在不同的道路和气候条件下行驶，汽车电脑的工作环境较差，经常需要承受振动以及温度和湿度的变化。汽车电脑的电源电压变化较大，而且还受到车内外电磁波的干扰，因此汽车电脑需要很高的可靠性和对环境的耐久性。

② 具有足够的智能化。汽车电脑具有自诊断和检测能力，能及时发现系统中存在的故障，并存储故障码，告知维修人员故障可能存在的部位，以便于维修。

③ 一般汽车电脑都使用 5V 电源驱动其传感器。在电子工业中，5V 电压几乎普遍作为传送信息的标准。这个电压对传送可靠性来说已经足够高，而对电脑芯片的安全性来说足够低，而且使用计算机工业标准电压，对于汽车制造商来说会使电子零部件制造规范而且成本低。

【作业测评】

1. 汽车电脑又称为行车电脑，即 _____。
2. 举出常见的汽车电脑应用实例。

|6.6 技能训练|

6.6.1 集成电路的检测

集成电路在汽车中的应用越来越多，对汽车专业的学生来说，了解集成电路的检测是非常必要的。一般情况下，电路中的集成电路可能会出现烧坏、引脚损坏或虚焊、增益不足、噪声变大、内部局部电路损坏等故障。

【基础知识】

1. 集成电路故障分析

（1）集成电路被烧坏

电路中的过电压或过电流可导致集成电路被烧坏。集成电路烧坏后，一般从外表上看不出明显的痕迹。严重时，集成电路可能会被烧出一个小洞或一条裂痕。集成电路烧坏后，某些引脚的直流工作电压会明显变化，用常规方法检查即能发现故障部位。集成电路烧坏后只能更换。

（2）引脚折断和虚焊

集成电路的引脚折断故障一般不常见，造成集成电路引脚折断的原因往往是插拔集成电路不当所致。如果集成电路的引脚过细，维修中很容易被扯断。此外，因摔落、进水或人为拉扯造成断脚、虚焊也是常见现象。

（3）增益严重下降

当集成电路增益下降较严重时，集成电路即已基本丧失放大能力，需要更换。增益略有下降时，一般的检测仪仪器很难发现，可用减少负反馈量的方法进行补救，效果好且操作简单。当集成电路出现增益严重不足故障时，某些引脚的直流电压也会出现显著变化，此时采用常规检查方法就能发现。

（4）噪声大

集成电路出现噪声大故障时，虽能放大信号，但噪声也很大，会使信噪比下降，影响信号的正常放大和处理。集成电路出现噪声大故障时某些引脚的直流电压也会变化，所以采用常规检查方法即可发现故障部位。

（5）性能变劣

性能变劣的故障现象多种多样，且集成电路引脚直流电压的变化量一般很小，采用常规检查手段往往无法发现，所以只能采用替换进行检查。

（6）内部局部电路损坏

集成电路内部局部电路损坏时，相关引脚的直流电压会发生很大变化，检修中很容易发现故障部位。发生对这种故障时，通常应更换。

2．集成电路好坏检测。

（1）集成电路检测的注意事项

检测电路中的集成电路时，需要注意以下问题。

① 检测前要了解集成电路及其相关电路的工作原理。检查和修理集成电路前，首先要熟悉所用集成电路的功能、内部电路、主要电器参数、各引脚的作用、引脚的正常电压和波形以及外围元件组成电路的工作原理。

② 测试不要造成引脚间短路。电压测量或用示波器探头测试波形时，表笔或探头滑动会造成集成电路引脚间短路，最好在与引脚直接连通的外围印制电路上进行测量。任何瞬间的短路都容易损坏集成电路，在测试扁平型封装的 CMOS 集成电路时更要加倍小心。

③ 在无隔离变压器的情况下，严禁用已接地的测试设备去接触底板带电的电视、音响等设备。一般的收录机都具有电源变压器，当接触到较特殊的（尤其是输出功率较大或对采用的电源性质不太了解的）电视或音响设备时，首先要弄清该机底板是否带电，否则极易把电烙铁的外壳接地，对 MOS 电路更应小心，采用 6～8V 的低压电烙铁更安全。

（2）集成电路的检测方法

集成电路常用的检测方法有非在线检测法、在线检测法和代换法。

① 非在线检测法。非在线检测法是在集成电路未焊入电路时，通过测量其各引脚之间的直流电阻值，与已知正常同型号集成电路各引脚之间的直流电阻值进行对比，确定其是否正常。具体方法如下。

- 将指针式万用表调到"$R\times1k$"挡。
- 测量集成电路各引脚与接地引脚之间的正、反向电阻值（内部电阻值）。
- 将测量的电阻值与常用型号产品的内部电阻值相比较。

② 在线检测法。在线测量法是利用电压测量法、电阻测量法及电流测量法等，通过在电路上测量集成电路各引脚的电压值、电阻值和电流值是否正常，来判断该集成电路是否损坏。用电压测量法测量时，方法如下。

在通电情况下，用万用表直流电压挡对直流供电电压、外围元件的工作电压进行测量。

检测集成电路各引脚对地的直流电压值，并与正常值相比较（如果没有集成电路电压资料，可以参考电路图上的电压标注，或用一台同型号的产品检测相同部分的引脚电压进行比较），进而压缩故障范围，找出损坏的元件。

如果集成电路某引脚电压发生异常，首先要确定该引脚的外围电路是否有问题，只有对外围电路检查无误后，才怀疑是集成电路的问题。

用电阻测量法测量时，在线测量集成电路的电阻值，具体方法如下。

首先将指针式万用表拨到"$R\times 1k$"挡或"$R\times 100$"挡。将红表笔接集成电路的接地脚，且在整个测量过程中不变。然后利用黑表笔从其第 1 只引脚开始，按着①，②，③，…的顺序，依次测出相对应的电阻值。

如果集成电路的某一只引脚与其接地引脚之间的值为 0 或无穷大（空脚除外），则集成电路损坏（内部短路、开路或被击穿）；如果集成电路任一只引脚与接地脚之间均具有一定大小的电阻值，则集成电路正常。

③ 代换法。代换法是用已知完好的同型号、同规格集成电路来代替被测集成电路，可以判断出该集成电路是否损坏。

3．数字集成电路的检测与判断

检测数字集成电路时，可以测量集成电路引脚间的电阻值，还可以测量数字集成电路输出端的电压。

（1）测量数字集成电路引脚间的电阻值

测量数字集成电路引脚间电阻值的方法如下。

① 将指针式万用表的旋钮调到"$R\times 1k$"挡或"$R\times 100$"挡。

② 分割测量集成电路各引脚与接地引脚之间的正、反向电阻值（内部电阻值），并与正常同型号产品的内部电阻值相比较。

如果测量的电阻值与正常同型号产品的电阻值完全一致，则数字集成电路正常；否则，数字集成电路损坏。

（2）测量输出端的电压值

测量数字集成电路输出端电压值的方法（以"与非"门集成电路为例）如下。

① 将指针式万用表调到直流电压挡的"10"挡。

② 将"与非"门集成电路的输入端悬空（相当于输入高电平）。

③ 测量输出端的电压值（输出端应为低电平）。

如果测量的输出端电压值低于 0.4V，则集成电路正常；如果高于 0.4V 则数字集成电路已损坏。

4．其他集成电路的检测与好坏判断

（1）微处理器集成电路的检测

微处理器集成电路的关键测试引脚是 VDD（电源端）、RESET（复位端）、XIN（晶振信号输入端）、XOUT（晶振信号输出端）及其他各线输入、输出端。

测量时，可在线测量这些关键引脚对地的电阻值和电压值，看是否与正常值（可从产品电路图或相关维修资料中查出）相同。如果相同，则微处理器集成电路正常。

（2）开关电源集成电路的检测

开关电源集成电路的关键测试引脚是电源端（VCC）、激励脉冲输出端、电压检测输入端和电流检测输入端。

测量时，需测量各引脚对地的电压值和电阻值，如果与正常值相差较大，在其外围元器件正常情况下，可以确定是该集成电路已损坏。

（3）音频功放集成电路的检测

检测音频功放集成电路时，应先检测其电源端（正电源端和负电源端）、音频输入端、音频输出端及反馈端对地的电压值和电阻值。

如果测得各引脚的数据值与正常值相差较大，且其外围元件正常，则该集成电路内部损坏。

实训目标

① 学会检测集成电路。

② 了解微处理器集成电路、开关电源集成电路、音频功放集成电路等的检测方法。

实训条件

万用表、各种集成电路若干。

操作步骤

取不同的集成电路按检测方法进行检测。

6.6.2 组装汽车照明顶灯调光器电路

基础知识

图 6.31 所示为汽车照明顶灯调光器电路。其工作原理为：当车门开着时，汽车电瓶（12V）通过车门开关 SB（车门打开时闭合，反之则断开）对 C_1 快速充电。运算放大器 IC（F007）的输出端（引脚 6）电压随 C_1 两端电压变化。当 C_1 充电结束时，IC 的输出端电压也近似为 12V。此时，三极管 VT 饱和导通，车内照明顶灯最亮。

当车门关闭时，SB 断开。此时 C_1 上的电压通过 R_1 和 R_{P_1} 开始放电，C_1 两端电压开始下降，IC 的输出端电压也随之变化，因此，车内顶灯的亮度逐渐变暗，直至全部熄灭。

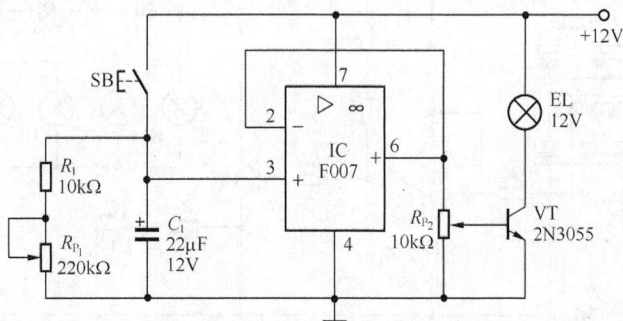

图 6.31 汽车照明顶灯调光器电路

实验目标

① 加深对电子电路在汽车中应用的认识。

② 学会连接汽车照明顶灯调光器电路。

实验条件

运算放大器、电容、电阻、电位器、三极管 2N3055、开关等。

操作步骤

（1）按图 6.29 所示连接汽车照明顶灯调光器电路。

（2）连接完成后，检查电路无误，即可进行调试。打开车门，调节 R_{P_2} 使车内照明顶灯最亮。然后关闭车门，调节 R_{P_1} 可控制由亮到暗的时间。

注意

三极管 VT（2N3055）需要加散热片。

6.6.3　组装汽车闪光讯响器电路

基础知识

汽车闪光讯响器可以在行车转弯时，使转向灯伴随着音乐的节奏而闪光。

机动车闪光讯响器电路如图 6.32 所示。它主要由音乐集成电路、音频功率放大电路及电子开关电路 3 大部分组成。

车子右转时，将开关 S 打向"右"，蓄电池 G 的正极经隔离二极管 VD_1 为电路提供工作电压。音乐集成电路 IC_1 获电工作，所产生的音乐信号经 R_3 加到音频功率放大器 IC_2 的选通端（引脚 2）进行放大。被放大后的音乐信号从 IC_2 的（引脚 4）输出，去推动扬声器 B 工作，发出音乐声。与此同时，从 IC_2 的输出端有一部分音乐信号电压经电阻 R_5 加到 VT_1 基极，放大后经 R_7 加到 VMOS 场效应晶体管 VT_2 的栅极上，以控制 VT_2 的导通与截止，从而使右转向灯 HL_1（前灯）和 HL_2（后灯）随着音乐的节奏而闪光。

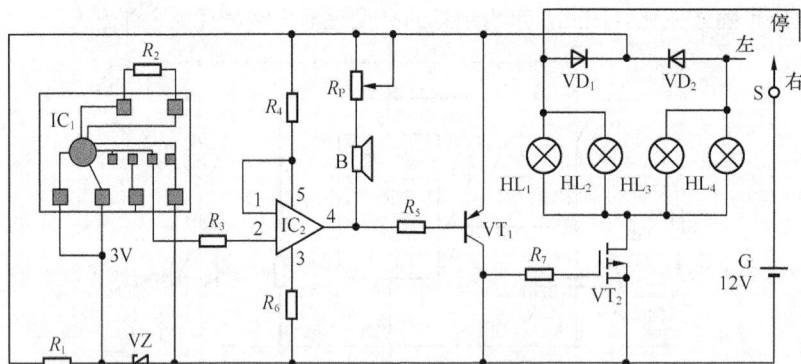

图 6.32　汽车闪光讯响器电路

车子左转时，将开关 S 打向"左"，G 经 VD_2 为电路提供工作电压，以后过程与前述相同，左转向灯 HL_3（前灯）和 HL_4（后灯）随着音乐的节奏而闪光。

在图 6.32 中，因音乐集成电路的正常工作电压为 3V，而机动车上的电源通常为 12V，为了不使 IC_1 损坏，用稳压二极管 VZ 与 R_1 组成 3V 的稳压电路，输出稳定的 3V 电压供 IC_1 使用。VD_1、VD_2 起电源隔离作用，以防右转弯或左转弯时所有灯都点亮。此外，由于采用了功率开关集成电路 TWH8751 进行音频放大，扬声器 B 发音洪亮。电位器 R_P 可衰减音频电流，以便在某些场合降低音量。

实训目标

① 加深对电子电路在汽车中应用的认识。

② 学会连接汽车闪光讯响器电路。

实训条件

集成电路、二极管、稳压二极管、三极管、电阻、电位器等。

操作步骤

（1）元器件选择。元器件可参照表 6.21 所示进行选择。

表 6.21　　　　　　　　　　机动车闪光讯响电路元器件选择

编　号	名　　称	型　号	数　量	编　号	名　　称	型　号	数　量
R_1	金属膜电阻	220Ω	1	R_7	金属膜电阻	1kΩ	1
R_2	金属膜电阻	68kΩ	1	VT_1	三极管	3CG21	1
R_3	金属膜电阻	1kΩ	1	VT_2	三极管	VN0301	1
R_4	金属膜电阻	300Ω	1	IC_1	音乐集成电路	KD9300	1
R_5	金属膜电阻	12kΩ	1	IC_2	音频放大电路	TWH8751	1
R_6	金属膜电阻	51kΩ	1	VD_1、VD_2	二极管	2CP23	2
R_P	电位器	50Ω，3W	1	VS	稳压管	2CW7	1

（2）按图 6.32 所示连接电路。在集成电路 IC_2 和 VMOS 场效应晶体管 VT_2 上，必须加装散热板。焊装 VT_2 时所用电烙铁必须采用 20W 电烙铁位控断电架，否则就要把电烙铁的电源断开，利用其余热来焊接，以免被电烙铁的感应电动势击穿。S 和 R_P 都要安装在驾驶座前的显要位置，并在开关面板上标好"左灯""右灯"字样。受 TV_2 额定功率限制，每盏转向灯不得超过 20W。电子元器件装在铁盒内，要做好密封处理。

（3）调试。

| 本章小结 |

1. 数字信号是一种不连续的信号，常用 0 和 1 表示，反映在电路上就是低电平和高电平两种状态。

2. 二进制数的计数规则是"逢二进一"，与十进制数有一一对应关系。二进制数和十进制数之间可以相互转换。

3. 基本逻辑关系有"与""或""非"3 种，其对应的逻辑表达式为 $Y = A \cdot B$，$Y = A + B$，$Y = \overline{A}$。由这 3 种基本逻辑关系可演变出复合逻辑关系，如"与非""或非"等。

4. 能完成一定逻辑关系的电路称为门电路，各种门电路有其对应的逻辑符号、逻辑代数式和真值表。

5. 组合逻辑电路是由各种门电路组成的电路，其特点是输出状态与输入信号作用前原电路的输出状态无关，仅取决于该时刻输入信号的组合。典型的组合逻辑电路有编码器、译码器等。

6. 常用的触发器有 RS 触发器、JK 触发器、D 触发器、T 触发器等，它们的共同特点是都有两个稳定的输出状态（0 状态和 1 状态），都能够接收、保存和输出信号。

7. 时序逻辑电路有计数器、寄存器等。计数器可以记忆输入信号的个数；寄存器的作用是将二进制代码和数据暂时存储，以便以后调用，但不对存储的信息进行处理。

| 思考与练习 |

一、填空题

1. 数字电路是处理_____的电路。

2. 十进制数的进位关系是_____；二进制数的进位关系是_____。

3. 用 4 位二进制数码表示 1 位十进制数的编码方法称为_____。

4. 3 种基本逻辑关系指的是_____、_____和_____。

5. RS 触发器是由_____构成的。

6. 触发器具有_____个稳定状态。

7. 用来累计和寄存输入脉冲数目的逻辑电路称为_____。

8. 组合逻辑电路的基本单元电路是_____。

9. 要寄存 8 位数据信号，需要_____个触发器。

10. 时序逻辑电路有_____。

11. 集成电路是一种_____器件，在电路中用_____表示。

12. 汽车电脑的主要部分是单片机，单片机是一块集成了_____、_____以及_____的电路板。

二、简答题

1. 数字电路的特点是什么？

2. 画出基本逻辑门电路的逻辑符号并说明其逻辑功能。

3. 说明各类触发器具有的功能。

4. 说明汽车电脑的分类。

5. 简述汽车电脑的工作过程。

第 7 章
汽车传感器

随着汽车电子化和智能化程度不断提高，汽车中应用的传感器数量越来越多，主要分布于发动机控制系统、底盘控制系统、车身控制系统和导航系统中（图 7.1 所示为奥迪轿车发动机电控系统电子元件位置）。一般使用在车上的传感器是以行车电脑作为输入装置，它将汽车运行中各种工作状况信息，包括车速、车况及各种介质的温度、发动机运转工作状况及路面信息等，转化成电信号输给计算机，以便发动机处于最佳工作状态、排放废气污染最小，车身稳定控制使行车最安全。汽车传感器作为汽车电子控制系统的信息源，是汽车电子控制系统的关键部件，也是汽车电子技术领域研究的核心内容之一。目前，一辆普通家用轿车上大约安装几十到近百只传感器，而豪华轿车上的传感器数量可多达二百余只。本章主要介绍传感器的基本知识、常用汽车传感器的应用及检测方法。

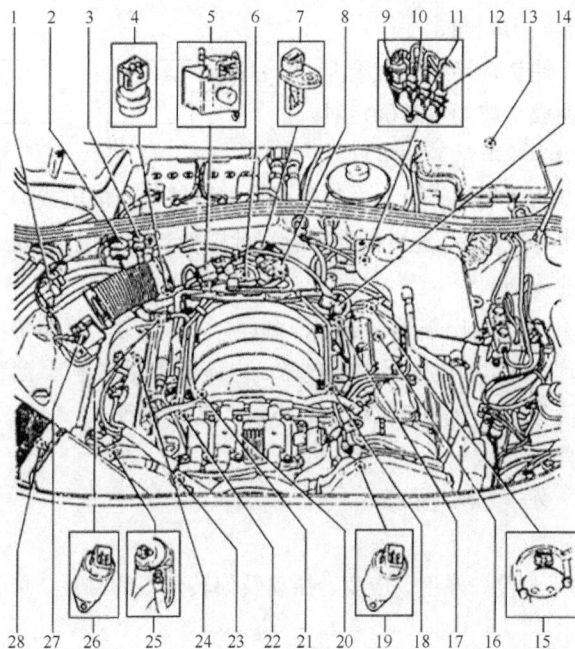

图 7.1　奥迪 ATX 型发动机燃油供给/喷射系统元器件安装位置

1—活性碳罐电磁阀 1-N80；2—氧传感器 1-G39 和氧传感器加热器-Z19；3—爆燃传感器 1-61 插头（3 孔）；4—冷却液温度传感器-G62；5—二次空气阀 N112；6—节气门控制单元-J338；；7—进气温度传感器-G42；8—进气歧管转换电磁阀-N156；9—氧传感器 2G108 及氧传感器加热器 Z28；10—发动机转速传感器 G28；11—霍尔传感器插头（3 孔）；12—爆燃传感器 2-G66 插头（3 孔）；13—压力舱内电器盒（发动机控制单元-J220 和二次空气泵继电器 J299）；14—燃油压力调节器；15—霍尔传感器-G40；16—氧传感器 2-G108；17—发动机转速传感器-G28；18—爆燃传感器 2-G66；19—凸轮轴调整电磁阀 2-N208；20—点火线圈-N, -N128, -N158（带功率放大器-N122）；21—爆燃传感器 1-G61；22—喷油器 N30～N33、N83 和 N84；23—霍尔传感器-G163；24—氧传感器 1-G39；25—接地连接；26—凸轮轴调整电磁阀 1-N205；27—空气流量计-G70；28—二次空气泵电机-V101

【学习目标】

◎ 能够识别车用传感器；

◎ 理解常见车用传感器的工作原理；

◎ 会检测常见车用传感器。

|7.1 传感器的组成和分类|

传感器是指能感受规定的被测量，并按照一定的规律转换成可用输出信号的器件或装置。它通常由敏感组件和转换组件组成。传感器的输出信号有多种形式，如电压、电流、频率、脉冲等，输出信号的形式是由传感器的原理确定的。

基础知识

1. 传感器的组成

无论何种类型的传感器，其组成部分基本是一致的。一般由敏感组件、转换组件、转换电路组成，图 7.2 所示为传感器组成框图。

① 敏感组件。敏感组件是直接感受被测非电量，并按一定规律转换成与被测量有确定对应关系的其他量（一般仍为非电量）的组件。

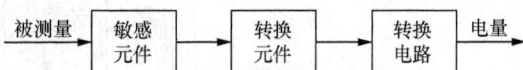
图 7.2　传感器组成框图

如热敏电阻，它能将温度的变化预转换为电阻的变化，再转换为电压或电流的变化。

② 转换组件。转换组件又叫变换器，是将敏感组件感受到的非电量直接转换成电信号的组件。转换组件是构成传感器的核心。

③ 转换电路。由于传感器输出信号一般都很微弱，需要信号转换电路将其放大或转换为便于传输、处理、记录、显示和控制的电信号（如电压、电流或者频率等），起到信号转换作用的电路称为转换电路。常见的信号转换电路有放大器、电桥、振荡器等。

2. 传感器的分类

传感器的种类繁多，分类方法也很多。

（1）按被测物理量分类

① 位移传感器，用于长度、厚度、应变、振动及偏转角等的测量，可分为直线位移传感器和角位移传感器。

② 速度传感器，用于线速度、振动、流量、动量、转速、角速度、角动量等参数的测量，可分为线速度传感器和角速度传感器。

③ 加速度传感器，用于测量线加速度、振动、冲击、质量、应力、角加速度、角振动、角冲击、力矩等参数，分为线加速度传感器和角加速度传感器。

④ 力和压力传感器，用于力、压力、重量、力矩和应力等参数的测量。

（2）按工作原理分类

① 电阻式传感器，是利用移动电位器触点改变电阻丝或电阻片的几何尺寸的原理制成的，主要用于位移、力、压力、应变、力矩、气流流速、液体流量等参数的测量。

② 电感式传感器，是利用改变磁路的几何尺寸或磁体的位置来改变电感和互感的电感量或压磁效应原理制成的，主要用于测量位移、压力、力、振动、加速度等参数。

③ 电容式传感器，是利用改变电容器的几何尺寸或改变电容介质的性质和含量，来改变电容量的原理制成的，主要用于测量位移、压力、液位、厚度、含水量等参数。

④ 谐振式传感器，是利用改变机械的或电的固有参数来改变谐振频率的原理制成的，主要用于测量压力。

上述 4 种传感器都属于电参数式传感器，除此之外还有电量传感器，如电势型传感器，利用热电效应、光电效应、霍尔效应或电磁效应等原理制成，主要用于温度、磁通、电流、速度、光强、热辐射等参数的测量；电荷传感器，利用压电效应原理制成，用于力及加速度的测量。

3. 汽车传感器的应用和发展

（1）传感器在汽车上的应用

最早的车用传感器主要用于发动机及驱动系统等行驶状态监测，主要有氧气、流体、温度、电压与电流等传感器。随着汽车市场对驾驶安全、舒适性、操控性等要求持续提升，对分散在负责安全、舒适与环保等各个系统的要求也越来越高，用以提升安全功能的各式传感器，占了整体传感器数量的 50% 以上。一般在汽车上使用的传感器是以行车计算机系统作为输入装置，将汽车运行中各种工作状况信息，包括车速、车况及各种介质的温度、发动机运转工作状况及路面信息等，转化成电信号传输给计算机，以使发动机处于最佳工作状态、排放废气污染最小以及车身稳定控制从而行车最安全。汽车传感器作为汽车电子控制系统的信息源，是汽车电子控制系统的关键部件，也是汽车电子技术领域研究的核心内容之一。

目前，大部分汽车都采用了以微型计算机为核心的电子控制系统来对整车的动力、行驶、车身、制动、空调等系统实施控制。在汽车运行过程中，车载计算机通过传感器不断地从各个系统获取大量的数据信息，由微机对这些数据信息进行分析处理，再输出控制信号，来精确控制汽车的运行，以达到环保、节能、安全、舒适的目的。表 7.1 中列出了汽车中使用的主要传感器类型。

表 7.1　　　　　　　　　　　　汽车中应用的传感器类型

类型	检测量或检测对象
温度传感器	冷却水、排出气体（催化剂）、吸入空气、发动机机油、自动变速器液压油、车内外空气
压力传感器	进气歧管压力、大气压力、燃烧压力、发动机油压、自动变速器油压、制动压、各种泵压、轮胎压力
转速传感器	曲轴转角、曲轴转速、方向盘转角、车轮速度
速度、加速度传感器	车速（绝对值）、加速度
流量传感器	吸入空气量、燃料流量、废气再循环量、二次空气量、冷媒流量
液量传感器	燃油、冷却水、电解液、风窗清洗液、机油、制动液
位移、方位传感器	节气门开度、废气再循环阀开度、车辆高度（悬架、位移）、行驶距离、行驶方位、GPS
气体浓度传感器	O_2、CO_2、NO_x、HC、柴油烟度
其他传感器	转矩、爆燃、燃料成分、湿度、鉴别饮酒、睡眠状态、电池电压、蓄电池容量、灯泡断线、荷重、冲击物、轮胎失效、风量、日照、光照、玻璃结露、地磁等

（2）汽车传感器的特点

在汽车运行过程中，车用传感器需要对温度、压力、位置、转速、加速度、流量、湿度、电磁、光电、气体、振动等信息进行实时、有效、准确的测量和控制。由于汽车行驶环境中温度、气候等条件变化非常大，如发动机的工作环境：高温（发动机表面温度可达 150℃、排气歧管可达 650℃）、振动（加速度 30g）、冲击（加速度 50g）、潮湿（100%RH，−40℃～120℃）以及蒸汽、盐雾、腐蚀和油泥污染等，这样恶劣的环境就要求汽车传感器必须具有极强的适应能力。同时，汽车传感器还要经受来自发动机内部的各种干扰，以及行驶过程中不同路况引起的振动。因此，汽车工业对传感器的要求极为苛刻，汽车传感器必须具有稳定性和精度高、响应快、可靠性好、抗干扰和抗震能力强、使用寿命长等特点。

（3）汽车传感器的发展趋势

由于汽车传感器在汽车电子控制系统中的重要作用，世界各国对其理论研究、新材料应用和新产品开发都非常重视。调查显示，未来的汽车用传感器技术，总的发展趋势是微型化、多功能化、集成化、智能化以及新材料和新工艺制成的新型传感器。

① 微型化。利用从半导体集成电路技术发展而来的 MEMS（微电子机械系统）技术和计算机辅助设计技术将微米级的敏感组件、信号处理器、数据处理装置封装在一块芯片上。由于其具有体积小、价格便宜、便于集成等特点，可以明显提高系统测试精度。目前这项技术正日渐成熟，可以制作出各种能敏感和检测力学量、磁学量、热学量、化学量和生物量的微型传感器。由于这种微型传感器在降低汽车电子系统成本及提高性能方面的优势，它们已开始逐步取代基于传统机电技术的传感器。

② 多功能化。将不同种类敏感元件组装在同一种材料或单独一块芯片上的一体化、多功能传感器，能够对不同种类的参数进行检测，即用单独一个传感器系统同时实现多种传感器的功能，从而减少汽车传感器的数量，提高系统可靠性。

③ 集成化。利用 MEMS 技术将敏感元件和处理器集成在一个芯片上，制成 IC 式传感器。

④ 智能化。传感器与大规模集成电路相结合，带有 CPU，具有智能及模糊控制作用，以减少 ECU（车载计算机）的运算过程及复杂程度，减小其体积，并降低成本。

⑤ 新材料的应用。新材料的应用是传感器技术的重要基础。目前光导纤维、纳米材料、超导材料等新型材料的应用促进了汽车传感器的发展。

⑥ 新工艺的应用。传感器的性能不仅与材料有关，还与加工技术有关，加工技术的微精细化在传感器的生产中占有越来越重要的地位。随着集成电路工艺的发展，微机械加工技术越来越多地应用到了传感器制作工艺中。随着现代制造技术的发展，会有更多的先进制作技术应用到车用传感器的制作中。

总之，随着电子技术的发展和汽车电子控制系统应用的日益广泛，微型化、多功能化、集成化和智能化的传感器将逐步取代传统的传感器，成为汽车传感器的主流。

想一想　汽车中应用的传感器有哪些？作用是什么？

作业测评

1. 传感器是＿＿＿＿＿＿＿＿＿＿＿＿＿＿＿＿＿＿＿＿＿＿＿＿＿＿＿＿的装置。

2. 传感器输出信号的形式有哪些？输出信号的形式是由什么决定的？

3. 简述车用传感器的特点。

4. 填写传感器组成框图。

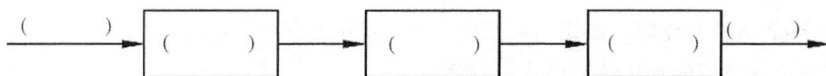

|7.2 车用传感器及其检测|

传感器在汽车上主要用于发动机控制系统、底盘控制系统、车身控制系统、导航系统以及各种辅助控制装置中。本节主要介绍几种常见车用传感器及其检测方法。

7.2.1 进气温度传感器

基础知识

1. 进气温度传感器的作用

进气温度能够影响发动机喷油量。进气温度低时，热敏电阻的阻值大，传感器输入 ECU 的信号电压高，ECU 控制发动机增加喷油量；当进气温度高时，热敏电阻的阻值小，传感器输入 ECU 的信号电压低，ECU 控制发动机减少喷油量。进气温度传感器能够检测发动机的进气温度，将进气温度转变为电压信号输入给 ECU 作为喷油修正的信号。

2. 结构及连接电路

进气温度传感器是一个负温度系数热敏电阻，根据电阻变化产生不同的信号电压。图 7.3 为进气温度传感器的实物图、结构以及传感器电阻与温度的关系。进气温度传感器安装在进气管上或空气流量计内，具体安装位置如图 7.4 所示。图 7.5 所示为进气温度传感器与发动机 ECU 的连接电路。进气温度传感器有两根引线：一根是由发动机 ECU 供应的 5V 电压 THA，另一根为 E_2 与发动机内部搭铁。

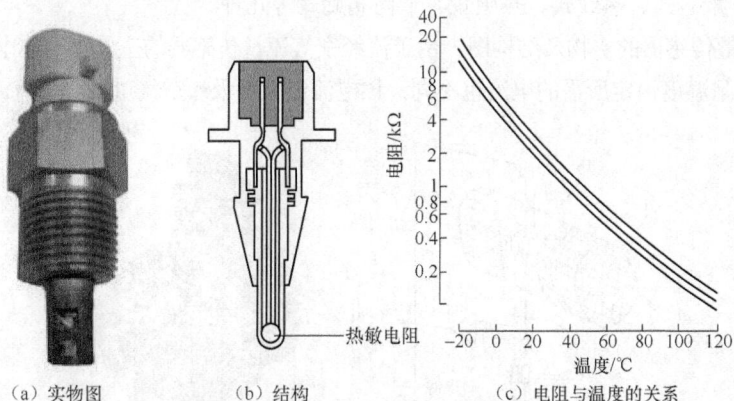

（a）实物图　　　　（b）结构　　　　（c）电阻与温度的关系

图 7.3 进气温度传感器

图 7.4 进气温度传感器安装位置

3. 进气温度传感器的检测

① 进气温度传感器的电阻检测

进气温度传感器的电阻检测方法和要求与冷却水温度传感器基本相同。单件检查时，点火开关置于"OFF"，拔下进气温度传感器导线连接器，并将传感器拆下；如图7.6所示，用电吹风、红外线灯或热水加热进气温度传感器；用万用表"Ω"挡测量在不同温度下两端子间的电阻值，将测得的电阻值与标准数值进行比较。如果与标准值不符，则应更换。

② 进气温度传感器的输出信号电压值检测

当点火开关置于"ON"位置时，ECU的THA端子与E_2端子（见图7.5）间或进气温度传感器连接器THA与E_2端子间的电压值在20℃时应为0.5~3.4V。

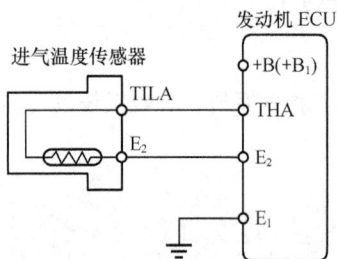

图7.5 进气温度传感器连接电路

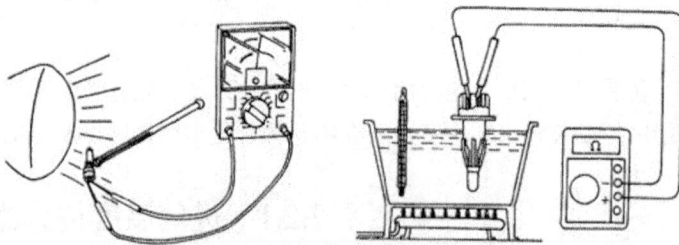

图7.6 进气温度传感器的电阻检测

作业测评

1. 进气温度传感器的作用是什么？
2. 怎样检测进气温度传感器？

7.2.2 空气流量传感器

基础知识

1. 空气流量传感器的结构和作用

空气流量传感器，也称空气流量计，是电喷发动机的重要传感器之一。它将吸入的空气流量转换成电信号送至电控单元（ECU），作为喷油控制的基本信号之一。常见的空气流量传感器按其结构形式可分为叶片（翼板）式、量芯式、热线式、热膜式、卡门涡旋式等几种。

图7.7所示为热膜式空气流量传感器的实物及结构图。由于流经空气流量传感器的空气流对热电阻冷却作用不同，因此保持热电阻温度恒定所需的电流也不同，该电流值就是吸入空气量的对应值。

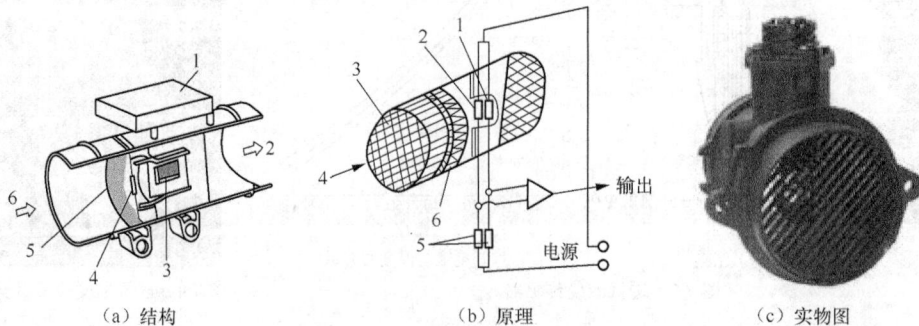

（a）结构 　　　　　（b）原理 　　　　　（c）实物图

图7.7 热膜式空气流量计

1—控制电路；2—至进气歧管；3—热膜　　　1—温补电阻；2—热膜；3—屏蔽网
4—温补电阻；5—屏蔽网；6—空气　　　　4—进气；5—电桥电路电阻；6—滤网

2．空气流量传感器的安装位置

图 7.8 所示为实车上空气流量传感器的安装位置。热膜式空气流量传感器安装在发动机的空气滤清器与进气总管之间，其后端为节气门体。叶片式空气流量传感器安装在空气滤清器和节气门体之间；涡流式空气流量传感器通常与空气滤清器外壳安装成一体，并与进气总管上的节气门体相连接。

图 7.8 空气流量传感器的安装位置

3．热膜式空气流量传感器的检测

① 性能测试

对热膜式空气流量传感器进行性能测试时，应将点火开关置于"OFF"，拆下空气流量传感器，将传感器插头 3 号与 12V 蓄电池正极连接，4 号与蓄电池负极连接，用数字万用表测量插头 2 号与 1 号端子间的电压（其读数应为 0.03V）。用 450 W 电吹风紧靠传感器入口向传感器内吹风（用冷风挡），1 号、2 号端子之间的电压应为（2.3±0.1）V。将吹风机缓慢向后移动，以上电压值应逐渐减少。当吹风口与传感器入口相距 200mm 时，电压应为（1.5±0.1）V。若测量的结果与上述值差距较大，说明传感器已坏。

② 供电检测

将点火开关于"ON"，传感器线路插座 3 号端子与 1 号端子间的电压读数应为蓄电池的供电电压。若无电压或读数偏差太大，应按电路图检查线路。检查线路时，将点火开关置"OFF"，拔下 ECU 插座，用万用表测量 ECU 插座 14 号端子与传感器 2 号端子、ECU 插座 26 号端子与传感器插座 4 号端子间的电阻，均应小于 1.5Ω，而 ECU 插座 14 号端子与传感器插座 4 号端子与 3 号端子间的电阻值应为 ∞。

4．叶片式空气流量传感器的检测

图 7.9 所示为叶片式空气流量传感器的结构图。叶片式空气流量传感器有 7 个接线端子，通过导线连接器用导线与控制电脑相连。7 个接线端子分别为：用于燃油泵控制的 FC 和 E_1 端子；用于输出空气温度信号的 THA 端子；用于向传感器输入电源电压和接地的 VC 和 E_2 端子；以及向电脑 ECU 输出进气量信号的 VB 和 VS 端子。连接电路如图 7.10 所示。

叶片式空气流量传感器常见故障有叶片摆动卡滞；电位计滑动触点磨损，使滑动电阻片与触点接触不良；油泵触点由于烧蚀而接触不良，造成电动燃油泵供油不稳定等。在对空气流量计进行检测时，注意不要损伤其零部件。

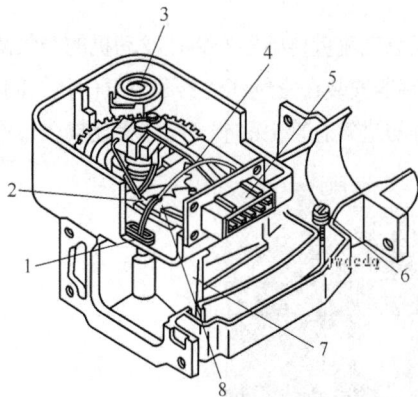

图 7.9　叶片式空气流量传感器结构
1—进气温度传感器；2—电动汽油泵触点；
3—回位弹簧；4—电位计；5—导线连接器；
6—CO 调节螺钉；7—旋转翼片；8—电动汽油泵静触点

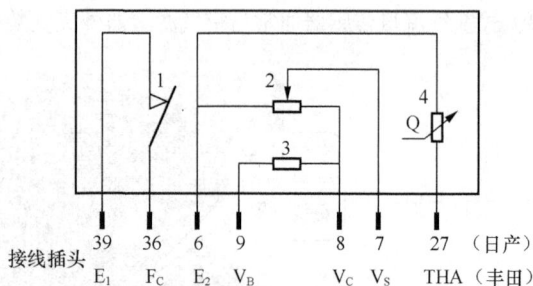

图 7.10　叶片式空气流量传感器电路原理图
1—电动汽油泵开关；2—可变电阻；3—固定电阻；
4—热敏电阻（进气温度传感器）

接线插头　E_1　F_C　E_2　V_B　　V_C　V_S　THA（丰田）
39　36　6　9　　8　7　27　（日产）

　　检查叶片式空气流量传感器时，可用手拨动叶片，使其转动，来检查叶片是否运转自如，复位弹簧是否良好。如果触点无磨损、叶片摆动平稳、无卡滞和破损，说明机械部件完好。其次是对叶片式空气流量传感器进行电阻检查，如图 7.11 所示。电阻检查分为静态电阻测量和动态电阻测量，主要检查空气流量传感器各端子与搭铁间电阻、油泵触点与搭铁间电阻，以及进气温度传感器端子与搭铁间电阻。

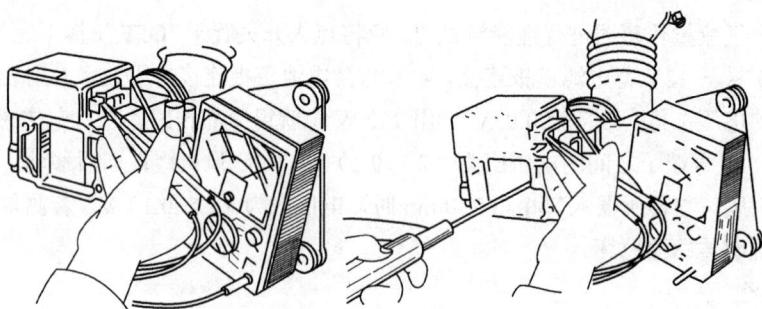

（a）静态电阻测量　　　　　　　　　　　　（b）动态电阻测量
图 7.11　叶片式空气流量传感器电阻检测

　　叶片式空气流量传感器进行静态电阻测量时，应先断开点火开关，拔下传感器线束连接插头，用万用表测量传感器插座上各端子之间的电阻。如果电阻值与规定值差别过大，说明传感器已损坏。

　　在进行动态电阻测量时，应先断开点火开关，拔下传感器线束连接插头，用万用表测量各端子电阻的同时，再用螺丝刀拨动叶片。检查油泵触点 F_C 与 E_1 间电阻值，当叶片完全关闭时，触点应是处于断开状态，电阻值应为无穷大；当叶片稍微摆动时，触点应当闭合，电阻值应当为零。当检查电位计 V_S 与 E_2 间电阻值时，在叶片摆动过程中，其电阻值应当连续变化。

作业测评

1. 空气流量传感器的类型有几种？
2. 空气流量传感器安装在什么位置？有什么作用？
3. 不同类型的空气流量传感器应怎样检测？

7.2.3 节气门位置传感器

基础知识

1. 结构与作用

① 结构

节气门位置传感器又称为节气门开度传感器或节气门开关，是由一只可变电阻器和几个开关组成的，电阻器的转轴与节气门联动，它有两个触点：全开触点和怠速触点。当节气门处于怠速位置时，怠速触点闭合，向计算机输出怠速工况信号；当节气门处于其他位置时，怠速触点张开，输出相对于节气门不同转角的电压信号，计算机便根据信号电压值识别发动机的负荷。根据信号电压在一定时间内的变化增减率识别是加速工况还是减速工况。计算机根据这些工况信息来修正喷油量，或者进行断油控制。图 7.12 所示为节气门位置传感器的结构和实物图。

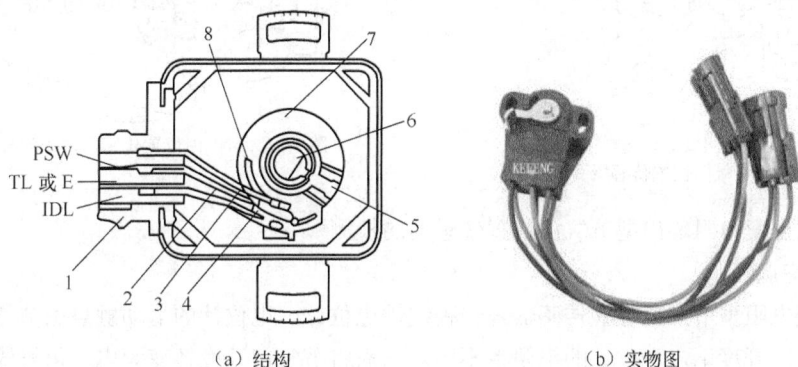

（a）结构　　　　　　　　　　（b）实物图

图 7.12　节气门位置传感器

1—导线连接器；2—动触点；3—全负荷触点；4—怠速触点；5—控制臂；6—节气门轴；7—凸轮；8—槽

② 作用

节气门位置传感器的主要功能是检测出发动机是处于怠速工况还是负荷工况，是加速工况还是减速工况。节气门由驾驶员通过加速踏板来操纵，以改变发动机的进气量，从而控制发动机的运转。不同的节气门开度标志着发动机的不同运转工况。为了使喷油量满足不同工况的要求，电子控制汽油喷射系统在节气门体上装有节气门位置传感器。它可以将节气门的开度转换成电信号输送给 ECU，作为 ECU 判定发动机运转工况的依据。节气门位置传感器有开关量输出型和线性可变电阻输出型两种。

2. 安装位置

节气门位置传感器安装在节气门体上，如图 7.13 所示。

3. 检测

（1）开关量输出型节气门位置传感器的检测

① 结构与特点

开关量输出型节气门位置传感器也称为节气门开关。它有两副触点，分别为怠速触点（IDL）和全负荷触点（PSW）。由一个与节气门同轴的凸轮控制两开关触点的开启和闭合。当节气门处于全关闭的位置时，怠速触点 IDL 闭合，ECU 根据怠速开关的闭合信号判定发动机处于怠速工况，从而按怠速工况的要求控制喷油量；当节气门打开时，怠速触点打开，ECU 根据这一信号进行从怠速到小负荷的过渡工况的喷油控制；全负荷触点在节气门由全闭位置到中小开度范围内一直处于开启状态，当节气门打开至一定角度的位置时，全负荷触点开始闭合，向 ECU 送出发动机处于全负荷运转工况的信号，ECU 根据此信号进行全负荷加浓控制。

② 就车检查端子间的导通性

如图 7.14 所示，就车检查时，将点火开关置于"OFF"位置，拔下节气门位置传感器连接器，在节气门限位螺钉和限位杆之间插入适当厚度的厚薄规；用万用表"Ω"挡在节气门位置传感器连接器上测量怠速触点和全负荷触点的导通情况。当节气门全闭时，怠速触点（IDL）应导通；当节气门全开或接近全开时，全负荷触点（PSW）应导通；在其他开度下，两触点均应不导通。

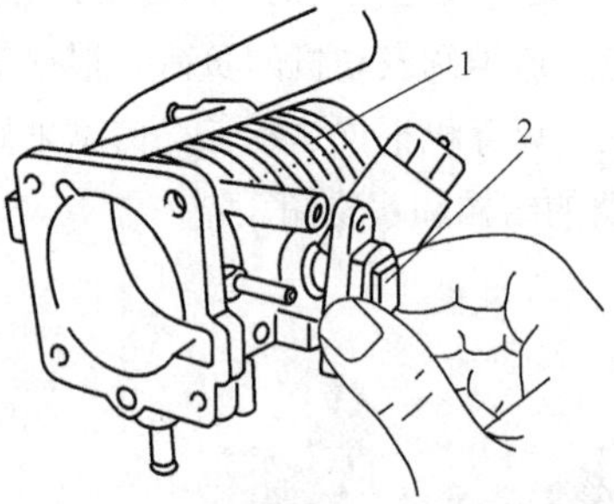

图 7.13 节气门安装位置
1—节气门；2—节气门位置传感器

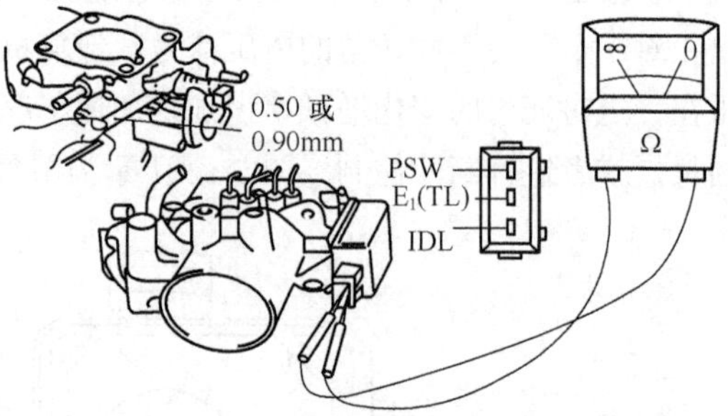

图 7.14 节气门位置传感器端子间导通检查

（2）线性可变电阻输出型节气门位置传感器的检测

① 结构特点

线性可变电阻型节气门位置传感器是一种线性电位计，电位计的滑动触点由节气门轴带动。在不同的节气门开度下，电位计的电阻也不同，从而将节气门开度转变为电压信号输送给 ECU。ECU 通过节气门位置传感器，可以获得表示节气门由全闭到全开的所有开启角度的、连续变化的电压信号，以及节气门开度的变化速率，从而更精确地判定发动机的运行工况。一般在这种节气门位置传感器中，也设有一怠速触点（IDL），以判定发动机的怠速工况。

② 怠速触点导通性检测

点火开关置于"OFF"位置，拔去节气门位置传感器的导线连接器，用万用表"Ω"挡在节气门位置传感器连接器上测量怠速触点（IDL）的导通情况。当节气门全闭时，IDL-E_2 端子间应导通（电阻为 0）；当节气门打开时，IDL-E_2 端子间应不导通（电阻为∞）。否则应更换节气门位置传感器。

③ 测量线性电位计的电阻

点火开关置于"OFF"位置，拔下节气门位置传感器的导线连接器，用万用表的"Ω"挡测量线性电位计的电阻，该电阻应能随节气门开度增大而呈线性增大。

在节气门限位螺钉和限位杆之间插入适当厚度的厚薄规，用万用表"Ω"挡测量此传感器导线连接器上各端子间的电阻，其电阻值应符合维修手册表所示。

④ 电压检查

插好节气门位置传感器的导线连接器，当点火开关置"ON"位置时，发动机 ECU 连接器上 IDL、VC、三个端子处应有电压；用万用表电压挡检测 IDL-E_2、VC-E_2、VTA-E_2 间的电压值应符合维修表所示。

1．节气门位置传感器的作用是什么？
2．在发动机实物上找出节气门位置传感器，并检测其性能。

7.2.4 氧传感器

基础知识

1．结构和工作原理

图 7.15 所示为氧传感器的实物图。氧传感器是汽车中使用的一种气体传感器。气体传感器由气敏组件组成。图 7.16 所示为氧传感器的内部结构。当气敏组件接触气体成分时，表面会吸附气体分子，这种吸附作用使金属氧化物与气体分子产生电子交换，发生电荷的转移分布，从而形成电势差或电阻率的明显变化。在温度达到某一范围时，由于分子的化学活性增强，产生的电动势或电阻率变化现象会更显著。因此，在使用气体传感器时，经常采用电加热的方法使气敏组件中的金属氧化物达到最佳工作温度。

图 7.15 氧传感器实物图

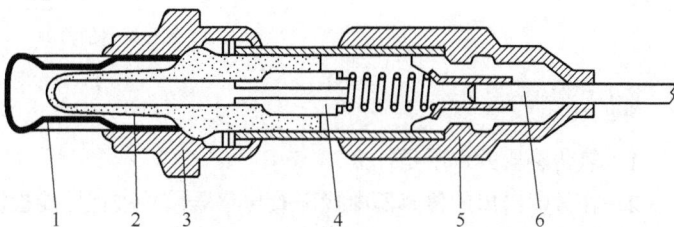

图 7.16 氧传感器的结构
1—罩壳；2—氧化锆体；3—壳体；4—输出接头；5—外套；6—导线

2．安装位置和作用

氧传感器安装在发动机的排气管上，如图 7.17 所示，用来检测发动机排放的尾气中氧分子的浓度，并将其转换成电压信号或电阻信号，输送给 ECU，使其以此来判断发动机的燃料和空气的配比，并及时进行修正。

3．检测

（1）氧传感器加热电阻的测量

现在多数汽车都使用带加热器的氧传感器。若加热器损坏，将很难使氧传感器达到正常的工作温度（300℃以上）而失去作用。图 7.18 所示为氧传感器的检测图。测量时，可拆下氧传感器、线束插头，测量氧传感器接线端中加热器接柱与搭铁接柱之间的电阻，其阻值一般在 4～40Ω。若不符合要求，说明传感器已损坏；若正常，应将插头接好，以进一步检测。

（2）氧传感器反馈电压的测量

氧传感器的正常工作温度在 300℃以上。当发动机到达正常工作温度之后，发动机进入闭环控制状态，精确控制排放，可以使发动机达到最高功率。

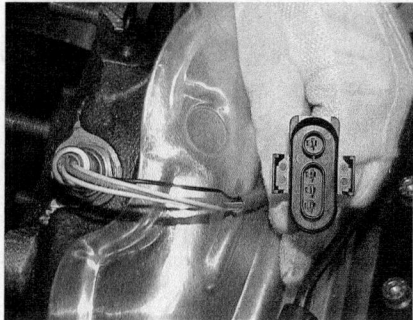

图 7.17 氧传感器的安装位置

当发动机温度升高后，系统进入闭环控制状态时，观察电压表指示电压值的变化。正常波动范围应为 0.1～0.9V；平均值为 0.5V。另外，也可取下真空软管，使进入发动机的混合气变稀，此时电压表的读数应下降到 0.2V 左右。接着再装回真空软管，使发动机停转，并将一只装有丙烷混合气的气瓶与进气管相连，然后起动发动机，使丙烧混合气输入发动机，让混合气变浓。此时，电压值应升高。若检查结果与上述规定不符，表明氧传感器有故障，应更换。

氧传感器是否损坏，还可用简易方法判断：拔下氧传感器的插头，从插头处引入 2 根导线，一根接线路的信号线电路，另一根接控制单元供应电压，两只手分别拿住线路两头，如果发动机转速发生变化，即为氧传感器损坏，否则，为其他部位故障。

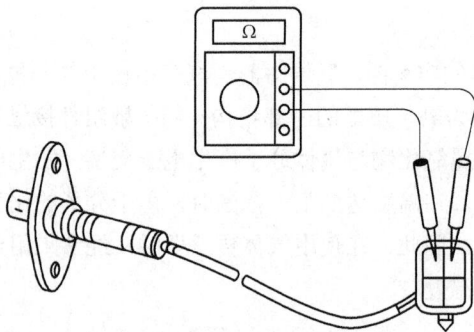

图 7.18　氧传感器的检测

作业测评

1．氧传感器的作用是什么？
2．在教师给出的传感器中找出氧传感器，并进行性能检测。

7.2.5　曲轴位置传感器

基础知识

1．结构和工作原理

曲轴位置传感器是发动机电子控制系统中最主要的传感器之一，它提供点火时刻（点火提前角）、确认曲轴位置的信号，用于检测活塞上止点、曲轴转角及发动机转速。

曲轴位置传感器所采用的结构随车型不同而不同，可分为磁脉冲式、光电式和霍尔式三大类。图 7.19 所示为曲轴位置传感器的实物图及光电式曲轴位置传感器结构图。它由信号发生器及带缝隙和光孔的信号盘组成，如图 7.19（b）所示。信号盘安装在分电器轴上，其外围有 360 条缝隙，产生 1°（曲轴转角）信号；外围稍靠内侧分布着 6 个光孔（间隔 60°），产生 120° 信号，其中有一个较宽的光孔是产生对应第 1 缸上止点的 120° 信号的。信号发生器固装在分电器壳体上，主要由两只发光二极管、两只光敏二极管和电子电路组成。两只发光二极管分别正对着光敏二极管，发光二极管以光敏二极管为照射目标。信号盘位于发光二极管和光敏二极管之间，当信号盘随发动机曲轴运转时，因信号盘上有光孔，产生透光和遮光的交替变化，从而使信号发生器输出表征曲轴位置和转角的脉冲信号。ECU 会根据这些信号计算曲轴位置和车速。

2．安装位置

曲轴位置传感器一般安装于曲轴皮带轮或链轮侧面，有的安装于凸轮轴前端，如图 7.20 所示。

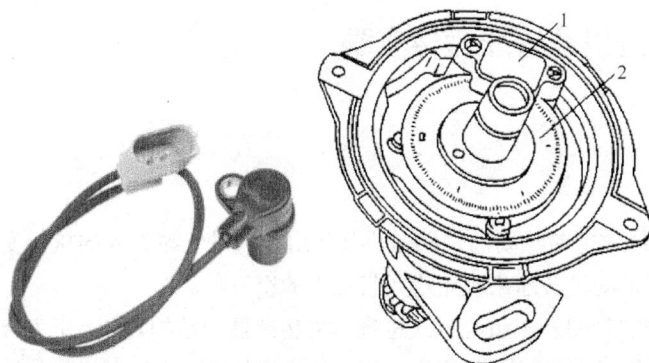

（a）实物图　　　　（b）光电式曲轴位置传感器结构

图 7.19　曲轴位置传感器
1—曲轴转角传感器；2—信号盘

图 7.20　曲轴位置传感器的安装位置

3．检测

曲轴位置传感器的检测主要是通过测量有无输出信号以及传感器上各端子间电阻是否符合规定，来判断其工作状况。图 7.21 所示为曲轴传感器与 ECU 的接线图。

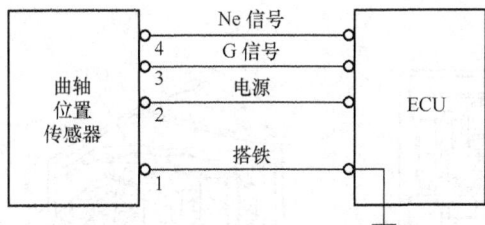

图 7.21　曲轴位置传感器与 ECU 的连接线路

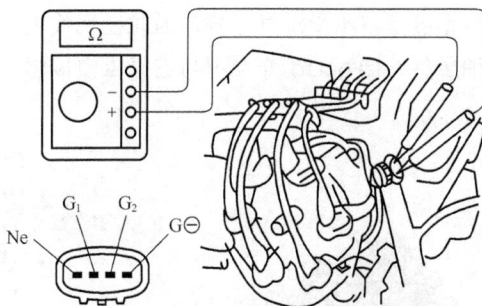

图 7.22　曲轴位置传感器感应线圈电阻检测

① 拔下传感器插头，接通点火开关，检查插头上电源端子与搭铁端子之间的电压应该为 5V 或 12V（因车型不同而不同）。若无电压，则应检查传感器至 ECU 的导线和 ECU 上相应端子的电压。若 ECU 端子上有电压，则 ECU 至传感器之间的导线断路，否则 ECU 故障。

② 插回传感器插头，起动发动机，使其转速保持在 2 500r/min 左右，测量传感器输出端子上的电压，正常值为一般为 2～3V。

③ 磁电式的曲轴位置传感器可以用万用表电阻挡检测电阻，如图 7.22 所示，检测端子 G_1-G、G_2-G、Ne-G 之间的阻值，其阻值一般在几百欧姆到一千多欧姆（因车型不同而不同）。也可以起动发动机测量 G_1-G、G_2-G、Ne-G 端子间的电压，电压应随着发动机转速的升高而升高。

作业测评

1．汽车中的曲轴位置传感器根据结构不同分成哪几种类型？

2．曲轴位置传感器安装在汽车的什么位置？

3．曲轴位置传感器的作用是什么？

4．在教具发动机上找到曲轴位置传感器，测量其性能。

5．在教师给出的传感器中找出氧传感器，并进行性能检测。

7.2.6　进气歧管压力传感器

基础知识

1. 结构和工作原理

进气歧管压力传感器是燃油喷射系统中非常重要的传感器，其作用是将进气歧管内的压力变化转换成电压信号。ECU 依据该信号和发动机转速来确定进入气缸内的空气量。

图 7.23 所示为进气歧管压力传感器实物图及压敏电阻式进气压力传感器的结构，它由压力转换元件和将转换元件输出信号进行放大的混合集成电路构成。压力转换组件是一个利用半导体压阻效应制成的硅片，在硅片薄膜表面规定位置有 4 个压敏电阻，按惠斯通电桥方式连接，如图 7.24 所示。硅片的一侧是真空室，另一侧导入进气管压力。进气管侧的绝对压力（即进气管压力）越高，硅片的变形越大，硅片的变形与进气管压力成正比。因此，薄膜上的压敏电阻阻值变化也与硅片的变形成正比。利用惠斯通电桥将压敏电阻的变形转换为电信号，再经过混合集成电路进行放大后输送到发动机的 ECU，通过分析、比较、计算后确定发动机的实际进气量。

半导体压敏式进气压力传感器尺寸小、精度高、成本低、响应速度快，重复性和抗振性较好，测量精度基本不受温度影响，因此在现代电控汽车发动机上应用广泛。汽车中其他压力传感器，如油压传感器等的工作原理与进气压力传感器类似。

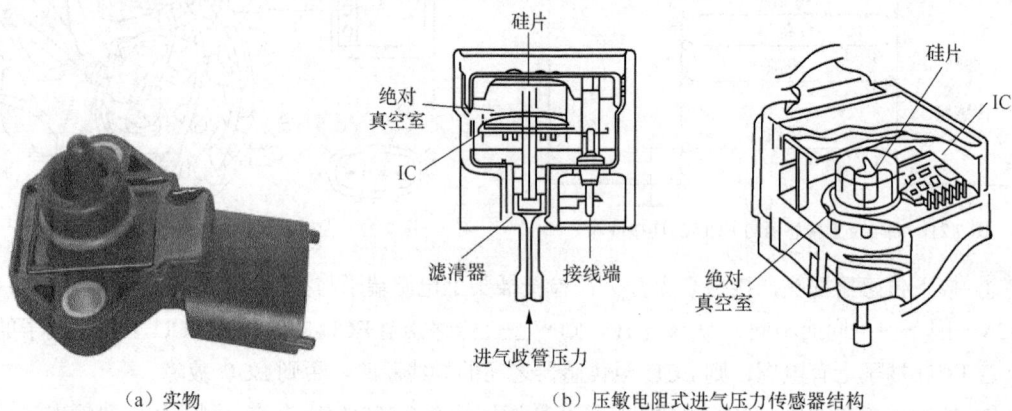

（a）实物　　　　　　　　　　（b）压敏电阻式进气压力传感器结构

图 7.23　进气压力传感器

2. 安装位置

为了减少内部电子元器件的振动，进气歧管压力传感器通常安装在车辆振动相对较小的位置上，并处于进气总管的上方，以防来自进气歧管的窜气侵入压力传感器，同时也以可防止信号传感部分受到污染。从进气歧管靠近节气门端找到橡胶软管，便可在汽车上找到歧管压力传感器。

3. 检测

（1）检查进气歧管压力传感器导线连接器的连接是否良好、橡胶软管是否脱落。然后起动发动机，查看橡胶软管有无密封不严和漏气现象。

（2）图 7.25 所示为进气歧管压力传感器与 ECU 的连接电路。

① 接通点火开关，用万用表的直流电压挡（DCV-20）测试接线端子 V_{cc} 与 E_2 之间的电压值，该电压值即为 ECU 加在歧管压力传感器上的电源电压值，其正常值应为 4.5~5.5V。

② 接通点火开关，从进气歧管压力传感器上拔下真空橡胶软管，使进气歧管压力传感器的进气口与大气相通，此时测试接线端子输出电压信号（PIM 与地线 E_2 之间的电压值），其正常值为 3.3～3.9V，若输出电压过高或过低，均说明进气歧管压力传感器有故障。

③ 接通点火开关，拆下进气歧管压力传感器上的真空橡胶软管，用手持真空泵向歧管压力传感器进气口处施以不同的负压（真空度），边施压边测试接线端子输电压信号 PIM 与地线 E_2 之间的电压，所测电压值应随施加负压的增长而线性增长。

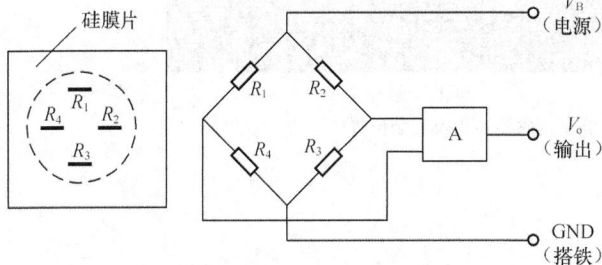

图 7.24　压敏电阻式进气压力传感器的工作原理

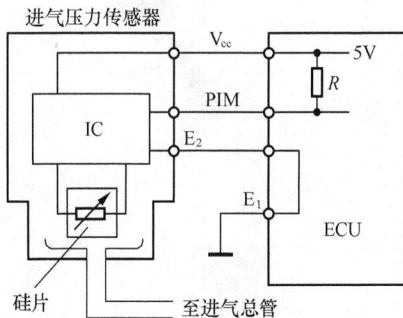

图 7.25　进气压力传感器与 ECU 连接电路

作业测评

1．进气歧管压力传感器的作用是什么？
2．如何检测进气歧管压力传感器？

7.2.7　冷却水温度传感器

汽车发动机工作的最佳温度为 80℃～90℃，发动机温度过高会使进入气缸的可燃混合气受热膨胀，减少充气量，使发动机动力降低；发动机温度过低时，可燃混合气点燃困难或燃烧迟缓，引起发动机功率下降，机油也会因温度低而变浓，黏度增大，使机件运动的阻力增加，从而增加耗油量。发动机正常工作时，缸体的温度很高，为确保发动机正常工作，需对缸体进行冷却，一般用水来充当冷却媒介。为使发动机保持在最佳工作温度，设计应用了冷却水温度传感器。

基础知识

1．作用及安装位置

冷却水温度传感器具有两个主要作用，一是为水温表提供信号，显示发动机水温；二是向 ECU 提供信号，为喷油提供依据，水温低时增加喷油，水温高时少喷油。

冷却水温度传感器一般安装在发动机缸体、缸盖的水套上或节温器中，与冷却水接触，用来检测发动机的冷却水温度。图 7.26 所示为冷却水温度传感器的实物及安装位置。

2．结构和工作原理

冷却水温度传感器的内部是一个半导体热敏电阻，其结构如图 7.27（a）所示，该热敏电阻是负温度系数的电阻，其温度特性如图 7.27（b）所示。从图中可以看出，水温越低，热敏电阻阻值越大；水温越高，热敏电阻阻值越小。

（a）实物　　　　　　　（b）安装位置

图 7.26　冷却水温度传感器实物及安装位置

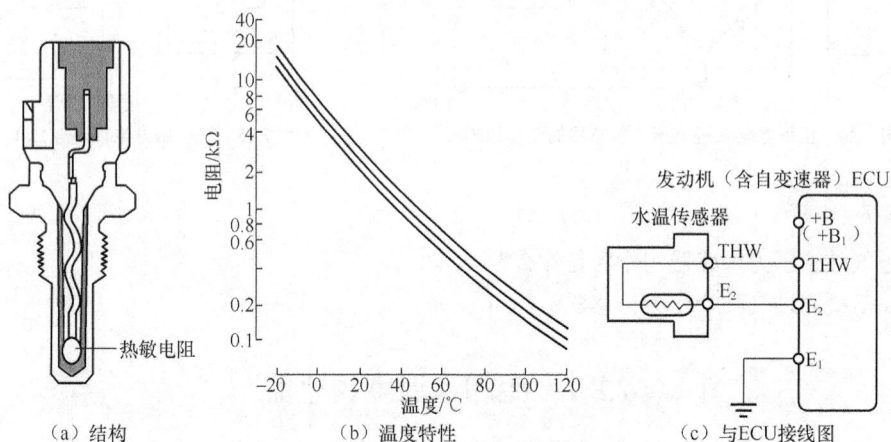

（a）结构　　　　　　（b）温度特性　　　　　　（c）与ECU接线图

图 7.27　冷却水温度传感器的结构及温度特性

3．检测

冷却水温度传感器可用万用表进行检测。图 7.27（c）所示为冷却水温度传感器与 ECU 的接线图。

（1）供电电压检测

拔下连接器，点火开关置于"ON"，测量插头 THW 与搭铁间的电压，应为 5V。

（2）搭铁电阻检测

拔下连接器，点火开关置于"OFF"，测量插头 E3 与搭铁间的电阻，应为 0。

（3）静态检测

拔下连接器，拆下传感器，浸入热水中，测量插座两引脚间的电阻应与规定相符。具体检测方法参见第一单元 1.5.1 中的介绍。

（4）动态检测

插好连接器，点火开关置于"ON"，测量两引脚间的电压，应与规定相符（在 1～5V 间变化）。

冷却水温度传感器与进气温度传感器有何异同？

在实训车辆上找出冷却水温度传感器，简述如何检测冷却水温度传感器。

7.2.8　爆燃传感器

爆燃是指发动机燃烧室中的混合气剧烈爆炸燃烧的现象。爆燃会引起发动机燃动，使发动机部件受高温、高压，使燃烧室和冷却系过热，严重时可使活塞顶部熔化，爆燃还会使发动机功率下降，燃油消耗率上升。因此，爆燃现象对发动机的动力性、经济性以及排放性具有很大的影响。为了减少和避免爆燃的现象的发生，设计应用了爆燃传感器。

基础知识

1. 爆燃传感器的作用及安装位置

爆燃传感器用于检测发动机有无爆燃现象，并将信号送入发动机 ECU，通过调整点火提前角控制和避免发动机发生爆燃。一般常通过检测气缸压力、发动机机体震动和燃烧噪声等三种方法来判断爆燃。爆燃传感器一般有 1 个、2 个、4 个或 6 个。有 1 个传感器时，一般装于第二缸和第三缸之间的气缸壁上；有 2 个爆燃传感器的，则两个传感器分列缸体左右侧；有 4 个爆燃传感器的，则一缸安装一个。图 7.28 所示为爆燃传感器的实物图及安装位置。爆燃传感器安装在发动机的缸体上，以便随时监测发动机的爆燃情况。

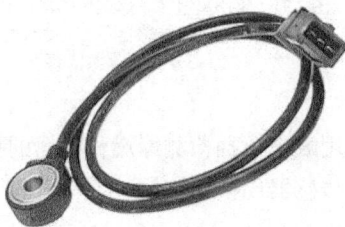

爆燃传感器

（a）实物　　　　　　　　　　　　　　（b）安装位置

图 7.28　爆燃传感器

2. 结构和工作原理

常见的爆燃传感器有两种：一种是磁致伸缩式爆燃传感器，另一种是压电式爆燃传感器。磁致伸缩式爆燃传感器的外形与结构如图 7.29 所示，其内部有永久磁铁、靠永久磁铁激磁的强磁性铁心以及铁心周围的线圈。其工作原理：当发动机的气缸体出现震动时，该传感器在 7kHz 左右与发动机产生共振，强磁性材料铁心的导磁率发生变化，致使永久磁铁穿过铁心的磁通密度也发生变化，从而在铁心周围的绕组中产生感应电动势，并将这一电信号输入 ECU。

压电式爆燃传感器的结构如图 7.30 所示。这种传感器利用结晶或陶瓷多晶体的压电效应来工作，也有利用掺杂硅的压电电阻效应工作的。压电式爆燃传感器的外壳内装有压电元件、配重块及导线等。其工作原理是：当发动机的气缸体出现振动且振动传递到传感器外壳上时，外壳与配重块之间产生相对运动，夹在这两者之间的压电元件所受的压力发生变化，从而产生电压。ECU检测出该电压，并根据其值的大小来判断爆燃强度。

（a）外形　　　（b）结构

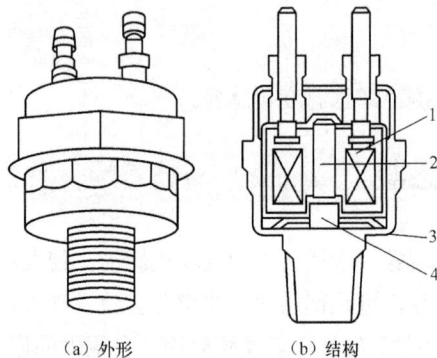

图 7.29　磁致伸缩式爆燃传感器外形及结构
1—绕组；2—铁心；3—外壳；4—永久磁铁

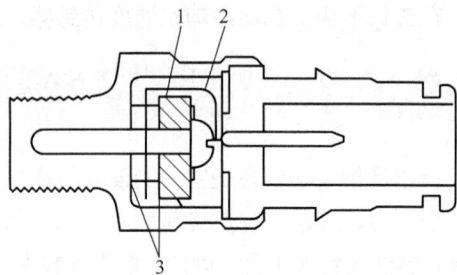

图 7.30　压电式爆燃传感器的结构
1—配重块；2—引线；3—压电元件

3．检测

下面以丰田皇冠 3.0 轿车 2JZ-GE 型发动机爆燃传感器为例来介绍爆燃传感器的检测方法，图 7.31 所示为爆燃传感器与 ECU 的连接电路。

（1）爆燃传感器电阻的检查

点火开关置于"OFF"位置，拔开爆燃传感器导线接头，用万用表"Ω"挡检测爆燃传感器的接线端子与外壳间的电阻，应为∞（不导通）；若为 0Ω（导通）则说明爆燃传感器已损坏。

对于磁致伸缩式爆燃传感器，可应用万用表"Ω"挡检测线圈的电阻，其阻值应符合规定值（具体数据见具体车型维修手册），否则说明爆燃传感器已损坏。

（2）爆燃传感器输出信号的检查

图 7.31　丰田皇冠轿车爆燃传感器与 ECU 连接电路
1—1 号爆燃传感器；2—发动机 ECU；
3—2 号爆燃传感器

拔开爆燃传感器的连接插头，在发动机怠速时用万用表电压挡检测爆燃传感器的接线端子与搭铁间的电压，应有脉冲电压输出。如没有，说明爆燃传感器已损坏。

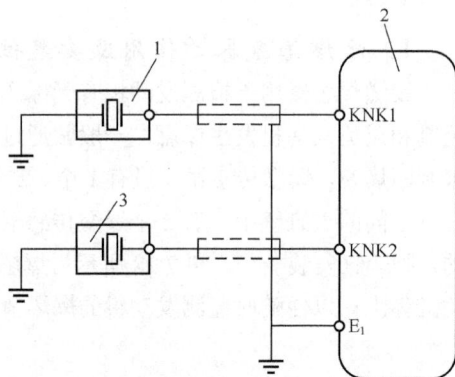

爆燃传感器的检测量与氧传感器、温度传感器有何不同？

作业测评

1．在实训车辆上找出爆燃传感器。

2．爆燃传感器的作用是什么？如何检测？

|7.3　技能训练|

7.3.1　用汽车示波器观察空气流量计波形

基础知识

汽车示波器是用来检测汽车电子电路故障的设备。K81 为多功能故障诊断仪，同时具有解码器和汽车专用示波器的功能。W18 为汽车专用示波器，其主机与 K81 基本相同，只是不具有解码器功能，二者的示波器功能和使用方法完全相同。本书将以 K81 的汽车专用示波器功能为例对相关内容进行介绍。

1. 汽车示波器的功能及结构

K81 和 W18 为高速三通道汽车专用示波器，具有通用示波器的功能，可以进行参考波形存储。该示波器能对汽车初级、次级点火波形分析；有纵列、三维、阵列、单缸等多种次级波形显示方式，并能显示点火击穿电压、闭合角、燃烧时间等，相当于一台手持式的发动机分析仪。

（1）主机结构

图 7.32 为 K81 的主机结构。

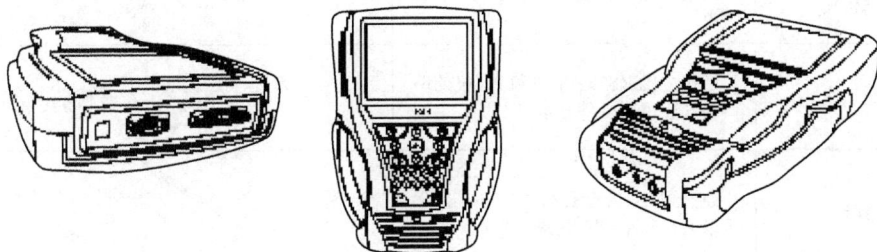

图 7.32　K81 的主机结构

（2）按键说明

K81 的操作面板如图 7.33 所示，操作面板为数字输入，在使用过程中每一步都有按键提示，只需按照提示操作即可。"ENTER"确认键功能主要是进入菜单、确认所选项目；"▲""▼""►""◄" 4 个方向键可以对项目进行选择；"EXIT"键功能是返回上级菜单、退出；"F₁""F₂"是辅助键，按操作提示使用。

（3）主机端口

K81 主机的端口位于主机头部和尾部，如图 7.34 所示。W18 的诊断测试口无功能。

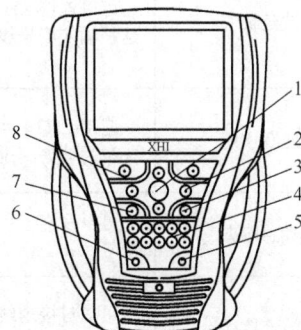

图 7.33　K81 的操作面板
1—确认键；2—方向键；3—F₂辅助键；4—数字键；5—亮度键；6—电源键；7—F₁辅助键；8—退出键

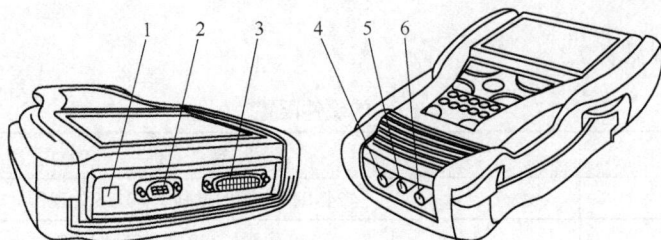

图 7.34　K81 的主机端口
1—DC12V 电源；2—RS232 串口；3—诊断测试口；4—示波 CH1；5—触发 CH3；6—示波 CH2

（4）随机附件

W18 汽车专用示波器的随机附件包括示波测试连接线、电源线、自诊断接头等，K81 的随机附件包括解码器和 W18 的所有附件。各附件的图片、名称及功能如表 7.2 所示。

表 7.2　　　　　　　　　　　　　　　　　随机附件及其功能

名　称	功　能	图　片
电源延长线	给主机提供电源，可以连接汽车点烟器接头或者汽车鳄鱼夹	
汽车点烟器接头	连接电源延长线和汽车点烟器给主机供电	
汽车鳄鱼夹	连接电源延长线和汽车电瓶给主机供电	
串行通讯线	连接主机 RS232 串口和 PC 机的串口实现联机或软件升级	
测试探针	连接到 CH1、CH2 输入，带接地线，可以×1 或者×10 衰减	
示波延长线	可以连接 CH1、CH2，主要功能是延长输入信号线	
1 缸信号夹	连接 CH3，可以检测发动机转速，并认为被夹高压线为第一缸高压线	
容性感应夹	可以接 CH1、CH2，感应次级点火信号	
示波连接线	可以对接地线或信号线进行延长，方便连接	

2．K81 汽车示波器的设备配置及参数

（1）硬件配置

K81 的硬件配置见表 7.3。

表 7.3　　　　　　　　　　　　　　　　　K81 的硬件配置

系 统 硬 件	指　标
CPU	24MHz 主频的增强型 80186 处理器
显示器	320 像素×240 像素超亮 LCD
键盘	20 薄膜按键
蜂鸣器	错误提示或按键提示
存储器	32MB Flash 可反复擦写
串行口	标准 RS232
外接打印机	串行打印机

（2）性能参数

K81 的性能参数见表 7.4。

表 7.4　　　　　　　　　　　　　　　K81 的性能参数

项　　目	指　　标
通道数目	3 通道
采样频率	20MHz
采样精度	双 8 位
电压分辨率	0.1V～50V div
时间分辨率	2.5μs～20s
电压量程	DC±200V

（3）使用环境

K81 的使用环境见表 7.5。

表 7.5　　　　　　　　　　　　　　　K81 的使用环境

项　　目	指　　标
供电电压	DC 12V
操作温度	−30˚C～+50˚C
相对湿度	小于 90%

3．K81 汽车示波器的操作步骤

（1）注意事项

① 遵循设备说明书中的安全注意事项。

② 测量电容器的电阻时应切断电容电源并充分放电。

③ 当工作电压大于 60V 直流、42V 峰值时应小心，这些电压有电击的可能。

④ 使用测试探头时，不要将手指接触金属部分。

⑤ 从仪器拆下测试线之前应先将测试线从测试点断开。

（2）测量前的准备

① 将被测试车辆按照所要测量的项目准备好，设备说明书中附有各种测试应用所需的测试条件。

② 按照被测试项目说明连接好设备，选择正确测试探头或者感应夹。

③ 选择正确的车辆设置或者传感器类型。

（3）主菜单选项

图 7.35 所示为 K81 的主界面，只需在 K81 的菜单里按上下方向键选择需要检测的项目，按"ENTER"键进入下一级菜单，直到选择好需要的测试项目为止。按"EXIT"可以返回上一级菜单。使用示波器功能时，选择选项"2"，按"ENTER"键进入"示波器"功能菜单，界面显示如图 7.36 所示。

选择"传感器"选项，按"ENTER"键即可进入传感器测试的菜单选项，如图 7.37 所示。其他测试功能选项操作类似，如选择"空气/燃油"选项，按"ENTER"键即可进入"空气/燃油"的菜单选项，如图 7.38 所示，其他测试项目此处不再赘述。

图 7.35　K81 的主界面

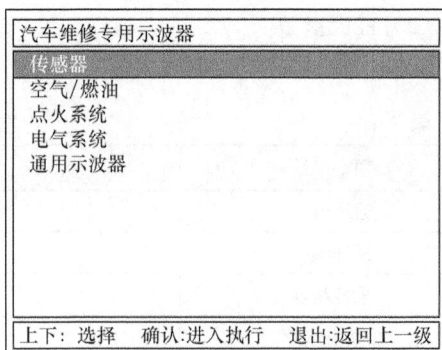

图 7.36　K81 的示波器菜单选项

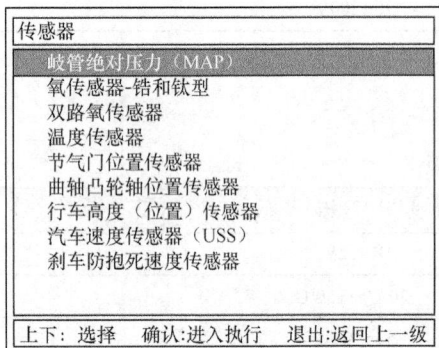

图 7.37　K81 的传感器菜单选项

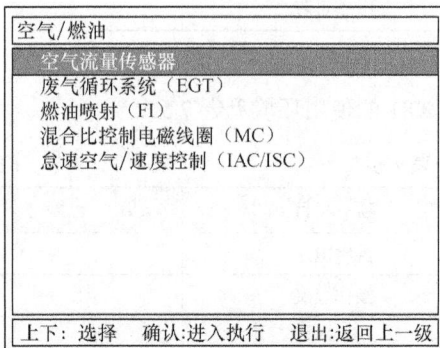

图 7.38　K81 的空气/燃油菜单选项

实训目标

① 熟悉汽车示波器的使用方法。

② 理解空气流量计输出信号电压波形的意义。

实训条件

实训用车一台，K81 及常用工具一套。

操作步骤

（1）连接 K81 和电源延长线，选择蓄电池供电，将测试探头接入通道 1（CH1 端口）。将测试探头上的鳄鱼夹接蓄电池负极或搭铁,用测试探针刺入温度传感器触发信号线,连接方法如图 7.39 所示。

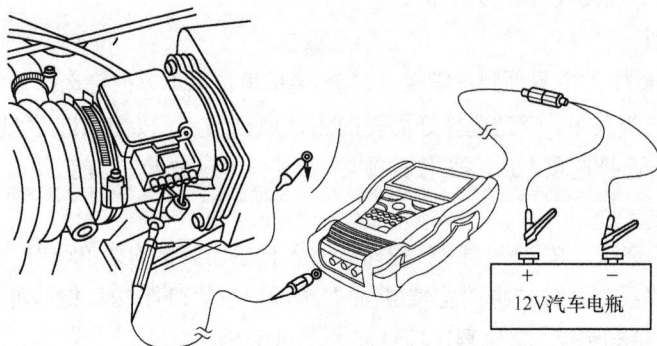

图 7.39　K81 与空气流量计的连接

（2）连接好设备，起动发动机怠速运转。

（3）打开 K81 电源开关，在主菜单下按上下方向键选择"示波器"，按"ENTER"键确认。在汽车专用示波器菜单下选择"空气/燃油"，按"ENTER"键进入空气/燃油选择菜单，选择"空气流量传感器"，按"ENTER"键确认，根据被测空气流量传感器的类型选择模拟量或者数字型。按照测试条件，屏幕会显示波形。

（4）缓慢加速，使节气门从全闭到全开，再由全开到全闭，观察空气流量计输出信号电压的波形。

说明：可以通过左右方向键选择周期、幅值、电平等参数，然后按上下方向键改变波形，也可以选择启停，按"ENTER"键冻结波形，选择存储，可以保存波形。

（5）将观察的波形画到图 7.40 中。

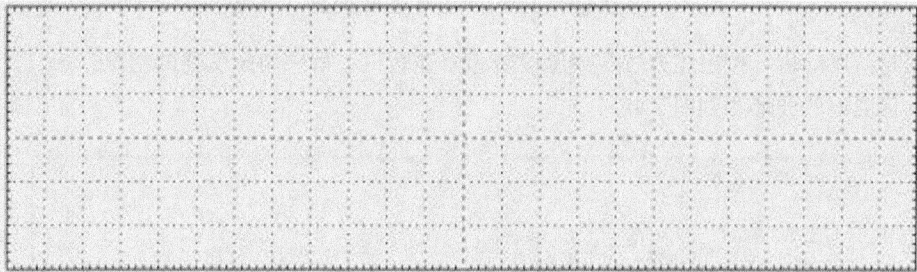

图 7.40 空气流量计输出信号电压波形

7.3.2 用汽车示波器观察温度传感器波形

实训目标

① 掌握汽车示波器的使用方法。
② 理解温度传感器波形特征。

实训条件

实训用车一台，K81 及常用工具一套。

操作步骤

（1）连接 K81 和电源延长线，选择蓄电池供电，将测试探头接入通道 1（CH1 端口）。将测试探头上的鳄鱼夹接蓄电池负极或搭铁，用测试探针刺入温度传感器触发信号线，连接方法如图 7.41 所示。

（2）打开点火开关，发动机不起动，确认温度传感器的连接线可靠，测量冷车时温度传感器输出电压。

（3）打开 K81 电源开关，在主菜单下按上下方向键选择"示波器"，按"ENTER"键确认。

（4）在汽车专用示波器菜单下选择"传感器"，按"ENTER"键进入汽车传感器选择菜单；选择"温度传感器"，按"ENTER"键确认，根据测试条件，屏幕会显示波形。

说明：可以通过左右方向键选择周期、幅值、电平等参数，然后按上下方向键改变波形，也可以选择启停，按"ENTER"键冻结波形，选择存储，可以保存波形。

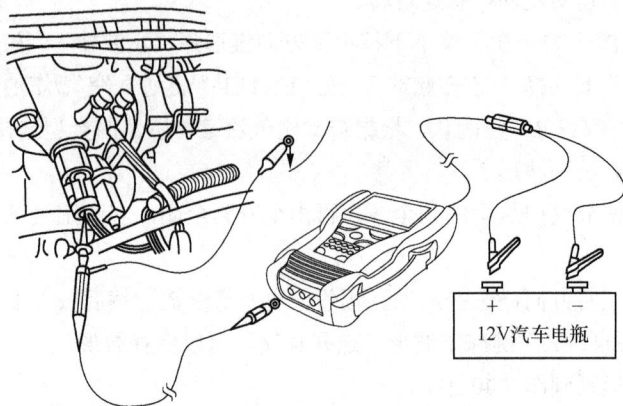

图 7.41　K81 与水温传感器的连接

（5）起动发动机，按上述方法观察温度传感器在暖机过程中电压变化的情况。

（6）将观察的波形画到图 7.42 中。

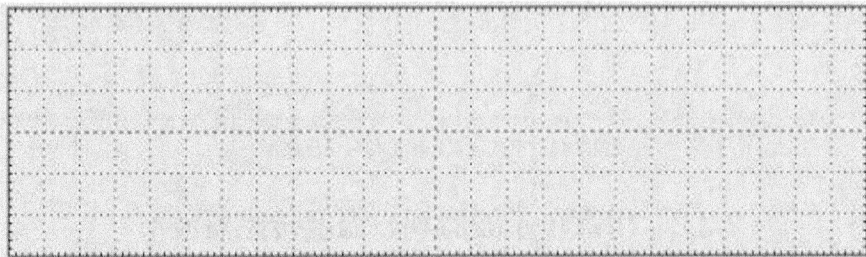

图 7.42　水温传感器波形

|本章小结|

1. 传感器一般由敏感组件、转换组件、转换电路组成。

2. 电阻式传感器是利用非电量（如力、位移、加速度、角速度、温度、光照强度等）的变化，引起电路中电阻的变化，从而使电路中其他电参数发生改变，实现由非电量到电量的转化的一种传感器。

3. 光敏组件是用半导体材料制成的光电式传感器，属于半导体传感器。光敏组件的电导率会在光线的作用下增加，常见的光敏组件有光敏电阻、光敏二极管、光敏三极管等。

4. 电势型传感器是利用电磁感应、霍尔效应将非电物理量转换为电压波形信号对外输出的一种传感器。

5. 氧传感器是汽车中使用的一种气体传感器。气体传感器是将被测气体浓度转换为与其成一定关系的电量输出的传感器。制造气敏传感器的材料通常是金属氧化物。

6. 流量传感器主要用于汽车发动机空气流量和燃料流量的测量。

7. 冷却水温度传感器具有两个主要作用，一是为水温表提供信号，显示发动机水温；二是向ECU 提供信号，为喷油提供依据，水温低时增加喷油，水温高时少喷油。冷却水温度传感器一般安装在发动机缸体、缸盖的水套上或节温器中，与冷却水接触，用来检测发动机的冷却水温度。

8. 爆燃传感器安装在发动机的缸体上，用于检测发动机有无爆燃现象，并将信号送入发动机 ECU，通过调整点火提前角控制和避免发动机发生爆燃。

| 思考与练习 |

一、填空题

1. 汽车上的传感器有 _____。

2. 进气温度传感器是一个_____，可根据电阻变化而产生不同的信号_____。

3. 空气流量传感器，也称_____，是电喷发动机的重要传感器之一。它将吸入的空气流量转换成_____送至_____，作为决定喷油的基本信号之一。

4. 水温传感器大多用_____热敏电阻制成。

5. 曲轴位置传感器用于检测_____信号和_____信号。

6. 曲轴位置传感器的结构形式有磁脉冲式、_____式和_____式。

7. 节气门位置传感器将_____的变化转换成电信号输入 ECU。

8. 检查导线时，若该导线良好，则其电阻值接近_____。

二、判断题

1. 当水温较低时，水温传感器的电阻值大；水温高时，电阻值小。

2. 当进气温度低时，热敏电阻的阻值大，传感器输入 ECU 的信号电压高，ECU 控制发动机增加喷油量。

3. 叶片式空气流量传感器的进气量越大，叶片的偏转角度也越大。

4. 静态电阻测量时，无需断开点火开关，用万用表测量传感器电阻即可。

5. 四缸发动机用的曲轴位置传感器与六缸发动机机所用的是一样的。

6. 汽车传感器输出的信号有模拟信号和数字信号两种。

7. 水温传感器工作性能的好坏对发动机喷油量没有影响。

8. 发动机怠速运转时，节气门都是关闭的。

三、简答题

1. 简述汽车用传感器的特点。

2. 简述空气流量传感器的作用。

汽车电路图是用国家标准规定的线路符号，对汽车电器的构造组成、工作原理、工作过程及安装要求所做的图解说明，也包括图例及简单的结构示图。电路图中表示的是不同电路相互之间的关系及彼此之间的连接，通过对电路图的识读，可以认识并确定电路图上所画电器元件的名称、型号和规格，清楚地掌握汽车电器系统的组成、相互关系、工作原理和安装位置。便于对汽车电路进行维修、检查、安装、配线等工作。图 8.1 所示为桑塔纳 2000 型轿车燃油表电路原理图。识读汽车电路图是掌握汽车电器系统的工作原理、分析汽车电器各系统间的内在联系、正确使用电器设备、分析和排除汽车电器系统的故障的基础，因此，识读汽车电路图是汽车检测维修人员必须掌握的一项基本技能。

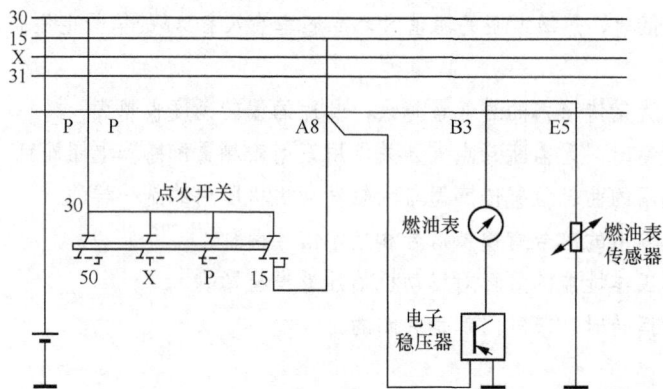

图 8.1　桑塔纳 2000 轿车燃油表电路原理图

【学习目标】

◎ 熟悉汽车电路图的种类；

◎ 能够识别汽车电路中的元件；

◎ 掌握识读汽车电路图的方法；

◎ 能识读常用的汽车电路图。

|8.1　汽车电路图的表达方式|

由于汽车电器元件的外型和结构比较复杂，所以采用国家统一规定的图形符号和文字符号来表示电器元件的不同种类、规格及安装方式。根据用途不同，汽车电路图可分为原理框图、线束图、线路图和电路原理图 4 种类型。

基础知识

1. 原理框图

原理框图是指用符号或带注释的框来表示汽车电器基本组成、相互关系及其主要特征的一种简图。原理框图可以概略地表示汽车电气系统或分系统的基本组成及其相互关系和主要特征。

原理框图按照控制信息流自左至右、自上而下的顺序布置进行识读，以明确工作过程及信息流向。

图 8.2 所示为汽车全车电器系统的原理框图。从图中可以看出，汽车全车电气系统原理框图概略地反映了整车电气系统的基本组成、各组成部分的功能关系及整车电气系统的供电关系。

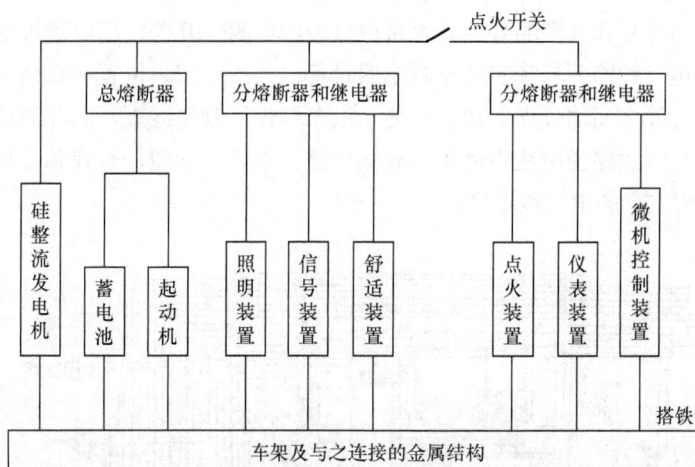

图 8.2　汽车全车电气系统原理框图

（1）整车电气系统的基本组成

整车电气系统主要包括硅整流发电机、蓄电池、起动机、照明装置、信号装置、舒适装置、仪表装置、微机控制装置及开关、继电器、熔断器等。

（2）整车电气系统各组成部分的功能关系

蓄电池和硅整流发电机是汽车电气系统的电源，它向起动机、照明装置、信号装置、舒适装置、仪表装置、微机控制装置等用电设备提供电能。开关、继电器、熔断器等装置串联接在电源和用电设备之间，实现对电气设备的控制及保护。

（3）整车电气系统的供电关系

蓄电池和硅整流发电机并联，向用电设备提供直流电。各用电设备之间并联，并采用负极搭铁。

对于比较复杂的电路系统，原理框图可以采用依次分解的方法来表达各不同的层次。如图 8.3 所示为汽车照明装置原理框图，该框图表示的是图 8.2 中的照明装置的基本组成、各组成部分的功能及关系。

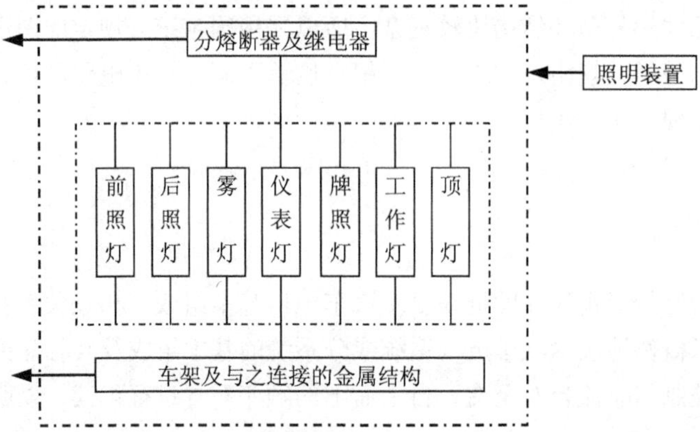

图 8.3　汽车照明装置原理框图

2．线路图

汽车电气线路图是一种传统的汽车电路表达方法，是根据汽车各电器设备的外形和实际安装位置，用相应的图形符号和合理的导线布置将电路中的电源、开关、用电器等用导线连接起来构成的电路图。汽车电气线路图能真实地反映电器设备的外形、安装位置和线路的路径，可以根据线路图方便地找到导线中间的分支、接点，便于汽车制作厂制作线束，因此仍被不少汽车制造厂家采用。但是汽车电气线路图中线束密集、纵横交错，不便于读图、查找和分析故障。图 8.4 所示为东风 EQ1090 型汽车的电气线路图。

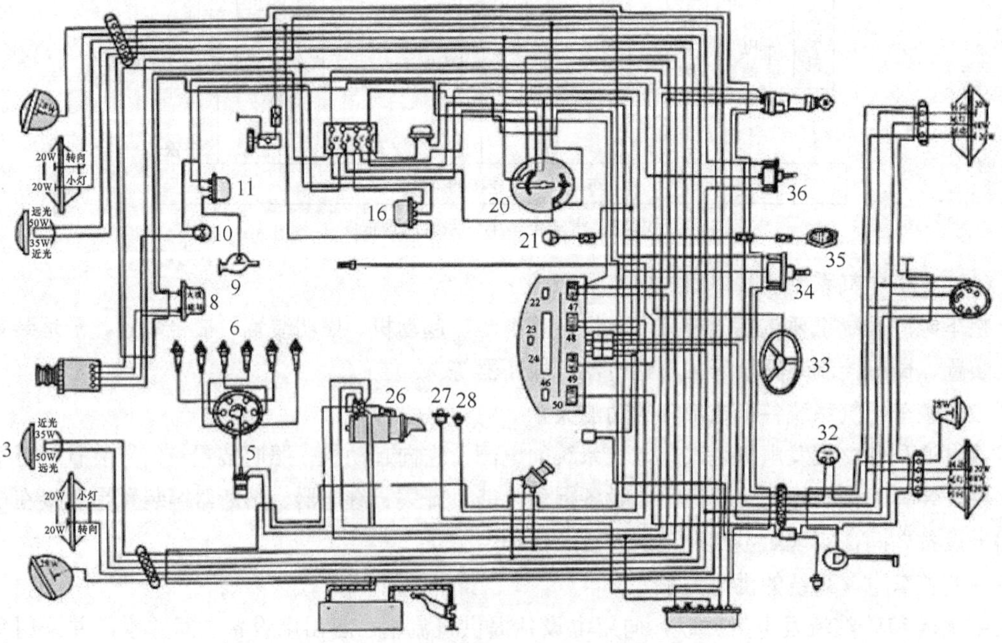

图 8.4　东风 EQ1090 型汽车电气线路图

3．线束图

为了安装方便、保护导线的绝缘，使各类导线不零乱，汽车的全车线路中除高压线以外，都做成线束。汽车线束是汽车电路的网络主体，没有线束就不存在汽车电路。汽车线束编成的形式基本上是一样的，都是由导线、端子、插接器和护套等组成。端子一般由黄铜、紫铜、铅等材料制成。端子与导线采用冷铆压合的方式连接。图 8.5 所示为汽车线束的实物。

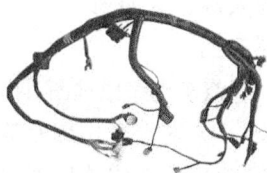

图 8.5　汽车线束实物

线束图就是根据线束在汽车上的布置走向，反映线束导线汇合、分支的电路图。根据线束在汽车上的位置不同，可以把线束图分为底盘线束图、车身线束图和辅助线束图。辅助线束多用于辅助电器和车身线束、底盘线束间的连接，如车顶线束、ABS 线束、电动车窗线束等。线束图能反映已制成线束的外形、组成线束各导线的规格、长度、颜色，各分支导线端口连接器的型号、规格以及所连接的用电设备名称等，主要用于线束的制作和制造汽车时连接电器设备。图 8.6 所示为典型的汽车线束图。

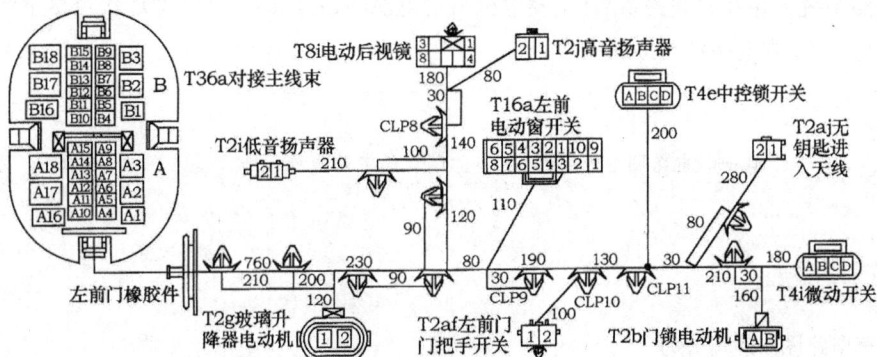

图 8.6　典型的汽车线束图

线束图的特点具有如下的特点：在图面上着重标明各导线的序号和连接的电器名称及接线柱的名称、各插接器插头和插座的序号。安装操作人员只要将导线或插接器按图上标明的序号，连接到相应的电器接线柱或插接器上，便可完成全车线路的装接。线束图有利于安装与维修，但不能说明线路的走向，线路简单。

线束图的识读要点如下。

① 认清整车共有几组线束、各线束名称以及各线束在汽车上的实际安装位置。

② 认清每一线束上的枝叉通向车上哪个电器设备、每一分枝叉有几根导线、它们的颜色与标号以及它们各连接到电器的哪个接线柱上。

③ 认清有哪些插接件，它们应该与哪个电器设备上的插接器相连接。

对于电器设备较多的汽车，线束图上线多而乱，给识读带来很多困难。目前国际上汽车电路图流行"纵向排列式画法"，即总线路采用纵向排列，不走折（极个别地方除外），图上不出现导线交叉，对某一条线路来说，从头到尾不超过所在线路纵向的 75%，同类电路局限在总线路横向的一个区域内。这样对电器设备繁多的汽车电路，提供了一种简洁明了的读图方法。

4．电路原理图

汽车电路原理图是根据国家颁布的有关技术标准，用图形符号、文字符号，以统一规定的方法，按工作顺序或功能布局绘制的，详细表示汽车电路的全部组成和连接关系，而不考虑实际位置的简图。汽车电路原理图也称为电气线路图，是电气技术中使用最广泛的一种电路简图。

汽车电路原理图具有如下特点：

① 对全车电路有完整的概念，既可以是一幅完整的全车电路图，如图 8.7 所示为东风 EQ1090 全车电路原理图；也可以是互相联系的局部电路图，如图 8.8 所示为桑塔纳 2000 型轿车燃油泵、电子防盗器、ABS 控制器、制动灯开关电路原理图。汽车电路原理图重点、难点突出，繁简适当。

② 图上建立起电位高低的概念，负极搭铁电位最低，用图中最下面一条导线表示；正极火线电位最高，用最上面的一条导线表示，电流方向基本上是从上到下，电流流向从电源正极→开关→用电设备→搭铁→电源负极。

③ 导线的曲折与交叉少，图面简洁清晰，图形符号兼顾元件外形和内部结构，便于分析，易读易画。

④ 电路系统的相互关联关系清楚。发电机与蓄电池间、各电路系统之间连接点尽量保持原位，熔断器、开关、仪表的接法与原图吻合。

想一想

找一找电路图 8.7 和图 8.8 中你认识的电路元件。

作业测评

1. 汽车电路图一般可分为＿＿＿＿＿＿＿＿、＿＿＿＿＿＿＿、和＿＿＿＿＿＿＿四种形式。

2. 汽车整车电气系统的基本组成有哪些？描述一下各组成之间的功能关系。

3. 利用网络查找不同类型的汽车电路图，理解各自的特点和区别。

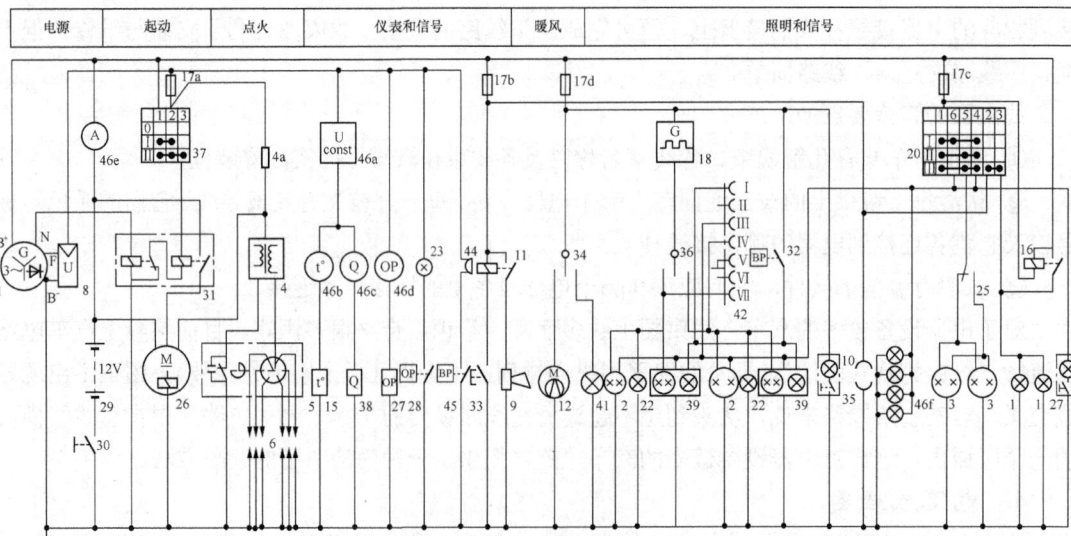

图 8.7　东风 EQ1090 全车电路原理图

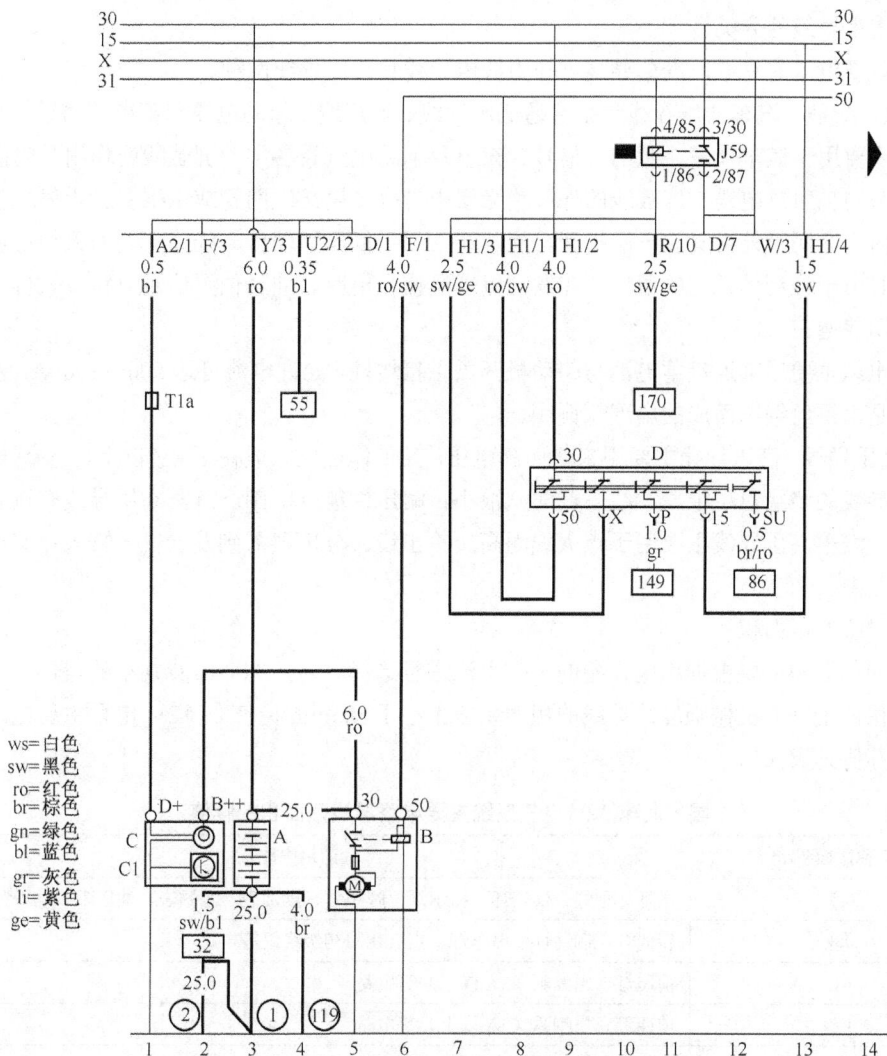

图 8.8　捷达轿车电源系统电路和散热器风扇控制系统电路

8.2　汽车电路基本元件及电路图常用符号

汽车电路图中应用了各种符号，包括图形符号、项目符号等。要识读汽车电路图，首先应认识电路图中的各种符号及电路中的主要元件。

8.2.1　汽车电路基本元件

基础知识

1．导线

汽车电气系统应用的导线大多采用铜质多芯软线，这种导线能够承受反复弯曲且不易折断，制成线束后仍然保持良好的柔性，安装方便。

（1）汽车导线的分类

根据承受电压的高低，汽车导线可分为低压导线和高压导线两种。

① 低压导线。汽车低压导线包括普通低压导线、屏蔽线、起动电缆和蓄电池搭铁电缆。普通低压导线主要用于汽车仪表、照明、信号、充电及辅助电气设备中。屏蔽线的作用是隔离外界磁场，也称为同轴射频电缆。屏蔽线的外层绝缘层中带有金属纺织网管或由很多股导线装在一层编织金属网内，在网管外再套装一层护套。屏蔽线常用于低压微弱信号线路，例如天线连接线、各种传感器和电子控制单元间的通信，在发动机爆震信号电路、曲轴位置信号电路及氧传感器信号电路中使用普遍。

起动电缆主要用来连接蓄电池与起动机开关主接线柱，允许电流可达 500～1000A。蓄电池的搭铁电缆是由铜丝编织而成的扁形软铜线。

② 高压导线。高压导线主要用来传送高电压，其工作电压一般在 15kV 以上，电流强度较小，因此高压导线的绝缘包层很厚，线芯截面积很小，耐压性能好。国产汽车高压导线有铜芯线和阻尼线两种。汽车高压导线主要用于点火线圈高压输出线、分电器盖到发动机各缸火花塞上的高压分线等线路中。

（2）导线的截面积

导线的截面积主要根据用电设备的工作电流进行选择。对一些电流特别小的电器，如指示灯电路，为保证足够的机械强度，导线的截面积应不小于 $0.5mm^2$。汽车 12V 电系主要电路导线截面积的推荐值见表 8.1。

表 8.1　　　　　　　　　国内汽车 12V 电气系统主要电路导线截面积推荐值

导线标称截面积/mm^2	适用电路
0.5	尾灯、顶灯、仪表灯、指示灯、牌照灯、燃油表、水温表、油压表、电子钟等电路
0.8	转向灯、制动灯、停车灯、点火线圈初级绕组等电路
1.0	前照灯、电喇叭（3A 以下）等电路
1.5	前照灯、电喇叭（3A 以上）等电路
1.5～4.0	其他 5A 以上电路
4.0～6.0	柴油车电热塞电路
6.0～25	电源电路
26～95	起动电路

（3）导线的颜色及代号

汽车电气设备众多，导线数量也不断增多。为了便于区分和检修，汽车各线路中的低压导线常采用不同的颜色。不同国家对汽车导线的颜色的规定各有不同，但是汽车电路中搭铁线均为黑色导线。一般来说，截面积 $4mm^2$ 以上的导线采用单色，$4mm^2$ 以下的导线采用双色。双色导线中所占比例大的颜色称为主色，所占比例小的称为辅助色，标注时主色在前，辅助色在后。也有在主、辅色代号之间加 "/" 或 "—" 的标注方法。

汽车低压导线的颜色与代号如表 8.2 所示。汽车电气系统各部分所用主色如表 8.3 所示。

表 8.2　　　　　　　　　汽车低压导线的颜色及代号

导线颜色	黑	白	红	绿	黄	棕	蓝	灰	紫	橙	透明
代号	B	W	R	G	Y	Br	Bl	Gr	V	O	lt

表8.3 汽车各电气系统导线的主色

序号	电气系统名称	应用的主色	颜色代号
1	电源系统	红	R
2	点火、起动系统	白	W
3	灯光、信号系统	绿	G
4	前照灯、雾灯等外部照明系统	蓝	Bl
5	防空灯、车身内部照明系统	黄	Y
6	仪表、报警系统、喇叭系统	棕	Br
7	收音机、电子钟、点烟器等辅助系统	紫	V
8	各种辅助电动机及电气操纵系统	灰	Gr
9	电气装置搭铁线	黑	B

汽车电路图中的导线一般都标注有数字和字母符号，用来表示导线的截面积和颜色。其中数字表示导线的横截面积，单位为 mm^2，字母表示导线的颜色。例如，"2.5RY"表示该条线路的导线截面积为 $2.5mm^2$，导线的主色是红色，辅助色为黄色；"1.0RW"表示该条线路的导线截面积为 $1.0mm^2$，导线的主色是红色，辅助色为白色。

2．接线柱

汽车电路图中的线端都标有接线柱号，这些接线柱都具有一定的含义。中华人民共和国汽车行业标准 QC/T 423—1999《汽车电器接线柱标记》中规定了汽车电器接线柱标记的编制原则、基本要求和含义。接线柱标记采用阿拉伯数字代号为主、英文字母为辅的基本原则。产品编制了基本标记后，使用具有另一种意义的附加接线柱时，一般在右下角用小写字母作为下标，特殊情况下允许采用大写字母。现将部分接线柱的含义列于表8.4 中。

表8.4 汽车常见接线柱的含义

电 器	接线柱标记		接线柱标记的含义
	基本标记	下标	
点火装置	15		点火开关和点火线圈上，相互连接的接线柱； 电子点火装置中、点火线圈上、分电器上、电子组件上的电源接线柱
起动装置	50		点火开关上、预热起动开关上用于起动的输出接线柱起动按钮的输出接线柱； 机械式起动开关上的相应接线柱； 带有 12～24V 电压转换开关时，电压转换开关上，控制本身的输入接线柱
		15a	起动机开关上的接点火线圈的接线柱
	N		复合起动继电器上，接交流发电机 N 或类似作用的接线柱
	A		起动继电器上，接直流发电机 A 的接线柱
发电机装置	B		交流发电机上的输出接线柱； 直流发电机调节器上，接蓄电池正极的接线柱； 交流发电机调节器上接点火开关或电源开关的接线柱
	F		发动机上磁场接线柱；调节器上的相应接线柱
	N		交流发电机上中性接线柱；调节器上的相应接线柱
	S		交流发电机调节器上，接起动按钮的接线柱

| 电　　器 | 接线柱标记 | | 接线柱标记的含义 |
	基本标记	下标	
一般用途	30		电器上接蓄电池正极或电源的接线柱
	31		电器上接蓄电池负极的接线柱
	E		电器上的搭铁接线柱
电动机 （各种用途）	33		电动机上的主输入接线柱
		33L	电动机上的左转 [1] 接线柱
		33R	电动机上的右转 [2] 接线柱
照明和信 号灯装置	54		制动灯开关和制动灯相互连接的接线柱
	55		雾灯开关和雾灯相互连接的接线柱
	56		灯光总开关和变光开关相互连接的接线柱； 变光开关上除远光、近光超车接线柱外的另一个接线柱
		56a	变光开关上远光接线柱；远光上的相应接线柱
		56b	变光开关上近光接线柱；近光上的相应接线柱
		56d	变光开关上的超车接线柱
	57		灯光总开关或点火开关上和停车灯开关互相连接的接线柱
	58		灯光总开关上。接前小灯、示宽灯、尾灯、牌照灯、仪表照明灯的接线柱； 灯光开关上，用于控制示宽灯、尾灯、牌照灯、仪表照明灯的接线柱
转向信号 装置	P		转向信号闪光器上接监视灯的接线柱
		P_1	左监视灯的接线柱
		P_2	右监视灯的接线柱

注：1）左转：从轴伸端视，逆时针旋转；

2）右转：从轴伸端视，顺时针旋转

图 8.9 和 8.10 所示为汽车的电器接线柱在电路图上的标记举例。图 8.9 所示为起动系统的一般接线图，图 8.10 所示为带电压调节器的交流发电机的接线图。

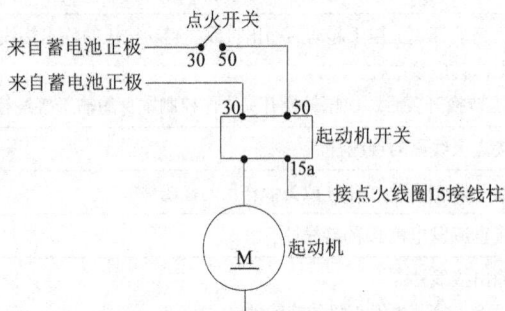

图 8.9　起动系统一般接线图

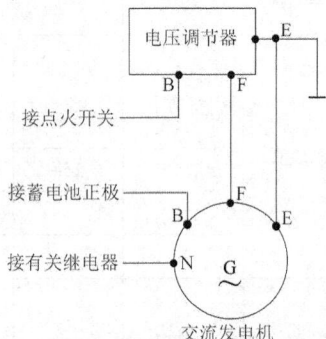

图 8.10　带电压调节器的交流发电机接线图

随着汽车电子技术的飞速发展，新的电子器件不断被应用到汽车上，电路结构也越来越复杂，带来了大量新的接线柱标记，而不同国家和汽车厂家在标记方法上各有异同，因此，在实际工作中应不断学习，才能准确应用。

3．插接器

插接器也称为连接器，图8.11所示为汽车线束插接器的实物图。插接器主要用于线束与电气设备之间的连接、线束之间的连接及线束与开关之间的连接。插接器连接方式具有接线方便迅速、连接可靠等优点，尤其适用于汽车中的大量线束的连接。

（1）插接器的结构与类型

插接器一般由插头、插座、导线接头盒塑料外壳组成，图8.12所示为插接器的结构。插接器的壳上有几个或多个孔位，用来放置导线接头。为保证连接可靠，在导线接头上带有倒刺，当嵌入塑料壳后能够自动锁止。在检查、更换插接器时，应注意先打开锁止机构，避免强行拉动导线。插接器的种类很多，可供几条到数十条导线使用。在汽车的不同位置应用的插接器的插接脚数目、几何形状和尺寸各不相同。插接器的插接脚有片状和针状两种形式。图8.13所示为汽车插接器的不同型式。

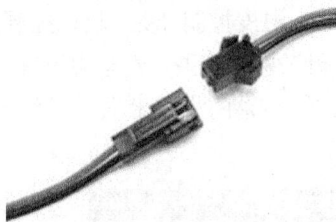

图8.11　汽车线束插接器实物

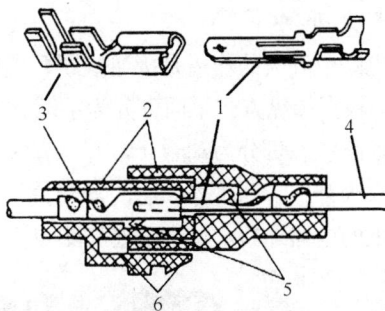

图8.12　新捷达ECU巡航线束连接器
1—插头；2—护套；3—插座；4—导线；5—倒刺；6—锁止机构

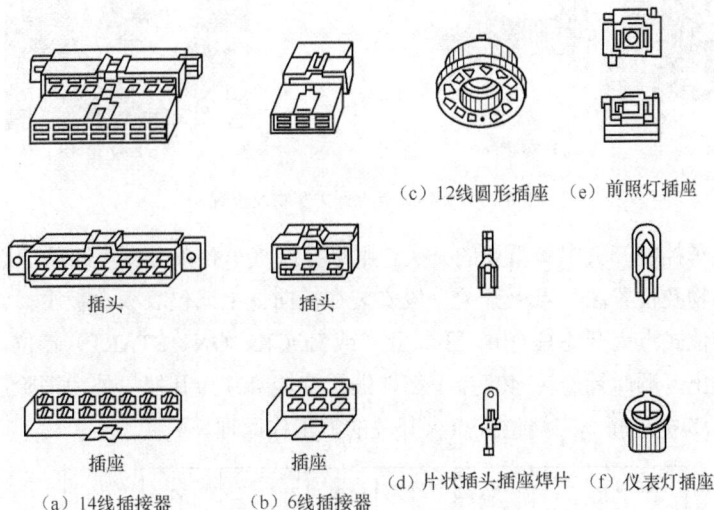

（c）12线圆形插座　　（e）前照灯插座

插头　　　　插头　　　　（d）片状插头插座焊片　（f）仪表灯插座

插座　　　　插座

（a）14线插接器　　（b）6线插接器

图8.13　汽车插接器的几种型式

（2）插接器的符号

不同国家和汽车公司的插接器图形符号表示方法不尽相同，一般以方格中的数字代表插接器各插接脚号，图8.14所示为片状插脚和针状插脚的插接器图形符号。一般符号中涂黑的表示插头，不涂黑的表示插座；直角的表示插头插脚为片状，如图8.14（a）所示，有倒角的表示插头插脚为针状，如图8.14（b）所示。插接器插头和插座的编号方法不同，插头编号顺序为从右上至左下，插座编号顺序从左上至右下。

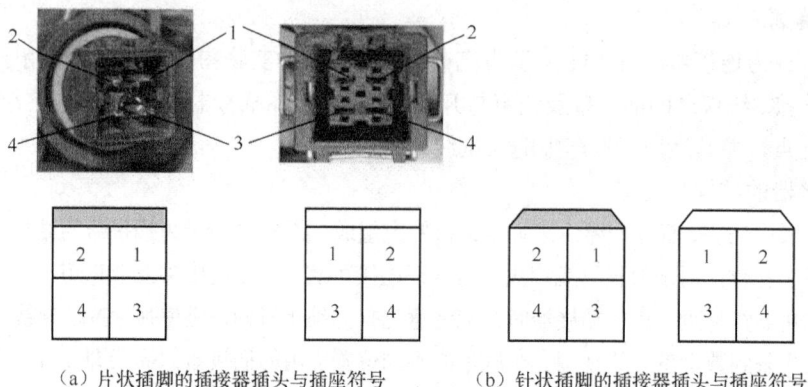

（a）片状插脚的插接器插头与插座符号　　　　　（b）针状插脚的插接器插头与插座符号

图 8.14　插接器的图形符号

4．点火开关

汽车电路中开关的作用是接通或断开电路，对电路起控制作用。汽车电路中的开关很多，种类也很多。根据操纵方式不同可分为手动开关、压力控制开关、温度控制开关、机械控制开关等；按开关的通断状态可分为动合（常开）开关、动断（常闭）开关两种类型。汽车中还有一些组合开关，如点火开关、刮水器和清洗器开关、灯光开关，具有两个或两个以上挡位，能够控制两个或两个以上的电路通断。这里主要介绍点火开关的相关知识。

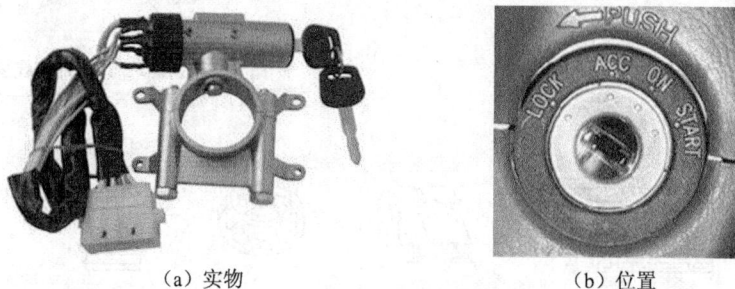

（a）实物　　　　　　　　　（b）位置

图 8.15　旋转式点火开关实物及位置

点火开关是汽车控制开关中最重要的开关，用来控制汽车各条分支电路的通断。图 8.15 为旋转式点火开关的实物及位置图。点火开关一般安装在转向柱上或仪表板台板上，常见的有三挡位和四挡位式。三挡位式点火开关具有 0、Ⅰ、Ⅱ（或 LOCK、ON、START）挡位。"0"挡位时钥匙可自由插入或拔出，顺时针旋转 40°为Ⅰ挡，继续旋转 40°为Ⅱ挡，外力消除后可自动复位至Ⅰ挡。图 8.16 所示为捷达轿车三挡位式点火开关的的工作原理。

挡位	30	P	X	15	50	SU
0	○	○				○
Ⅰ	○	○	○	○		
Ⅱ	○			○	○	

○──○：连接

图 8.16　捷达轿车三挡位式点火开关工作原理

位置 0—关闭点火开关、锁止转向盘；位置Ⅰ—接通点火开关；位置Ⅱ—起动发动机；30—接蓄电池；P—接停车灯电源；X—接卸荷工作电源；15—接点火电源；50—接起动电源；SU—接蜂鸣器电源

现代轿车大多采用四挡位式点火开关，它具有 0、Ⅰ、Ⅱ、Ⅲ（或 LOCK、ACC、ON、START）挡位，在三挡位的基础上增加了一个 ACC 电气附件工作挡位，点火开关各挡位功能如表 8.5 所示。图 8.17 所示为四挡位式点火开关的工作原理。

挡位	30 (B)	15 (IG)	15a(ACC)	50 (ST)
Ⅲ	○			○
0	○			
Ⅰ	○	○	○	
Ⅱ	○	○	○	

 ：连接

图 8.17　四挡位式点火开关工作原理

表 8.5　　　　　　　　　　　　　汽车点火开关各挡位功能

序　号	挡位名称		功能
1	0	LOCK（锁止）	用机械方法锁住方向盘和变速杆
2	Ⅰ	ACC（附件）	给汽车电器附件电路供电，如汽车收音机、点烟器等
3	Ⅱ	ON/RUN（运行）	给点火系统、发动机控制盒所有受点火开关控制的电路供电
4	Ⅲ	START（起动）	给起动机控制电路、点火系统和发动机控制电路供电。起动后松开钥匙，自动回到 ON 挡位

注意　　点火开关置于 LOCK 位置拔出钥匙后，左右轻轻转动方向盘，方向盘会被锁止，可以防止车辆被盗。此时插入钥匙后，钥匙不能转动，可以左右轻轻转动方向盘，解除锁止，钥匙方可正常使用。点火开关置于 START 挡位的时间不能超过 10s。如果第一次起动发动机没有成功，应至少等待 30s，才能再次起动发动机。起动发动机后，不要把点火开关转到 START 位置，以免损坏起动机。

5．电路保护器

现代汽车中装备的电子设备越来越多，且工作条件比一般的电子产品更恶劣，一般都要安装电路保护器，以便在电路或电气设备发生短路及过载时，自动切断电路，避免线束或电气设备烧坏。汽车中常见的电路保护器有易熔线、熔断器和电路断路保护器。常见的电路保护器的符号如图 8.18 所示。

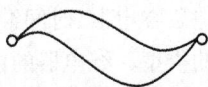　　　　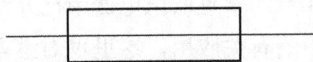　　　　

（a）易熔线　　　　　　　（b）熔断器　　　　　　　（c）电路断路保护器

图 8.18　电路保护器的电路符号

熔断器俗称"保险丝"，常用于保护局部电路，串联在所保护的电路中，其限额电流值小。断路器也是串联在电路中起保护作用的一种能重复使用的"保险丝"，相当于一个闭合开关，在正常工作时是闭合的，当电路过载或短路时，"开关"断开，当故障排除后，有的能够自动闭合，有的需手动闭合使断路器恢复正常工作。由于熔断器和短路保护器的工作原理已在第 4 章中做过介绍，这里只介绍易熔线的相关知识。

易熔线是一种截面积小于被保护电线截面积，可长时间通过额定电流的铜芯低压导线或合金线。当线路通过极大的过载电流时，易熔线会因为发热而快速熔断，从而保护线路及电气设备。电流越大，易熔线熔断的时间越短。易熔线的横截面积不同，其额定电流也不同，国家标准规定，易熔线的规格以易于熔断的电线线段的导体标称截面表示，并以与其相对应的绝缘颜色加以区分，规格见表 8.6 所示。

表 8.6 易熔线规格标记及熔断特性

编号（规格）	易熔线导体截面积/mm²	颜色标志	额定电流/A	熔断时间
1	1.5	黄	65	
2	1.25	黑	55	
3	1.00	蓝	45	
4	0.85	橙	40	≤5s
5	0.75	红	35	
6	0.50	棕	25	
7	0.30	紫	15	
8	0.25	绿	10	

易熔线一般由电线线段及端子等组成，串联于汽车电路的干路和一些重要的电路中。汽车中使用易熔线的电路有充电电路、灯光电路、雾灯电路、预热加热器电路和辅助装置电路。

易熔线是否已断可通过观察其表层是否有膨胀或鼓泡来判断，有时表层完好也有熔断的可能，需用仪表进行检测。

6．继电器

继电器是具有隔离功能的自动开关元件，是自动控制电路中最重要的控制元件之一。图 8.19 所示为汽车继电器的实物图。继电器一般都具有能反映一定输入变量（如电流、电压、功率、阻抗、频率、温度、压力、速度、光等）的感应机构（输入部分）；有能对被控电路实现"通""断"控制的执行机构（输出部分）；在继电器的输入部分和输出部分之间，还有对输入量进行耦合隔离、功能处理和对输出部分进行驱动的中间机构（驱动部分）。

图 8.19 汽车继电器实物

在第 3 章的常用汽车电磁器件和第 4 章的常见低压电器中已介绍了电磁继电器、时间继电器、热继电器等继电器的工作原理及在汽车中的有关应用，这里仅对继电器的类型、继电器的内部接线以及继电器的接线柱标记做一下介绍。

（1）继电器的类型

继电器按照结构原理主要分为电磁继电器、组合继电器、热继电器、光电继电器、极化继电器和时间继电器。按继电器的触点形式可分为常开继电器（标注为 NO）、常闭继电器（标注为 NC）和转换继电器。常开继电器也称为动合型继电器（H 型），只有常开触点；常闭继电器也称为动断型继电器（D 型），只有常闭触点；转换继电器（Z 型）能够转换触点形式，具备常开、常闭功能。图 8.19 所示为这三种类型继电器的图形符号。

（2）继电器的内部接线

图 8.20 所示为继电器的内部接线图，其中图 8.20（a）表示绕组与触点共用一个输入接线柱的继电器基本接线方式，图 8.20（b）表示带一个常闭触点的继电器基本接线方式，图 8.20（c）表示带一个常开触点的继电器基本接线方式，图 8.20（d）表示带一个转换触点的继电器基本接线方式，图 8.20（e）表示带组合转换触点的继电器（一个常闭触点、一个双联常开触点）的继电器基本接线方式，图 8.20（f）表示三极继电器（三联常开触点）的基本接线方式。

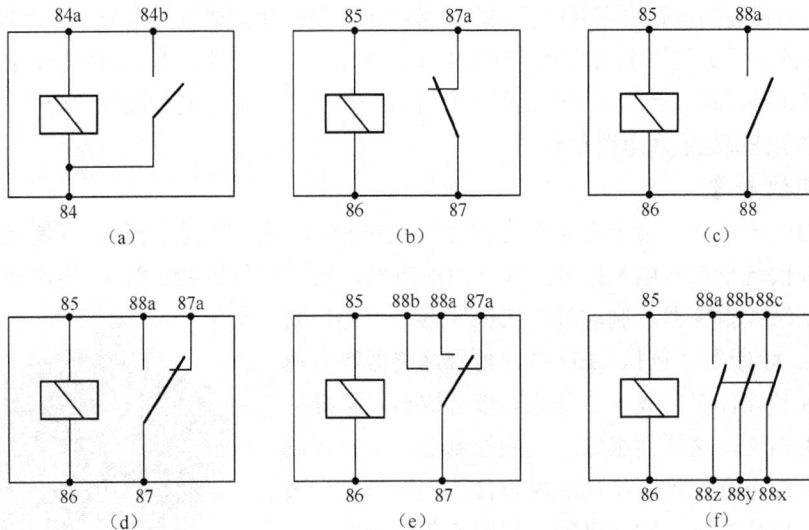

图 8.20　汽车继电器的基本接线方式

（3）继电器的接线柱标记

我国汽车行业标准 QC/T 423—1999《汽车电器接线柱标记》对汽车继电器的接线柱标记方法和含义做了详细说明，具体如表 8.7 所示。

表 8.7　　　　　　　　　　　　汽车继电器的接线柱标记

电　　器	接线柱标记		接线柱标记的含义
	基本标记	下标	
继电器（专用继电器除外）	84		继电器上，绕组始端和触点共同输入接线柱
		84a	继电器上，绕组末端输出接线柱
		84b	继电器上，触点输出接线柱
继电器（专用继电器除外）	85		继电器上，绕组末端输出接线柱
	86		继电器上，绕组始端输入接线柱
	87		继电器上，常闭触点和转换触点的输入接线柱
		87a	继电器上，常闭触点的第一个输出接线柱（转换触点在常闭触点一侧）
		87b	继电器上，常闭触点的第二个输出接线柱（转换触点在常闭触点一侧）
		87c	继电器上，常闭触点的第三个输出接线柱（转换触点在常闭触点一侧）
		87z	继电器上，常闭触点和转换触点的第一个输入接线柱（单独电流回路时）
		87y	继电器上，常闭触点和转换触点的第二个输入接线柱（单独电流回路时）
		87x	继电器上，常闭触点和转换触点的第三个输入接线柱（单独电流回路时）
	88		继电器上，常开触点的输入接线柱
		88a	继电器上，常开触点的第一个输出接线柱
		88b	继电器上，常开触点的第二个输出接线柱
		88c	继电器上，常开触点的第三个输出接线柱
		88z	继电器上，常开触点的第一个输入接线柱（单独电流回路时）
		88y	继电器上，常开触点的第二个输入接线柱（单独电流回路时）
		88x	继电器上，常开触点的第三个输入接线柱（单独电流回路时）

继电器是间接控制电路中重要的控制器，解决了控制器允许通过的电流小和用电器工作需要的电流大之间的矛盾。利用小电流来控制大电流，不仅可以保护控制器，还可以使控制器的体积更小，节约空间和材料。有的继电器线圈上会并联一个电阻、电容或二极管，这样是为了保护继电器线圈、控制开关触点和电控单元。

7．中央控制盒

为了节约整车空间，便于对全车电器进行集中控制，达到简化线路、方便检修和排除故障的目的，现代汽车常将电气控制元件（如继电器、刮水间歇控制器等）、电路检测元件（如冷却液温度、液位报警器、制动灯断线报警器、后雾灯断线报警器等）、熔断器（包括 LED 灯和报警蜂鸣器等）通过印刷电路板和壳体组装成一个总成。该总成通过标准的插接器与线束相连，这样便组成了中央控制盒。中央控制盒也称为中央配电盒、熔断丝盒或保险盒。一辆汽车一般来说有两个中央控制盒，发动机舱和驾驶室各有一个。一些比较高端的车型中，中央控制盒的数量有 3～4 个。图8.21 为中央控制盒的实物，从图 8.21 中可以看出：中央控制盒的正面安装有熔断器、短路保护器和继电器，背面则是连接线束。

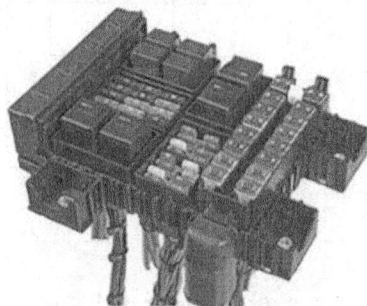

图 8.21　汽车中央控制盒实物

图 8.22 所示为桑塔纳 2000 型轿车的中央控制盒的线路板正面，主线从中央线路板反面接插后通往各用电器。中央线路板上的保险丝及额定电流如表 8.8 所示。

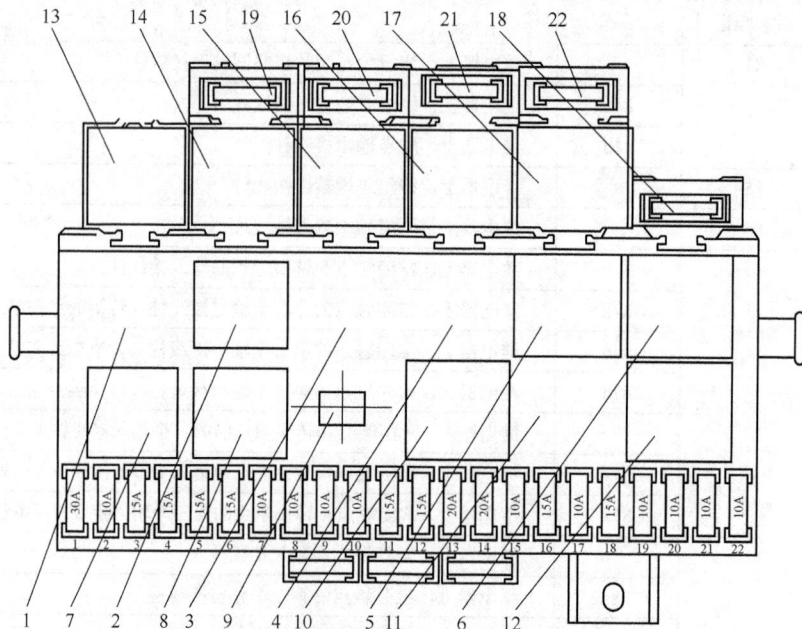

图 8.22　桑塔纳型轿车中央线路板正面布置

1—空位；2—进气歧管预热继电器；3—空位；4—空位；5—空调组合继电器；6—双音喇叭继电器；7—雾灯继电器；8—X-接触继电器；9—拆卸保险丝专用工具；10—前风窗刮水及清洗继电器；11—空位；12—转向继电器；13—冷却风扇继电器；14—摇窗机继电器；15—摇窗机继电器；16—内部照明继电器；17—冷却液位指示继电器；18—后雾灯保险丝（10A）；19—过热保护器；20—空调保险丝（30A）；21—自动天线保险丝（10A）；22—电动后视镜保险丝（3A）

表 8.8　　　　　　　　　桑塔纳 2000 型轿车中央控制盒线路板上的保险丝

编号	名称	额定电流/A	编号	名称	额定电流/A
1	散热器风扇	30	15	倒车灯、车速传感器	10
2	制动灯	10	16	进气预热器温控开关、怠速切断电磁阀	15
3	点烟器、收音机、钟、车内灯、中央集控门锁	15	17	双音喇叭	10
4	危险报警闪光灯	15	18	驻车制动、阻风门指示灯	15
5	燃油泵	15	19	转向灯	10
6	前雾灯	15	20	牌照灯、杂物箱照明灯	10
7	尾灯和停车灯（左）	10	21	前照灯近光（左）	10
8	尾灯和停车灯（右）	10	22	前照灯近光（右）	10
9	前照灯远光（右）	10	23	后雾灯	10
10	前照灯远光（左）	10	24	空调	30
11	前风窗刮水器及清洗装	15	25	自动无线	10
12	电动摇窗机	15	26	电动后视镜	3
13	后风窗加热器	20	27	ECU	10
14	鼓风机（空调）	20			

　　中央控制盒的盒盖或线路板上常标有线束和导线插接位置的代号及接点的数字号。图 8.23 所示为桑塔纳 2000GSi 型轿车的中央控制盒的线路板位置图。主要线束的插件代号有 A、B、C、D、E、G、H、L、K、M、N、P、R。其中，P 插座插入常火线；R、K、M 均为空位插孔。插件代号含义见表 8.9。查找时只要根据电路图中导线与中央线路板区域中下框线交点处的代号，就可以知道导线在某个线束中的第几个插头上。

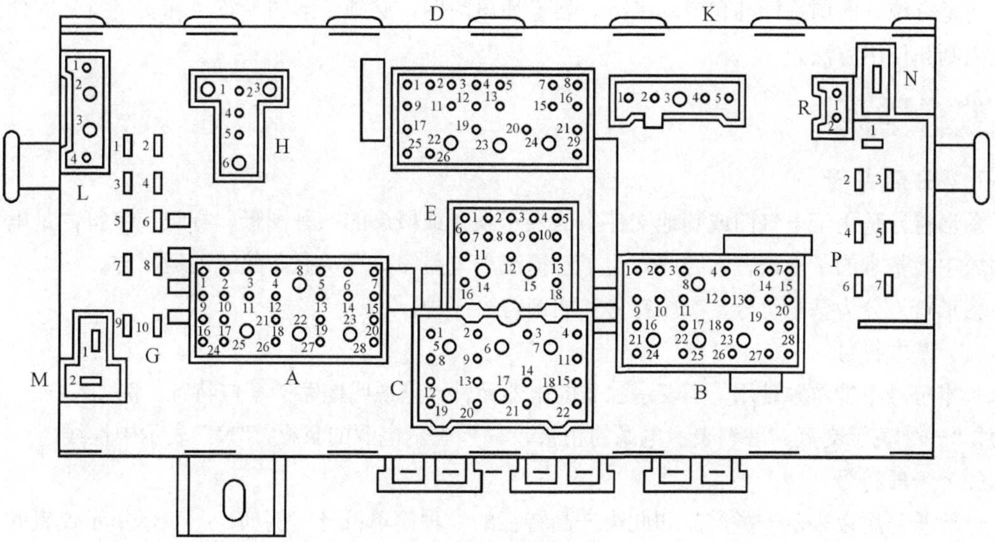

图 8.23　汽车中央控制盒线路板

表 8.9 中央线路板线束插件代号的含义

序 号	代 号	含 义	插件颜色
1	A	用于仪表板线束	蓝色
2	B	用于连接仪表板线束	红色
3	C	用于连接发动机室左边的线束	黄色
4	D	用于连接发动机室右边的线束	白色
5	E	用于连接车辆后部线束	黑色
6	G	用于连接单个插头（主要用于冷却液不足指示控制器）	
7	H	用于连接空调装置的线束	棕色
8	L	用于连接双音喇叭等线束	灰色
9	N	用于单个插头（主要用于进气管预热器的加热电阻的电源）	
10	P	用于单个插头（主要用于蓄电池火线与中央线路板"30"的连接，中央线路板"30"与点火开关"30"接线柱连接）	

想一想

找一幅汽车电路图识别其中的电路元件。

作业测评

1．汽车电路中的基本元件有哪些？
2．识别汽车实训室中实训车辆中央控制盒中的各继电器及熔断器。

8.2.2　汽车电路图常用符号

为了使电路图具有通用性，便于进行技术交流，构成电路图的图形符号和文字符号不是随意的，而是有统一的国家标准和国际标准。要看懂电路图，必须了解图形符号和文字符号的含义、标注原则和使用方法。

基础知识

1．图形符号

图形符号是用于电气图或其他文件中的表示项目或概念的一种图形、标记或字符，是电气技术领域中最基本的工程语言。因此，为了看懂汽车电路图，要掌握和熟练地运用它。

图形符号分为基本符号、一般符号和明细符号 3 种。

（1）基本符号

基本符号不能单独使用，不表示独立的电器元件，只说明电路的某些特征。例如："—"表示直流，"～"表示交流，"+"表示电源的正极，"−"表示电源的负极，"N"表示中性线。

（2）一般符号

一般符号用以表示一类产品和此类产品特征的一种简单符号。例如：⊙表示指示仪表的一般符号，—▷⊢—表示二极管的一般符号。一般符号广义上代表各类元器件，另外，也可以表示没有附加信息或功能的具体元件，如：一般电阻—▭—、电容 ⊣⊢ 等。

（3）明细符号

明细符号表示某一种具体的电器元件。它是由基本符号、一般符号、物理量符号、文字符号等组合派生出来的。如：⊙是指示仪表的一般符号，当要表示电流、电压的种类和特点时，将"*"处换成"A""V"，就成为明细符号，Ⓐ表示电流表，⊙P表示油压表。

常用的图形符号如表 8.10 所示。

表 8.10　　　　　　　　　　　　　　　　常用图形符号

序　号	名　　称	图形符号	序　号	名　　称	图形符号
一、常用基本符号					
1	直流		6	中性点	N
2	交流		7	磁场	F
3	交直流		8	搭铁	
4	正极		9	交流发电机输出接柱	B
5	负极		10	磁场二极管输出端	D₊
二、导线端子和导线连接					
11	接点		18	插头和插座	
12	端子		19	多极插头和插座（示出的为三极）	
13	导线的连接				
14	导线的分支连接				
15	导线的交叉连接		20	接通的连接片	
16	插座的一个极		21	断开的连接片	
17	插头的一个极		22	屏蔽导线	
三、触点开关					
23	动合（常开）触点		32	拉拨操作	
24	动断（常闭）触点		33	旋转操作	
25	先断后合的触点		34	推动操作	
26	中间断开的双向触点		35	一般机械操作	
27	双动合触点		36	钥匙操作	
28	双动断触点		37	热执行器操作	
29	单动断双动合触点		38	温度控制	t
30	双动断单动合触点		39	压力控制	p
31	一般情况下手动控制		40	制动压力控制	BP

序　号	名　称	图形符号	序　号	名　称	图形符号
三、触点开关					
41	液位控制		51	机油滤清器报警开关	
42	凸轮控制		52	热敏开关动合触点	
43	联动开关		53	热敏开关动断触点	
44	手动开关的一般符号		54	热敏自动开关的动断触点	
45	定位开关（非自动复位）		55	热继电器触点	
46	按钮开关		56	旋转多挡开关位置	
47	能定位的按钮开关		57	推拉多挡开关位置	
48	拉拨开关		58	钥匙开关（全部定位）	
49	旋转、旋钮开关		59	多挡开关、点火、起动开关，瞬时位置	
50	液位控制开关		60	节流阀开关	
四、电器元件					
61	电阻器		70	加热元件、电热塞	
62	可变电阻器		71	电容器	
63	压敏电阻器		72	可变电容器	
64	热敏电阻器		73	极性电容器	
65	滑线式变阻器		74	穿心电容器	
66	分路器		75	半导体二极管一般符号	
67	滑动触点电位器		76	稳压二极管	
68	仪表照明调光电阻器		77	发光二极管	
69	光敏电阻		78	双向二极管（变阻二极管）	

续表

序 号	名 称	图形符号	序 号	名 称	图形符号
四、电器元件					
79	三极晶体闸流管		89	永久磁铁	
80	光电二极管		90	操作器件一般符号	
81	PNP 型三极管		91	一个绕组电磁铁	
82	集电极接管壳三极管（NPN）				
83	具有两个电极的压电晶体		92	两个绕组电磁铁	
84	电感器、线圈、绕组、扼流圈				
85	带铁心的电感器		93	不同方向绕组电磁铁	
86	熔断器				
87	易熔线		94	触点常开的继电器	
88	电路断电器		95	触点常闭的继电器	
五、仪表					
96	指示仪表		103	转速表	
97	电压表		104	温度表	
98	电流表		105	燃油表	
99	电压、电流表		106	车速里程表	
100	欧姆表		107	电钟	
101	瓦特表		108	数字式电钟	
102	油压表				
六、传感器					
109	传感器的一般符号		111	空气温度传感器	
110	温度表传感器		112	水温传感器	

序　号	名　　称	图形符号	序　号	名　　称	图形符号
六、传感器					
113	燃油表传感器	$\boxed{t^\circ_n}$	118	爆燃传感器	$\boxed{K}$
114	油压表传感器	$\boxed{t^\circ_w}$	119	转速传感器	$\boxed{n}$
115	空气质量传感器	$\boxed{Q}$	120	速度传感器	$\boxed{v}$
116	空气流量传感器	$\boxed{QP}$	121	空气压力传感器	$\boxed{AP}$
117	氧传感器	$\boxed{m}$	122	制动压力传感器	$\boxed{BP}$
七、电气设备					
123	照明灯、信号灯、仪表灯、指示灯	$\otimes$	134	闪光器	$\boxed{G}$
124	双丝灯		135	霍尔信号发生器	
125	荧光灯		136	磁感应信号发生器	
126	组合灯		137	温度补偿器	$\boxed{t^\circ\,comp}$
127	预热指示器		138	电磁阀一般符号	
128	电喇叭		139	常开电磁阀	
129	扬声器		140	常闭电磁阀	
130	蜂鸣器		141	电磁离合器	
131	报警器、电警笛		142	用电动机操纵的怠速调整装置	$\boxed{M}$
132	信号发生器	$\boxed{G}$	143	过电压保护装置	$\boxed{U>}$
133	脉冲发生器	$\boxed{G}$	144	过电流保护装置	$\boxed{I>}$

续表

序　号	名　称	图形符号	序　号	名　称	图形符号
七、电气设备					
145	加热器（除霜器）		163	点火线圈	
146	振荡器		164	分电器	
147	变换器、转换器		165	火花塞	
148	光电发生器		166	电压调节器	
149	空气调节器		167	转速调节器	
150	滤波器		168	温度调节器	
151	稳压器		169	串激绕组	
152	点烟器		170	并激或他激绕组	
153	热继电器		171	集电环或换向器上的电刷	
154	间歇刮水继电器		172	直流电动机	
155	防盗报警系统		173	串激直流电动机	
156	天线一般符号		174	并激直流电动机	
157	发射机		175	永磁直流电动机	
158	收放机		176	起动机（带电磁开头）	
159	内部通信联络及音乐系统		177	燃油泵电动机、洗涤电动机	
160	收放机		178	晶体管电动汽油泵	
161	天线电话		179	加热定时器	
162	收放机		180	点火电子组件	

序　号	名　称	图形符号	序　号	名　称	图形符号
七、电气设备					
181	风扇电动机		188	定子绕组为星形连接的交流发电机	
182	刮水电动机		189	定子绕组为三角形连接的交流发电机	
183	电动天线		190	外接电压调节器与交流发电机	
184	直流伺服电动机		191	整体式交流发电机	
185	直流发电机		192	蓄电池	
186	星形连接的三相绕组		193	蓄电池组	
187	三角形连接的三相绕组				

2．文字符号

文字符号是由电气设备、装置和元器件的种类（名称）字母代码和功能（状态、特征）字母代码组成。文字符号用于电气技术领域中技术文件的编制，也可标注在电气设备、装置和元器件上或其近旁，表明电气设备、装置和元器件的名称、功能、状态和特征。此外，还可与基本图形符号和一般图形符号组合使用，以派生新的图形符号。

文字符号分为基本文字符号和辅助文字符号两大类，基本文字符号又分为单字母符号和双字母符号。

（1）基本文字符号

① 单字母符号。单字母符号是按拉丁字母将各种电气设备、装置和元器件划分为 23 个大类，每大类用一个专用单字母符号表示，如"C"表示电容器类，"R"表示电阻类等。

② 双字母符号。双字母符号是由一个表示种类的单字母符号与另一字母组成，其组合形式应以单字母符号在前而另一字母在后的次序列出，如："R"表示电阻，"RP"就表示电位器，"RT"表示热敏电阻；"G"表示电源、发电机、发生器，"GB"就表示蓄电池，"GS"表示同步发电机、发生器，"GA"表示异步发电机。

常用的基本文字符号见表 8.11。

（2）辅助文字符号

辅助文字符号表示电气设备、装置和元器件以及线路的功能、状态和特征。如"SYN"表示同步，"L"表示限制左或低，"RD"表示红色，"ON"表示闭合，"OFF"表示断开等。常用辅助文字符号如表 8.12 所示。

表 8.11　　　　　　　　　　　常用基本文字符号

设备、装置元器件种类	举　　例	基本文字符号	
		单字母	双字母
组件 部件	分离元件放大器 调节器	A	
	电桥		AB
	晶体管放大器		AD
	集成电路放大器		AJ
	印刷电路板		AP
	抽屉柜		AT
	支架盘		AR
非电量到电量变换器或电量到 非电量变换器	送话器 扬声器 晶体换能器	B	
	压力变换器		BP
	温度变换器		BT
电容器	电容器	C	
二进制元件、延迟器件、存储器 件	数字集成电路和器件	D	
其他元器件	其他元器件	E	
	发热器件		EH
	照明灯		EL
保护器件	过电压放电器件，避雷器	F	
	熔断器		FU
	限压保护器件		FV
发生器 发电机 电源	振荡器	G	
	发生器		GS
	同步发电机		GA
	异步发电机		
	蓄电池		GB
信号器件	声响指示器	H	HA
	光指示器		HL
	指示灯		HL
继电器 接触器	交流继电器	K	KA
	双稳态继电器		KL
	接触器		KM
	簧片继电器		KR
电感器 电抗器	感应线圈	L	
	电抗器		

续表

设备、装置元器件种类	举 例	基本文字符号	
		单字母	双字母
电动机	电动机	M	
	同步电动机		MS
	力矩电动机		MT
模拟元件	运算放大器	N	
	混合模拟/数字器件		
测量设备 试验设备	指示器件	P	
	信号发生器		
	电流表		PA
	（脉冲）计数器		PC
	电能表（电度表）		PJ
	电压表		PV
电力电路的开关器件	断路器	Q	QF
	电动机保护开关		QM
	隔离开关		QS
电阻器	电阻器	R	
	变阻器		
	电位器		RP
	热敏电阻器		RT
	压敏电阻器		RV
控制、记忆、信号电路的开关器件 选择器	控制开关	S	SA
	选择开关		
	按扭开关		SB
	压力传感器		SP
	位置传感器		SQ
	温度传感器		ST
变压器	电流互感器	T	TA
	控制电路电源用变压器		TC
	电力变压器		TM
	电压互感器		TV
电子管 晶体管	二极管	V	
	晶体管		
	晶闸管		
	电子管		VE
传输通道波导天线	导线	W	
	母线		
	波导		
	天线		

设备、装置元器件种类	举　　例	基本文字符号	
		单字母	双字母
端子 插头 插座	连接插头和插座 接线柱焊 接端子板	X	
	连接片		XB
	测试插孔		XJ
	插头		XP
	插座		XS
	端子板		XT
电气操作的机械器件	气阀	Y	
	电磁铁		YA
	电动阀		YM
	电磁阀		YV
终端设备 混合变压器 滤波器 均衡器 限幅器	晶体滤波器	Z	

表 8.12　　　　　　　　　　　　　常用辅助文字符号

序　号	文字符号	名　　称	序　号	文字符号	名　　称
1	A	电流	20	D	降低
2	A	模拟	21	DC	直流
3	AC	交流	22	DEC	减
4	AAUT	自动	23	E	接地
5	ACC	加速	24	EM	紧急
6	ADD	附加	25	F	快速
7	ADJ	可调	26	FB	反馈
8	AUX	辅助	27	FW	正，向前
9	ASY	异步	28	GN	绿
10	BBRK	制动	29	H	高
11	BK	黑	30	IN	输入
12	BL	蓝			
13	BW	向后	31	INC	增
14	C	控制	32	IND	感应
15	CW	顺时针	33	L	左
16	CCW	逆时针	34	L	限制
17	D	延时（延迟）	35	L	低
18	D	差动	36	LA	闭锁
19	D	数字			

续表

序　号	文字符号	名　称	序　号	文字符号	名　称
37	M	主	55	RES	备用
38	M	中	56	RUN	运转
39	M	中间线	57	S	信号
40	M MAN	手动	58	ST	起动
41	N	中性线	59	S SET	置位，定位
42	OFF	断开			
43	ON	闭合	60	SAT	饱和
44	OUT	输出	61	STE	步进
45	P	压力	62	STP	停止
46	P	保护	63	SYN	同步
47	PE	保护搭铁	64	T	温度
48	PEN	保护搭铁与中性线共用	65	T	时间
49	PU	不搭铁保护	66	TE	无噪声（防干扰）搭铁
50	R	记录	67	V	真空
51	R	右	68	V	速度
52	R	反	69	V	电压
53	RD	红	70	WH	白
54	R RST	复位	71	YE	黄

（3）文字符号的使用规则

① 单字母符号应优先选用。

② 只有当用单字母符号不能满足要求，需要将大类进一步划分时，才采用双字母符号，以便较详细和更具体地表述电气设备、装置和元器件等。如"F"表示保护器类，"FU"表示熔断器，"FV"表示限压保护器件。

③ 辅助文字符号也可放在表示种类的单字母符号后边组成双字母符号，如"ST"表示起动，"DC"表示直流，"AC"表示交流。为简化文字符号，若辅助文字符号由两个字母组成时，允许只采用其第一位字母进行组合，如"MS"表示同步电动机，"MS"中的"S"为辅助文字符号"SYN"（同步）的第一位字母。辅助文字符号还可以单独使用，如"ON"表示接通，"N"表示中性线，"E"表示搭铁，"PE"表示保护搭铁等。

由于目前国际上还没有汽车电气设备图形符号、文字符号的统一标准，各个汽车生产厂家对某些汽车电器所采用的图形符号、文字符号有所不同，与标准规定有一些差异，因而给识读电路图造成一定困难，但图形符号基本结构的组成是相似的，只要了解它们的区别，就能避免识读错误。

▶ 作业测评

识读图 8.24 所示的汽车电路符号。

F: _____　⊥ : _____　B: _____

⌐ : _____　⌐ : _____　▭ : _____

∿ : _____　◁ : _____　▭ : _____

⊘ : _____　◁ : _____　⊗ : _____

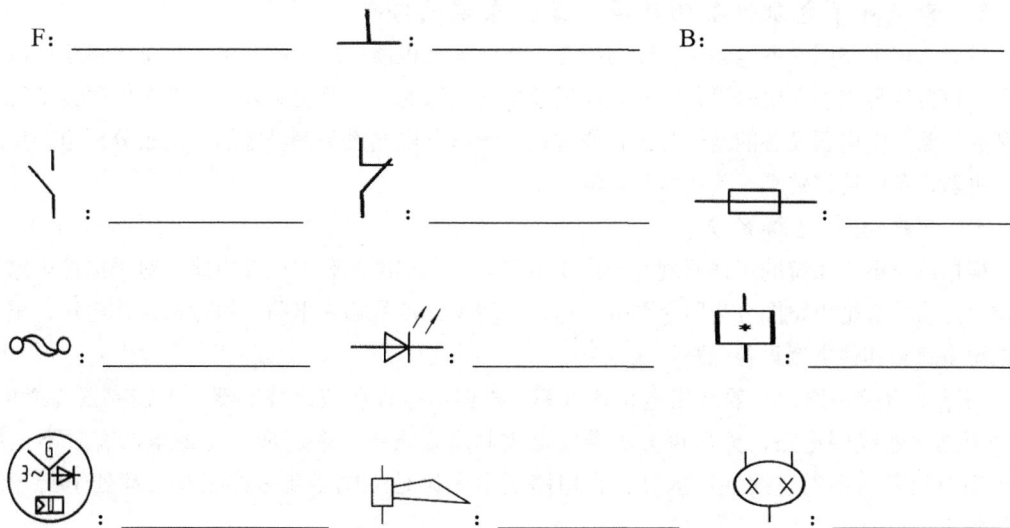

图 8.24　作业测评题目

|8.3　汽车电路图的识读|

　　由于各国汽车电路图的绘制方法、符号标注、文字标注、技术标准各不相同，各汽车生产厂家的汽车电路图画法也有很大差异。甚至同一国家不同汽车公司其汽车电路图的表示方法也存在一定的差异，因此给汽车电路图的识读带来许多麻烦。因此，掌握汽车电路图识读的基本方法十分必要。

8.3.1　识读汽车电路图的基本方法

基础知识

1．掌握汽车电路图的一般规律

（1）电源部分到各用电器熔断器或开关的导线是电器设备的公共火线。在电路原理图中一般画在电路图的上部。

（2）标准画法的电路图中，开关的触点位于零位或静态。即开关处于断开形态或继电器线圈处于不通电形态，晶体管、晶闸管等具有开关特性的元件的导通与截止视具体情况而定。

（3）汽车电路是单线制，各电器相互并联，继电器和开关串联在电路中。

（4）汽车中大多数用电设备都经过熔断器，受熔断器的保护。

（5）汽车整车电路按功能及工作原理划分为若干独立的单元电路，从而解决了整车电路庞大复杂、难于分析的难题。汽车整车电路一般都按各个电路系统绘制，如电源系统、起动系统、点火系统、照明系统、信号系统等，这些单元电路都具有各自的特点，根据特点掌握各个单元电路的布局、原理，有助于理解整车电路的原理。

2．掌握汽车电器设备的结构、工作原理及符号

掌握汽车电路图中各电器设备的结构与工作原理是识读电路图的基础。汽车电路原理图是利用电器设备符号来表现电器设备结构及电器设备间关系的，因此也必须熟悉汽车电器设备符号。在掌握电路图中电器设备的结构与工作原理、熟悉汽车电气设备符号之后，再去分析电路原理图中各电器设备的连接关系，就变得相对容易了。

3．判断汽车电路的类型

根据汽车电气系统的工作原理可把汽车电路分为电控电路和非电控电路。对于电控电路，以电控单元为核心把电路图分为四个部分，即：电控单元信号输入电路、执行器工作电路、电控单元电源电路和其他电器设备电路。

对于非电控电路，一般从用电设备入手，根据用电设备找出控制器。若控制器为继电器，先分析继电器线圈电路，然后再分析继电器控制用电设备电路。应注意继电器有时不止控制一个用电设备，要对电路加以区分。在电路图中无论是继电器还是控制开关都处于断开停止工作状态。

4．注意电路图中的共用导线

无论是经熔断器还是铰接点连接在一起的导线都具有共同作用，例如可以是电源线、接地线、信号线等。在电路图中凡是不经用电设备而直接连接在一起的导线，只要其中一根导线具有某个作用，如作为电源线，则其他导线都具有该作用，即都是电源线。尤其在有电控单元控制的电路中，为减少电控单元的端子数和简化电控单元电路，共用导线的电路非常常见。

传感器经常共用电源线、接地线，但不会共用信号线。执行器会共用电源线、接地线或者控制线。

5．认真阅读图注

识读电路图时，首先应认真阅读图注，了解电路图的名称、技术规范，明确图形符号的含义，找出电气元件与图形符号间的对应关系，了解电气元件的连接关系和控制关系。

6．掌握回路原则

任何一个完整的电路都由电源、用电器、开关、导线等组成。对直流电路来说，电流总是要从电源的正极开始，经由导线、熔断器、开关到达用电器，再经过导线（或搭铁）回到同一电源的负极。需要注意的是，在汽车电路中，发电机和蓄电池都是电源，在分析回路时，不能混为一谈，不能从一个电源的正极开始，经过若干用电设备后，回到另一个电源的负极。

7．熟悉开关作用

开关是控制电路通/断的关键，电路中主要的开关往往汇集很多导线，如点火开关、车灯总开关，识读汽车电路图时应注意以下几个问题。

（1）明确开关连接的接线柱中哪些接直流电源，哪些接用电设备。认清接线柱旁的接线符号。

（2）明确开关的挡位，确定不同挡位哪些接线柱通电，哪些断电。

（3）明确蓄电池（或发电机）的电流通过什么路径到达该开关，中间是否经过其他开关和熔断器，以及该开关是手动控制还是电控。

（4）明确开关控制哪个用电设备，被控制的用电设备有什么作用和功能。

（5）明确受开关控制的用电设备中，哪些处于常通状态，哪些属于短暂通电，哪些先通电，哪些后接通，哪些单独工作，哪些同时工作，哪些用电设备不允许同时接通。

8．识读汽车电路图的一般步骤

（1）先看全图。找出独立的系统。一般来说，各电气系统的电源和电源总开关是公共的，任何一个系统都应是一个完整的电路，应遵循回路原则。

（2）分析各系统的工作过程与相互联系。分析某个电气系统之前，应先弄清该电气系统包含的各部件功能、作用和技术参数。分析过程中，应特别注意开关、继电器触点的工作状态，大多数电气系统都是通过开关和继电器的不同工作状态来改变回路，实现不同功能的。

（3）通过分析典型电路，举一反三，掌握规律，达到触类旁通。不同车型的汽车电路原理图，都是类似或相近的，因此掌握一些共同规律，有利于了解不同型号汽车的电路原理。

识读电路图时，还应把握从易到难的原则来进行分析。在一张电路图中，必然存在着某些复杂的局部电路，可能一时难以看懂，这时可以放弃该部分电路，先从简单易懂的电路看起。等其他电路都看懂后，再结合已看懂的电路来重点分析剩余难懂的电路。这样既可缩短读图时间，又能提高读图的准确性。

> 想一想
>
> 试一试用学习的识读电路图的方法，识读图 8.1 所示的桑塔纳轿车燃油表电路原理图。

作业测评

简述识读汽车电路的一般步骤。

8.3.2　汽车电路图识读实例

本节主要以大众汽车电路原理图为例，说明汽车电路图的识读方法。

基础知识

1．大众汽车电路原理图的特点

（1）接点标志具有固定的含义。

电路图中接点标志的数字及字母具有固定的含义，如数字"30"代表来自蓄电池正极的供电线；"T"是插接器（连接器）的代号，后面的数字表示该插接器插头的孔数以及连接导线对应的插孔序号，如"T4/2"表示插接器插头为 4 孔，连接导线对应的插孔序号为 2；"31"代表搭铁线；"X"代表大容量用电设备供电线（来自卸荷继电器的供电线），相同的标记代表的都是相同的接点。

（2）基本电路按系统依次纵向排列，很少转折交叉。

所有电路都是纵向排列，同一系统的电路都归纳在一起，在电路图中所占的篇幅局限在某一范围内。对于线路比较复杂的电器，采用断线代号法来避免线路的交错。如某条线路上半段接点电路接续号为 57 的位置上，下半段在电路接续号为 84 的位置上，则在电路上半段的终止处画一个标有 84 的小方格，在下半段电路的开始处也有一方格，内标有 57，这样通过 57 和 84 就可以将上、下半段电路连在一起了。

（3）整个电路以中央控制盒为中心。

大众公司汽车电路图在表示线路走向的同时，也表达了线路的结构组成。中央控制盒的正向插有各种继电器和熔断器。在电路图上标有 2/30、3/87 等数字，其中 2、3 是指中央控制盒插脚代号。2/30 即表示出了继电器插脚与插孔的配合关系。

（4）电路图中表明了电器的搭铁方式和部位。

大众公司的汽车电路图底部横线表示搭铁线，导线搭铁端标注有带圆圈的数字代号，在图注中会注明搭铁的位置。需要注意的是，不是所有的电器都直接与金属车体连接而搭铁，有些电器通过搭铁插座、其他电器或电子设备搭铁。

2．大众汽车电路原理图识读说明

图 8.25 所示为桑塔纳轿车的点火装置、发动机控制单元、霍尔传感器、冷却温度传感器、进气温度传感器电路原理图，图中对各线路标记、代号等做了详细的识读说明。大众汽车电路图分为三部分，最上面部分为中央配线盒，其中标明了熔丝的位置及容量，继电器位置编号及接线端子号等。中间部分是车上的电气元件及连线，最下面的部分为搭铁部分。下面对这三个区域的电路组成及特点进行简单介绍。

（1）电路图的上部区域

如图 8.25 所示，大众汽车电路图的上部区域有四条水平线，表示整车电气线路电源线路，下面是汽车中央控制盒的继电器和熔丝。

① 电路图上标有"30"的线路为常火线，它与蓄电池正极直接相连，中间不经过任何开关，为停车或发动机熄火后还需要使用的用电设备供电。

② 电路图上标有"15"的线路为小容量用电设备的电源正极，它是点火开关接通后才工作的小容量用电设备的火线。

③ 电路图上标有"X"的线路为大容量用电设备的电源正极，只有在点火开关置于"ON"挡时，由其供电的用电设备才能接通使用。如空调系统的鼓风电动机、空气压缩机，后风窗除霜器等。

④ 电路图上标有"31"的线路为搭铁线（接地线），一些重要电器均采用与蓄电池负极直接相连的搭铁方式。发动机与车身、变速器与车身之间除了金属接触外，还有专门的接地线相连，以保证工作的可靠性。

⑤ 电路图中的熔断器、继电器区域中，标有熔断器位置号、熔断器容量、继电器名称、继电器位置号、继电器盒上插接件（连接件）符号等。

（2）中部区域

电路图中部区域是各种用电设备。电器元件在电路图中用框图辅以相应的标号表示。每个元件都有一个代号，如"A"表示蓄电池，"C"表示发电机，"D"表示点火开关。电器元件的连接点都以标号标出，标号在元件上可以找到。如图 8.25 中"N152"表示点火线圈，有 8 个接点。

（3）下部区域

电路图下部区域为接地点代号和电器元件在电路图中的位置号，方便查阅。

① 接地点。如图 8.25 中的"⑨"表示接地点为自身搭铁。

② 电器元件在电路图中的位置号。图中最下方横线处标有"17，18，19，20……"一系列数字，表示它们对应的电器元件的位置号，该标号只是制图和识图的标志号，数字大小没有实际的物理意义。其作用一方面是顺序表达整车电路的全部内容，便于每个部分相互独立；另一方面是为便于反映在一部分电路图中难以表达的接续部分。

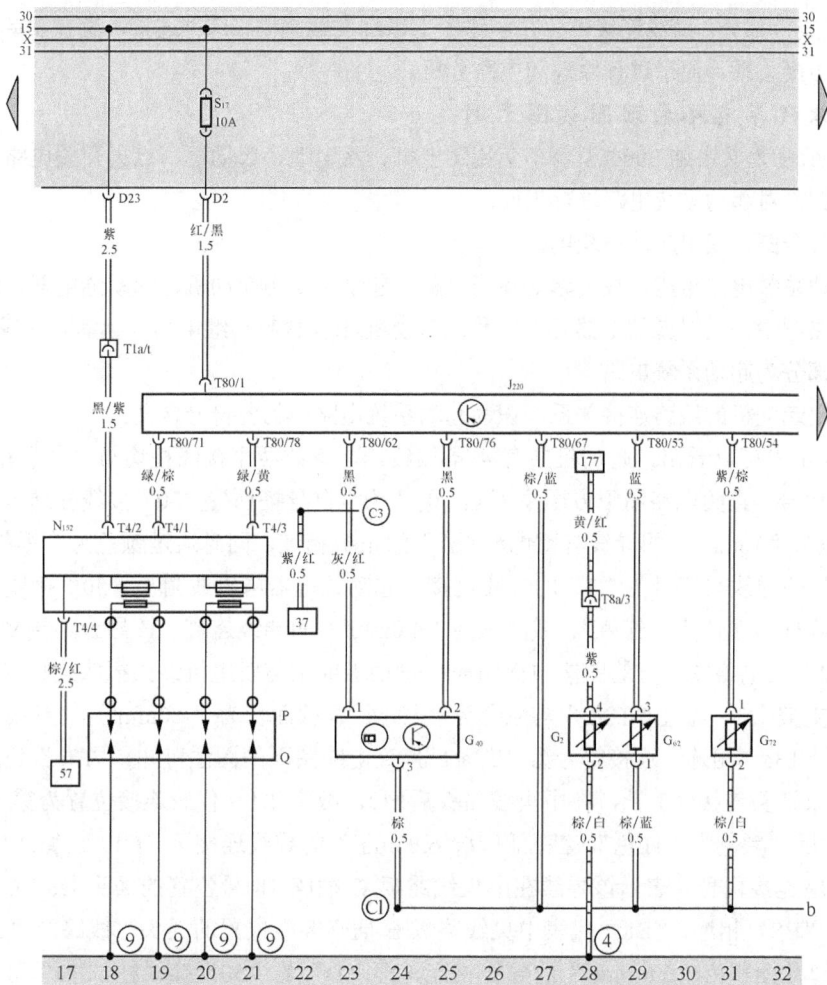

图 8.25 桑塔纳轿车电路图识读说明

G_2 — 水温表传感器
G_{40} — 霍尔传感器
G_{62} — 冷却温度传感器
G_{72} — 进气温度传感器
J_{220} — Motronic 发动机控制单元
N_{152} — 点火线圈
P — 火花塞插头
Q — 火花塞
S_{17} — 发动机控制单元熔断丝，10A
T_4 — 前照灯线束与散热风扇控制器插头连接，4针，在散热风扇控制器上
T_{8a} — 发动机线束与发动机右线束插头连接，8针，在发动机舱中间支架上
T_{80} — 发动机线束，发动机右线束与发动机控制单元插头连接，80针，在发动机控制单元上

④ — 搭铁点，在离合器壳上的支架上
⑨ — 自身接地
Cl — 连接线，在发动机右线束内
C3 — +5V连接线，在发动机右线束内

（4）连接部分

电路图中的连接部分分为外线连接部分和内线连接部分。

① 外线连接部分。外线连接部分在图中以粗实线画出，集中在图的中间部分。每条线上都有导线的颜色和截面积标注。线端有接线柱号或插口号，标出其连接关系。如果导线是双色的，则以两种颜色的字母共同标记，主色在先，辅助色在后，如 ro/ws，sw/ws 等。导线的截面积以数字形式标在导线颜色的上方，如 1.0、0.5、2.5 等，单位是 mm^2，一般不标出。

② 内线连接部分。内线连接部分在电路图上以细实线画出，这种连接不存在实际的线路，只标示线路的连接关系，便于进行原理和电路分析。

3．大众汽车电路原理图读图示例

图 8.26 所示为桑塔纳 3000 型轿车交流发电机、蓄电池、起动机、点火开关电路原理图，下面以该图为例，对起动系统电路进行识读。

（1）观看全图，找出起动系统电路。

根据起动系统电路组成，找出起动系统电路。起动系统由起动机、起动继电器、起动开关等组成。在电路图中找出对应的电器元件符号：起动机 B（含起动继电器、起动开关等）。图 8.26 中虚线线框部分为起动系统电路。

（2）找出起动机的线路连接关系，识读起动系统电路中的各符号含义。

从图 8.26 中可以看出，起动机共有 4 条接线，下方的两个接线柱均与"⑨"相连，"⑨"表示接地点代号，查阅电路图下方图注可知"⑨"为"自身搭铁"；"30"接线柱通过颜色为"黑色"、截面积为"16mm²"的导线与蓄电池"A"的正极相连，同时通过颜色为"黑色"、截面积为"10mm²"的导线与序号为"3"的导线连接；起动继电器电磁线圈与"50"接线柱相连，通过"50"接线柱与颜色为"红色"、截面积为"4.0mm²"的导线连接，该导线连接到"T2/2"插头上，"T2/2"在电路图下方的图注中标明为：发动机线束与发电机线束插头连接（2 针，在发动机舱中间支架上），通过"T2/2"与颜色为"红/黑"、截面积为"4.0mm²"的导线相连；该导线与插接器"T3a"相连，连接符号为"T3a/1"，查电路图下的图注可知，"T3a"为发动机线束与前照灯线束插头连接（3 针，在中央线路板后面），数字"1"代表连接位置为第 1 针；导线经"T3a/1"后与颜色为"红色"、截面积为"6.0 mm²"的导线连接至"C18"，"C18"为中央线路板上的插座连接代号，表示该导线在中央线路板 C 插座 18 号位置的插头上；"C18"与中央线路板插座"B8"相连，"B8"代表中央线路板 B 插座 8 号位置的插头，线路经"B8"与颜色为"红/黑"、截面积为"6.0 mm²"的导线相连，至"D"的"50"接线柱，"D"可在电路图图注中查出为"点火开关"。

（3）根据线路连接关系，分析起动系统工作原理。

汽车起动系统的基本工作过程为：点火开关控制起动继电器，使起动机电磁开关工作，从而使起动机的直流电动机工作。

① 点火开关接通电源，由红/黑色导线从点火开关上"50"接线柱送到中央线路板"B8"接点，再通过中央线路板"C18"接点，接至起动机电磁开关"50"接线柱，通过起动机电磁开关吸拉线圈接至起动机内部绕组接地，回到蓄电池负极，形成回路。电流通过起动继电器线圈，使铁心磁化，触点闭合，接通起动机主电路，蓄电池直接给起动机供电，完成起动过程。其电流回路为：蓄电池正极→点火开关 50 接线柱→起动继电器 50 接线柱→起动机电磁开关吸拉线圈→起动机内部绕组→搭铁→蓄电池负极；蓄电池正极→起 2 动机 30 接线柱→起动机内部绕组→搭铁→蓄电池负极。

② 起动机正常起动后，点火开关自动回位，断开继电器线圈电路，起动机与蓄电池之间的电路被切断，起动机便停止工作。

作业测评

识读图 8.26 所示的点火电路。

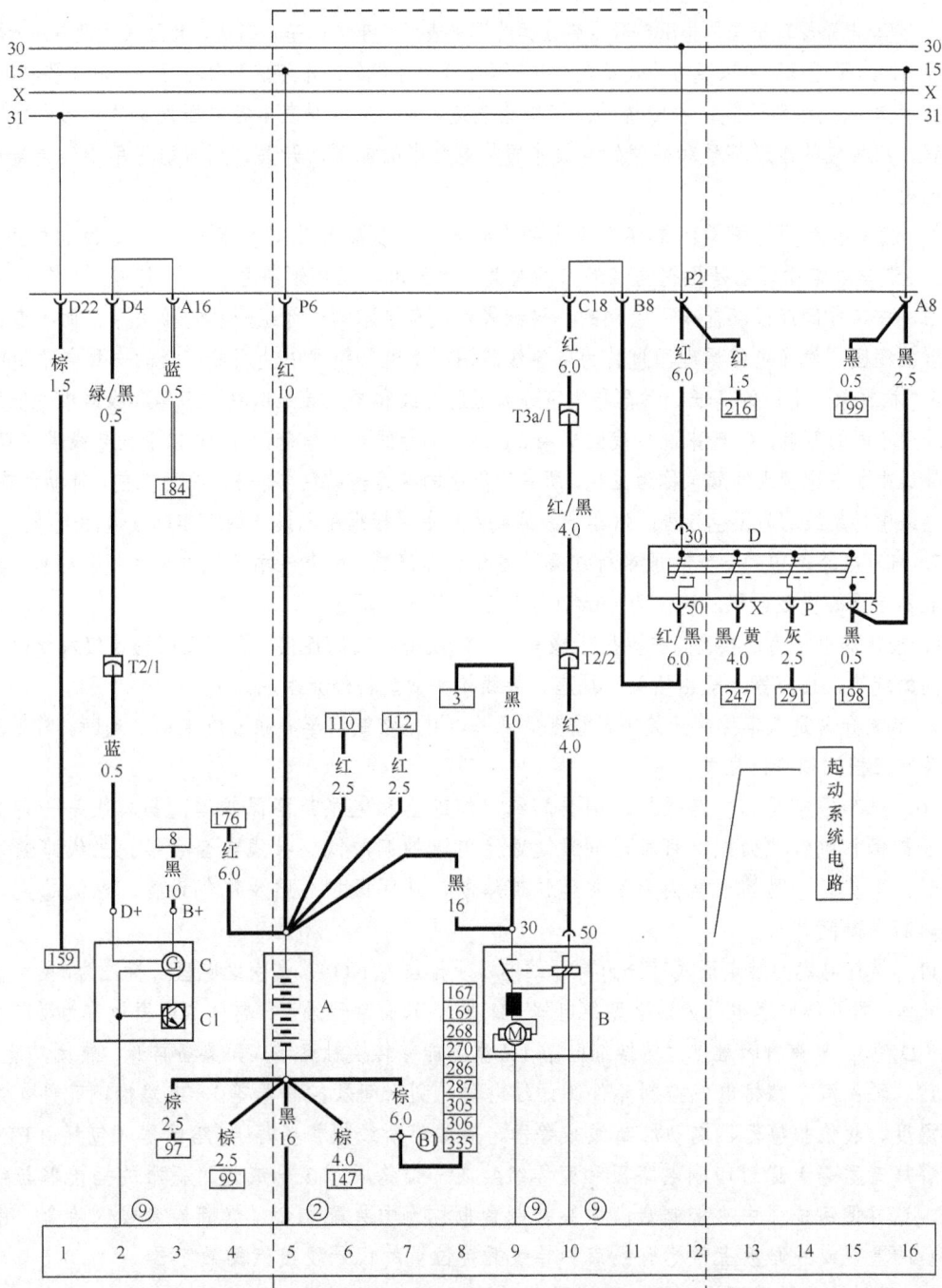

图 8.26　桑塔纳 3000 轿车交流发电机、蓄电池、起动机、点火开关电路原理图
A—蓄电池；B—起动机；C—交流发电机；C1—调压器；D—点火开关；T2—发动机线束与发电机线束插头连接
（2 针，在发动机舱中间支架上）；T3a—发动机线束与前照灯线束插头连接（3 针，在中间线路板后面）；
②—搭铁点（在蓄电池支架上）；⑨—自身搭铁；Ⓑ1—搭铁连接线（在前照灯线束内）

本 章 小 结

1. 根据用途不同，汽车电路图可分为原理框图、电路原理图、线路图和线束安装图 4 种类型。

2. 汽车电路原理框图是指用符号或带注释的框来表示汽车电器基本组成、相互关系及其主要特征的一种简图。原理框图可以概略地表示汽车电气系统或分系统的基本组成及其相互关系和主要特征。

3. 汽车电气线路图是一种传统的汽车电路表达方法，是根据汽车各电器设备的外形和实际安装位置，用相应的图形符号和合理的导线布置将电路中的电源、开关、用电器等用导线连接起来构成的电路图。

4. 汽车线束图是根据线束在汽车上的布置走向，反映线束导线汇合、分支的电路图。

5. 汽车电路原理图是根据国家颁布的有关技术标准，用图形符号、文字符号，以统一规定的方法，按工作顺序或功能布局绘制的，详细表示汽车电路的全部组成和连接关系，而不考虑实际位置的简图。汽车电路原理图也称为电气线路图，是电气技术中使用最广泛的一种电路简图。

6. 根据承受电压的高低，汽车导线可分为低压导线和高压导线两种。汽车各线路中的低压导线常采用不同的颜色。一般来说，截面积 $4mm^2$ 以上的导线采用单色，$4mm^2$ 以下的导线采用双色。双色导线中所占比例大的颜色称为主色，所占比例小的称为辅助色，标注时主色在前，辅助色在后。汽车电路中搭铁线均为黑色导线。汽车导线的截面积主要根据用电设备的工作电流进行选择。

7. 汽车电路图中的导线一般都标注有数字和字母符号，用来表示导线的截面积和颜色。其中数字表示导线的横截面积，单位为 mm^2，字母表示导线的颜色。

8. 插接器也称为连接器，主要用于线束与电气设备之间的连接、线束之间的连接及线束与开关之间的连接。插接器一般由插头、插座、导线接头盒塑料外壳组成。

9. 点火开关是汽车控制开关中最重要的开关，用来控制汽车各条分支电路的通断。常见的点火开关有三挡位和四挡位式。

10. 汽车中常见的电路保护器有易熔线、熔断器和电路断路保护器。易熔线是一种截面积小于被保护电线截面积，可长时间通过额定电流的铜芯低压导线或合金线。当线路通过极大的过载电流时，易熔线会因为发热而快速熔断，从而保护线路及电气设备。电流越大，易熔线熔断的时间越短。

11. 按继电器的触点形式可分为常开继电器（标注为 NO）、常闭继电器（标注为 NC）和转换继电器。常开继电器也称为动合型继电器（H 型），只有常开触点；常闭继电器也称为动断型继电器（D 型），只有常闭触点；转换继电器（Z 型）能够转换触点形式，具备常开、常闭功能。

12. 现代汽车常将电气控制元件（如继电器、刮水间歇控制器等）、电路检测元件（如冷却液温度、液位报警器、制动灯断线报警器、后雾灯断线报警器等）、熔断器（包括 LED 灯和报警蜂鸣器等）通过印刷电路板和壳体组装成一个总成，该总成通过标准的插接器与线束相连，这样便组成了中央控制盒。中央控制盒也称为中央配电盒、熔断丝盒或保险盒。中央控制盒的盒盖或线路板上常标有线束和导线插接位置的代号及接点的数字号。

13. 识读汽车电路图的一般步骤如下。

（1）先看全图。找出独立的系统。一般来说，各电气系统的电源和电源总开关是公共的，任何一个系统都应是一个完整的电路，应遵循回路原则。

（2）分析各系统的工作过程与相互联系。分析某个电气系统之前，应先弄清该电气系统包含的各部件功能、作用和技术参数。分析过程中，应特别注意开关、继电器触点的工作状态，大多数电气系统都是通过开关和继电器的不同工作状态来改变回路，实现不同功能的。

（3）通过分析典型电路，举一反三，掌握规律，达到触类旁通。不同车型的汽车电路原理图，都是类似或相近的，因此掌握一些共同规律，有利于了解不同型号汽车的电路原理。

| 思考与练习 |

一、填空题

1. 汽车电路图根据用途不同，可分为＿＿＿＿＿、＿＿＿＿＿、＿＿＿＿＿和＿＿＿＿＿等几种类型。

2. 汽车电路原理框图应按照控制信息流＿＿＿＿＿，＿＿＿＿＿的顺序布置进行识读，以明确工作过程及信息流向。

3. 汽车电气线路图是根据汽车电气设备的＿＿＿＿＿和＿＿＿＿＿，用相应的图形符号和合理的导线布置将电路中的＿＿＿＿＿、＿＿＿＿＿、＿＿＿＿＿等用导线连接起来构成的电路图。

4. 汽车的全车线路中除＿＿＿＿＿＿＿以外，都做成线束。

5. 汽车电路原理图是根据国家颁布的有关技术标准，用＿＿＿＿＿、＿＿＿＿＿，以统一规定的方法，按＿＿＿＿＿绘制的，详细表示汽车电路的＿＿＿＿＿和＿＿＿＿＿，而不考虑实际位置的简图。

6. 汽车导线可分为＿＿＿＿＿和＿＿＿＿＿两种。为保证足够的机械强度，汽车导线的截面积应不小于＿＿＿＿＿。

7. ＿＿＿＿＿也称为连接器，线束之间的连接均采用＿＿＿＿＿。

8. 汽车电路图中"⊥"表示＿＿＿＿＿，"B"表示＿＿＿＿＿＿＿＿＿，点火开关上的"ACC"表示＿＿＿＿＿。

9. 按触点来分，汽车电路中的继电器有常闭继电器、＿＿＿＿＿、＿＿＿＿＿三种。

10. 标准画法的电路图中，开关的触点应位于＿＿＿＿＿或＿＿＿＿＿，即开关处于＿＿＿＿＿状态或继电器线圈处于＿＿＿＿＿状态。

二、选择题

1. 汽车电路原理框图是用来表示汽车电气系统各项目的＿＿＿＿＿及相互关系和连接的一种简图。
   A. 工作原理　　B. 基本组成　　C. 结构原理

2. 汽车电路原理图中负极搭铁电位最低，常用图中＿＿＿＿＿一条导线表示。
   A. 最上面　　B. 中间　　C. 最下面

3. 汽车中的用电器若要正常工作，电流总是从电源的正极出发，通过导线，经过熔断器，开关，到达用电器，在经过导线搭铁回到＿＿＿＿＿。
   A. 电源的负极　　　　　　B. 电源的正极
   C. 同一电源的负极　　　　D. 同一电源的正极

4. 汽车电路是＿＿＿＿＿，各用电器之间应相互＿＿＿＿＿。
   A. 单线制，串联更新　　B. 单线制，并联　　C. 单线制，串并联均可

5. 下列导线中＿＿＿＿＿表示导线截面积为1.0mm²的双色导线，主色为绿色，辅助色为黄色。
   A. 1RW　　　　　　B. 1.0GY　　　　　　C. 1.0GB

三、根据图8.27所示说出下列符号的含义

1. 30:

2. 15:

3. X:

4. 31:

5. A:

6. P:

7. J301:

8. G2/4:

9. E/4:

10. 139:

11. 导线上 ws 的含义是:

12. S20 及 10A 的含义:

13. 导线上 1.0 的含义是:

14. 导线上 T10c/2 的含义:

15. ⑦的含义:

四、识图题

识读图 8.27 所示电路图中蓄电池部分的电路。

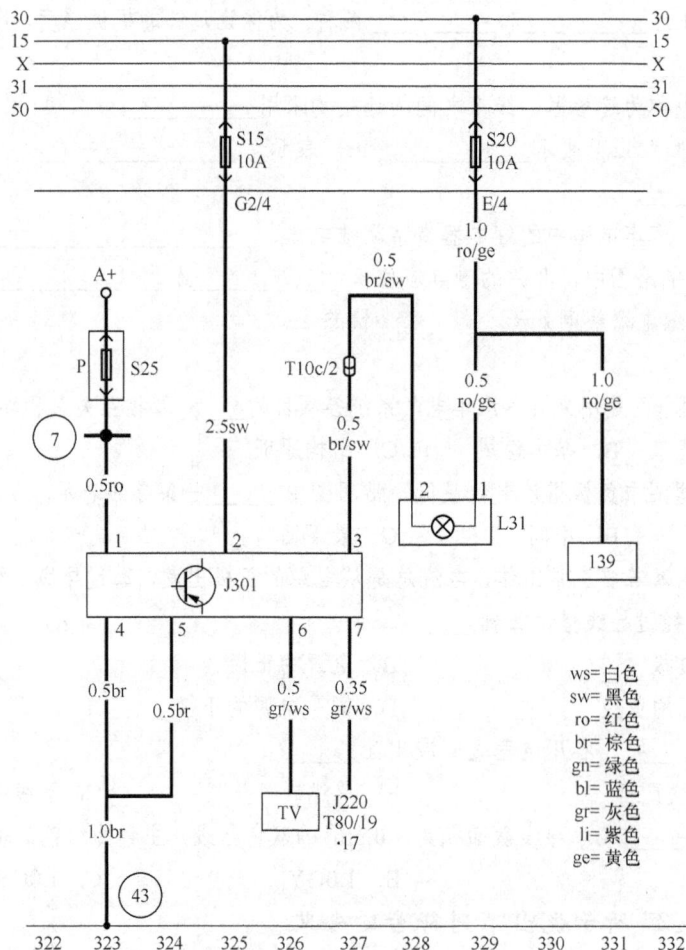

图 8.27　蓄电池部分的电路

A—蓄电池正极　J301—防盗电控单元　J220—发动机电控单元　L31—防盗指示器
T10c—10 孔插头，橘黄色，继电器盒上方　TV—自诊断接口　P—主保险盒，位于蓄电池上方
*—用于 2V 电喷发动机　㊸—接地点，继电器盒旁车身处　⑦—接线点，车身线束内